김석년과 그의 광고시대

Senyon Kim and His Advertising Age

김석년과 그의 광고시대

지은이 / 윤태일
펴낸이 / 조은경
편　집 / 이부섭
디자인 / 박민희
펴낸곳 / 늘봄

등록번호 / 제300-1996-106호 1996년 8월 8일
주소 / 서울시 종로구 동숭4길 9(동숭동 19-2)
전화 / 02)743-7784
팩스 / 02)743-7078

초판발행 / 2015년 12월 31일

ISBN 978-89-6555-042-6 93320

※ 값은 표지에 있습니다.

김석년과 그의 광고시대

Senyon Kim and
His Advertising Age

윤태일 지음

늘봄

일러두기 (자료출처)

1. 외래어 표기는 현행 한글어문규정의 외래어표기법을 따랐습니다.
2. 사진설명 끝에 다음의 기호가 있는 사진들의 출처는 아래와 같습니다.
   - ⓐ 오리콤 (1997). 〈오리콤 30년 광고 이야기〉, 서울: 오리콤.
   - ⓑ 고영섭과 40년 오리콤 사람들 (2007). 〈Human Buying: 광고, 그 감각의 제국〉, 서울: The Book Company.
   - ⓒ 신인섭 · 서범석 (2011). 〈한국광고사〉(개정3판). 파주: 나남출판.
   - ⓓ AFAA (Ed.) (2007). *Asian advertising 2007: In commemoration of the 50 years of Ad Asia and 30 years of AFAA. (Vol.1-2)*. Seoul: AFAA (Asian Federation of Advertising Associations).
3. 인터뷰 내용을 직접 인용한 대목 중에서 앞뒤에 별표(*, **)로 표기한 부분은 김병희 · 윤태일(2011)이 쓴 〈한국광고회사의 형성: 구술사로 고쳐 쓴 광고의 역사〉(서울: 컴북스)에도 일부가 인용된 대목입니다.
4. 본문의 인용 및 참고문헌 표기는 한국언론학회의 원고작성 지침(2014년)을 따랐습니다.

감사의 말

이 책이 나오기까지 여러 가지로 도움을 주신 많은 분들께 감사의 말을 전하고자 합니다.

우선, 누구보다도 열정적으로 한국 광고가 지나온 길과 앞으로 나아갈 방향에 대해서 이야기해주시고, 이 책의 원고를 꼼꼼하게 읽어보시면서 세세한 부분에 대해서까지 의견을 주신 김석년 선생님께 깊은 감사를 드립니다. 그리고 성북동 자택에서 인터뷰를 하는 동안 항상 밝은 미소로 다과를 준비해주시면서 최적의 인터뷰 환경을 조성해주신 사모님께도 감사드립니다.

이 책을 만들기까지 오랜 시간이 걸린 만큼 한림대학교 광고홍보학과 학생들의 도움도 많이 받았습니다. 봄부터 여름까지 인터뷰를 할 때 함께 했던 오필훈, 녹취록을 정리하고 추가 자료를 많이 보완해주었던 김이슬과 최진하, 그리고 출간을 앞두고 마무리 작업을 도와주었던 김준연에게 감사의 말을 전합니다.

마지막으로 사랑하는 내 가족에게도 고마움을 표하고 싶습니다.

2015년 12월 윤태일

목 차

7장 광고에 대한 견해

8장 마무리 : 신명의 세월

1장

들머리: 그의 이야기가 곧 역사가 되다

1. 개인사와 산업사의 만남

한 시대를 대표하는 인물의 역사

역사(history)라는 단어가 그 남자의 이야기(his story)에서 왔다는 주장도 있다. 그래서 페미니스트들은 history라는 말 대신에 그녀의 이야기라는 뜻의 herstory라는 말을 만들어내기도 했다. 물론 이는 사실과 다르다. 역사(history)라는 말의 뿌리인 그리스어 historia는 '탐구하다, 안다'는 뜻의 historio에서 왔기 때문이다.

그런데 실제로 '그의 이야기(his story)'가 그대로 '역사(history)'가 되는 인물이 있다. 한 시대를 대표하고 당대의 시대정신을 대변하며 일세를 풍미한 사람의 개인사가 그대로 한 시대의 역사를 고스란히 담아내는 문제적 인물이다. 그런 문제적 인물만이 '아무개와 그의 시대'라는 제목의 평전 혹은 일대기를 감당할 수 있다.

한국 근대문학에서 그런 제목의 연구서가 수여된 문인은 이광수(李光洙, 1982-1950)이다. 한국 근대문학에 관한 200권 가까운 저서로 그 양에 있어서나 질에 있어서 타의 추종을 불허하는 국문학자 김윤식(1999)은 〈이광수와 그의 시대〉를 썼다. 수많은 근대한국의 문인들 중에서 이광수야말로 한국 근대문학을 대표하는 문제적 인물이라고 여겼기 때문이다. 그는 이광수가 고

아였고 그가 살던 시대 역시 고아의식에 충만했다고 보고, 고아의식과 그에서 비롯된 아비찾기를 주제로, 방대한 자료를 통해 이광수와 그의 시대를 재구성했다. 김윤식은 자신의 역저 〈이광수와 그의 시대〉가 일본 근대의 문호 나쓰메 소세키(夏目漱石, 1867-1916)에 대한 연구서인, 에토 준(江藤淳)의 〈소세키와 그의 시대〉에 힘입은 바 크다고 밝혔다. 하지만 문제적 개인을 통해 한 시대를 조망하는 이러한 형식의 평전 혹은 연구서의 전통은 더 거슬러 올라간다. 일찍이 헝가리 출신의 대표적인 마르크스주의 미학자인 게오르그 루카치(Georg Lukacs)는 독일 질풍노도시대부터 고전주의 시대까지 독일문학을 대표하는 문제적 개인을 괴테(Johann Wolfgang von Goethe, 1749-1832)로 보고, 괴테의 삶과 문학을 통해 그 시대의 독일문학을 조망하는 〈괴테와 그의 시대〉를 저술한 바 있다.

그렇다면 광고 분야로 눈을 돌려볼 때 그의 개인사적 이야기가 곧 한 시대의 광고사가 되는 문제적 인물은 누가 있을까? 가까운 일본의 광고계라면 주저 없이 요시다 히데오(吉田秀雄, 1903~1963)를 꼽을 것이다. 그는 일본 최고의 광고대행사 덴츠(電通)의 제4대 사장을 15년간 역임했다. 재임 기간 동안 전후 일본광고 산업을 현대화하고, 일본광고의 토대를 오늘날과 같이 구축하여 '일본광고의 아버지'로 추앙받고 있다. 50년이 된 요시다 히데오 기념사업재단(Yoshida Hideo Memorial Foundation, www.admt.jp/en/introduction/yoshida/index.html)이 있어서 그를 기리고 있고, 덴츠사 건물에는 아직도 그의 집무실을 그대로 보존하고 있으며 그곳에는 그의 데스마스크를 비롯하여 친필휘호나 편지 등이 전시되어 있다(광고계동향, 2015. 10. 12).

그의 개인사가 곧 미국 광고사가 될 만큼 미국 광고를 대표하는 문제적 개인이 누구인가에 대해서는 약간의 논란이 있었다. 〈어느 광고인의 고백〉이라는 책 때문에 광고계 밖의 일반인들에게 가장 잘 알려진 데이비드 오길비(David Ogilvy, 1911~1999)를 미국광고사의 대표적 인물로 흔히 생각하기 쉽다.

하지만 광고전문가들의 견해는 조금 다르다. 20세기가 저물어 가던 1999년에 미국의 광고전문지 〈애드버타이징 에이지(Advertising Age)〉는 20세기야말로 '광고의 세기(The Advertising Century)'였다고 규정하면서, 바로 이 광고의 세기를 대표하는 미국의 광고인으로 윌리엄 번박(William Bernbach, 1911~1982)을 꼽았다(Advertising Age, 1999. 3. 29). 반면에 미국의 시사주간지 〈타임(Time)〉은 20세기에 각 분야별로 가장 영향력 있는 인물 100인을 선정하면서, 광고 분야에서는 레오 버넷(Leo Burnett, 1891~1971)을 선정하여 그를 미국 광고를 대표하는 가장 영향력 있는 인물이라고 보았다(Time, 1999. 6. 6). 따라서 일본광고사의 대표적 인물로 요시다 히데오를 꼽는 데는 이론의 여지가 없지만, 미국 광고를 대표하는 문제적 개인으로는 윌리엄 번박과 레오 버넷 정도가 경합을 벌이는 형국이다.

한국광고사의 산 증인, 김석년

그렇다면 그의 개인사가 곧 한국의 광고사가 될 정도로 한국광고를 대표하는 문제적 인물은 누구일까? 최근 한국의 원로 광고홍보인을 중심으로 광고홍보사를 정리하는 시도도 있었고(서울AP클럽, 2015) 그만큼 많은 광고인을 떠올릴 수 있겠지만, 아마도 김석년이 가장 강력한 후보가 될 것이다. 국제 광고계에서 세년 킴(Senyon Kim)으로 더 잘 알려진 김석년(金石年, 1934~)은 1971년 한국 최초의 종합 광고대행사로 인정받는 합동통신 광고기획실 시절부터 광고를 시작하여 40년 가깝게 광고업에 종사해온, 그야말로 한국 광고계의 산 증인이다.

그가 처음 광고계에 발을 내디딘 합동통신 광고기획실은 한국 광고대행사의 모태가 되었다. 그가 전하는 합동통신 광고기획실 시절의 이야기는 매체사를 중심으로 광고대행사가 태동하면서 서서히 산업적 형태를 갖추어 나가던 1970년대 한국 광고계의 풍경을 그대로 보여준다. 합동통신 광고기획실에서 발전한 오리콤 시절 김석년의 경험담은 1980년대 한국광고사의 커다란 흐름과 그대로 일치한다. 즉, 컬러 TV가 등장하고, 언론사가 통폐합되면서 코바코(KOBACO)가 설립되고, 대기업 재벌 광고주 중심의 계열사 광고대행사(in-house agency)가 주도하던 흐름이다. 1980-90년대 한국광고 시장 개방 압력의 파고 속에서 단계적 개방을 주장하며 다국적 광고대행사에 대응하면서 독립광고대행사의 꿈을 키우는 모습, 그러면서 한국광고의 국제화를 위해 광고관련 국제행사를 유치하고 국제광고제 심사위원으로 참가하고, 국제기구로부터 그 공로를 인정받아 수많은 공로상을 수상하고, 마침내는 광고 분야에서 세계 최대의 국제기구인 국제광고협회(IAA; International Advertising Association) 세계회장으로 동양인 최초로 선출되어 세계를 무대로 누비며 국제광고계를 주도하던 그의 행적은 그대로 한국광고사의 도전과 성취를 웅변한다.

2015년 11월 아시아 광고연맹(AFAA; Asian Federation of Advertising Associations)은 김석년을 명예의 전당(Hall of Fame)에 헌액하는 시상식을 거행하면서 그의 광고인생을 이렇게 소개했다.

> 1960년대부터 한국 광고 대행사 비즈니스의 선도자로 널리 알려진 김석년은 은퇴할 때까지 반세기 가까운 오랜 기간 동안 광고전문가로서 자신의 경력을 일궈냈습니다. … 그가 그 어떤 것보다도 우선해서 중요하게 여긴 일들은 광고전문가의 새로운 직업을 창출하고, 새로운 대행사 비즈니스를 관리하고, 젊은 전문직 종사자들을 길러내는 일이었습니다. 그는 또한 한국에 뿌리내린 광고 산업을 형성하기 위해 오랜 기간 노력해왔습니다. … 그는 아시아 광고연맹(AFAA)과 국제광고협회(IAA)의 열정적인 활동가였습니다. … 다양한 업무와 이슈와 관련해서 기꺼이 책임을 다했고 기획자이자 투쟁가이면서 조정자로서 다양한 역할을 수행해

왔습니다.

아시아 광고연맹에서 소개하는 것처럼 그는 한국광고의 선도자이며 광고라는 직업의 개척자이고 광고 비즈니스의 관리자이며 젊은 광고인을 길러내는 교육자였고, 국제광고계에서 궂은일도 마다하지 않고 기꺼이 책임을 다하는 기획자이며 투쟁가이며 조정자였다.

한국 광고인 중에서 광고계에 오래 몸담은 사람은 꽤 있다. 하지만 김석년만큼 한국 광고계의 한복판에서 주도적으로 활동하면서 한국광고사의 굽이굽이에 결정적인 족적(足跡)을 남긴 광고인은 많지 않다. 김석년이야말로 그가 질주해온 40년 광고인생의 궤적이 그대로 한국의 광고사가 될 만한, 한국광고사의 대표적 인물이다. 따라서 이 책의 주제는 김석년이라는 한 광고인의 개인사이면서 그가 헤쳐 왔던 한국광고 40년의 역사이다.

미국의 광고전문지 〈애드버타이징 에이지(Advertising Age)〉는 20세기를 '광고의 세기(Advertising Century)'라 했다. 우리보다 광고의 역사가 길고 20세기에 유례없는 호황을 누렸던 미국으로서는 20세기의 100년간이 광고의 시대였을지 모른다. 하지만 근대적 광고의 역사가 이제 100년을 조금 넘긴 한국으로서는 김석년이 활약하던 1970년대부터 2000년대 초반까지야말로 한국의 '광고시대(Advertising Age)'라 할만하다. 이 기간 동안 한국 광고 산업은 비약적으로 발전하여 이제 세계 10위권의 광고 선진국으로 발돋움했다.

하지만 한국의 광고 산업도 이제는 성숙기에 접어들어 그 성장세가 둔화되면서 그동안 보여주었던 고도성장의 활력이 많이 줄어드는 느낌이다. 이것은 한국 광고에만 해당하는 이야기가 아니다. 20세기를 '광고의 세기'라 부를 정도로 지난 100년간 숨 가쁘게 질주해오던 광고라는 이 제도가 이제 전략적 변곡점(strategic inflection point)에 도달한 듯하다. 사업영역에서 거대한 변화가 일어나는 순간, 혹은 기존의 모든 규칙들이 급격하게 그리고 영원히 바꿔는 시점에 도달했다는 것이다(이명훈, 2008). 오늘날 미디어 테크놀로지의 발달로 미디어 환경이 급격하게 변하면서 전통적인 광고의 효율성에 대한 의문이 높아지고 급기야는 광고의 죽음이 운위되는 형국이다.

사실 광고 종언론(終焉論)은 이미 1990년대 중반부터 학자들의 입에 오르내리기 시작했다. 예를 들어 마케팅학자 러스트와 올리버(Rust & Oliver, 1994)는 1994년 미국의 〈광고연구지(Journal of Advertising)〉에 '광고의 죽음(The Death of Advertising)'이라는 도발적 논문을 발표했다. 이들은 미국 광고산업의 이윤율이 지속적으로 하락하는 현상에 주목하면서, 새로운 미디어 테크놀로지의 발달로 광고의 효율성이 갈수록 떨어지고 있기 때문에, 광고가 이미 임종의 자리에 누었다고 주장했다. 물론 이들의 도발적 주장은 즉각적인 반발을 일으켜 그들의 주장을 반박하는 논문이 발표되기도 했다(예를 들어 Fox & Geissler, 1994; Waldman, 1997). 하지만 그 뒤로도 광고 종언론은 심심치 않게 인구에 회자되고 있다(Ries & Ries, 2002; Zyman, 2002).

물론 광고뿐 아니라 저널리즘의 종말, 방송의 종말 등 여러 가지 종언론이 기승을 부리고 있는데, 이는 새로운 커뮤니케이션 테크놀로지의 발달로 기존의 커뮤니케이션 체계가 이제 근본적으로 변화하고 있음을 보여준다. 수많은 종말론은 그만큼의 탄생론으로 이어지고 있다. 저널리즘의 탄생, 방송의 탄생, 스포츠의 탄생, 연애의 탄생, 어린이의 탄생 등…. 우리가 오래 전부터 존재해왔다고 알고 있는 많은 제도가 사실은 역사적 산물이라는 인식에 도달하면서 그것들이 어떻게 시작되었는가를 역사적으로 살펴보려는 시도인 것이다.

어려울 때일수록 그 근본을 되돌아보고 기본에 충실해야 한다고 흔히 말한다. 이 현란한 테크놀로지의 발달 앞에서 망연자실하게 종언론이나 읊조릴 것이 아니라, 지금 우리 앞에서 전개되는 이 현상의 시발점은 어디이고 어떻게 발전되어 오늘에 이르렀는가를 찬찬히 되돌아 볼 필요가 있다. 한국

광고가 어떻게 산업적 형태를 갖추기 시작해서 비약적으로 발전하여 오늘날과 같은 성숙기에 도달했는가를 역사적으로 되짚어 볼 때 한국 광고가 나아갈 길을 모색할 수 있다. 이 책은 바로 그러한 문제의식에서 출발하여, 김석년이라는 한국광고의 문제적 개인을 통해 한국 광고 산업이 어떤 길을 걸어왔는가를 살펴보려 한다.

2. 구술증언과 문헌기록의 재구성적 교차분석

방법론적 기초, 구술사

김석년과 그의 광고시대를 살펴보기 위해 이 책에서는 김석년의 구술생애사를 기초 자료로 하면서, 동시대 다른 광고인의 구술증언 및 한국광고사에 관한 문헌기록과 대조 분석해보는 재구성적 교차분석(reconstructive cross-analysis)을 시도할 것이다. 이를 위해 먼저 이 책의 기본이 되는 구술사(oral history) 방법론에 대해서 살펴볼 필요가 있다. (커뮤니케이션 연구방법으로서 구술사 방법론에 대한 좀 더 자세한 사항은 김병희와 윤태일이 2011년에 쓴 〈한국광고회사의 형성〉중 제 3장의 '구술사 연구방법론과 구술자' 참조)

얼마 전부터 커뮤니케이션 연구분야에서도 구술사적 접근의 필요성을 강조하고 그 방법론적 쟁점을 검토하는 글이 심심치 않게 발표되고 있다(김세은, 2013; 백미숙, 2007; 마정미, 2009; 이상길, 2005). 구술사란 무엇인가에 대해서는 다른 분야와 마찬가지로 다양한 개념적 정의가 있다. 한국구술사연구회(2005)에서는 구술사의 개념을 8가지나 열거하고 있고, 미국에서는 주로 기록관리사(archivist)를 중심으로 개념을 정의하는 반면, 영국에서는 구술사의 정치성을 강조한다(윤택림 · 함한희, 2006). 한국 학계에서는 구술사를 구술에 기반을 둔 역사서술뿐 아니라 구술채록 모두를 포괄하는 것으로 정의하고 있다

(윤택림 · 함한희, 2006). 구술사에 대한 정의가 이처럼 다양하지만, 구술 자료에 역사적 자료로서의 지위를 부여하려 한다는 점에서는 공통점이 있다(윤택림, 1994). 구술 자료는 구술성(orality), 주관성(subjectivity), 서술성(narrativity), 상호작용성(interactivity)이라는 특성이 있는데, 질적 연구방법의 하나인 구술사는 이처럼 양적 연구와는 인식론적 단절을 전제로 한다(Hoffman, 1974).

구술사는 생애사(life history), 자기보고서(self-report), 개인적 서술(personal narration), 생애담(life story), 구술전기(oral biology), 회상기(memoir), 그리고 심층면접(in-depth interview)을 포괄한다(김귀옥, 2006). 이처럼 다양한 구술사 자료를 텍스트화할 때 두 가지 접근법이 사용된다. 자기 표현적 성격이 강한 생애담을 서사형식(narrative form) 중심으로 해석하는 서사분석, 그리고 과거의 경험을 문헌기록 등 다양한 자료와 대조하면서 맥락(context) 중심으로 해석하는 재구성적 교차분석이다(윤택림 · 함한희, 2006).

구술사는 기억된 과거의 경험을 들려주는 것이기 때문에 기억이 중요한 의미를 갖는다. 기억은 개인적 혹은 사적 기억과 집합기억(collective memory) 혹은 사회적 기억으로 구분하거나, 공적 재현(public representation)을 통한 지배적 기억(dominant memory)과 그에 대항하는 대중적 기억(popular memory)으로 나누기도 한다. 구술사 작업은 대중적 기억을 복원하는 작업으로도 의미가 있기에 특정 기억을 강요하는 지배 이데올로기에 대항하여 그것을 해체하는 사회적 실천이기도 하다(손병우, 2006). 이러한 성격 때문에 구술사는 그동안 주목받지 못했거나 목소리가 억압되었던 사람들의 생애사, 여성사, 지방사를 알아보는데 많이 활용되어, 아래로부터의 역사쓰기, 대안적 역사서술로 인정받고 있다(윤택림, 1994).

구술사는 그동안 커뮤니케이션 분야에서도 적지 않게 활용되었다. 외국의 경우 뉴욕 주 로체스터 지역 일간지 뉴스 노동자의 삶(Brennen, 2001), 미국신문협회의 인종차별폐지정책(Mellinger, 2008), 최초의 미식축구 경기중계(Cressman

& Swenson, 2007), 유럽 플랑드르 지방 노인들의 텔레비전 수용 경험(Dhoest, 2007), 어린이 TV시청보호를 주장한 시민단체(Clark, 2004), 한국전쟁 당시 노근리 양민학살에 대한 미국언론보도와 현지 주민의 기억 비교(Choi, 2008) 등에 대해서 연구가 이루어졌다. 뿐만 아니라 구술사의 교육적 효과에 주목해 교과과정에 도입되고 있고, 심지어 기업의 역사와 이미지를 제고하기 위한 광고홍보의 수단으로 제안되기도 했다(Conti, 1995).

국내의 경우 주변부 종사자의 관점에서 분석한 어느 에로영화 감독의 삶과 커리어(임영호 · 홍찬이 · 김은진, 2009), 서울 텔레비전(KBS-TV)의 방송제작 시스템과 조직문화의 형성 과정(백미숙 · 강명구 · 이성민, 2008), 한국 최초 텔레비전 방송 HLKZ의 시작과 그 의미(강명구 · 백미숙 · 최이숙, 2007), 한 농촌지역에서 초기 라디오의 수용경험(마동훈, 2003), 그리고 초창기 한국 광고회사의 형성(김병희 · 윤태일, 2011) 등에 대해서 구술사 연구가 이루어졌다. 또 구술자와 직접 인터뷰를 하지 않고 구술 제보자의 회고록을 토대로 한 것이기는 하지만 코미디언 배삼룡의 생애사를 분석한 연구(손병우, 2006)가 있고, 전문적인 학술연구는 아니지만 한국영상자료원에서는 원로 영화인들을 심층 인터뷰해 구술사 아카이브를 구축해 놓고 있다(www.koreafilm.or.kr 참조).

커뮤니케이션 분야는 아니지만 이 책의 주제와 관련해서 주목할 만한 시도는 국사편찬위원회(2006)의 구술사료선집인 〈고급기술자들의 구술을 통해 본 한국 면방직공업의 발전〉이다. 이 선집은 일제 강점기와 해방 직후 면방직공업에 종사했던 핵심인물들의 구술생애사를 통해서 한국 면방직 산업의 역사를 재구성하고 있다.

이와 비슷하게 이 책에서는 원로 광고인의 구술생애사를 동시대 광고인의 구술증언 및 한국 광고사의 문헌자료와 교차 대조함으로써 한국 광고사의 핵심 주체가 갖은 문제의식 및 내면풍경을 생생하게 복원하려 한다. 동시에 그러한 개인사를 통해서 한국 광고가 어떻게 산업적 형태를 갖추기 시작했고 어떻게 도약했는지, 그리고 전문성 향상과 국제화를 어떻게 이룩했는가를 살펴볼 것이다.

구술사 연구절차

이를 위한 구술사의 연구 진행절차에 대해서는 연구자마다 의견이 약간씩 다르다. 우선 국사편찬위원회(2004)는 구술사 연구진행절차를 기획, 면담자 선정 및 교육, 구술면담 실행의 3단계로 나누었고, 한국구술사연구회(2005)는 4단계로 구분했고, 윤택림과 함한희(2006)는 6단계 연구진행 절차를 제시했고, 백미숙(2007)은 방송구술 채록을 위해 9가지 진행 절차를 제안했다. 이 책은 한국구술사연구회(2005)가 제시한 기획, 실행, 정리 및 분류, 활용 단계라는 4단계 권고사항을 참조해서 다음과 같이 구술사 연구를 진행했다.

1단계에서는 사전기획을 통해 관련 자료를 수집했다. 한국광고사에 관한 검토를 통해서 한국광고의 역사를 생생하게 이야기해줄 수 있는 원로 광고인을 제보자로 선정하고 그에 관한 관련 자료를 수집 검토했다. 제보자의 동의를 얻은 다음 구체적인 구술 인터뷰 계획(시간, 장소, 횟수, 범위)을 수립했다.

2단계에서는 사전계획에 따라 구술 인터뷰를 진행했다. 제보자와 예비 접촉해 대략적인 구술 주제 및 범위를 협의하면서 제보자와 친밀감(rapport)을 형성한 후 카메라와 녹음기 등의 장비를 점검하고 본격적인 인터뷰를 진행했다. 본격적인 인터뷰 외에도 필요에 따라 수시로 접촉하면서 추가적인 면담을 실시했다.

3단계에서는 인터뷰 자료를 정리하고 검증하면서 그 내용을 해석했다. 어느 정도 면담이 진행된 후 녹화자료 및 녹음파일을 바탕으로 녹취문을 작성했다. 구술내용을 요약하여 주제에 따라 분류 편집한 녹취문을 동시대 다른 광고인들의 구술자료와 비교검토하고 문헌기록과도 대조하면서 기억의 부정확함에서 기인한 사소한 오류를 점검했다. 이 책에서는 제보자의 구술내용을 다른 자료와 대조 점검하면서 맥락 중심으로 해석해보는 재구성적 교차분석을 주로 시도했다.

4단계에서는 구술사 자료의 텍스트화를 시도했다. 제보자의 구술자료를 동시대 광고인의 구술증언 및 문헌기록과 재구성적 교차분석을 시행하여 구술사 연구 텍스트의 초고를 만들었다. 이렇게 일차적으로 만들어진 구술사 연구 텍스트는 다시 제보자에게 보내서 검토하게 했다. 그 과정에서 제보자의 말을 잘못 기록한 부분, 제보자의 원래 의도와 다르게 표현되었다고 지적받은 부분, 비록 인터뷰 때 구술하기는 했지만 텍스트로 공개되는 것에 제보자가 부담감을 느끼는 부분 등은 제보자의 의견을 존중해서 수정함으로써, 구술 제보자가 텍스트에 대한 통제권을 저자와 공유할 수 있도록 했다. 수정과 재분석 과정을 거쳐 완성된 최종적인 텍스트가 바로 이 책의 뼈대를 이룬다.

구술사 연구절차에서 구술자 선정은 연구의 성패를 좌우한다고 해도 과언이 아닐 정도로 중요하다. 구술 제보자 선정기준은 그가 주제와 관련해서 정확하고 풍부한 정보를 제공할 수 있는 이론적 자격(theoretical qualification, competence)을 갖추었느냐 하는 점이다(윤택림 · 함한희, 2006). 한국 광고사와 관련해서도 구술 제보자를 선정하는 기준은 제보자가 한국 광고사의 중요 사건을 증언해줄 수 있을 정도의 사회적 지위를 지니고 있었는지의 여부와 당시에 실제로 비중 있는 역할을 수행했는지의 여부였다. 이러한 기준에 가장 적합한 인물이 바로 김석년이었다. 그는 항상 한국 광고계의 중심에서 핵심적인 역할을 수행하면서, 초창기 한국 광고산업이 어떻게 형성되어 비약적 발전을 했고, 어떻게 전문성을 확보하고 국제화를 이루어 나갔으며, 그 과정에서 초창기 광고인의 고민과 문제의식이 무엇이었는가를 생생하게 들려줄 수 있는 한국광고사의 산 증인이라 할 수 있다.

김석년과의 본격적인 인터뷰는 2009년 봄부터 여름까지 집중적으로 이루어졌다. 하지만 그 뒤로 필요하면 수시로 만나서 추가적인 인터뷰를 하면서 관련 내용을 보충했고, 이 책의 초고가 어느 정도 정리된 상태에서도 그에게 원고를 보내 내용을 확인하게 하고 초고에 대한 그의 세세한 의견을 들었다. 제보자의 광고인생에 관한 본격적인 집중 인터뷰는 한 번에 보통 2시간 정도 진행했고 대부분 제보자의 집에서 이루어졌으며 보충적인 인터뷰는 호텔 커피숍이나 한적한 카페, 레스토랑 등 상황에 맞는 곳에서 진행했다. 인터뷰는 엄격하게 구조화된 질문지를 바탕으로 진행하지는 않았다. 김석년이 자신의 광고인생을 생각나는 대로 회고하면서 관련된 기억을 자유롭게 풀어놓는 형식으로 진행되었다. 제보자가 자유롭게 자신의 기억을 풀어내는 동안 연구자는 한국광고사의 전체 흐름을 염두에 두면서 자연스럽게 다음과 같은 의문이 해소될 수 있도록 인터뷰를 진행했다.

> 첫째, 1960년대 말부터 1970년대까지 한국광고는 어떻게 산업적 형태를 갖추기 시작했는가?
> 둘째, 한국광고 산업이 도약을 이루던 1980년대와 1990년대 한국 광고산업의 결정적 배경요인은 무엇이고 광고인의 문제의식은 무엇이었는가?
> 셋째, 한국광고가 산업적 성장을 거쳐 세계 광고계와 만나면서 어떻게 국제화가 이루어졌는가?
> 넷째, 동양인 최초로 국제광고협회(IAA) 세계회장을 수행하면서 체험했던 한국광고인의 도전과 성취는 무엇이었는가?
> 다섯째, 40년 광고인생을 통해서 자연스럽게 체득하게 된 그의 광고사상은 무엇인가?
> 여섯째, 광고계에 투신하기 전까지 그는 어떤 삶을 살았고 그러한 삶의 경험이 광고업무에 어떻게 투영되었는가?

이러한 질문에 대답하기 위해 이 책은 김석년의 구술 인터뷰 내용에서부터 출발하여 구술 내용을 동시대 다른 광고인의 구술증언과 대조하고 한국광고사 관련 문헌과 교차 대조해봄으로써 김석년 개인사와 한국광고의 산업사를 씨줄과 날줄로 해서 엮어나갈 것이다. 따라서 김석년의 구술 내용 중 인용된 부분은 물론, 어떤 경우에는 직접 인용되지 않은 부분도 요약정리하고 다른 문헌자료와 교차대조하여 기술한 후, 그와 관련해서 그가 했던 인터뷰 내용을 그대로 인용해서 제시함으로써 자료집의 성격도 갖게 될 것이다. 이것은 한국광고의 산업사나 인물사에서 그동안 잘 알려지지 않았던 이면의 역사(behind history)를 전달하는 것만이 이 책이 목적이 아니기 때문이다. 그러한 새로운 사실정보의 제공뿐 아니라, 한국광고의 산업사와 인물사의 중요한 굽이굽이에서 김석년과 동시대 광고인들이 어떤 문제의식을 가지고 있었고 무엇을 열망했으며 그 과정에서 느끼는 내밀한 정서적 결은 어떠했는가를 촘촘하게 기술함(thick description)으로써, 한국광고산업 형성기에 광고 주체들의 목소리를 그대로 전달하고 그 내면 풍경까지 오롯이 담아내고 싶었기 때문이다. 이 책을 통해 한국광고 40년의 산업사와 인물사가 씨줄과 날줄로 서로 얽히면서, 그동안 알려지지 않았던 광고사의 객관적 사실정보와 광고 주체의 주관적인 목소리가 생생하게 전달될 수 있으리라 기대한다.

2장

광고계에 입문하기까지

1. 서울토박이의 어린 시절

일제강점기 시절

김석년은 1934년 서울에서 태어났다. 본적 및 출생지는 종로구 옥인동으로 그의 집안은 스스로 자부심을 가지고 밝히듯이 본래 조선 후기 권문세족인 안동김씨 집안으로 대대로 서울에서 살아온 이른바 '서울토박이'다. 사단법인 서울토박이전통문화진흥회(cafe.cha.go.kr/seoultobagi)에 따르면, 서울의 사대문 안 및 사대문 밖 10리까지의 지역에서 1910년 이전부터 3대 이상이 거주했던 서울사람이 서울토박이다. 2007년 조사 결과 서울토박이는 서울 인구의 4.6%인 대략 40만 명 정도로 추산하고 있다.

그의 어린 시절 서울 이야기는 일제강점기에 비교적 부유한 서울토박이의 소비문화가 어떠했는가를 전해주는 의미 있는 자료이기도 한다. 그의 기억에 의하면 일제강점기 시대인 1930~40년대에 이미 집에 수돗물이 있고 유치원을 다닐 정도로 양반 권세가였다. 그 자신이 서울토박이지만, 오랜 세월 서울을 벗어나지 못하고 서울에서만 살았다는 것이 그렇게 자랑할 만한 것은 아니라며, 그는 서울토박이가 별로 진취적이지 못하다고 평했다.

당연한 이야기지만 예전의 서울은 지금만큼 크질 않았다고 기억했다. 유년시절에 보던 서울의 모습은 산은 많이 변하지 않지만 특히 하천은 많이 달라

유치원 시절의 김석년

졌다고 느꼈다. 도시화가 되면서 원래 서울에 있던 여러 조그만 하천들이 도로로 덮이고 다시 복개되는 과정을 거쳤기 때문이다. 서울은 많이 변했지만 그는 개발로 인해 강남으로 많이 밀려났다고 지각했다. 이는 특히 전두환 정부 시절 학교가 강남으로 많이 이전하면서, 강남 쪽으로 개발 및 변화가 있었기 때문이라고 했다. 그는 전두환 정부 시절 중고등학교가 대거 강남으로 이전하면서 서울 도심의 공동화가 더 촉진되었다고 보았다. 물론 이미 도심 공동화가 진행되어 학생이 없기 때문에 학교가 이전했다고 볼 수도 있다. 서울토박이가 들려주는 어린 시절의 생생한 이야기는 다음과 같다.

A 우리 아버지는 둘째예요. 둘째가 돼서 집안의 종손은 아니에요. 종손은 우리 큰아버지 쪽이고 우리는 종손이 아니야.

Q 선친은 원래 뭐 하셨었어요?

A 한다고 이것저것 하셨지. 사업을 이것저것 좀 하셨어요. 한 게 아니라 와서 누가 하자고 꼬시는 거죠. 예를 들어서 '정미소를 하십쇼' 하고….

A 서울 토박이라는 건 무슨 얘기냐 하면 1920년대 이전에 서울서 살던 사람들 집안이니까요. 다시 얘기해서 강북에서도 사대문 안에 살던 사람 얘기를 하는 거예요. 지금 서울 사람이라고 해서 강남 사는 사람들 다 포함한 이야기가 아니라, 옛날 사대문 안에 살던 사람이 지금 현재 얼마냐 그런 이야기예요. 그러니까 상당히 적은 거죠.

Q 요즘은 서울 도심에 사는 사람이 별로 없죠? 전부 사무실이나 상가 이렇게 되가지고 거주인 자체가 아마 별로 없을 거예요.

A 그게 왜냐하면 전두환 때 학교를 전부 강남으로 보내버렸기 때문에 거기에 따라서 인구 이동이 된 거예요. 그렇지 않아요? 학교가 없는데 어떻게 애를 기르고 살 수가 있어요. 그래서 강남을 개발하면서 학교를 다 그리로 보내버렸기 때문에 할 수 없이 대치동 그쪽으로 학부모들이 갔어요. 왜냐하면 애들 학교를 보내고 학원을 보내야 하는데, 저기 덕수궁 앞에 살면서 어디를 가요? 그래도 여고 하나 남아 있는 게 난 참 신기해요. 그래서 지금 사대문 안에 옛날에 있던 국민학교의 한 4분의 일이나 5분의 일정도 밖에 없을걸요. 부동산으로 그렇게 강남이 뜬 거예요. 수요가 많으니까 그러고 이 강북이 공동화된 거죠.

A (서울시) 기념행사의 하나로 서울토박이라는 걸 만들었어요. 등록을 시켰더니 (서울토박이로 인정)된 사람이 몇만 명 안 돼요.

Q 서울토박이가요? 몇만 명이나 되나요?

A 아니 지금 천만 인구에 몇 만 밖에 안 된다면 적은 거예요. 1920년 정도서부터 서울서 살았던 사람, 그전부터 그런 사람들이 몇만 명 안 돼요. 나는 친구들이 등록을 해줬고요.

Q 뭐 하는 거예요?

수표교 부근의 청계천 옛 모습

A 기념사업이라고 해서 만들었는데 실제로 하는 건 아무것도 없어요. 그렇게 열심히 하는 사람들. 거꾸로 얘기하면 얼마나 주변머리들이 없어서 아직도 그냥 서울에서 그대로 살고 있고, 진취적이지 않느냐는 거죠.

Q 오히려 예를 들면 지방에 조그만 촌이라든지 이런 데서 다 서울 와있지요.

A 거기서 계속 사는 사람은 진취적이지 못하다고 얘기할 수 있지만 서울 도심에서 계속 사는 사람들이야, 뭐 결국은. 하다못해 요즘 이야기가 '아직도 강북에 사십니까?'잖아요.

A 우리 어렸을 적에 아까도 그런 얘기가 나왔지만, 세상이 많이 변한 것 중에, 서울시내 변한 것 중에, 산은 변하지 않았죠. 근데 개울은 많이 변했거든요. 그 개울이 한국에서 콘크리트로 도로도 만들고 심지어는 복개하는 이런 문화가 생긴 게 1970년대에 시작한 거거든요. 그전에는 그렇지가 않았거든요. 1970년대면 우리가 벌써 근 40이 가까웠을 적의 얘기예요. 우리 어렸을 적에는 청계천, 인왕산에서 내려오는 물줄기, 삼청동에서 내려오는 물줄기, 그게 중학천, 산천, 삼청천, 수막천이랬어요. 혜화동에서 내려와서 대학로를 쭉 가던 물길 대학천. 거기 보면 장마철이나 물이 내려올 때 되면 거기서 어린애들 그냥 발가벗고 수영들 하고 물장난하는 거죠. 그리고 물이 적었을 적에도 동네 부녀자들 다들 빨래하고요. 다 그랬던 거죠.

그러다가 6 · 25 나고, 자동차 많이 생기기 시작해서 길 넓히고, 복개했죠. 다시 뜯고 강 살린다고 지금 많이 변하잖아요.

어린 시절의 놀이 문화

김석년 집안이 당시로서는 꽤 부유한 집안이었지만 어린 시절 장남감이 충분하지는 않았다. 특히 1930년대 말 1940년대 초는 배급체제였기 때문에 놀 거리가 충분하지 않았다. 축구공 같은 놀이거리가 풍부하지 않아 병정놀이, 자치기 같은 놀이를 주로 하였다. 또 일본이 싱가포르를 함락시킨 기념으로 고무공을 하나씩 주었던 것으로 기억했다. 일본이 싱가포르를 점령한 때는 태평양 전쟁을 일으켜 초기에 승승장구할 때인 1942년으로, 대략 김석년이 초등학교 3학년 정도의 아주 어릴 때였다. 영화, 소설책 등 여가생활을 즐길만한 문화가 풍부하지 않았고 그 당시의 서양 고전 혹은 명작들은 거의가 일본어로 번역된 책들이었다.

그 당시 외국영화가 한국에는 없었고 한국 영화를 찍기는 했지만 볼만한 영화는 아니었다고 회고했는데 그 당시 어린 김석년의 입장에서는 볼 수 있는 영화가 별로 없었을 것이다. 기록에 의하면 우리나라 최초의 극영화는 1923년 윤백남이 감독한 「월하의 맹서」이며, 1926년 나운규의 「아리랑」이 크게 성공하며 조선영화의 흥행계가 정착했다. 하지만 1930년대 전체 영화 중 조선영화는 4%에 불과했고 일본 영화가 69%, 일본을 제외한 외국영화가 27%를 차지했다. 1941년부터는 필름 배급제가 실시되고, 1942년 9월 조선인 제작자의 허가가 모두 취소되어 군국주의 영화 위주로 제작되었기에 (김미현, 2013), 김석년이 어릴 때 볼만한 영화가 없었다는 기억은 이러한 사정을 반영한다.

A 모든 게 다 통제 하에 있었고, 모든 게 다 배급이고, 운동화도 학교에서 배급 주고, 쌀도 동네에서 배급 주고, 모든 게 다 이렇게 통제 하에 있었어요. 지금 이북이랑 마찬가지예요, 말하자면은 '다들 넉넉하게 살았다 말이야.' 이런 시절은 아니었어요. 그러니까 그때에 장난감도 귀했어요, 사실.

Q 그 당시 어렸을 때 뭐하고 노셨어요? 학교 갔다 와서 골목에서….

A 글쎄, 학교 갔다 와서…. 그때의 장난감은 지금 수준으로 보면 장난감도 아니지요. 그냥 정말 있는 거 가지고 소꿉장난도 하고 이런 정도지요. 그렇게 장난감이라고 해봐야 군인 같은 장난감인거죠. 더군다나 남자애들은 총이니 칼이니 이런 거 가지고 노는 데, 그게 다 장난감인거죠.

A 일본 애들이 군대에서 쓰기나 하지, 고무공 같은 거는, 고무신도 다 통제를 했어요. 배급 주는 시대였고요. 기억나는 건 그때 일본 애들이 싱가포르하고 남양 전체 점령했다고 해가지고 학생들한테 고무공 하나씩을 줬어요.

Q 승전 기념으로요?

A 네. 승전 기념으로. 그거 이후에는 고무공이니 뭐니 그런 거 힘들었어요. 그리고 국민학생들이 야구니 축구니 그런 거 못했죠.

A 그때 참 가난했던 시절이었어요. 그래도 국민학교 때 책을 많이 봤어요. 만화책도 있었지만 책들을 많이 읽었어요.

Q 책 기억나시는 게 있으세요?

A 그때에 읽었던 책들이. 어렸을 적에, 〈소공자〉라든지. 무슨 저기 〈장발장〉 얘기에서 나오는 어린아이들 얘기라든지 이런 책들을.

Q 그게 우리나라말로 번역된 거예요? 아님 일본말?

A 일본말로 된 거죠. 어렸을 적에는. 그러고서는 나중에 해방되가지고 다 한국말로…. 해방돼서 우리가 중학생이 되니까 그때부터는 사실 책도 없었어요. 한글로 된 책이 많지 않았어요. 출판된 게 없었으니까요. 그래서 우리들은 계속해서 일본

말 책을 읽었어요.

A 그때는 일본책만 취급하는 고서점들이 동네에는 하나씩 다 있었어요. 그래서 거기에서 세계문학전집이니 이런 것들 빌리기도 하고 사기도 하고, 다 헌 책 가지고 공부들을 했어요. 그러니까 일본 중학생들 일본 고등학생들이 읽는 책들, 그런 것들을 우리는 많이 읽었어요. 한국 학생들이 읽을 만한 책들이 준비된 게 없었어요. 그러고 6 · 25가 났지요.

Q 그 전에는 혹시 어린이 잡지라든지 이런 잡지 같은 거는….

A 어린이 잡지가 시작됐는데 별로 우리가 애독자가 되는 정도는 아니었어요. 그리고 그때는 책이 나와도 종이도 질이 나빴고 인쇄도 질이 나빴고 칼라 인쇄라는 건 표지 정도만 칼라지요. 그 이외는 없었고요.

Q 영화나 방송 같은 거 기억에 남는 거 있으세요? 그 당시에.

A 영화는 보기 시작했어요. 그런데 그때는 우리가 아직 어려서 영화를 그렇게 많이 보러 다니지는 않았어요. 그래도 한국에 들어오는 영화가 1년에 한 2~3편? 이름 있는 거나 들어오지 그렇지 않으면 외국영화가 한국에 없었어요. 한국에서 영화를 찍기는 했지만은 볼만한 영화도 아니었고….

해방 후 혼란기와 경기중학교 시절

해방 후 김석년은 경기중학교에 입학한다. 경기중학교는 일제강점기부터 있었던 공립학교로 당시 수재들이 가는 최고의 명문이었으며, 고등학교까지 그대로 이어지기 때문에 실제로는 경기중 · 고등학교인 셈이다. 해방 후 6 · 25가 터지기 전까지의 기간에 좌우대립도 있었지만 대학교 수준에서의 좌우 대립이었고 아직 중학생들은 그런 정치적 분열에 연류되지는 않았다. 경기중학교 시절 그는 특히 미술반 활동을 열심히 했는데, 그 당시 경기중학교 미술 선생님 중에는 유명한 미술인이었지만 월북하여 한국미술사에서 그 이름이 사라진 사람도 많았다.

문학에서 월북작가들이 많아 한동안 반쪽짜리 한국문학사를 서술할 수밖에 없었던 것과 마찬가지로 한국미술사에서도 이쾌대 정현웅과 같은 월북미술가가 꽤 많았다. 월북한 미술가 중에서 해방 직후의 혼란기에 경기중학교 미술교사를 했던 사람은 리순종(李純鍾, 1915~1979)이다. 그는 대구에서 태어나 1941년 일본 동경미술학교를 졸업하고 해방 직후 서울에서 조선프롤레타리아미술동맹, 조선미술동맹을 결성하여 간부로 활동하다가 6·25 때 월북하여 평양미술대학 교원을 역임했다.

그는 중학교 시절을 가장 행복한 시절이라고 이야기한다. 전쟁 전 공부는 물론 미술반 활동도 열심히 해서, 음악 연극에 관심이 많았던 행복한 시기를 보낸다. 경복궁의 경회루 연못에서 겨울이면 스케이트를 타고 여학생들과 만날 때 빵집에서 만나던 기억을 들추어냈다. 1910년대에 벌써 미국과 일본에서 귀국한 인사들이 스케이트를 가져와 경회루나 창경원 등의 연못에서 얼음을 타면서 차차 보급되기 시작했다고 하는 기록으로 미루어 보아, 경회루 연못은 꽤 일찍부터 일반인에게 스케이트장으로 개방되었고(〈경향신문〉, 1973.12.22.), 그것은 1970년대 말까지 지속되었다.

A (경기중 시절이) 제일 행복하고 그랬던 시절인데, 이북하고 물론 갈라지고, 좌익 우익 학생들 싸움도 있었고, 그렇지만 대학교에서처럼 그렇게 심하지 않았어요. 그때 뭐 다들 그냥 참 열심히 공부하고 열심히 놀고 그랬죠. 그때 내가 상당히 미술 좋아하고 어떤 의미에서 보면 문학 소년이었죠. 그래서 음악회도 쫓아다니고 연극 같은 것도 쫓아다니고요.

Q 그때 무슨 서클 같은 거 하셨어요?

A 미술반을 했어요. 그때도 벌써 우리 중학교 2학년 때 유화도 시작했으니까 내가 미술도 열심히 하고 또 선생님도 좋았어요.

Q 그때 경기중 출신 유명한 선생님들, 유명하신 분들도 많았어요?

A 많았죠. 유명하신 분이 계셨죠.

Q 기억나시는 분 계세요?

A 그런데 그 양반들은 6 · 25때 다 이북으로 가버렸어요. 그러나 한국미술사에는 다 남는 유명한 분들이셨어요.

Q 유명하셨으면 한참 동안은 한국미술사에서 이름이 그냥 안 나왔겠네요. 김×× 이런 식으로 표기되었겠네요.

A 그렇죠. 그런 사람도 있죠. 경기출신의 미술 선생도 있고요. 내가 어려서부터 그림 그리는 거 좋아하고 그랬어요. 그래서 경기중 다닐 적에 미술도 하고 문학소년 같은 생활을 했죠. 세상 참 어려운거 모르고 그야말로 행복하기만한 시절이었죠. 그때 무슨 6 · 25 전쟁이 난다는 걸 누가 상상했어요? 아무도 상상 못했죠.

Q 당시에는 이제 막 해방이 됐으니까 엘리트 의식 등이 많았을 것 같은데요. 모든 분야에서 정치면 정치, 예술이면 예술, 새로운 나라의 인재라는 이런 게 굉장히 많았을 것 같은데요.

A 그럼요. 그때는 우리가 보기에는 6 · 25라든지 혁명이라는 게 있었던 건 아니고, 세상이 많이 변하지도 않았고요. 다들 침략에 대해서 위협을 느끼거나 그런 것도 없었어요. 그때도 우리 친구들 중에서 사상적으로 좌경했던 애들이 좀 있긴 있었어요. 그래서 6 · 25 되니까 그쪽으로 넘어가더라고요. 그런 애들이 있었지만 그런 애들은 상당히 조숙한 애들이었죠.

Q 동기 분들 중에요. 기억나는 분들이라든지 꼽을만한 분들 있어요? 정치든, 예술문화 쪽이든, 북으로 넘어간 사람이든지요.

A 넘어간 사람이야 우리가 소식을 잘 모르니까요. 그 후에 어떻게 됐는지 뭐라고 할 수 없죠. 모르니까요. 넘어갔다는 사람 한 대여섯 명 되나? 그것밖에 안 될 거예요. 250명 중에서 몇 명 안 되죠. 상당히 조숙한 학생들이었고….

Q 당시에도 여학생들 만나서 놀고 그러셨나요?

A 지금 생각나는 거는 경회루가 있어요. 경복궁 속에 있는 경회루가 (겨울에) 얼어요. 그럼 스케이트를 타는 거예요. 국산 스케이트를 사가지고 거기 가면 여학생들이 많이 있단 말이에요. 여학생들을 꼬셔 가지고 같이 나가서 중국집에 가서 같이 자장면을 먹기도 하고 빵집에 가고 그랬어요. 빵이 요새의 빵이 아니고 찐빵 그런 거 만드는 집이죠. 요새 얘기하는 케이크 같은 게 아니에요.

Q 당시에도 이렇게 빵집에서 많이 만났군요.

A 그럼 빵집이죠. 최고로 갈수 있는 데가 중국집 아니면 빵집이었어요.

Q 당시에 연애상황이, 남녀가 멀리 떨어져 있고 그런 분위기가 아니었나 보죠?

A 남학생이 여학생한테 집적거리기가 아주 힘들었어요. 보통 용기가 필요한 게 아니었어요.

6 · 25 전쟁의 경험

김석년이 고등학생일 때 6 · 25 전쟁이 발발한다. 전쟁 발발 후 바로 피난 가지 못하고, 9 · 28 수복 때까지 경기도 덕소에 몇 개월 머물러 있었다. 그리고 1 · 4 후퇴 때 간신히 열차에 몸을 싣고 부산으로 내려갔다. 그 시기 나이가 많지 않았기에, 슬픔이나 고통도 그냥 자연스럽게 받아들였다고 기억했다. 또한 다 같이 힘든 시기였기에 상대적인 빈곤이 없었고 서로 돕고 살았기에 어떤 의미에서 지금보다 더 정이 있던 시절이라 했다. 경기중고등학교는 부산에서 천막교사 형태로 존속했다. 김석년 아버지는 피난시절 부산에서 제약회사를 운영하였는데, 그의 집에 많은 식구들이 모여서 살았다.

6 · 25 발생 후 부산에서 피난생활을 했는데, 당시 고교생들 사이에는 춤바람이 불어 춤도 추러 다니고 다방도 들락거렸다고 김석년은 기억했다. 전쟁 중이라 부산 피난지에서 일체의 여가생활이나 문화예술 활동이 없었을

것으로 생각하기 쉽지만 그렇지 않았다. 유민영(2001)은 〈한국연극운동사〉에서 피난지에서의 연극 활동 및 당시의 분위기에 대해서 이렇게 묘사했다.

대구에서의 연극들이 모두 신선감이 없는 과거 작품의 재탕 공연이었음에도 극장은 언제나 발 디딜 틈도 없을 만큼 초만원이었다. 그럴 수밖에 없는 것이 피난민들이 갈 곳을 잃었기 때문이다. 마땅한 직장도 없는데다가 단칸 방 하나에서 여러 식구가 피난 생활을 보내야 할 처지이므로 낮에는 거리와 공원과 다방, 그리고 밤에는 대포집과 극장으로 몰렸던 것이다. 그것은 대구에서만 그런 것이 아니었고 부산 마산 진주 전주 광주 등 가는 곳마다 마찬가지였다. 군에서 주식과 부식 등을 제공받는 처지에서 미혼의 젊은 배우들은 배당금을 주체 못해서 돈으로 베개를 만들어 베고 잘 정도였다.(363쪽)

전쟁 중의 피난지였기 때문에 사회적 규율이나 질서가 붕괴된 혼란의 와중에서 청소년들이 탈선도 많았을 것이고 어떤 의미에서는 정상적인 평화의 시절보다 더욱 자유분방했으리라고 충분히 예상할 수 있다.

Q 6 · 25 나고 처음에 왜 한강다리 끊고 그래서 피난들을 많이 못 갔잖아요?

A 아 못 갔죠. 그때 우리도 못 갔어요. 그래가지고 덕소에 가서 거기서 몇 개월을 지냈죠. 낮에는 산 위에 올라가서 숨어있고, 밤엔 내려와서 자고, 아침 먹고 또 산에 올라가 있고, 내려오고 그랬죠. 생각해보면 말이죠, 9 · 28 수복 때 인천상륙이 되가지고 뻥뻥 함포소리가 들리고 남쪽에서부터 인민군들 패잔병들이 다 이북으로 걸어 올라가는 거예요. 근데 우리 동네를 지나가는 거예요.

Q 덕소 있는데요?

A 네. 걔네들하고 산에서 마주치고 이러면 어떤 친구는 총 들고 있고 어떤 친구는 총도 없이 이북으로 걸어가는 거죠. 그 다음날 낮에 떡 보니까 국군이 밑에서부터

거기까지 올라 온 거예요, 서울 향해서. 그래서 국군을 만났는데 동네 들어가 있으라고 나다니지 말라고 그랬어요. 근데 그날 저녁에 국군들이 또 없어졌어요. 그랬더니 남쪽에서 오는 인민군들이 또 올라오는 거예요, 계속해서. 잘못하면 정말 아주 재수 없어서 죽는 거죠, 잘못 걸려가지고. 결국 그런 와중에 정식 전투가 아닌 혼란 속에서 죽은 사람들도 많았죠. 나중에 서울로 올라와서 12월까지 있었어요.

A 그리고 우리는 부산을 내려갔어요. 부산에서도 부산진역에서 내렸어요. 그래서 가져간 짐들, 트렁크들을 억지로 하나 빌린 리어카에 싣고 밀고서 아는 집으로 찾아 갔어요. 처음에 우리가 여관을 찾아갔어요. 여관에서 방하나 얻어가지고 지냈어요. 우리 아버지가 친구하고 접속이 되가지고, 아 그럼 저희 집으로 오라고 그래가지고 그 집에서 살았어요. 그래서 피난생활을 하고, 부산에서 학교 다니기 시작하는 거죠. 우리보다 2년 위는 군대 간 사람이 많고, 우리들은 군대 간 사람은 몇 명 없었어요.

A 우리는 부산 가서 우리 아버지가 아는 사람한테 갔죠. 당시에 아버지가 제약회

동창들과 칠순 축하파티 후 부인과 함께 중고등학교 교복을 입고 촬영한 기념사진

사를 하셨어요. 그분은 부산에서 제약 회사하던 사람이었어요. 그쪽에서 우릴 받아줬어요. 아주 큰 방을 주더라고요. 다다미방이 열두 개짜리. 거의 두 방으로 쪼갤 수가 있었어요. 한쪽에는 우리들 식구들 와서 우글우글하고, 한쪽에는 우리 엄마 아빠 있었어요. 우리 집에 와서 살던 우리 패거리들은 다 우리 집 와서 살다시피 했어요. 끼니때가 되면 다 같이 먹는 거고, 우리가 나가서 있으면 다 나가서 어떻게 먹는 거고, 뭐 그랬죠, 피난 생활 이라는 건.

A 부산 시내에 대신동이라고 지금 부산 경기장 있는 데요. 부산 스타디움 있는 그 근처 산 밑에 저수지가 있고, 그 근처에다가 땅을 얻어가지고 천막 교사들을 짓는 거죠. 그래서 천막교사예요, 부산학교가.

Q 그러면 6 · 25때는 거의 고등학교 시절이었겠네요.

A 그렇죠. 고등학교 2학년이 되자마자 6 · 25가 났으니까요. 일요일에 났잖아요, 그게. 월요일에 학교 갔어요. 가니까 이북에서 비행기가 날라 오고 이쪽에서 비행기가 응전(應戰)을 하고 서울에서 이러더라고요. 그러더니 집에 가라고 하더라고. 그래서 집에 갔죠. 그게 마지막 학교예요, 서울에서. 부산 가서 일 년 동안은 북쪽으로 가고 남쪽으로 오고 막 이러하니까 그때 학교가 제대로 되지 않고 그래서 거의 일 년 후에 봄이 되니까 학교가 거기서 섰던 거예요. 그래서 거기서 학교 다니기 시작한 거죠. 그래서 학생들은 군대에 잡혀가지 않았어요.

Q 드라마처럼 그 주위 환경이 무서웠어요? 드라마에서 보면 눈에 불 켜고 다니고 그러잖아요.

A 그렇지도 않아요. 피난시대에 다들 먹고살기 힘들고 오히려 사람들은 서로가 어떡하면 도울까 뭐 이러했어요.

Q 연애도 하고 다했다고 하던데요.

A 그런 건 있었죠. 연애 다 했어요.

A 6 · 25 나서 부산에서 고등학교 마지막이었어요. 1~2년을 지내면서 오히려 부산이 더 개방적이었어요.

Q 전쟁이고 어수선하니까요.

A 전쟁 때도 가정이 없으니까, 집이 없으니까 다 셋방살이를 이집 저집에서 하고 있으니까요. 집에서 사는 시간보다 나가서 사는 시간이 더 많았어요. 그때 중학교 때 춤바람들이 불었어요. 포타불(portable)이라고 이렇게 돌리는 축음기가 있어요. 축음기 돌려놓고 3분짜리 소위 SP라고 그러죠?

Q 네. LP판 말고 SP판이요.

A 네. LP는 long play예요. SP판을 돌려가지고 3분 돌아가면 또 뒤집어놓고 하는 거죠. 그러고서는 부산에서는 다다미방을 빌려가지고 거기에서 춤도 추고요.

Q 고등학생들도 그때 춤바람이 많이 났었나요?

A 일부 고등학생들만 그랬었죠. 그때 춤도 추고 그랬죠. 부산서는 갈 데가 없으니까 고등학생 애들도 다방을 드나들기 시작했어요.

Q 교복을 입고요?

A 교복이 아니죠. 뭐든지 입는 거죠. 입을 수 있는 건 뭐든지 입는 거죠. 부산 피난 시절 교복이 있었지만 교복은 부산 처음에 갔을 때는 차려입을 경황이 아니었어요.

Q 그래서 원래 철없었던 청소년들이 그 시절에 더 분방 했겠군요.

A 그렇죠. 오히려 분방했었죠. 집에서 사는데 제대로 사는 것도 아니었어요. 나머지 셋방살이도 없음 그렇게도 안 되고요. 점심에 연극이다 예술제다 이런 것들도 하고 그러다가 반년씩 지나가고 그러다가 졸업하고 했어요.

2. 연극예술에 빠지다 : 경기고와 서울대 시절

피난지에서 눈을 뜬 연극예술

부산 경기중고학교에서 교육을 받았는데, 학교를 위해 무엇을 할 수 있을까 생각 중 예술제를 담당하게 된다. 이 기회는 그의 인생에서 큰 전기가 된다. 우리나라에서 「고도를 기다리며」 연극 연출로 유명한 연극인 임영웅도 부산피난 시절인 휘문고보 2학년 때 연극에 눈을 떴다고 했다. 남도예술제를 열어 「여로의 끝」이라는 연극의 연출과 주연을 맡으면서 연극인의 길에 들어섰던 것이다(〈연합뉴스〉, 2009, 3, 19).

김석년에 따르면, 한국 근대연극사의 대표적 인물인 유치진(1905-1974)은 그의 집안과도 관계가 있었다. 유치진이 그 당시 처음으로 「가야금의 유래」라는 희곡을 그에게 주어서 부산극장에서 초연을 하게 된다. 「가야금의 유래」는 유치진이 전쟁 중인 1951년 1년 동안 통영에 들어앉아 쓴 작품이다. 그때 쓴 작품이 「처용의 노래」 「청춘은 조국과 더불어」 등이다. 한편 이 작품을 여성 국극으로 쓴 것으로도 나와 있으며 1954년 공연되었다. 김석년은 유치진이 이 작품을 정식으로 무대에서 초연하기도 전에 자신들에게 주어서 무대에 올렸고 이때 연출로 도움을 준 사람이 허석이고 주연을 맡은 후배가 이낙훈라고 기억했다. 허석은 유치진의 희곡 「별」(1948)을 연출했을 뿐 아니라, 역시 유치진의 희곡 「원술랑」을 1950년 4월 국립극장 개관기념으로 초연할 때 연출했던 적이 있다(유민영, 2001).

이낙훈(1936-1998)은 김석년의 2년 후배로 경기고등학교와 서울대 미학과 후배이다. 미학과를 다니다가 미국 마이애미대학 사학과를 졸업하고 연극배우와 탤런트로 활약했다. 특이하게 외화더빙 번역작업을 했고 국회의원도 역임한 바 있는데, 역시 국회의원을 역임한 바 있는 배우 이순재는 자신이 정계에 입문한 것은 친구인 이낙훈 때문이라고 인터뷰에서 말한 적이 있다.(정충신, 2011.12.9) 「가야금의 유래」는 '극장 문이 부서질 정도로 사람들이 몰려' 대성공을 거두었고 이를 계기로 학교로부터 표창도 받았다고 기억했다. 이는 이낙훈의 회고에도 나타나 있다. 이낙훈이 쓴 1991년 12월 28일 〈동아일보〉 31면 칼럼 '무대인생 45년 : 다시 원점에 선 황혼의 피에로'에 보면 그 당시에 대해서 이렇게 기록하고 있다.

> 51년 부산피난시절, 아버지를 잃은 집안은 어려웠다. 그러나 연극에 미친 나는 북새통에도 무대에 섰다. 경기예술제에서 유치진 선생의 「가야금의 유래」 공연은 열다섯 살의 나를 일약 유명소년으로 만들었다. … 서울대 시절 신영균 씨(당시 치대 4년)와 「키 라르고」 공연도 함께 했다. 오화섭 번역극이었는데 신씨가 주역, 나는 악역을 맡아 시공관(지금의 국립극장)에 모인 관객들의 박수를 받았다. … 2학년 땐 제2회 대학연극 경연대회에서 개인 연기상도 탔다. 오상원(나중에 동아일보 논설위원으로 있다. 1980년대 작고)이 쓴 「지하실」이라는 연극이었다. 고교와 대학 선배로 역시 연극에 빠져있던 김석년(전 오리콤 사장)의 도움과 가르침에 힘입은 바 컸다(이낙훈, 1991. 12. 28, 31면).

A 그래서 우리가 반년 정도 준비 해가지고 뭘 하게 됐느냐면, 부산에서 경기중학교 예술제를 하자, 이렇게 된 거예요. 예술제를 해서 표를 팔면 우리가 학교에 공

헌이 될 거니까요. 그게 나한테는 아주 큰 전기가 됐어요. 그래서 예술제를 내가 담당을 하게 됐어요.

Q 총괄을 하신 건가요?

A 학생으로서 담당했어요. 담당 교사가 있지만 그때부터 내가 기획력이 있었고 친구들 사이에서도 리더십이 좀 있고 이랬어요. 그래가지고 예술제를 한번 꾸미자 그랬어요.

Q 어떤 종류의 예술제였나요?

A 예술제의 1부는 음악하고, 2부는 연극하고, 그래서 이왕 하려면 부산서 제일 큰 극장인 부산극장이라는 데를 빌려서 하자 이런 거예요. 그래가지고 아주 대성공을 했어요.

A 그때 한국 연극계를 대표하는 양반이 유치진 씨예요. 유치진 씨하고는 집안끼리 알고 있었어요. 그래서 내가 유치진 씨를 부산서 찾아갔어요. 연극제를 하나 만들려고 하는데, 연극을 해야지 되겠는데 뭐를 하면 좋을지 모르겠다고, 여러 가지 도움을 청할까 하고. 그랬더니 이 양반이 너 좋은 생각이다 그랬어요. 이 양반이 그 전부터도 내가 놀러 가면 언제든지 절 귀여워하시고 그랬어요. 이 양반이 나한테 공연되지 않은 대본을 주시는 거야. 그게 「가야금의 유래」라는 거예요.

Q 제목이 「가야금의 유래」였나요?

A 네. 아직 상연도 되지 않은 「가야금의 유래」라는 연극 대본을 고등학생인 저한테 준거예요. 그래서 이거를 한번 해봐라, 대신에 연출하는 선생님이 하나 있어야 한다고 했어요.

A '통영에 지금 현재 허석 씨라고 그 양반이 일본에서도 연극하고 이런 사람인데 그 양반이 지금 아무것도 안하고 있으니까 연극선생님으로 모셔다가 해라.' 그렇게 조건을 붙이신 거죠. 그 선생님을 모셔 와라, 그랬어요. 그래서 내가 어떤 학생 하나하고 같이 통영에 허석 선생을 찾아 갔죠. 당시에 배가 말이에요, 저 남해로 다도해로 가는 배가 있었어요. 진해도 들리고요.

Q 당시 낙동강 이남은 전쟁상태가 아니었죠?

A 전쟁이 벌써 소강상태에 들어갔을 적이에요. 그래가지고 배를 타고 통영까지 간 거예요. 하루 온종일 걸려서 그 양반을 모셔왔어요. 나중에 우리 천막 옆에다가 조그마한 방 하나를 얻어서 그 양반을 모시고 천막에서 우리가 예술제 준비를 한 거죠.

A 그래서 가야금의 유래라는 연극을 했어요. 그중에 연극 계속 한 친구가 있는데 이낙훈이라고 있어요. 이낙훈이라고 연극배우였어요. 연극 탤런트로서 국회의원 처음으로 하고 그런 사람이 있어요.

Q 그럼 이낙훈 씨가 후배예요?

A 나보다 2년 후배예요. 그 친구를 주연으로 시키고 그랬어요.

Q 그때 이제 연극에 눈을 뜨신 거네요.

A 네. 말하자면 그거예요. 그게 나한테는 큰 계기가 된 거예요. 그래서 연극을 공부를 했죠. 그게 정말 사업으로서도 우리가 목표를 하던 게 딱 이루어진거예요. 돈도 이제 많이 걷혔고요.

Q 입장료가 있었어요?

A 그럼요, 돈을 받았죠. 학생들까지 걷어 오고, 사람이 극장 문이 부서질 정도로 왔어요. 상당히 성공을 했죠. 결국은 졸업할 적에 학교에서 공헌장을 받았어요.

대학연극 활동

연극이나 미술 문학 등 예술에 관심이 많던 김석년은 1952년 자연스럽게 서울대학교 미학과에 진학한다. 그 당시 김석년의 선친은 공대에 가서 건축을 하라고 권했다고 한다. 하지만 수학에 자신이 없던 그는 미학과로 진학했다. 대학에 가서도 그는 더욱 열정적으로 연극에 빠져 활발히 활동을 했

김석년이 관여했던 연극 〈키 라르고〉는 영화로도 만들어졌다. 사진은 영화포스터

다. 그가 전하는 이야기는 1950년대 한국 연극사의 잘 알려지지 않았던 풍경을 전하고 있다.

서울대의 단과대학별 연극반이 통합된 이후 명동극장에서 미국 기자 및 극작가인 맥스웰 엔더슨(Maxwell Anderson, 1888~1959)의 「키 라고로(Key Largo)」로 예술제 공연을 했다. 이낙훈의 회고에 의하면 지금의 국립극장인 시공간에서 공연했다. 「키 라르고」는 나중에 험프리 보가트(Humphrey Bogart) 주연의 영화로도 된 작품이다.

그 이후 대학연극경연대회에 오상원(1930-1985)의 작품 「지하실」을 단막극으로 고쳐서 출전했다. 무대 디자인에서 김정항의 도움을 받아 작품에 대해 만족했으나, 전체상은 받지 못하고, 연출상을 받았다고 기억했다. 당시 전체상은 고대가 받았는데, 유치진에게 찾아가 이를 항의하였다고 기억했다. 앞에서 인용한 이낙훈의 글에서 언급한 것처럼 이낙훈이 개인 연기상을 받았다. 1954년 11월 25일자 〈동아일보〉에 실린 김진수의 글 '희곡의 진실성과 허구성'에는 이 당시 대학연극경연대회 출품작에 대한 총평이 있는데, 그중에서 오상원의 「지하실」에 대해서는 이렇게 비평하고 있다.

> 지하실에서도 역시 희곡(문학)작품이 지녀야 할 진실성 있는 생활의 결여를 지적할 수 있었다. 물론 6·25 사변 중의 지성이 있는 학생으로서는 자기들의 사상적 고민이라든지 애욕의 고민을 그렇게 혼자 외치기도 하고 논쟁도 할 수 있을 것이다. 그러나 그것이 소설이 아니고 시가 아닌 이상 연극의 요소는 있어야 할 것이다. 다시 말하면 생활이다 성격이다 그들은 어떻게 해서 지하실에 모이게 되었으며 어떤 성격 때문에 어떤 일(사건)을 한다는 생활과, 성격과 사건을 무시한 작품이었다. 지성적인 독백으로 외치게 하고 논쟁을 일으키면 내면적(심리적)으로 외면적(사건)으로 그 어떤 시츄에이숀이 필요할 것이다(김진수, 1954.11. 25, 4면).

A 그래서 환도(還都)해가지고 대학교 이학년 삼학년 때 연극을 하는데 서울대학교 극예술연구회라고 단과대학별로 연극을 하던 걸 다 통합을 했어요. 통합을 했는데 내가 이런데 조직하고 경험도 있고 이러하니까 서울대학교 예술제를 하게 되는 거죠. 명동에 있는 극장에서 하게 되는데 작품을 뭘 골랐냐면 미국사람인 맥스웰 엔더슨이라고 그 사람이 쓴 건데 「키 라르고」라고 플로리다 주에 제일 마지막에 있는 섬의 이름이에요. 그 미국 친구가 일차대전에 헤밍웨이의 「무기여 잘 있거라」 뭐 이런 거 있잖아요? 그런 거 만들던 그 시절 얘기예요. 그래서 스페인의 내란 시절에 구라파(=유럽)에에 있는 좌파 우파가 처음으로 무력충돌을 하는 거죠. 거기에 의용병으로 미국까지 갔다가 다시 돌아와 가지고 전쟁에 대해서 회의를 하고 이러는 작품이에요.

A 예술제를 하고 난 다음에 또 한 번 공연을 했어요. 명동에서 대학 경연대회라는 게 있었어요. 경연대회에 서울대학교 이름으로 간 거예요. 단막극들 가지고 나가는

거니까 당시 문리대 학생이었던 친구 하나가 있는데, 그 친구가 자기가 작품이 좋은 게 있다고, 「지하실」이라는 건데 실존주의 작품이에요. 한국에서 최초의 실존주의라고 보면 돼요. 대학생들이 이북하고 전쟁 중에 지하실에 숨어 지내면서 전쟁에 대한 이야기, 인생에 대해 이야기 하는 그런 이야기예요. 근데 그 친구가 학생으로서 희곡으로 당선되고 그러던 작가예요. 벌써 작가로서. 그 친구가 그런 작품이 하나 있다고 했어요, 오상원이가.

A 그래서 오상원 그 친구 작품을 나하고 같이 둘이서 밤을 지새우면서 며칠 걸려서 단막으로 고쳤어요. 그래서 단막으로 해서 내가 처음으로 연출을 했죠. 그건 대학생 경연작품이니까요. 오상원의 「지하실」이라는 작품을 갖고 한국 연극학회가 주최하는 대학교 경연대회에 출품을 했지. 기가 막히게 정말 열심히 했어요. 잘 되고 경험도 됐지. 주연은 이낙훈 뭐 이런 친구들 고등학교 때부터 같이 다니던 친구들이 했어요.

A 재미있는 게 그때 서울에 와서 다들 집수리들 하고 이럴 적이에요. 우리 집 마당에 다들 집수리하느라고 재목들이니 뭐니 많았어요. 인부들을 사가지고 재목들을 다 가지고 서울대학까지 걸어가는 거야, 짊어지고. 그땐 뭐 서울시내 다 걸어 다녔을 때니까요. 그걸 잘라서 무대 만들고 그때 디자인과에 있었던 우리 동기생이 한 명 있었어요. 그 친구한테 무대 좀 만들어달라 그랬어요. 무대도 그 친구가 디자인했어요. 서울대학교에 미술 디자인학과 교수에 김정항 씨라고, 그 양반이 지도를 해주고 학생이 무대장치도 했어요. 우린 제일 잘했다고 생각했는데 우수상은 우릴 안 주더라고요, 연출상과 연기상은 받았는데. 받긴 했는데 전체상은 안주더라고요. 그래서 그것 때문에 밤에 우리패가 유치진 씨네 집으로 가서 항의했어요.

동인제 극단의 모태가 된 대학연합 연극반모임

김석년이 기억하는 것처럼 실험극장은 원래 대학 연극반 출신들이 주축이 되어 만든 극단이다. 유민영(2001)은 〈한국 연극운동사〉에서 1960년대를 '동인제(同人制) 극단시대의 개막'으로 규정하고 그 선두주자로 실험극장을 꼽았다. 실험극장은 1960년 초여름에 태동했는데, 서울대 연극부 출신 김의경과 최진하가 주축이 되어 서울대 연대 고대 출신 연극인들을 규합하여 조직했다. 창립공연은 부조리극의 기수 이오네스코(Eugene Ionesco, 1909-1994) 작 「수업」을 1960년 12월 허규 연출로 무대에 오렸다. 그 후 1970년대 「에쿠우스」 1980년대 「신의 아그네스」 등으로 화제를 모았으며 지금까지 한국을 대표하는 극단으로 활동하고 있다. 물론 김석년은 1950년대 프랑스로 유학을 가면서 실험극장 창단에 관여하지는 않았다. 하지만 대학 때 같이 연극하며 알고 지내던 사람들이 1960년대 실험극장을 비롯해 동인제 극단을 창단하고 한국 연극사의 주역으로 활동한다.

실험극장이 창단되기 전에 대학 연극반을 하던 함께 했던 사람들이 대학연합동아리 같은 대학생 연극반 모임을 만들었는데, 그때 같이 했던 사람들이 나중에 한국의 대표적인 배우가 되었다고 김석년은 구술했다. 김석년이 언급한 이기하를 비롯하여 1950-60년대 연극활동했던 사람들이 초창기 한국 텔레비전 방송 드라마에 부문에서 큰 역할을 했다고 말했는데 이는 한국 방송사 연구와도 부합되는 대목이다. 1960년대 TV 드라마에 대한 연구에서 백미숙(2013)은 초창기 TV드라마 극작가나 PD들 가운데 상당수가 방송을 직업으로 하면서 연극무대에 직간접적으로 참여하고 있었던 사람들로서, 특히 1960년대 연극대중화 운동이 한국 TV드라마 형성에 큰 영향을 미쳤다고 밝혔다.

연출가나 극작가 뿐 아니라 실험극장, 신협, 자유극장 등 동인제 극단에서 활동하던 연극배우들도 1960년대 탤런트나 성우로 많이 옮겨갔다. 이순재 신구 오현경 최불암 이낙훈 여운계 등 TV 탤런트나 영화배우로 활약했던 한국의 대표적인 배우들은 본래 연극 무대 출신들이었다. 김석년과 비슷하게 1950년대 미국으로 유학 갔다가 돌아온 이낙훈은 KBS TV 개국과 함께 탤런트로 가게 되어 TV드라마에 출연했고 외화번역도 함께 했다. 물론 이낙훈은 그 이전인 1950년대에 국내최초 TV 방송국인 HLKZ에서 「빛의 문」 등 10여 편의 단막극 드라마에 출연한 적은 있었다. 이낙훈의 친구인 이순재는 서울대 철학과 재학시절인 1956년 연극 「지평선 넘어」로 연극배우를 시작했고 KBS 개국 드라마 「나도 인간이 되련다」를 통해 TV 드라마에 출연하기 시작했다.

대학생 연극반 연합 모임에서 사무엘 E. 베케트의 「고도를 기다리며」란 작품을 김석년은 자신의 연출로 안국동 시천교회에서 올렸다고 구술했다. 그 당시 일본 잡지에 실린 「고도를 기다리며」를 우연히 보고 일본어로 번역된 그 작품을 한국어로 번역해서 공연했다는 것이다. 부조리극의 대표적 작가로 노벨문학상 수상자인 사무엘 베케트(Samuel Beckett, 1906~1989)는 대표작 「고도를 기다리며」를 1952년 희곡으로 처음 발표했고, 이 작품은 1953년 프랑스에서 최초로 공연되었다. 사무엘 베케트는 본래 아일랜드 출신이지만 그는 이 작품을 처음에 프랑스어로 먼저 썼고 초연(初演)도 프랑스에 했으며 나

1953년 파리에서 공연된 「고도를 기다리며」

1969년 12월 17일 한국에서 공연된 「고도를 기다리며」

중에 영어로 번역했다.

사무엘 베케트가 1969년 노벨문학상을 수상하여 유명해진 이후인 1970년, 임영웅 연출로 산울림극단에서 「고도를 기다리며」를 공연한 것이 이 작품의 공식적인 한국 초연인 것으로 그동안 알려졌다. 그런데 사실은 그 바로 전 해인 1969년 극단 신협에서 처음 한국무대에 올렸다고 임영웅은 밝혔다(이다해, 2015. 8. 31). 하지만 김석년의 구술에 의하면 그보다 훨씬 전인 1950년대 중반에, 비록 아마추어 수준의 대학생 연극이고 일본어를 통한 중역(重譯)이기는 하지만, 한국에서 처음으로 공연했다는 것이다. 김석년의 기억이 맞다면 「고도를 기다리며」가 한국에서 처음 무대에 오른 것은 1969년이 아니고, 원작 희곡이 발표된 지 얼마 되지 않은 1950년대 중반으로, 이는 한국연극사 그 어디에도 기술되지 않은 새로운 사실이다.

A 그게 계기가 돼가지고 대학생연극을 꾸미자, 그래서 연대, 고대, 서울대, 숙명여대 이렇게 같이 만들었어요.

Q 대학 연합 연극동아리 같은 건가요?

A 그래서 이름 붙인 게 실험무대야. 실험 연극의 무대예요.

A 그 후에 거기서 일하던 친구들이 나중에 중추적으로 일하는 거죠. 나중에 한국에서 텔레비전에 있어서의 연극 쪽 드라마 전체에 아주 큰 역할을 하는 친구들이 그 패에 다 있었어요. 그게 누구냐 하면은 연대 쪽에서는 그 이기하라고. 나중에 그 패들이 한국에서 제일 처음 종로에서 시작한 텔레비전 방송국이 있는데, 거기 무대로 해서 그 친구들이 드라마에 데뷔들을 했다가, 불에 타서 없어지는 바람에 TBC로 갔다가 MBC에서 편성국장도 하고 그랬죠. 나중에 올림픽 개막식 행사하고 폐막식 행사 총 진행도 했던 이기하라고 그런 친구가 있었어요. 또 김의경이라고 있었어요.

A 실험무대에서 작품을 한번 발표를 하자, 그랬는데 그땐 내가 없었어요. 그래서 지금 여기 천도교 회관 있잖아요? 그 뒤 안국동에 동덕회관이라고 있어요. 안국동 그 뒤 편에 뭐가 있었냐면 시천교회라는 게 있었어요. 시천교회라는 건 말하자면 동학의 한 파인데, 천도교에서 이렇게 분파 되서 나와 있는 교회가 있었는데, 그걸 빌려가지고 거기서 내가 한국초연으로 「고도를 기다리며」를 했어요.

Q 아~ 그거 하셨어요? 대학생 연합 연극동아리 무대에서…

A 그때 내가 연출을 했죠. 「고도를 기다리며」가 제일 처음으로 한 거예요. 한국에서 이미 고전일 거예요.

Q 그때는 아직 「고도를 기다리며」가 막 발표된 지 얼마 안 됐었죠.

A 얼마 안됐을 적에 우연히 우리가 일본잡지를 통해서 작품을 알아가지고, 내가 기억하기에는 일본말을 우리말로 해서 우리가 공연을 했어요.

3. 프랑스 유학시절

전후의 폐허 속에서 유학을 꿈꾸다

대학을 졸업할 때쯤 김석년은 유럽의 프랑스로 유학 갈 결심을 한다. 그 당시 서울대학생들은 졸업할 때가 되면 미국이든 유럽이든 외국으로 공부하러 가는 것이 그냥 꿈이었다고 김석년은 기억했다. 유학은 당연히 고학할 각오를 했으며 그 당시 한국이 전쟁직후여서 그랬는지 외국 대학에서 한국 학생들을 다들 잘 받아주었다. 전후의 폐허 속에 한국에선 더 이상 나아갈 전망이 보이지 않았기 때문에 그야말로 죽어라 하고 외국으로 빠져나가려던 분위기였다. 김석년의 고등학교 대학교 후배였던 이낙훈도 그 당시를 회고하는 글에서 "50년대 후반 미국유학 바람이 크게 불었다. 나도 예외가 아니었다. 수백 통의 지원서를 만들어 '고학으로 다닐 수 있는 대학'을 찾아 우편으로 보냈다."며 당시의 분위기를 전했다(이낙훈, 1991. 12. 28).

이낙훈의 회고처럼 다들 미국으로 유학을 갔는데 김석년은 미국이 아닌 프랑스를 선택했다. 그가 프랑스를 동경한 이유 중 하나는 프랑스 영화를 좋아했기 때문이었다. 그 당시 1950년대 프랑스 영화에 대한 한국 대학생들의 선호 및 그 이유에 대한 나름의 분석은 비슷한 시기에 프랑스로 유학간 김정옥의 글에 잘 나타나 있다. 극단 '자유'의 대표로 연극 연출가이면서 중앙대 예술대학장을 지내고 대한민국 예술원 회장도 역임한 바 있는 김정옥은 이렇게 회고했다.

> 내가 대학교를 다니던 1950년대 초엔 프랑스 영화가 굉장한 인기를 끌고 있었다. 당시 인기를 모았던 영화로는 「인생유전」을 비롯해 장 꼭토 감독의 「비련」, 줄리안 디비유의 「무도회의 수첩」, 르네 클레망의 「금지된 장난」등으로 많은 학생들이 프랑스 작품에 심취해 있었다. 그것은 어느 의미에서 6 · 25동란이라는 비참한 상황에서 대학시절을 보내야 했던 당시 전쟁세대에게는 프랑스 작품들이 주는 시적이면서도 어두운 분위기가 상당한 동경심을 갖게 했던 것 같다(김정옥, 1983. 11. 28, 9면).

김석년의 아버지는 처음에 김석년이 프랑스에서 건축을 공부하러 가는 조건으로 허락을 했다. 건축이 예술적인 측면과 실용적인 측면이 결합된 것이기에 일종의 절충이라 여겼고, 그의 아버지가 본래 건축과도 관련이 있었기 때문이다. 하지만 김석년의 속내는 프랑스에 가서 연극을 공부하고 싶어 했다. 이낙훈도 1957년 미국 유학을 갈 때 연극이나 예술을 해서는 어렵다고 보았고 '딴따라는 낮고 배고프다'는 어머니의 말에 따라 연극은 그만두고 역사학을 공부하기로 하고 미국 오하이오주의 마이애미대학 역사학과로 유학을 갔다. 하지만 그도 미국유학 중에 "학점 걱정 생활고 속에도 틈틈이 뉴욕으로 가 브로드웨이 연극구경을 했다. 1960년 학점을 대충 이수하고는 브로드웨이로 가서 한없이 처지는 실험극단 발코니 멤버로 무대에도 서 보았다"라고 회고했고 결국 귀국해서는 배우의 길을 걷게 된다(이낙훈, 1991. 12. 28).

프랑스에 유학가기 위해 그 당시 천도교 회관에서 프랑스어 공부를 시작했지만 워낙 기초가 없어 어려웠다고 했다. 그 당시 서울 문리대 불문과의 이회영 교수가 프랑스어를 공부하려면 한국에서 하기보다 차라리 프랑스에 가서 하는 것이 더 효과적일 것이라는 조언을 듣고 프랑스에 가서 공부를 했다. 그 당시에는 지금처럼 해외유학 자유화 조치가 취해지기 훨씬 전이기 때문에 유학을 가려면 어학뿐 아니라 철학 등 시험을 보아서 외무부와 교육부의 허가를 얻어야 하는 시절이었다. 그는 50년도 더 이전인 그 당시 철학시험 문제가 공리주의에 대한 질문이었다고 기억했다. 시험의 기억이 깊게 각인되었던 것은 어떻게 해서든지 한국을 빠져나가고 싶은 열망이 컸기 때문일 것이다. 전후의 폐허 속에서 그 당시 예술을 꿈꾸는 젊은이들이 할 수 있는 것이라고는 다방이나 술집에 죽치고 앉아 속절없이 떠들어대던 전후의 우울한 분위기에서 탈출하고 싶었던 것으로 보인다.

마침내 졸업하기 직전인 1956년 1월에 프랑스로 떠나 처음에는 파리에서 프랑스어학원을 다니며 어학공부를 시작했다. 하지만 분위기상 공부할 여건이 안 되어 있다고 파악한 프랑스 내 한국대사관과 가톨릭 신부(이히지노 신부라고 김석년은 나중에 기억했다)가 한국 학생들을 지방으로 분산시킨다. 이때 김석년은 한국인이 하나도 없는 낭시라는 조그만 도시에서 열심히 프랑스어 공부를 하여 1년 뒤에 대학에 정식 입학을 하고 사회학과 철학을 배운다.

A 그래서 구라파(=유럽)를 가게 됐어요. 구라파 가서 불란서(=프랑스) 가겠다, 마음먹었죠. 불란서 가려면 시험도 치고 다 해야죠. 근데 뭐 불어를 알아요, 뭘 알아요?

Q 그때는 뭘 전공하시려고 그랬어요? 미학을 계속 하시려고 했나요?

A 졸업하기 한 달 전에 떠났는데 연극 공부를 한다고 갔죠. 출발한다 그랬더니 우리 집에서 어르신네가 이번에는 정말 건축을 해라, 그랬어요.

Q 아 그럼 (프랑스) 갈 때 선친께서는 건축하는 걸로 알고 보내신 거예요?

A 건축이라는 게 말하자면은 세상 사는데 기술을 몸에 지니는 학과였어요. 학자가 될 것도 아닌데, 그렇다고 덮어놓고 실업인이 되겠다, 장사꾼이 되겠다, 그것도 아

니었고요. 우리 아버지가 건축에 대해서 취미를 가지셨어요.

Q 원래 건축과 관련 있으셨어요?

A 그런 것도 좀 하셨고, 당시에 토건회사도 좀 경영하셨어요. 그래서 예술이니 뭐니 힘이 돼 있고, 그것하고 이쪽하고 양쪽으로 생각해가지고 결합 하는 게 가능 할 것 같다, 그러셨죠. 그래서 '알았습니다.' 했고, 허가가 나온 거예요. 연극만 한다고 했으면 아마 허가 안 났을 거예요. 연극만 하러 간다 하는 거는 정처 없이 놀러만 다니는 놈들이지, 연극이 무슨 직업이냐 그랬어요. 그때 그렇게 생각할 수밖에 없었죠. 일생을 바치는 하나의 직업으로서는 인정 못 하겠다 했어요. 시험을 쳤는데 뭐 이거 할 수가 있어야죠. 불어는 정말 쥐꼬리만큼 알고 있었고요.

Q 정말 가고 싶으셨나 봐요. 그렇게 열심히 하시고.

A 그럼요, 그럼. 여기서 어떻게든지 빠져나가고 싶었죠. 여기서야 별로 갈 데가 없었어요. 정말 그야말로 전쟁 후에 모든 게 다 폐허였어요. 당시에 젊은이라는 건 언제든지 나와서 다방에서 살고, 더군다나 연극이니 뭐니 하니까 하루 종일 다방에 있고, 저녁때만 되면 어디 가서 막걸리나 먹어볼 수 있나 소주나 먹어볼 수 있나 그랬어요.

A 그러니까 1956년 1월 달에 내가 떠났어요. 그래서 불란서에 도착을 했어요. 제일 처음에는 파리에서 아주 화려하게 시작했죠. 처음이니까 돈도 호주머니에 좀 있었겠다, 보니까 뭐 불란서에 왔다 하는 황홀감도 있겠다, 불어학원에 등록하고 마침 다행히 가톨릭 기숙사가 하나 있더라고 거기서 방을 하나 얻었어요. 그러고서 한 달쯤 지냈나? 하루는 대사관에서 매부가 소개장도 해주고 한 공사가 오라고 해서 가니까 그 양반하고 가톨릭 신부가 있었어요. 그 양반 아직도 지금 부산서 사셔요. 그 양반들이 의논을 한 거예요. 한국 학생들이 몇 명이 와있는데 얘네들 파리에다 놔뒀다간 안 되겠다, 무서운 파리의 유혹이 많고 또 사실 외국인이 불란서 사람하고 정말로 사귀고 공부하고 그러는 게 분위기가 그렇지 않잖아요. '그러니까 얘네들을 지방으로 다 분산을 시키자.' 그래서 우리한테 지방으로 가라고 그랬어요. 지방으로 간다면 학교 주선을 해주고 그러겠다고. 한국 학생이 없는 지방으로 한

명씩 두 명씩 다 분산을 해서 가라고 했어요. 그래서 대여섯 명이 좋습니다, 그랬어요. 그래가지고 지방으로 내려갔어요. 지방에 가니까 뭐 한국학생 하나도 없죠. 불란서에 낭시라고 독일 쪽에 있는 도시예요. 지금도 거기는 한국유학생들 좀 있더라고요. 당시에 정말 아무도 없는데서 불어공부를 시작했어요. 그러고서 한 일 년쯤 하고 나서 대학에 정식으로 입학을 했죠.

A 그 신부님이 몇 개월 후에 찾아왔더라고요.

Q 한국 신부님께서요?

A 네. 어떻게 지내나 해가지고 그러더니 와서 보고 깜짝 놀랐어요. 어떻게 그렇게 불어를 잘 하느냐고 말이에요. 시골 와서 잘한다고, 그렇게 돼야 제대로 공부를 한다고 했어요.

Q 유럽은 학과나 전공이 나눠진 게 아니라 여러 개를 같이하죠?

A 물론, 불어야 뭐 기본이니까요.

Q 전공도 철학하고 아까 얘기하신 게 사회학하고요.

A 그래서 거기서 처음으로 사회학이라는 것도 하고 철학 쪽에 공부도 했어요.

유학생활의 어려움과 다양한 분야에 대한 관심

김석년은 불란서에서 10년 이상 유학생활을 하였는데, 처음에는 낭시 지방에 있다가 곧 파리로 가서 대학을 다녔다. 파리에서 연극에 관심을 가지고 보았지만 프랑스에서 연극 공부를 한다는 것에 회의를 느끼기 시작한다. 특히 김석년을 뒤에서 후원해주시던 어머니가 돌아가시고 집안 형편도 썩 좋지 않아 한국으로 돌아가지 않고 프랑스에 정착할 것을 고려했기 때문에 프랑스에서 외국인으로서 연극을 한다는 것은 거의 불가능하다고 생각했다.

그 당시 프랑스에서는 레비 스트로스(Claude Levi Strauss, 1908-2009) 등의 구조주의 문화인류학이나 민속지학이 한창 유행하던 시절이었고 동시에 사회학에서는 미국식 실증주의의 영향을 받아 여론조사가 새롭게 도입되던 분위기였다. 그런 지적 분위기를 따라 김석년은 새롭게 접하는 문화인류학이나 사회학 등에 흥미를 갖고 공부를 했다. 김석년이 유학하던 시절 파리의 분위기는 그 당시 프랑스에서 같이 공부했던 친구 김정옥의 회고를 통해서도 간접적으로 엿볼 수 있다.

> 그 당시 파리 거주 교포는 70여 명 정도. 그 중 30여 명이 유학생들이었는데 이때 만난 사람들이 미술평론가 유준상, 김명환(재파리), 정성배(재프랑스), 김환기 부부(재프랑스), 김욱 씨 등과 유학생으로 미술을 공부하던 나희균, 바이얼린의 양해엽, 작곡가 윤이상, 이일 등 … 한국 작품으로 알려진 것은 재미교포가 영어로 쓴 「초당(grass roof)」이라는 서적이 「조용한 아침의 나라에서」로 번역돼 나온 것이 있을 뿐이다. … 또 이 시기가 베트남 전쟁과 알제리 전쟁이 종결되던 때로 프랑스는 상처받은 우울한 분위기였다(김정옥, 1983.11.28.~12.6, 9면).

김석년은 김정옥과 유학을 같이 간 것으로 기억했는데 약간 차이는 있다. 김정옥의 회고에 따르면 원래는 같이 가기로 했다가 김정옥이 늦게 간 것으로 기록했다. "프랑스 유학은 1956년 서울대를 졸업하던 해 1월에 가기로 돼 있었다. 금호실업 부회장인 박성룡, 오리콤 회사 사장 김석년, KAL 프랑스 지사장 정하룡 등이 나와 함께 유학수속을 밟았었다. 그러나 프랑스로 떠나기 하루 전 불행히도 우리 집에 불이나 부득이 나는 출발을 연기해 그해 5월에 떠나게 됐다."(김정옥, 1983년 11.28, 9면)

김정옥이 전하는 것처럼 그 당시 파리에는 음악. 미술 분야의 예술가들이 꽤 있었고 김석년은 그들에게 통역해주는 일도 했다. 앵포르멜(Informel)이라는 추상주의가 유행했고 남관이나 이응노 같은 미술가와 교류했고 이일과도 교류한 것으로 기억했다. 남관(1911-1990)은 대표적 서양화가로 1954년 파리로 가서 활동을 한 것으로 알려졌다. 이응노(1904-1989)는 부부관계였던 제자 화가 박인경과 더불어 1958년 독일을 거쳐 프랑스의 파리에 정착했고 그 후 파리와 독일 스위스 덴마크 등지의 여러 화랑에서 초대되어 전시회를 가졌다. 이일(1932~1997)은 미술평론가로서 1957년부터 1965년까지 프랑스에 체재하며 파리국립대학교 고고학 미술사 연구원을 수료했다. 김석년은 프랑스 유학 시절 조선일보 통신원도 한 적이 있는데 그 당시 조선일보 외신부 데스크가 훗날 한양대 교수로 재직하며 비판적인 글을 많이 썼던 리영희(1929-2010)였다.

Q 불란서에서 몇 년 계신 거예요?

A 10년 이상 있었죠. 그 다음에 파리로 옮겼어요. 내가 지방에서만 있어서는 안 되겠다, 파리도 알아야지, 너무 촌놈이 되는 것 같은 그런 부분도 있고요. 한국말도 서울로 간다는 걸 상경(上京)한다 그러잖아요. 불란서 말로도 파리로 간다 그럴 적에 '파리로 올라간다'그래요. 파리에 있으니까 유혹이 많죠. 그래서 연극을 하려고 했는데, 슬슬 연극에 대한 회의가 생기기 시작한 거예요.

Q 어떤 계기로 회의가 드셨어요?

A 불란서 연극계 보니까, 연극하는 사람들 보고 그러니까 그게 보통 탤런트 가지고 되는 게 아니더라고요. 사실 연극 좋아해서 쫓아다니는 사람은 많지만 연극 쪽으로 성공한다는 건 보통내기가 아니더라고요.

A 파리 대학에 사회조사로서, 불란서에서 처음으로 이름을 날렸던 사람인데 스도셀이라고, 불란서에 여론조사 같은걸 처음 시작한 사람이죠. 미국식 여론조사. 그래서 문화인류학보다 사회학 쪽에 공부를 더 진지하게 하고 싶었어요. 그런데 오래 지내니까 돈이 떨어졌어요. 서울서는 나한테 돈을 정기적으로 붙여주는 입장이

안 되고, 우리 집도 억지로 6 · 25는 지냈지만은, 그런 입장도 안됐어요. 그러고 나를 뒤에서 이끌어주는 양반이 어머니인데 불란서로 떠나자 몇 년 후에 돌아가셨어요. 그게 나한텐 하나의 작용을 한 거죠. 그래서 서울에 돌아올 생각을 안했어요.

Q 그러면 불란서에 그냥 눌러 앉으시려고 했어요?

A 네. 불란서에서 그냥 살아가려고 그렇게 했죠.

Q 만약에 불란서에서 사실 생각이었으면 연극 같은 게 현실적으로 어려웠겠네요.

A 어려웠죠. 어렵죠. 한국인으로서 연극을 하는 게 상당히 어려웠죠.

A 그때에 나하고 같이 갔던 사람 중에 돌아 와가지고 일생동안 대학에서부터 연극을 한 사람이 있어요. 그게 누구냐면 중앙대학교 연극과 김정옥 교수. … 당시에 연극인보다도 미술 하는 사람들하고 파리에서 많이 사귀었어요. 그때 미술에 깊이 파고들어가 있었고요. 물론 내가 작품을 만드는 건 아니지만. 당시에 불란서에 1950년대 중반부터 앵포르멜라고 새로운 추상예술이 시작되는 시기예요. 참 재미있다고 그런 것들을 쫓아다니고 그런 사람들 사귀고 말이에요. 그런 게 재밌고 나한테 좋고요. 한국미술 작가도 불란서에 와있던 양반은 내가 다 알고, 또 그 양반들 심부름을 해줬어요. 그 양반들은 불란서에서 그림은 그렸지만 말이 안 통하니까요.

Q 통역 같은 걸로요?

A 내가 통역해줘야지 돼요. 그 양반들이 화랑하고 이야기가 됐을 적에 통역이라는 게 참 쉽지 않은 거거든요. 어떤 의미에서 통역의 일이 아니라 중간에서 딜(deal)을 해줘야 되는데 그런 게 잘 안 되고요. 그때 보면은 남관이니 이응노 그 양반들이 있었어요.

Q 미술 비평 쪽은 생각 안 해보셨어요?

A 많이 했죠. 그때 나하고 그런 미술관계 같이 얘기하고 그러던 게 이일 교수라고 있어요. 그 양반이 나중에 서울에서 미술 비평에 대해서 한때 일인자 역할도 했죠. 한국에서 특히 추상미술 같은 거 소개한 사람이 이일 교수거든요.

Q 그러면 그게 1967년 인가요?

A 1967년 말에 난 들어왔죠. 전에 파리에 있을 적에 내가 아르바이트 한 것 중에 조선일보 특파원을 했어요. 특파원이 아니라 통신원 정도의. 처음에 외신부 데스크를 이영희가 하고 있었어요. 그 후에 내가 서울에 오니까 이영희 교수가 반갑다고 같이 술도 많이 마시러 갔죠. 근데 나중에 보니까 이영희가 그냥 좌파 교수가 되더라고요. 한양대학교 교수로 갔어요.

A 이영희 교수는 조선일보에 아직 있었어요. 나하고 술도 많이 먹고 그랬는데. 내가 불란서에 있을 적에, 1960년대 중반에 조선일보 통신원을 조금 했어요.

Q 지난번에 잠깐 얘기 하셨던 것 같은데요.

A 그래서 내 데스크가 이영희예요. 이영희가 당시에 외신부 차장인가 했어요.

Q 뭐 쓰셨다 그러셨죠?

A 현지에 있는 사람들 이야기 쓴 것 중에 함경도 사람인데 시베리아에서 영국으로 해서 불란서에서 정착해가지고 살고 있는 그 양반에 대해서 인터뷰해가지고 쓴 기사였죠.

프랑스에서 광고와의 첫 만남

한국에서 광고는 1960년대까지 생소한 분야였다. 김석년과 광고의 첫 만남은 프랑스 유학시절로 거슬러 올라간다. 그 시절 프랑스 문화인류학과 민속학 분야의 지도 교수 연구실을 드나들면서 사람의 삶에 대한 민속학적 다큐멘터리를 하는 사람들을 알게 된다. 그들은 다큐멘터리를 만들면서 생계를 위해 틈틈이 극장용 광고를 만드는 것을 알게 되어 그때부터 다큐멘터리와 광고에 관심을 가지고 눈여겨보면서 그에 대한 공부를 하게 되었다고 말했다. 김석년이 프랑스에 유학하던 1950~60년대 프랑스 광고계의 역사를 잠깐 살펴보면 흥미 있는 사실을 하나 발견할 수 있다.

마크 텅게이트(Mark Tungate, 2007/2009)가 쓴 〈광고판 : 세계광고의 역사〉에 의하면, 1950~60년대 프랑스 광고계의 라이벌 광고회사는 아바스(Havas)와 피블리쉬스(Publicis)였다. 그런데 재미있는 것은 샤를 루이 아바스(Charles Louis Havas)가 세운 광고회사 아바스는 본래 통신사였다는 것이다. 아바스는 통신에서 출발했으나 정치인 은행가 기업가를 위한 뉴스 속보를 발간하면서 이러한 부류의 사람들을 위해 선전 서비스도 제공했다. 그러다가 1858년 그가 죽고 그의 아들이 통신사 대표를 맡게 되자 신문광고 판매사인 SGA의 지분을 사들여 1914년 아바스의 완전소유가 되고, 이로서 아바스는 점차 통신업에서 광고업으로 관심을 갖게 된다. 상당기간 통신과 광고업을 병행하지만 1957년에는 총수입의 80% 이상이 광고판매에서 나온다. 마침내 1959년 자크 듀스(Jacques Douce)가 상업광고 이사로 자리를 잡으면서 오늘날과 같은 광고회사로 탈바꿈하게 된다.

김석년이 훗날 광고계에 첫발을 내딛은 광고회사는 합동통신 광고기획실로 통신사 내의 광고부문이었다. 한국광고회사가 통신과 광고를 병행하던 이러한 형태는 일본 광고대행사 덴츠(電通)의 영향을 받은 것인데, 사실은 대표적인 프랑스 광고회사인 아바스도 김석년이 프랑스에서 유학하던 1950년대 중반까지 통신과 광고 사업을 병행했었다.

A 그러다가 아르바이트도 좀 하면서, 그전에 내가 얘기한 거 같이 우리 선생님이 있었는데 르로아 구람(Leroi Gourham)이라고 불란서에서는 민속학의 아주 대가죠. 그 양반 그 대학에서 교수면서도 인류 박물관이라고, 파리에 유명한 뮤제 드 롬(Musee de l'Homme)에 연구실이 있었어요. 거기 드나들다가 코모셜(commercial)하던 친구들을 만났어요. 코모셜이 재미있더라고요. 그때는 다큐멘터리에 대해서 상당히 심취해 있었어요. 그 친구들 아르바이트 겸 하고 있는 게 광고 영화라는 걸 하고 있었어요. 보니까 재미있겠더라고요. 그래서 그때부터 그거에

대해서 공부하기 시작했죠. 그래서 그걸 제작하는 데에서 몇 주 있었어요. 그런 게 광고하고의 제일 처음의 시작이에요.

Q 어떻게 광고에 관심이 있으셨어요? 그때 대행사가 있었어요?

A 불란서에 있을 적에 내가 광고에 접촉이 된 거예요. 그때 파리에 뮤제 드 롬이라고 인류박물관이라고 있어요. 아직 문화인류학이라는 게 당시에만 해도 없었어요. 그때까지만 해도 민속학이라고 했어요. 말하자면 사회심리학과, 심리사회학과 이런 분야죠. 민속학하는 사람들이 연구를 하면서 여기저기 탐방도 다니기 시작하고 고적 관계 공부를 했어요. 그건 고고학 분야에서 내려온 거죠, 한쪽에선 민속학 분야이고, 이 두 분야가 내려와서 문화인류학이 형성이 돼요. 그 사람들은 모든 게 실증적인 과학적 접근으로 하니까 다큐멘테이션이 중요했어요.

A 상당히 여러 가지 다큐멘테이션이 중요하고, 대학에서 좋은 선생님이 계셨는데 세계적으로 민속학의 권위죠, 우리 르로아 구람 교수님이. 그 양반이 파리에 평화의 광장이라고 있는데, 한쪽은 시네마 데크가 있고, 한쪽은 민속학 쪽의 인간 박물관이에요. 인류 박물관. 지금은 많이 변하고 다른 방면으로 정리가 되었지만 그때는 그런 게 없었지요. 다큐멘테이션(documentation) 다큐멘터리 필름에 똑같죠. 어떤 사람들을 만났는데, 그 사람들이 그것도 하면서 코모셜을 하더라고요. 거기서 이야기를 할 때는 다큐멘터리라 하지 않고 그걸 쇼트맨트리 영화를 한다, 그렇게들 얘기를 해요. 롱메트리 영화를 한다고 하는데, 롱맨트리가 극영화니, 장편영화고, 단편영화를 한다, 그렇게들 얘기를 해요. 그 사람들이 다큐멘터리를 많이 하고 한편으론 코머셜을 많이 하고, 불란서도 현대적인 의미에서의 광고대행사의 역사가 상당히 길어요. 미국역사에 거의 버금가요. 그리고 불란서에서 뭐가 유명했냐면 특히 영화광고, 극장광고가 오히려 더 먼저 시작했어요. 극장광고 업자라는 게 큰 회사를 만드는 게 아니라 군소로 움직이는 이런 거죠. 그러다가 큰 대행사가 움직이기 시작 한 게 라디오가 나오면서예요. 그중에서 가장 유명한 게 퍼블리쉬스 이런 데죠. 그런 데에 영화 같은 거 만들어서 뿌린 거죠.

Q 인간사 박물관에서 다큐멘터리 기록영화 하는 사람들이 그거 하면서 CF도 하

면서 회장님이 광고를 시작한 거군요.

A 그 당시에는 딴 거보다도 그 사람들이 극장광고 중심으로 일을 하더라고, 사실상 TV광고라는 거는 하는 사람들이 있긴 있었지만 TV에 관련된 사람들이 많이 하고, 그래서 '아~ 이런 거구나!' 현대적인 의미에서의 광고대행사라는 걸 그 사람들 통해서 알게 되었어요. 처음 거기서 나에게 접촉이 된 거죠.

4. 귀국, 그리고 선전용 문화영화의 제작

동백림 사건과 귀국

원래 한국으로 돌아오지 않고 프랑스에 정착해서 살려고 했던 김석년은 1967년에 귀국한다. 가족들의 요청도 있었고 미술이나 연극관련해서 같이 일해보자는 제의도 있었기 때문에 귀국하려는 마음이 생기기도 했지만 결정적인 계기는 이른바 동백림(東伯林, 동 베를린의 한자표기) 사건 때문이다. 동백림 사건은 유럽 유학생이 간첩활동을 했다고 발표한 사건으로, 이와 관련해서 프랑스의 이응노 화백, 독일의 윤이상 작곡가, 그리고 국내에 있던 천상병 시인, 서울대 황성모 교수 등 여러 문화 예술인이 연류되어 고초를 겪었다. 이 사건의 직접적인 발단은 그 당시 명지대학교 철학과 교수였던 임석진의 발설이었다. 서독에 유학 중 평양을 두 번 방문했던 임석진은 귀국 후에 박정희 대통령을 직접 만나 그 사실을 털어놓음으로써 대대적인 유학생 간첩사건으로 비화되었다. 바로 그 임석진 교수는 김석년이 유럽에서 유학할 때 자주 왕래했던 친구이다.

1967년 7월 중앙정보부장 김형욱은 동백림을 거점으로 한 '북괴 대남적화공작단'을 적발했다고 발표했다. 당시 독일과 프랑스에 거주하는 194명의 유학생과 교민 등이 동 베를린의 북한 대사관과 평양을 드나들며 간첩교육을 받고 귀국하여 대남적화 활동을 벌였다고 주장했다. 간첩으로 지명된 유럽의 교민과 유학생이 중앙정보부에 의해서 납치되어 강제로 송환되면서 독일 등과 외교마찰을 빚기도 했다. 기소자는 총 34명이었지만 독일 및 프랑스와의 외교마찰 해소차원에서, 사형을 선고받은 2명을 포함해서 전원이 석방되었다.

'국정원 과거사건 진실규명을 통한 발전위원회(국정원 진실위)'는 과거 국가정보원과 관련된 의혹사건을 조사하기 위해 2004년 11월에 출범한 민관 합동기구이다. 국정원 진실위에서는 2006년 1월에 동백림 사건의 조사결과를 발표했다. 조사보고서에 따르면, 유럽에서 단순히 북한과 접촉하거나 동조했던 행위에 국가보안법과 형법상의 간첩죄를 무리하게 적용하여 사건의 범위와 범죄를 확대 과장했다. 진실위는 사건 조사과정에서의 불법 연행과 가혹행위 등에 대해 사과할 것을 정부에 권고했다(정녹영, 2006.1.26.).

강준만(2004)은 〈한국현대사 산책: 1960년대편 3〉에서 이 사건을 박정희 독재정권에 의해 저질러진 광기어린 '국가 테러리즘'이며 '그로테스크한 코미디'라고 규정하면서 이렇게 평했다.

"(중앙정보부장) 김형욱은 훗날 자신의 회고록에서 '동백림 사건의 모든 관련자들에게 사죄하고 싶다'고 말했지만, 김형욱은 국가 테러리즘의 하수인일 뿐이고 그 우두머리는 박정희였다. 박정희는 이후 '내 무덤에 침을 뱉으라'고 외치면서 '조국 근대화'를 위해선 '국가 테러리즘'도 필요악이라는 자세를 계속 유지하게 된다."(165쪽).

동백림 사건과 관련해서 사건 당시의 신문보도를 찾아보면 중앙정보부가 1차로 발표한 혐의자 명단에는 김석년 이름이 없으나(〈동아일보〉, 1967.7.8), 최종적으로 발표한 4차 명단에는 불기소 처분을 받은 것으로 보도되었다(〈동아일보〉, 1967.8.2). 김석년은 귀국해서 그저 참고인 신분으로 두 번 정도 조사를 받았을 뿐인데 나중에 불기소 처분 받은 관련자로 분류되었다고 말했다.

김석년은 프랑스에 체류하는 동안 이북에서 잡지를 계속 보내왔다고 구술했는데, 임석진도 그 당시 북한이 컬러 화보와 우편물을 보내오며 선전공세를 펼쳤다고 증언했다. 또 당시 북한의 경제사정이 더 나았다는 김석년의 기억은 역사적 사실과 부합된다. 동백림사건을 다룬 MBC 다큐멘터리에 의하면, 1960년대 후반은 북한이 사회주의적 산업화의 초기효과에 의해 전후의 폐허를 딛고 고도성장을 구가하던 시절이었다. 남한의 경제사정은 북한에 비해 뒤떨어져서, 남한의 철강생산량은 북한의 20% 수준이었고, 전력은 30%, 1인당 국민소득은 60% 수준이었다(김학영, 1999.9.19.).

Q 불란서에서 자리를 잡고 사시려고 하셨잖아요. 근데 어쩌다 귀국을 하셨잖아요. 왜 들어오신 거예요?

A 서울에서 자꾸만 오라는 얘기들이 있었어요.

Q 서울이라는 게 가족들이요?

A 가족도 있었고 그 직장도 있었고요. 연극 하자는 사람도 있었고요. 서울 와서 같이 문화 사업을 하자, 특히 미술 관련되는 문화 사업을 하자, 이런 사람들도 있었어요. 이런 얘기 저런 얘기가 많았어요. 한국이 많이 변한다, 하는 얘기도 들었고 그러니까 솔깃하고 있었죠. 근데 사실 직접적인 계기는 동백림사건이에요.

Q 그게 1966년, 1967년인가요?

A 1967년이죠.

Q 직접 관련이 있으셨어요?

A 내 주변사람들이 동백림사건에 관련된 사람이 많아요.

Q 이응노 화백도 동백림사건에 관련이 있다고 했었죠.

A 그럼 있죠. 당시에 명지대학교 철학과 교수하던 임석진 교수도 비행기 같이 타고 간 친구고요.

Q 그 분은 독일 쪽이죠?

A 독일이죠. 독일에 있을 적에 철학과 다니고, 그전까지 불란서에 오면 나한테 찾아오고, 내가 독일가면 그 친구도 만났어요. 내 주변에 당시에 구라파에 가 있었던 한국 젊은 사람들 그 유학한 친구들이 서울에서부터 다 교류가 있던 친구들이에요. 그래서 한국사정에 대해서 서로가 사상적으로 견해가 잘 맞지 않죠. 나야 소위 부르주아 배경의 사람이니까요. 다른 사람들도 그렇지만 직접적으로 이북 애들한테 포섭당한 사람들이 많았었어요. 근데 이북 애들이 난 포섭대상으로 삼질 않았어요. 그런데 주변이 다 이렇게 되니까 나도 참고인으로 불려 나간 거죠.

A 당시 구라파에 있는 한국학생이 많지 않았어요. 기껏해야 7백 명 있었는데 구라파의 지방에 다 분산 돼 있었어요. 그래서 한국학생들이 많이 몰려다니지는 않았어요. 물론 프랑크푸르트, 런던 이런 곳은 한국학생들이 기껏해야 몇십 명 있었어요. 그런데 그 당시 이북의 경제발전이 이남보다 빨랐어요. 천리마운동 같은 것을 해서 빨랐어요. 이북 애들이 1960년대 들어와서 구라파에 프락치를 둬서 한국학생들을 접촉하기 시작했어요. 한국학생들 주소를 알아서 자꾸 이북 잡지를 보내 왔어요.

Q 원하지 않아도 그쪽에서 그랬군요.

A 그쪽에서 주소를 알아가지고 보내와요. 잡지에 보면 이북에서 공장을 세운다는 이야기들이 많았어요.

Q 회장님도 그때에 받으셨어요?

A 네. 그런 것도 받아봤어요. 당시 이북이 이남보다 훨씬 산업화가 체계적으로 추진되고 있었어요. 그런데 한국 학생 일부가 이북하고 접촉을 했던 거예요. 호기심에 끌려서 걔네들하고 접촉을 하게 된 거죠. 내가 이야기를 듣기에는 동백림에 있는 이북대사관이 본거지였어요. 이북 대사관 친구들이 한국학생들 하나씩 끌어 들여서 동백림에 놀러 와라 그러면서 여비도 조금 주고 그랬어요. 한국학생들은 다 가난하고 그러니까 호기심이 생기는 거죠. '너 이북에 가서 구경 안할래?' 그러면서요. 한국학생은 반공체제와 멀리 생활하다보니까 경계심이 없고 호기심이 많았어요. 그래서 결국은 이북까지 갔다 오고 그러면 그 다음부터 이북에서 '넌 이제 우리 사람이다.'라고 했어요. 우리들은 몰랐어요. 갔다 온 친구들이 갔다 왔다고 누구

한테 이야기를 하지 않았거든요. 아무도 이야기를 안 하니까 몰랐는데 내 주변에도 이북에 갔다 온 애들이 많았어요.

Q 주변에서 동백림 사건 때문에 나중에 체포된 사람들이 있었어요?

A 이북 갔다 와서 서울에 가서 재판받은 친구들도 많죠. 우리가 다 알만한 친구들이었어요. 서울대학교 문리대 중심으로 상과대학이니 법과대학이니 아니면 연세대, 고대 학생들이었어요. 학생들은 서로 누가 어느 대학인지 아니까요. 구라파에 같이 갔던 친구가 그중에 하나였어요.

Q 그때 누구라고 이야기하셨죠?

A 임석진 교수라고 그 친구하고 나하고는 대학 때부터 서로 알았어요. 그래서 구라파 가는 같은 비행기에 타게 됐어요. 독일 가서 그 친구를 만나게 됐고 그 친구가 파리에 불란서 오면 나를 찾아오고 그랬어요. 그런데 그 친구는 나를 포섭하려고 하지는 않았어요.

A 내 주변에 있던 서너 명이 이북을 갔다 왔더라고요. 그 친구들 일부는 서울에 돌아왔는데 다 잡히고 일부는 구라파에서 강제로 데리고 왔어요. 구라파에 있는 학생들이 우리가 여기서 이러고 있지 말고 어떻게 된 건가 가보자, 그래서 귀국을 했는데 조사를 받게 됐어요.

Q 조사 받아 보셨어요?

A 네. 받았어요. 누가 어떻게 지내느냐, 어떤 일이 있었느냐, 그쪽에서 접촉이 없었느냐, 일일이 다 물어봤어요.

Q 가족들이 굉장히 많이 놀랐겠네요?

A 아, 많이 놀랐죠.

Q 한국에 있는 가족들이 한국 유학생들한테 돌아와라 그래서 많이 돌아왔나요?

A 그럼요. 가족들이 빨리 서울로 돌아오라고, 구라파가 험한 곳인데 혼자 있으려고 하느냐, 서울에서 들어오라고 했어요.

Q 이북에서 접촉해서 이북으로 간 친구도 있고요?

A 그럼요, 우리가 다 알죠. 없어졌던 친구들도 이북에 가서 나중에 들어보면 이북에서 대사를 지내고 있다느니, 이북에서 다시 도망 나온 친구들도 있었어요.

Q 갔다가 다시? 그럼 그 사람은 어떻게 돼요?

A 지금은 사회에 복귀했어요. 동백림 사건이 큰 사건이죠. 당시에 유학생들 영향을 안 받은 사람이 거의 없어요.

Q 당시에 유럽에 있던 한국유학생들은 직간접적으로 관련이 있어서 조사를 다 받았겠네요?

A 거의 그랬어요. 지방대학에서 혼자 있는 사람은 모르겠지만 그렇지 않은 사람들은 다 조사를 받았어요.

선전계몽용 문화영화의 제작

동백림사건이 직접적 계기가 되어서 귀국한 김석년은 프랑스에서 다큐멘터리 및 극작용 광고에 깊은 인상을 받은 경험을 바탕으로, 당시 문화영화로 불리던 계몽용 선전영화 제작에 발을 들여 놓게 된다. 일요신문사 석정선 사장의 영향으로 문화영화 분야에 발을 들여 놓은 후 여의도 개발사업을 영화로 만드는 작업을 하였고, 군의 교육영화를 제작했던 것으로 기억했다. 김석년은 석정선이 그 당시 박정희 정부의 실세였던 김종필의 가까운 친구라고 기억을 했는데, 실제로 석정선은 김종필과 같은 육사 8기로 김종필의 오른팔로 불리던 사람이었다. 김종필과 이후락의 권력투쟁에서 김종필이 잠시 이후락에 밀린 상태에서 석정선은 신문사를 내어 놓고 몰락하게 된다.

그런데 〈매일경제신문〉 1968년 회사등기에 관한 공시에 보면 현대제작주식회사에 대한 기사가 다음과 같이 나온다. 아마도 이 부분이 현대문화영화공사일 것으로 추측되는데, 거기 이사 명단에 김석년의 이름이 나온다.

> 회사등기 현대제작 주식회사 (서대문구 순화동 207) / 대표 오봉규 / 이사 김홍배 전병훈 김석년 윤희경 / 감사 백만길 / 자본금 500만원 / 기록문화교육영화의 제작 및 배급 시청각 교육 및 영화기교재제작 및 배포 홍보 선전광고기획제작 및 대행업(〈매일경제신문〉, 1968. 9. 8. 3면)

이 회사의 규모 및 성격은 1967년 7월 4일자 매일경제 6면 기사를 통해 추측해볼 수 있다. 〈매일경제신문〉 보도에 따르면, 개정된 영화법 및 동법시행령에 의거, 새로운 시설기준에 의해 '극영화 및 TV영화 제작자'와 '뉴스 문화 광고영화 제작자'가 등록을 마쳤다. 등록을 마친 '극영화 및 TV영화 제작자'는 한국영화업자협회 소속사로 25개, '뉴스 문화 광고영화'제작자는 한국문화영화 제작자협회의 12개사에 달하는 것으로 보도했다. 이중에서 문화영화 영화사로 석정선이 대표인 '현대문화영화공사'가 나온다. 이때 문화광고 뉴스영화제작자의 시설기준은 35mm 이상의 촬영기 1대 이상과 총성능 50kw이상의 조명기를 보유하고 있는 업자들로 영화업자의 시설기준보다는 약간 완화된 수준이었다.

1960년대 후반기에는 계몽용 선전(propaganda)영화의 제작이 매우 활발했던 것으로 추정된다. 이는 전 세계적으로도 1960년대가 국가발전(national development)을 지원하고 견인하는 이른바 발전 커뮤니케이션(development communication) 모델이 제3세계를 풍미하던 시절이기도 해서 국가 주도의 발전 노력을 홍보하고 주민의 이해와 참여를 이끌어내는 선전커뮤니케이션 활동을 왕성하게 벌였다(Neher, 2003). 그 당시 한국도 마찬가지여서 정부 주도의 선전활동을 활발하게 전개하면서 그에 대한 비판의 목소리까지 나올 정도였다. 1967년 11월 18일자 〈경향신문〉에 실린 '치우친 PR 국립영화제작

1960년대의 문화영화

소의 제작경향'이란 기사에서 국립영화제작소가 너무 과도하게 치적을 홍보하는 PR영화를 제작하고 있다고 비판했다. 이미 정부의 활동상을 홍보하는 뉴스영화가 있어서 극장에서 틀고 있는데, 각 부처별로 PR영화를 과중한 비율로 만들어 1967년 한 해만 각 부처의 PR영화가 23편이나 제작되었다고 비판하고 있다. 이런 기사로 미루어 볼 때 그 당시에는 뉴스영화 PR영화 문화영화 등 명칭이 조금씩 다른 계몽용 선전영화가 대단히 많이 제작되었던 것으로 보인다.

또한 그 당시 제작했던 계몽용 선전영화 중 김석년이 기억하는 '오늘과 내일'에 대해서도 추측해볼 수 있는 기사가 있다. 1967년 12월 18일자 〈경향신문〉 7면에 공보부 영화위에서 1967년도 최우수문화영화로 장편 2편, 단편 5편을 선정했는데 그중 단편부문에 '오늘과 내일 118호(현대)'가 선정된 것으로 보도하고 있다. 이 기사에서 '오늘과 내일'이라는 문화영화 시리즈가 118호까지 간 것으로 보아 꽤 오랫동안 제작했던 것으로 추정된다.

A 그러다 마침 일요신문사가 있었는데, 석 사장(석정선), 그 전에 내가 돌아왔을 때 경기중 2년 선배인 건축가 김수근 그 양반 소개로 석사장도 만났는데, 그 양반이 문화에 대해 아이디어가 많은 양반이에요. 그 양반이 김종필 씨의 가까운 친구예요. 우리 회사에 와서 이런 거를 하라고 전문위원으로 책상하나 갖다 놓더라고요.

Q 그게 그거였어요? 문화영화인가 그런 이름으로 되어 있더라고요.

A 거기서 뭘 하고 있냐 하면 시리즈 영화로 '오늘과 내일'이라는 것을 하더라고, 그 당시에는 대한뉴스를 만드는 국립영화제작소가 있었죠. 문공부 산하 국립영화제작소가 뉴스 만드는 곳이에요. 다큐멘터리니 문화영화를 만들어요. 민간에서 그런 것을 앞으로 해야겠다, 했는데 그 영화를 몇 편 만들어봤자 영화관에 걸 수 있다는 게 아니거든요. 인가나 허가도 받아야 하고요. 그리고 영화관에 그걸 뉴스 다음에 걸어라 하는 건 보통 힘으로 하는 건 어려웠어요. 그 양반들이 혁명주체들이고 하니까 그런 게 되는 거겠죠. '오늘과 내일'이라는 게.

Q '오늘과 내일'이라는 게 문화영화 시리즈예요? 그게 어떤 건지 기억나세요?

A 내가 제일 처음에 와서 기획한 게 지금 현재의 여의도 개발이라고, 여의도 개발사업이 막 시작을 하려고 하더라고. 윤중재라는 걸 막 쌓고 밤섬을 없애더라고요. 그걸 영화로 만드는 거예요. 그걸 영화로 만들면서 내가 기획하고 프로듀서를 하는 거죠. 서울시에 당시에 김현옥 시장 인터뷰도 하고 국민계몽을 하자, 그런 거였죠.

A 기억이 잘 안 나지만 한쪽으로는 새롭게 다큐멘터리 영역을 더 넓혀야 된다. 그래서 그때 개발을 했던 것이 군의 교육 영화예요. 군의 교육 영화를 제일 처음 기획을 해서 개발을 했어요. 육군본부 교육처 홍보과에서. 내가 기억이 남는 게 육군사관학교 영화예요. 육군사관학교 영화를 만들기 위해서 16mm 총천연색을 만든다는 것은 다큐멘터리로, 홍보영화로선 상당히 큰 프로젝트였어요.

Q 당시의 한국영화가 흑백영화였나요?

A 1960년대 뉴스도 다 흑백이었어요. 그걸 칼라로 홍보영화로 만든 거죠. 육군사관학교는 예산이 있으니까요. 내가 웨스트포인트(West Point, 미국 육군 사관학교) 것도 보고 해서, 만들었어요.

Q 그럼 아까 말씀하신 일요신문이라는 석 사장님이 별도의 회사를 만들었잖아요. 당시의 직원은 몇 명이나 있었어요?

A 10명 정도 됐을 거예요. 재밌는 게 3사관학교가 생겼어요. 영천에 또 팀을 만들어서요. 다음에 재밌는 게 마지막 한 건데, 「월남전선」이라고 해서 한국판 「컴뱃(Combat, 1960년대 미국의 전쟁 드라마 시리즈)」. 그걸 시리즈, 물론 픽션으로 만들었죠. TV영화를 만들었지, 월남에 KBS 탤런트하고 제작진 하고 한 비행기에 한 30~40명 들이고 6개월을 들여서 만들었죠. 감독들도 채용하고, 시리즈였죠.

Q 70년대 「전투」인가요?

A 그게 컴배트예요. 그때는 월남을 주제로 한 게 많았으니까.

Q 그걸 프로듀서 한 거네요.

A 그렇죠. 그래서 감독도 지정을 하고 팀들도 내부팀, 외부팀 짜서 한 거죠.

3장

한국 광고산업의 형성: 합동통신 광고기획실 시절

1. 광고계에 첫 발을 내딛다

합동통신 광고기획실의 시작

김석년이 처음 광고계에 발을 들여놓은 광고회사는 합동통신사 광고기획실로, 오늘날 한국에서 가장 오래된 광고회사인 오리콤의 전신이다. 그 시작이 1964년까지 거슬러 올라가는 합동통신사 광고기획실을 한국광고사에서는 우리나라 최초의 종합광고대행사로 인정하고 있다(민병수, 1996). 합동통신 광고기획실은 외무부 차관을 역임했던 이원경이 장관을 그만두고 합동통신 사장으로 취임한 후, 합동통신의 경제적 손실 해결방안을 모색하던 중 일본 광고대행사 덴츠의 시스템을 접하고 광고대행업을 시작한 것으로 김석년은 기억했다. 그의 기억은 한국 광고대행사 형성에 관한 기존 연구와 세부적인 면에서는 부정확한 측면도 있기는 하지만 대체로 일치한다.

〈두산그룹사〉(두산그룹 사사편찬실, 1989)의 오리콤 편에 의하면 합동통신은 1964년 7월 광고국을 신설하여 종합광고 대행업을 부대사업으로 추진하기 시작했으며, 1967년 3월 1일부터 광고기획실을 설립하여 종합광고대행업을 시도했다. 광고기획실은 이미 1966년부터 합동통신과 같은 두산그룹 계열사인 동양(OB)맥주 주식회사의 광고대행을 했고, 1968년 풍년라면과 칼면을 생산하는 동명식품을 비롯하여 조흥은행 한국나이롱 등을 영입했다. 1969

합동통신 사장을 역임한 이원경ⓐ

합동통신 광고기획실 2대 실장을 역임한 김광섭ⓐ

년에는 유공(대한석유공사)과 여성의류 생산업체 유영산업을 영입하여 주가를 올렸다. 그러나 1970년 유공이 그 당시 미국인이 경영하던 광고대행사 임팩트(Impact)로 옮겨가고 동명식품이 부도가 나면서 일대 위기를 맞이하게 된다.

동명식품의 부도로 604만 원의 빚을 떠안게 되는데, 그 당시 광고기획실의 전체 매출액이 3,486만 원이었던 것을 감안하면 엄청난 액수였기에, 합동통신사가 문을 닫느냐 마느냐의 기로에 서게 된다. 오리콤 사사(社史)인 〈오리콤 30년 광고이야기〉(오리콤, 1997)에 의하면 그 당시 합동통신사는 동명식품의 부도로 일대 위기를 맞이하지만 심기일전하여 조직을 개편하면서, 엄갑룡 초대 광고기획실장을 심의실로 전보하고 김광섭 상무가 2대 광고기획실장으로 취임하여 새로운 전기를 마련하기 위해 몸부림치던 시절이었다.

Q *합동통신사 같은 언론사에서 어떻게 광고대행업을 하게 되었나요? 조직이라든지, 누가 어떻게 해서 그런 생각을 하게 되었는지, 말씀해주세요.

A 이원경 씨라고 나중에 공보처장관과 외무부장관을 지낸 분인데, 그분이 음으로

동명식품의 풍년라면 신문광고ⓐ

양으로 광고회사 기반을 닦아가는 데 도움을 주셨어요. 1960년대 중반에 그 양반이 외무부 차관을 하고 계셨는데 하루아침에 자진 사표를 내고 그만뒀어요. 외무부 차관 월급 가지고 살 수가 없다면서 그만두신 분이죠. 하여간에 그 양반이 합동통신사 사장으로 오셨어요. 당시 두산그룹에는 박두병 회장이 계셨는데 OB맥주와 합동통신사 사장을 겸임하고 계셨어요. 그러다가 이원경 씨에게 합동통신사 사장을 물려주고 자기는 실업 쪽에 전념했죠. 이원경 씨가 와서 보니까 합동통신사 전체가 동양맥주 라이프라인으로서 먹고 당시 언론사는 다 그랬듯이 그 자체로도 적자가 나고 채산이 안 맞아요. 내가 그 양반한테 직접들은 이야기인데, 일본의 교도통신이 합동통신사와 제휴도 있으니까요. 교도통신 사장하고 만났더니, 세계적으로 통신사업이 다 적자니 살림이 되려면 부대사업을 해서 통신의 적자를 메워야 한다는 것이었죠. 어떤 부대사업이 있겠냐고 했더니, 자기네가 덴츠라는 광고회사가 있는데 교도통신하고 시사통신이 대주주라고 한 거죠. 그 이야기를 듣고 힌트를 얻어 이원경 씨가 우리도 그런 걸 한번 해보자 이래가지고 이 양반이 일본에서 덴츠 중역도 초대하고 그래서 시작하게 됐어요.**

A 서울의 광고를 지방신문사로 보내주고, 서울에 지사가 있고 지사에 중앙관청 드나드는 기자들도 큰 데는 있었어요. 그렇지만은 광고판매나 광고를 하기 위해서는 지사에 광고전담 사원을 둘 수 없었단 말이에요. 그거를 맡아서 이 양반이 해주고

그렇게 시작을 했어요. 그러면서 한쪽으로는 그런 대행사도 제대로 해보자, 사실 광고주를 몇 개 그 양반들이 얻어가지고 됐어요. 물론 광고대행 수수료라는 것도 신문사에서 받을 생각도 감히 못하고, 단가를 조금 내려다오, 그래서 우리가 광고주에게 청구할 적에 얼마를 얹어서 청구하겠다. 뭐 이런 식이었죠.

Q 당시에는 공식적으로 그런 대행수수료가 없었네요.

A 그런 거 없었죠.

Q 책정이 안 돼 있었어요?

A 안 돼 있어요. 안 돼 있는 것이 상업방송이 신문사나 방송사에 있었으니까요. 라디오로 먼저 들어온 게 있었고요. 우리가 수수료를 왜 내야 되는지, 도대체 이해를 못 하는 세상이었어요.

Q *당시 풍년라면이 3,000만 원 정도 광고를 하고 부도내서 광고비를 못 받게 되었다는 기록을 봤는데요?

A 합동통신사에서 못 받게 됐으니까 신문사에도 못 줘요. 내가 1990년대 기준으로 계산해보니까 30억쯤 되는 거 같아요. 근데 명색이 우리가 합동통신사이고 더구나 OB를 배경으로 하고 있는 회사인데 각 신문사에 부도를 낼 수가 있느냐 이거죠. 울며 겨자 먹기였죠. 그래서 신문사, 방송사, 각 매체사에 대고 합동통신사가 책임질 테니 놔둬라, 이렇게 한 거죠. 웬만하면 손들어 버리고 그냥 미수금을 없애버렸을 텐데 이원경 씨가 그런 결단을 내린 거죠. 합동통신사 체면에서 3천만 원을 우리가 지불하게 되는데 지불을 못하게 되었으니 우리가 떠안을 수밖에 더 있겠어요? 이래가지고 1년인가 2년인가를 고생했죠.**

합동통신에서 첫 출발

김석년은 동백림 사건으로 한국에 귀국하여 당시 문화영화라고 불리던 계몽용 선전영화를 만들다가 마침내 합동통신 광고기획실에 합류하게 된다.

오리콤 사사에 의하면 1970년 11월에 김광섭 상무를 2대 광고기획실 실장으로 선임하고, 광고 전문인력 확보를 위해 인재를 물색하던 중 김석년을 영입한 것으로 기록되어 있다. 김석년은 날씨가 쌀쌀한 3월 초라고 대략적으로만 기억했지만, 정확하게는 1971년 3월 24일 김광섭의 소개로 기획국 부국장 겸 제작부장으로 입사하여 광고국 직원과 처음으로 인사한 것으로 오리콤 사사는 기술하고 있다(오리콤, 1997).

김석년은 당시 합동통신사 사무실은 네거리의 창고 같은 건물에 난로에 조개탄을 피우고 있었으며 직원은 7~8명이 전부였다고 기억하고 있다. 〈두산그룹사〉에 의하면 합동통신 광고기획실은 서울 을지로 1가에 있던 합동통신사 바로 옆 건물 2층에 따로 사무실을 마련했다. 또 당시의 조직도를 보면 광고국에 제1 연락부, 제2 연락부, 제3 연락부의 3개 부서가 있고 기획국에 기획국, 제작부, 국제부, 조사부, 서무국의 4개 부서가 있어 그보다는 규모가 좀 더 컸다. 인원은 국(局) 단위의 전문조직으로 개편을 단행하여 1971년 6월부터 11월까지 모두 6명의 인원을 보강하여 총 19명의 전문 인력을 확보한 것으로 기록하고 있다(두산그룹 사사편찬실, 1989).

김석년이 '당시 꾸준히 광고를 하던 곳'으로 언급한 김용중의 애드 코리아는 원래 김용중이 1968년 설립하여 1982년까지 운영했던 회사이다. 김용중(1917~2004)은 초창기 활동한 광고홍보 전문가로 1957년부터 58년까지 유한양행 학술부장으로 일하다가 1958년 한국PR연구소를 설립해서 1992년까지 유지했다. 그는 1966년 〈PR작전시리즈 1〉 발간을 시작으로 1973년까지 〈PR작전시리즈 5〉를 완성하여 PR시리즈를 완간한 바 있다. 애드코리아는 대략 12명 정도의 사원이 있었고 1974년에 5억 원 정도의 광고를 취급한 것으로 추정하고 있다(김병희 · 윤태일, 2011; 신인섭 · 서범석, 2011).

김석년은 3월에 첫 출근하자마자 그 당시 동서식품의 맥스웰 하우스 커피 프레젠테이션이 있어서 4월 초에 경쟁 프레젠테이션을 통해 동서식품의 광

을지로에 있던 합동통신 광고기획실 사옥(광고기획실은 왼쪽의 2층 건물)[a]

고대행권을 획득한다. 이에 대해서는 오리콤 사사에도 자세히 기술되어 있다(오리콤, 1997). 이에 따르면 1971년경부터 광고주들이 여러 광고대행사가 참여하는 경쟁 프레젠테이션을 통해서 광고대행사를 선정하기 시작했다. 1970년 말부터 광고기획실에서 맥스웰하우스 커피의 연말연시 선물광고만을 대행했던 동서식품은 그 한 사례이다. 광고기획실에서는 경쟁 프레젠테이션을 통해서 1971년 4월에 마침내 맥스웰하우스 커피의 제품광고를 텔레비전과 신문까지 전면대행하게 된다. 김석년은 출근하고 얼마 있다가 바로 이 경쟁 프레젠테이션에 참여하게 된 것이다.

Q *동백림 사건으로 프랑스에서 귀국해 지내시다가 광고를 시작하신 것으로 알고 있습니다. 어떤 계기가 있으셨어요?

A 당시 꾸준히 광고를 하던 곳이 '애드 코리아(Ad Korea)'라고 김용중 씨가 하고 있는 곳이 있었어요. 그 다음에 합동통신사 광고기획실이라고 있었어요. 거기서 나

하고 이야기가 되었어요. 내 친구들이 두산에 젊은 중역들로 있었는데, 나한테 얘기하는 것이 '네가 하려는 것이 개인적으로 해서 될 일이 아니다. 조직에 들어와서 조직하고 움직여야 된다.' 그래서 나도 개인적으로 (광고회사를) 하겠다는 생각을 버리고 조직으로 들어 간 거죠.

Q 회장님 가시기 전에 원래가 합동통신사에 있었나요?

A 네. 1970년에 상무로 계시던 김광섭 씨가 있었어요. 서울신문 편집국장 지냈고 언론계의 유명한 분이에요. 그 양반이 합동통신사 건너편에 호텔이 있는데 거기서 만나자고 했어요.

Q 그때는 회장님을 어떻게 아신 거예요? 회장님이 지원을 하신 거예요?

A 마침 거기서 (사람을) 구하고 있었는데 합동통신사가 두산그룹의 회사였어요. 그래서 두산그룹의 젊은 중역인 내 친구들이 '김석년이란 친구가 있어요. 광고를 제대로 하려면 이런 전문가 친구가 필요한데 어떻게 생각하십니까?'그러니까 그쪽에서 '아, 좋아요. 만나보죠.' 이래서 만났던 거죠.

Q 당시 합동통신사 광고기획실의 규모가 얼마 정도였나요?

맥스웰하우스 커피 광고ⓐ

합동통신 광고기획실 시절(왼쪽부터 이재항 부사장, 민경훈 전무, 김석년)

A 글쎄 이제 그 얘기하려고요. 그래서 3월 초인가 마지막 주인가? 하여간 거기에 나가기 시작했어요. 처음에 사무실 가서 보지도 않고, 사람 몇 명이 있는지 물어보지도 않고, 그전부터 운영을 하고 있어서 갔어요. 네거리에 3층짜리 건물이 있는데 뒷마당 들어가더니 창고 같은 데로 가요. 창고를 개조해서 사무실로 써요. 아직 3월이니까 사무실에서 조개탄 난로를 피우고 있고, 이렇게 보니까 사람이 7~8명 돼요. 그리고 사무실 한쪽에 광고기획 실장이셨던 김 상무님의 테이블 있어요. 나 보고 앉으라더니 여기 쓰라고 그래요. 다들 어디서 왔느냐고 물어 서로 인사를 나누고 그랬죠. 내가 생각했던 사무실도 아니라 실망했고요. 이야기들 해보니까 다들 경력이 광고도 아니고 기자 출신들이야.

Q 당시에는 그런 게 일종의 광고대행사잖아요? 그 조직이 지금처럼 디자이너와 카피라이터 그리고 AE 사이에 분업이 되었는지요?

A 그럼요, 그런 업무 영역의 경계는 있었죠. 젊은 디자이너가 3~4명 있었고, 카피라이터라는 건 없었어요. 기자들이 쓸 수 있으니까요. 뭐든지 썼죠. 카피 쓰고, 기획서 쓰고, 사람도 만나고 1인 3역을 다 했던 거죠. 섭외도 하고.

Q 당시에는 기자와 광고인은 차이가 많았을 텐데, 어떻게 기자가 광고를 했어요?

A 당시 합동통신사의 한 부서로 출발했으니까요, 기자가 몇 명 발령이 난거죠.

Q 그럼 실제로 그분들이 나중에 기자로도 갔어요? 아니면 그 자리에 계속 그냥 있었어요?

A 안 된 말이지만 기자로서 잘 안 풀렸거나 정년이 돼서 온 거겠죠?

Q 거기 있다가 다시 기자 편집부나 보도부 쪽으로 가지는 않고 그냥 거기에 쭉 있었나요?

A 물론 그런 사람들도 있었어요. 그런 사람들은 국제부에서 영어도 좀 하고 이쪽 일도 하고 본업도 하고 그랬어요. 좀 혼란스러웠죠.**

A 내가 며칠 후에 4월초 출근을 하겠다, 했는데 급한 프로젝트가 있으니 바로 나와 달라고 해서 나갔어요. 그래서 인사를 하고 시작을 했는데, 피칭을 해야 하는 프레젠테이션을 만들어야 한다는 거예요. 이걸 빨리 좀 만들어달라고 했어요. 맥스웰하우스 커피라고, 지금 동서식품이에요. 그게 처음 한국에 들어왔을 때에요. 프레젠테이션을 누구한테 하냐 했더니 맥스웰하우스 커피 일본회사, 제너럴 푸즈 제펜(General Foods Japan)에서 한다는 거예요. 그 사람들이 광고 문제를 다 결정하는 거예요. 그러니까 그 프레젠테이션을 해야 한다는 거예요.

A 그거 때문에 시작을 했으니까. 광고 대행사 에이전시처럼 시작을 했죠. 하여간에 그 프레젠테이션을 준비했어요. 그래서 그동안에 해놓은 걸 해서 몇 가지 알아서 준비를 했어요. 그리고 일본 사람이 왔어요. 한국에서는 당시에 동서식품주식회사라는 게 출범을 하는 거죠. 그게 한국 합작 법인인데 하나는 일본의 제너럴 푸즈 제펜하고 이쪽에서는 한국에서 큰 사업을 하는 서신의 계통하고요. 하여간에 동서식품주식회사라는 게 탄생을 했어요. 그래서 이제 거기 가서 프레젠테이션 했어요, 마침 내가 일본어를 좀 하니까요.

Q 일어로 프레젠테이션 하신 거예요?

A 일어로 얘기도 하고 그 사람들 설득을 했어요. 결과적으로 동서식품 쪽하고 또 저희 합동통신사의 당시 사장 이원경 씨하고 그렇게 만나게 됐어요. 결국 동서식품을 땄어요.

합동통신사의 OB맥주 광고과 흡수

1970년대 초반까지 매체사는 물론 광고주들도 광고대행사에 대한 이해가 별로 깊지 않았다. 이에 김석년은 광고대행사에 대한 인식을 바꾸고 그 중요성을 인식시키고자, 같은 두산그룹 계열사 광고주인 OB맥주 광고과를 흡수하려고 시도한다. 그 당시는 오늘날과 같은 계열사 광고대행사(in-house agency)에 대한 개념은 희박했던 것으로 기억했다. 김석년은 OB맥주 광고과가 합동통신 광고기획실을 너무 좌지우지한다고 판단하여, OB맥주 임원들에게 바람직한 광고주와 대행사의 관계에 대한 브리핑을 한다. 그리고 임원들을 설득해 OB맥주 광고과를 흡수함으로써, 합동통신 광고기획실의 규모를 키우는 데 일조를 한다.

그 당시 합동통신 광고기획실의 봉급 수준은 합동통신과 같은 회사였기 때문에 합동통신 내 다른 기자들과 큰 차이는 없었지만 이런저런 명목으로 월급을 더 주었다고 회고했다. 이 부분은 〈두산그룹사〉 오리콤편의 기록과 일

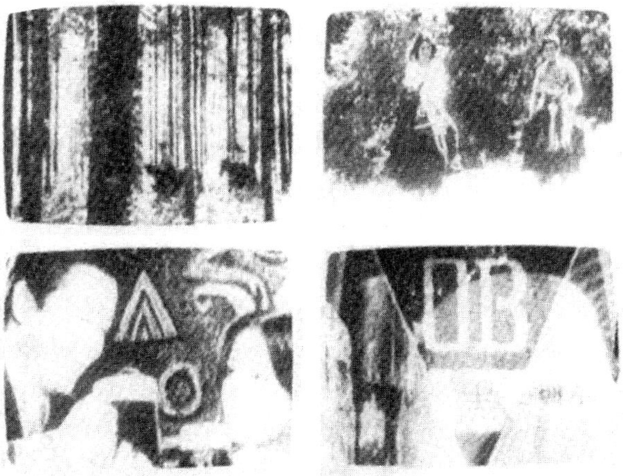

OB맥주 광고(승마편)ⓐ

광릉에서 OB CF 촬영 후 단체사진(1971년 경)

치한다(두산그룹 사사편찬실, 1989). 사사에 의하면 합동통신사는 광고대행 사업이 성장하자 광고기획실을 독립 사업으로 운영하는 방안을 1971년 하반기부터 연구했다. 광고회사의 성장기반을 조성하기 위해 광고기획실의 운영을 개선하면서 1972년 5월 1일 합동통신사는 '광고기획실 특별 수당 규정'을 제정하여 광고기획실 사원에게 별도의 특별 수당을 지급한 것으로 기록하고 있다. 특히 1973년 1월 제일기획이 삼성그룹 계열사로 설립되면서 대형 경쟁사가 등장하자 인사관리 제도를 개정하여 우수인력을 확보하는데 주력하고, 급여체계도 직원들 사기를 북돋을 수 있도록 개정했다. 또 광고기획실 수입을 독립계정으로 만들었다는 기억은 1972년 9월 서울 종로 4가 동양맥주 사옥에 광고기획실 사무실을 마련하여 독자적으로 사업을 할 수 있게 한 것을 말하는 것으로 짐작된다.

A 쉽게 말하자면, 광고대행사 자체는 전문성이 없었고, 매체 쪽은 권위주의 인식이 있었고, 광고주 쪽도 마찬가지였어요.

Q 광고주 쪽과 매체 쪽을 비교해봤을 때, 광고대행사를 바라보는 시각은 어떤 거 같아요?

A 뭐 내가 보기엔 양쪽이 마찬가지예요. 그래서 내가 매체 쪽만 설명했는데, 광고주를 얘기해봐야죠.

A 거기도 뭐 디자이너도 있고, 광고과 직원이 있어서 매체도 연결하고 했는데, 이쪽의 매체 담당자보다 거기 매체 담당자가 (매체사 직원과) 더 가깝고 하니까 대행사가 역할을 제대로 하겠어요? 그런데 얼마 지나지 않아 한 번 큰 사건이 터졌어요.

Q 어떤 사건인가요?

A *무슨 사건이냐 하면 OB 내부에서 자기 광고과에 일 시켜 봐도 제대로 하지 않고, 뭘 자꾸만 이쪽을 통해서 하라는 거냐, 우리도 불만스럽다, 그래서 점점 위로 올라가서 사장실까지 올라갔어요. 그래서 당시 정수창 사장이 우리 쪽 이원경 사장한테 그 이야기를 했어요. 그쪽의 이야기가 '광고국에 대해 근본적으로 리뷰를 해봅시다.' 하니까, 이원경 사장도 'OB로 와주십시오.' 했던 거죠. 그래서 합동통신사에서도 난리가 났어요. '우리 사장도 만나자고 하는데 이 일을 어쩌느냐 말이죠? 우리가 일할 때, 광고주가 제대로 된 지침이나 주느냐 말이냐? 이걸 어떻게 하면 좋겠느냐?' … 그래서 '제가 브리핑을 해보겠습니다.' 했어요. 당시에 나는 상당히 당돌했어요.

Q 그래서 어떻게 하셨나요? 브리핑을 하셨나요?

A 그래서 내가 이틀 동안에 차트를 만들었어요. … OB맥주의 전 중역이 다 모여 있었죠. 당시 중역들이 다 굵직굵직 했어요. 그래서 이원경 씨가 '그러지 말고 우리가 준비한 걸 다 듣고 이야기를 하죠.' 하셨죠. 이원경 씨도 참 스마트한 분이거든요. 내가 차트를 꺼내놓고 브리핑을 했어요. 광고주와 커뮤니케이션이 이루어져야 생산적인 커뮤니케이션이 이루어진다 말이죠. 그걸 쭉 듣더니, 정수창 씨가 맞는 이야기라고 했죠. 결과적으로 광고과가 우리 쪽으로 들어왔어요. 일부는 광고

광고회사 회의 모습

과에서 딴 데로 보내고, 그래서 소위 전면대행이라는 게 가능해졌어요. 그쪽에서는 광고관리만 했고요.

Q 전면대행을 하게 되면서 두산의 인하우스 에이전시라는 개념도 갖게 되었나요?

A 그때에는 인하우스 에이전시 개념이 아니었고, 당시의 OB맥주의 광고를 하는 것이 계열사마다 다른 광고국이었어요. 말하자면 큰 광고주 하나가 코닥이었어요. 코닥은 두산산업의 한국총판 하고 있는데, 그쪽하고도 한판 했어요. 결국은 그쪽에 설득을 당해서 우리한테 대행을 맡겼지요. 그리고 코카콜라가 한국에 상륙을 하게 되었을 때, 제일 처음에 코카콜라의 로컬 세일 에이전트(local sale agent)를 두산이 하게 되었어요. 두산에서 출자를 해서 한양식품이라는 걸 만들었어요.**

Q 합동통신에서 광고기획실 조직이 상당히 커진 건가요?

A 그렇죠. 커졌죠. 거기에 광고 과장하던 사람이 디자이너 출신이에요. 그 사람이 광고기획실의 제작 담당을 하고, 뭐 이렇게 다들 들어왔죠. 그러니까 내가 이런 에피소드를 얘기하는 것이 광고주의 광고에 대한 인식수준이 그런 거였단 말이에요. OB가 그런 쪽에서 많은 발전을 하고, 결국은 광고대행사까지 해야 한다는 오리콤을 밀어주기도 하고, 하는 배경이 그런 시점에서 출발한 거였단 말이에요. 아까 그

런 광고주의 인식, 광고대행사의 인식이 바로 그런 거였어요. 그래도 OB자체가 상당히 합리적인 회사였기 때문에 그런 것을 금방 납득을 하고 이해를 하고 바로 방향을 설정했죠. 딴 회사였다면 그런 브리핑을 해서 먹히겠어요? 쉽게? 안 먹히죠.

Q 그럼 당시의 광고실의 주요 광고주가 OB가 제일 컸죠?

A 당연히 OB가 주요 광고주죠.

Q *당시 월급은 많이 받으셨어요? 예를 들어, 합동통신사 내에서 광고기획실의 월급이 다른 부서의 기자와 같은 수준이었나요?

A 같은 회사니까 크게 차이는 나지 않았지만, 이런 명목 저런 명목 붙여서 월급을 좀 더 줬어요. 광고기획실 사람들이 프라이드를 좀 가지라는 뜻이었죠. 왜냐하면 이원경 씨가 광고기획실에서 돈을 벌기 시작하니까 돈에 손을 안 댔으니까요. '통신사에서 써버릴 텐데…' 이러시면서 광고기획실 수입을 독립 계정으로 만들더라고. 그 양반이 그 시스템을 만들어 줬어요.

Q 당시에도 합동통신사는 적자였죠?

A 그래서 회사 전체로 봐서 좀 더 많은 돈이 돌았으니까 광고기획실이 조금씩 독립을 해나가기 시작했어요.

Q 그 시절에 제일 돈 잘 버는 직업이 뭐였어요? 은행원이었나요?

A 네. 은행원이었을 거예요. 여러 가지 보너스도 많이 나오고요. (광고인 월급이) 은행원 수준은 아니었어요. 신문기자가 박봉이었으니까요.**

2. 초창기 경쟁 광고회사의 출현

만보사와 현대기획의 창립 및 흡수

합동통신 광고기획실에서 김석년이 광고계에 첫 발을 내딛을 1970년대 초반은 우리나라 광고대행사가 태동하던 시기이다. 〈표 3-1〉은 초창기 광고대행사의 현황이다. 김석년은 미국에서 공부하고 온 한 명을 채용해서 중앙일보가 대행사를 하나 만들었다고 이야기하는데 이는 이병인이 주축이 된 현대기획을 말한다. 현대기획은 코카콜라가 한국에서 자신들의 광고를 대행할 수 있는 대행사를 찾다가 김규와 접촉하면서 만들게 된 광고대행사이다. 현대기획은 그 당시 삼성그룹 창업자 이병철 회장의 사위이자 동양방송 상무이사였던 김규가 자본금 200만 원 정도로 시작한 광고회사라고 남상조는 구술했다(김병희 · 윤태일, 2011).

김규가 설립한 현대기획의 광고기획은 실질적으로 이병인이 도맡아 했는데, 그는 원래 미국 미주리대학(University of Missouri-Columbia)에서 언론학을 전공한, 동양방송(TBC) 프로듀서였다. 김규의 제안에 따라 현대기획에서 코카콜라 광고업무를 하게 된 것이다. 현대기획의 이병인이 만보사로 가고 주요 광고주인 코카콜라도 만보사로 넘어가면서 현대기획이 만보사로 합병된 것으로 오해하기 쉽지만, 실제로 현대기획은 원래 삼성에서 만든 것이기 때문

표 3-1 초창기 광고회사 현황 (1958-1979)

광고회사	창립	인원	취급고(만원)	대주주
애드코리아	1958	12	500(1974)	
S/K Associates	1965	20	100(1973)	
합동통신 광고기획실	1967	46	1,300(1974)	
만보사	1969	36	453(1973)	동아일보, 동양맥주
모던광고	1969	12	80(1973)	
컬버(Culver)	1970		12(1974)	
선진	1970. 7			
세기광고	1970	30	80(1973)	
퍼시픽 미디아(Pacific Media)	1973	12	12(1974)	
제일기획	1973. 1. 17	62	900(1974상반기)	삼성그룹
연합광고	1974. 2. 23	49	1,500(1974)	MBC 외 6개사
거인(巨人)	1974. 4			
극동(極東)	1975. 3. 15	33		
나라기획	1977. 4. 15			
희성산업	1978. 4. 1			럭키그룹
오리콤	1979. 5. 1			두산그룹

출처: 김병희 · 윤태일(2011) 19쪽 일부

에 나중에 제일기획으로 흡수된다.

만보사는 동아일보 회장과 두산의 박 회장이 비행기에서 의기투합해서 만든 것으로 김석년은 기억하고 있는데 이는 당시 동아일보 김상만 회장과 OB그룹의 박두병 회장을 말한다. 만보사는 1969년 1월 동아일보사와 동양맥주의 공동투자로 설립된 이래 코카콜라를 중심으로 한 광고대행사였다. 윤석태는 만보사가 실제로는 동아일보 김상만 회장의 동생 김상석의 아이디어가 결정적이었다고 주장한다. 노르웨이에서 일하던 김상석이 유럽에서 광고 대행사의 중요성을 인식하고 동아일보 라인을 통해 제안했다는 것이다(김병희 · 윤태일, 2011). 만보사 사장 이재항은 광고회사 보상제도의 기틀을 마련한 것으

만보사 및 오리콤 사장을 역임한 이재항ⓐ

무교동에 있던 만보사 사옥ⓐ

로 다들 기억하고 있다.

만보사는 초창기 한국 광고대행사의 역사에서 합동통신 광고기획실과 함께 쌍두마차를 형성한 것으로 일컬어질 만큼 높은 평가를 받았지만 결국 1974년 12월 합동통신 광고기획실에 합병된다. 직접적인 계기는 공동출자자인 동아일보사가 1974년 3월 설립된 한국연합광고에 10%의 주식을 출자했기 때문이다. 결과적으로 동아일보사도 만보사와 연합광고라는 두 광고회사의 경영에 관여하게 되었고, 동양맥주도 합동통신 광고기획실 및 만보사 두 광고대행사에 관여하게 되면서 자연스럽게 지분을 정리할 필요성이 생겼다.

우리나라 광고대행사의 출현에 미국 코카콜라의 영향이 컸다는 것은 익히 잘 알려진 사항이다. 1970년 코카콜라의 광고를 담당하게 되면서 맥켄에릭슨(Mckan-Ericson)의 지도를 받고 연수를 보내주고 하는 등 그 당시 초창기 한국광고계가 포괄적인 의미에서 맥켄에릭슨의 영향을 받아 광고대행사 체제를 갖추게 되었다고 김석년은 기억했다.

A 간단히 얘기하면은 그 당시의 코카콜라 어카운트(account)를 가지고 두 회사가 경합을 했어요. 하나는 중앙일보에서 대행사를 하나 만들어보자, 그런 아이디어가 있었던 거예요. 그러니까 기획실에서 미국서 공부를 하고 온 사람을 한 명 채용해서 뭘 좀 해보라는 그런 움직임이 있었어요. 또 하나는 이상하게도 두산이 광고와 인연이 있어요. 하루는 그 얘기가 동아일보 회장하고, 두산의 박 회장하고, 비행기를 타고 부산인가를 가다가 얘기가 나왔는데 '광고대행사가 있는데 그걸 한번 해봅시다'한 거예요.

A 맥켄이 작업을 해서 '우리가 대행사를 할 테니 맥켄이 모든 지도를 해주시오.' 이래서 만보사로 코카콜라가 떨어졌어요. 그래서 내가 들어가기 직전인가? 그때 코카콜라 제품이 나오기 시작했어요. 그래서 한국에서 코카콜라 광고가 시작된 거예요. 회사는 코카콜라 광고를 통해서 배우는 게 많아요. 이쪽은 독학이고, 그쪽은 코카콜라를 통해서, 기가 막힌 선생님이죠. 그쪽은 더구나 맥켄이 옆에서 가르쳐주고, 맥켄에 연수 보내고 맥켄에서 와서 지도해주고, 어떻게 보면 근대적인 광고대행사로서의 작업을 먼저 코카콜라 어카운트가 시작한 거죠, 그러니까 상당히 빨랐어요. 1970년대 초반에 상당히 발전했어요. 결국은 1975년도에 우리 합동통신사 광고기획실이 만보사를 흡수해버렸죠. 하여간에 광고의 실력배양이라든지, 광고대행사의 체제를 갖추는 것이라든지, 모든 게 코카콜라 덕에 상당히 빨랐어요.

A 두산에서도 당시에는 하우스 에이전시라는 개념이 없었죠. 각 제품에 따라서 시장에 따라서 다 여기저기 흩어져 있었죠. 그거를 다 통합을 해야 되겠다 해서, 우리가 시작을 한 거죠. 합동통신사 광고기획실이 주체가 돼서 작업을 한 거죠. 그래서 광고기획실 자체도 독립을 한 거고, 그래서 오리콤을 만든 거죠.

제일기획과 연합광고 등 매체사중심 대행사의 시작

1973년 제일기획에 이어서 1974년에 연합광고가 창립되면서 1970년대 중반 이후는 만보사를 합병한 합동통신 광고기획실, 제일기획, 연합광고의 이른바 광고대행사 트로이카 시대를 맞게 된다. 김석년의 기억에 의하면 제일기획 창립 당시 삼성그룹의 이병철 회장은 일본의 한 대행사 사주로부터 광고대행사에 대해서 설명을 듣는다. 그를 바탕으로 중앙일보와 동양방송(TBC)이 중심이 되어 광고대행사에 대해 연구하는 팀을 결성하여 설립을 추진한 것으로 기억했다. 실제 제일기획 창립에 깊숙이 관여한 남상조의 회고와 대조해보면 이 부분에 대한 실체는 좀 더 분명해진다(김병희 · 윤태일, 2011).

남상조에 의하면 삼성은 덴츠와 같은 일본의 큰 광고대행사로부터 체계적으로 정보를 얻은 것은 아니고, 조그만 광고대행사인 세코샤(宣弘社)의 사장과 이병철 회장이 친분이 있어서 그로부터 이야기를 많이 들었다. 중앙일보가 일본 〈니혼게이자이(日本經濟)신문〉과 업무제휴가 되어 있어서 거기 광고국에서도 이야기를 많이 듣고 자료를 얻었다고 한다. 또 남상조도 당시 제일기획은 동양방송이나 삼성그룹 계열사 내의 광고관련 담당자로부터 인력을 주로 충원했다고 회고했다. 하지만 만보사에서 일했던 윤석태는 기존 광고대행사의 사람들이 제일기획에 가서 터를 잡았다고 말했다. 김석년은 본인이 당시 중앙일보 홍진기 사장을 만나 광고대행사에 대한 그의 몇 가지 질문에 대답을 했고, 와서 같이 일하자는 제안을 받았지만 정중히 거절했다고 회고했다(김병희 · 윤태일, 2011).

당시 선발 광고대행사에 재직하는 입장에서 후발 광고대행사들이 속속 창립되는 그 당시의 분위기를 김석년은 전하고 있다. 흔히 생각하듯이 기존 대행사에서 인력을 스카우트하는 것이 별로 없었던 이유는 제일기획이나 연합광고가 방송국을 모체로 창립되었기 때문에 관련 매체사나 광고주 쪽의

합동통신 광고기획실과 만보사의 합병 후 연말모임ⓐ

광고관련 부서에서 이미 근무하던 인력을 중심으로 운영되었기 때문이다.

또 하나의 광고대행사인 연합광고에 대해서 김석년은 특별히 언급한 바는 없었다. 연합광고는 삼성그룹 계열사인 동양방송(TBC)이 제일기획을 설립하자 경쟁관계에 있던 문화방송(MBC)이 중심이 되어서 삼성그룹 계열사와 경쟁관계에 있는 기업들을 규합하여 1974년 설립한 광고대행사이다. 연합광고 대신에 김석년은 이름을 정확하게 기억하지는 못했지만 스티클러(John C. Stickler)라고 하는 외국인과 한국인 함께 만든 조그만 광고대행사를 기억했는데, 〈한국광고사〉(신인섭 · 서범석, 2011)에 의하면 그 대행사는 S/K Associates였다. 스티클러의 S와 김동선의 이니셜 K를 따서 1965년에 만든 회사인데, 존 스티클러는 그 이전에 칼 부르스(Karl L. Bruce)라고 하는 미국인이 운영하던 임팩트(Impact)라는 회사에 근무한 적이 있다. 김석년은 외국계 대행사들이 광고뿐 아니라 홍보업무도 관여한 것으로 기억했다.

김석년의 회고 중에서 특이한 것은 KBS도 처음에는 광고방송을 했는데 KBS 출신과 일본사람들이 제일홍보사를 함께 만들었다는 것이다. 1961년

12월 31일 첫 방송을 시작한 KBS TV는 1963년 3월부터 광고방송을 시작했다. 1969년 5월부터 광고를 하지 않다가 1980년 언론통폐합으로 동양방송(TBC)을 흡수하면서부터 다시 광고를 실시했다(강준만, 2007). 연합광고의 창립에 관여한 이해걸의 회고에 의하면 MBC를 중심으로 여러 광고주들이 합작하여 1974년에 종합광고대행사인 연합광고를 창립하기 전에, MBC 내에 매체대행을 위주로 하던 연합광고가 있었다고 한다(김병희 · 윤태일, 2011). 이 부분은 그 어떤 기록에도 나와 있지 않아서 그 정확한 내막을 확인하기는 어렵지만, 〈표 3-2〉에서 보는 바와 같이 이미 1960년대부터 미디어 렙(media representative)이 설립되었던 것을 감안하면 그 당시 방송사에 소규모 매체대행 조직을 운영했을 가능성은 있다.

표 3-2. 미디어 렙 설립 상황

회사설립	연도
Importer	1964
우일문화사(UPA)	1966
KMA	1970
World Marketing	1973
KOACE	1976
세기 미디어	1978
삼아실업	1979
KIAS	1980
TCL	1980
IAC	1980
INTRA MEDIA	1980

출처: 신인섭 · 서범석 (2011), 350쪽

초창기 코카콜라 광고ⓐ

A 당시 합동광고가 자리를 잡아가는 것을 보고 신문사나 방송사 전체가 '에이전시 커미션(agency commission)이라는 제도가 있다, 광고대행사 제도라는 게 있다'고 알기 시작했고 '지금 잘 되는 모양이다, 자리를 잡아가는 모양이다, 그럼 우리도 하자'그래서 제일기획이 시작되는 거예요. 1960년대 중반에 TBC에서 광고대행사를 한번 해보겠다는 시도가 있었어요. TBC에서 코카콜라 광고도 따볼까, 그런 움직임이 있었어요. 근데 잘 안돼서 결국 와해가 됐어요. 다음에 중앙일보가 주동이 돼서 대행사를 만들자 그래서 제일기획이 시작되는 거예요.

Q 당시 좀 모양을 갖추던 합동광고가 있었는데 광고대행사가 새로 생기면서 스카우트 돼 가는 사람들은 없었어요?

A 처음 제일기획도 조그맣게 시작을 해서 우리 쪽에서 사람을 빼가지는 않았어요. 왜냐하면 MBC, TBC, 중앙일보의 광고국이라는 게 있었고 그래서 광고 좀 하던 사람들도 있었거든요. 광고회사라는 게 처음 생기면 모든 걸 다 맡아서 하지 않고 예를 들어 제일제당 친구들이 그리로 들어가서 일하는 거죠. 대행사가 그냥 시작된 게 아니에요.

Q 광고대행사 사람들을 끌어가기 보단 광고주, 광고국 사람들을 끌고 갔군요.

A 광고주 속의 광고부서에 있는 사람들을 모아서 광고회사가 생겼어요.

Q 1990년대에 큰 대행사가 생기면서 그쪽으로 가는 경향이 있는데 1970년대에는 그런 게 없었다는 거죠. 혹시 그때 광고기획실에서 위기감을 느끼시지는 않았나요?

A 위기감은 없었어요. 그쪽은 그쪽대로 하던 거니까요.

Q 그때는 경쟁자, 라이벌은 아직 아니었네요.

A 그렇죠, 아직 그때는 없었어요. 예를 들어 삼성이 삼성계열사를 우리한테 맡기지는 않았고 외국대행사에도 맡기지 않았어요. 자기들이 직접 했지요.

Q 아, 광고대행사가 새로 생겼다고 특별히 광고주가 떨어져 나가는 것은 아니었네요.

A 네, 그렇죠.

Q 제일기획이 우리가 흔히 알고 있는 삼성그룹 차원에서 한건데, 삼성에서도 동양방송(TBC)을 중심으로 한 거예요? 제일기획이 그렇게 설립된 거였어요?

A 내가 알기에는 그래요. 일본의 어떤 대행사 사주가 이병철 씨하고 알게 되가지고 이병철 씨한테 대행사에 대해서 설명을 다 해줬어요. 그래서 이병철 씨도 그런 게 있구나, 이렇게 얘기가 됐고요. 하여간에 당시 홍진기 사장 그런 양반들이 우리하고의 에이전시 문제를 인정을 해주면서 에이전시 문제를 알았고, 우리가 이렇게 잘 가고 있다, 자리가 잡혀 간다, 이런 얘기도 들어서, 중앙일보 TBC 수뇌부에서 한번 연구를 해봐라, 얘기가 이렇게 된 걸로 알아요. 근데 그전에 중앙일보 속에 에이전시 문제를 연구하는 팀이 있었어요. 그 속에 팀이 하나가 있었는데. 그게 위에까지 승인을 제대로 받아가지고 그룹전체의 차원에서 대행사를 만들자는 기운으로 몰고 가지를 못했어요. 그게 1960년대 말에 시도를 했어요. 근데 당시에는 삼성그룹의 광고 전체를 잡자는 게 아니고 오히려 외국의 코카콜라가 들어온다고 그러니까 코카콜라를 같은 거를 잡자, 그런 거였죠.

A 외국 대행사가 존 스티클러라고 그 친구가 하다가 나중에 또 거기에 한국 사람하고 같이 해서 움직이다가, 그 다음에 이름을 잊어버렸는데, 뚱뚱한 친구가 있었

는데 그 친구가 맡아서 했어요. 어떻게 했냐 하면 외국 회사들이 한국에 들어와서 광고활동을 하고 싶은데 규모가 큰 것도 아니었어요. 그래도 수요가 있었던 거예요. 그런데 그런 수요를 한국대행사가 쫓아가지를 못하고 외국 사람들끼리 얘기가 되가지고 그걸 처리해주고 그렇게 된 거죠.

Q 그러니까 주로 PR과 관련된 수요인거죠?

A PR도 관계되고 광고도 관계되고요. 주로 외국 광고 관련된 거죠. 그렇다고 한국광고를 전혀 안한 건 아니고요. 조그만 광고주들 있긴 했었죠. 그때부터 그런 수요가 쭉 있었던 거예요.

A 1960년대에 KBS가 제일 처음에 상업방송으로 커머셜(commercial)을 받아들였어요. 그런데 그 이후 광고방송을 받아들였다 그래서 그거를 소화하기 위해서 일본사람들이 와서 제일홍보사라는 걸 만들었어요. 그래서 KBS 출신하고 KBS에서 광고하던 사람하고 일본사람들하고 같이 제일홍보사라고 만들어서 KBS의 매체대행 비슷하게 일을 했었어요.

Q 예를 들면 TBC와 제일기획의 관계처럼 그 정도 관계였나요?

A 그런 차원에서의 관계는 아니고 그냥 제일홍보사는 KBS 광고만 취급한 거예요.

Q 제일기획은 TBC 광고만 취급한건 아니었잖아요.

A 제일기획은 종합광고대행사를 지향했지요. 제일홍보사는 미디어가 만드는 에이전시 같은 거예요.

3. 1970년대 광고산업 및 기획 분야

대행수수료의 인정

1970년대 광고대행사의 특징은 매체사를 중심으로 설립되었다는 것이다. 오늘날 제일기획은 삼성그룹의 계열광고사(In-house agency)이고, 오리콤은 두산그룹의 계열광고사로 흔히 이해한다. 하지만 그 당시 제일기획은 동양방송(TBC)과 중앙일보 등을 보유한 중앙매스컴이라는 매체그룹의 광고대행사 성격이 강했고, 합동통신 광고기획실은 이름에서 보듯이 합동통신사의 광고대행사였고, 연합광고는 문화방송(MBC)라는 방송사의 광고대행사였다. 만보사도 그 당시 동아방송을 가지고 있던 동아일보사가 지분을 투자한 광고대행사였다.

그 당시 매체를 중심으로 광고대행사를 설립한 이유에 대해서 김석년은 광고대행 수수료를 인정받기 어려웠기 때문에 우선 대행수수료를 받을 수 있는 매체사에서 광고대행사가 시작된 것이라고 해석했다. 동아일보 광고국에서 자신들이 투자한 만보사의 매체대행 수수료를 인정해 주지 않자 동아일보 광고국장이 만보사에 관여했던 자신의 삼촌으로부터 크게 질책을 당했다고 윤석태가 구술한 바 있는데(김병희 · 윤태일, 2011), 이것도 왜 광고대행사가 매체사에서 시작되었는가를 간접적으로 짐작하게 한다.

초창기에 광고대행 수수료를 먼저 인정했던 코카콜라의 보틀러 컨벤션

그는 또 합동통신에서 처음으로 광고대행사로서 대행인정을 받고 대행수수료를 받아냈다고 기억한다. 이 부분은 사람들마다 자신의 회사가 처음이라고 주장하고 각 대행사의 사사에서도 자신들이 먼저 대행수수료를 인정받았다고 주장했다. 〈제일기획 15년사〉는 제일기획이 광고대행수수료를 처음에 어떻게 인정받게 되었는가를 상세히 기록하고 있고(제일기획 15년사 편찬실, 1988), 〈오리콤 30년 광고 이야기〉에서는 오리콤이 어떤 매체로부터 어떤 계약을 맺어 수수료를 인정받았는가를 자세히 기술하고 있다(오리콤, 1997).

그런데 기록에 의하면 대행 수수료를 이미 인정한 분야가 꽤 있었다. 1972년에는 정부기관 광고를 한국홍보협회가 대행하면서 수수료 10%를 인정했고, 1970년부터 1973년까지 전파매체 광고회사의 커미션을 스팟광고 10% 프로그램광고 8%로 이미 인정했다(김병희 · 윤태일, 2011). 초창기 광고인들의 구술증언과 각 광고회사의 사사가 이처럼 자기중심적으로 기억하고 기록하는 것은 그만큼 대행수수료 인정이 그 당시 얼마나 절박한 문제였는가를 짐작하게 한다.

광고 대행 수수료를 제대로 인정받기 어려웠던 근본 이유는 1970년대에 광고업무의 전문성을 제대로 인정받지 못했기 때문이다. 한국 광고산업 형성에 있어서 광고대행 수수료의 인정은 어찌 보면 광고업의 존립 기반이기도 해서 매우 중요한 문제였다. 대행사 인정(agency recognition) 문제는 그만큼 중요한 문제지만 한국에서는 신문사보다는 방송사에서 먼저 광고대행 수수료를 인정하게 되었다. 그 이유에 대해서 신문사는 언론이라고 하는 권위주의적 태도와 함께 그 수익을 광고료뿐 아니라 구독료에도 의존하는 수익구조 때문에 광고대행 수수료 인정이 더 늦었고, 민영 방송사인 경우에는 전적으로 광고에 의존해야 하는 수익구조상 상대적으로 그 중요성을 인식했기 때문이라고 김석년은 해석했다.

광고대행 수수료의 개념에 대해서도 대행사와 매체사 간에 다르게 이해해서 어떤 의미에서는 동상이몽이었는데, 매체사는 대행수수료라기보다는 광고료를 할인해준다는 의미로 이해했다고 김석년은 회고했다. 방송매체의 대행수수료 인정은 1980년대 한국방송광고공사(KOBACO)가 등장하면서 대행수수료를 정비하고 방송광고 대행 인정기준을 설정하면서 비교적 체계화되었다고 볼 수 있다. 〈표 3-3〉은 방송광고 대행인정이 어떻게 변동했는가를 정리한 자료다.

Q *당시 매체사에서 광고회사의 창립에 관심이 많았던 이유는 무엇 때문이었을까요?

A 광고 인더스트리 시스템(industry system)이 갖춰지기 위해서 제일 중요한 것이 미디어와 광고대행사 간의 에이전시 컴펜세이션(agency conpensation) 문제예요. 1970년대 초반에 어떻게 미디어 컴펜세이션을 받을 수 있느냐, 여기에 소위 광고업계의 관심이 쏠리기 시작했던 거죠. 거기에 제일 처음 관심을 가진 사람들이

매체 쪽에 있던 사람들이였어요.

Q 당시 매체사라면 조선일보나 동아일보 같은 신문사와 방송사들이었겠죠?

A 아니 인쇄매체는 아직도 늦고 방송사였죠. MBC하고 TBC하고 거기서 경쟁적으로 광고대행사를 만들었어요.

Q 왜 그랬다고 생각하세요? 인쇄보다 방송 쪽이 오히려 더 빨랐던 게 민영 방송사는 구독료나 시청료를 안 받고 전적으로 광고에 의존해서 그럴까요?

A 그보다 신문사들이 권위주의가 있었고, 스스로 상당히 권위적으로 생각해서, 자기들이 알아서 광고를 가져오는데 무엇 때문에 우리가 그런 걸 인정하느냐 뭐 이런 게 있었죠. … 전체를 인정받은 거는 오리콤이었어요. 동아일보가 두산하고 같이 만보사에 투자했으니까 동아일보에서는 인정해줬고, 처음에는 디스카운트였다가 그 다음에는 커미션으로 전환되었고, 그렇게 되니까 조선일보와 중앙일보하고도 하고, 그래서 딴 데도 다 확산되었어요. 매일경제의 창업주인 정진기 사장 같은 분은 에이전시 시스템을 이해해서 그런 것에 적극적이었고요. 그 다음에 TBC와 MBC를 설득했죠. 그때는 밑의 광고국에서부터 올라간 게 아니라 위에서부터 정치적으로 그냥 MBC나 TBC 중역 내지 사장을 설득했어요. 응. 그래가지고 결국 이건 해줘야지 된다 이런 식으로 내려오게 했죠.

Q 언론의 권위주의적 태도가 수수료 인정에 장애요인이 되었군요?

A 네. 그때도 수수료가 얼마다 이런 것보다 얼마를 디스카운트 해주고, 우리는 거기 없어서 광고주한테 얼마를 더 받아오고 뭐 이런 식으로, 좀 편법적인 거였죠. 거기다가 매체들이 권위주의적이어서 그런 거를 인정해주는 데에서 상당히 인색했죠. 인색했다기보다 우선 그런 인식이 없었어요. 그나마 방송은 전적으로 광고에 의존해서 운영되기 때문에 광고 수입에 대해서 더 이해가 있었고 거기에 대해서 여러 가지를 연구했어요. 그런데 신문사는 광고수입에 구독료 수입이 더 있으니까요. 그런 의미에서 보면 참 엄청난 어려움을 겪어내서 에이전시가 정착된 거죠. 그랬던 1970년대였죠.

Q 처음에 광고대행 수수료는 광고비를 몇 퍼센트 정도로 시작되었죠?

A (통신사가 대행 수수료를 받은 것은) 역사적인 사건이었죠. 광고주의 구상을 실

표 3-3. 방송매체 및 수탁 수수료율 변동현황(1981 - 2006)

2,354			1981년	1986년	1993년	1995년	1997년	1998년
방송사 수탁 수수료		요율	15%	20%	20%	20%	9.1 요율인하 20% → 19%	19%
		금액	17,938	70,259	206,482	294,295	349,954	221,031
대행사 수수료		대행사수	4	8	96	146	202	154
		대행률	32.2%	68.2%	98.3%	99.2%	99.6%	99.7%
		금액	3,124	15,429	99,606	155,707	192,713	127,425
대행사수수료	대행사	요율	8%	계열 5% 비계열 TV: 7% R: 8%	계열 TV: 7% R: 9% 비계열 TV: 11% R: 11%	광고주 기준 1억 이하 11.5% 1억~8억 11% 8억 이상 7%	5.1 TV/R 분리 TV 1억 이하 11.8% 1억~8억 11% 8억 이상 9% R : 13%	광고주 기준 TV 1억 이하 11.5% 1억~8억 11% 8억 이상 9% R : 13%
		금액	2,805	15,119	97,931	153,080	188,606	127,054
	정부 광고	요율	10%	-	10%	10%	10%	10%
		금액	57	-	1,228	2,039	3,428	1,034
	MBC 지방사	요율	10%	10%	10%	10%	10%	10%
		금액	262	310	447	588	679	371

1999년	2000년	2001년	2002년	2003년	2004년	2005년	2006년
19%	3.13 요율인하 19% → 14%	14%	14%	14%	14%	14%	14%
316,830	345,095	307,231	380,932	369,903	350,039	338,450	345,171
173	198	215	244	244	255	258	265
99.8%	99.8%	99.7%	99.8%	99.8%	99.9%	99.9%	99.9%
180,941	251,117	236,705	292,571	286,806	271,613	262,745	268,185
좌동	좌동	좌동	7.1 요율인상 TV 2억 이하 12% 2억~8억 11% 8억 이상 9% R : 13%	좌동	좌동	좌동	TV,R는 좌동 지상파 DMB TV,R 일률 13%
179,048	248,387	233,925	289,545	283,687	267,759	258,685	264,818
10%	10%	10%	10%	10%	10%	10%	10%
1,539	2,354	2,416	2,677	2,893	3,658	3,873	3,216
10%	10%	10%	10%	10%	10%	10%	10%
354	376	364	349	226	196	187	151

출처: 이명훈(2008), 79쪽

제로 맡아서 하는 그런 경력을 쌓아왔기 때문에 가능했죠. 통신사와 신문사와의 기본관계도 있고 그래서, 처음에는 광고 대행 수수료라는 게 8% 선이었던가? 얼마라는 걸 인정을 받았어요. 그게 처음으로 인정을 받은 거예요. 다 그런 대가를 다 치루고 한국에서 광고회사로 인정을 받았죠. 사실 수수료를 받게 된 것이 합동통신사 광고기획실에서 처음으로 시도해서 받아내기 시작한 거죠.

Q 당시 8%였어요?

A 그렇죠. 그런데 그렇게 해주면서도 서로의 개념은 공통된 개념이 아니라, 매체쪽에서는 그만큼 디스카운트 해줬다고 생각했죠. … 결국은 당시에 사실 매체 광고가 중요했고, 광고가 주요 수입원이었지만 매체사에서는 광고에 대해 구시대적인 개념을 가지고 있었죠. 매체사 사람들은 광고회사 하면 마치 자기들의 직업을 위협하는 것같이 생각해, 광고회사의 전문성도 인정하지 않았죠. 광고회사에 대한 올바른 인식이 안 되어 있었죠. 광고대행 수수료라는 것도 없고, 그러니 어떤 개인이 어떤 사람이 나타나, '우리가 광고회사를 차렸습니다. 거래 좀 하게 해주십시오.'이러면, '뭐, 어째?'이랬고요. 또 하나 중요한 거는 한국 언론의 권위주의가 대단했다는 겁니다.**

광고전문성에 대한 인식

김석년의 기억에 따르면 처음에 합동통신 광고기획실에는 전문적 광고교육을 받은 사람이 몇 명 되지 않았고 대부분 여러 파트에서 대행사로 모여들었다. 또한 큰 기업에는 광고과가 존재해서 광고대행사에 광고를 주려고 하지 않는 경향이 있었다. 당시 외국에서 공부해 나름대로 그 분야에 대한 인식이 깨어 있다고 믿었던 회사의 중역도 광고대행사의 전문성을 폄하하는 것을 보고 김석년이 놀랐던 기억을 끄집어낸다.

그것을 단적으로 보여주는 사례가 당시 광고에 출연한다는 것에 대한 사회적 인식이 좋지 않아 고려대 교수가 광고에 등장했다가 학생들의 항의로

맥스웰하우스 커피 광고ⓑ

다 만들어 놓은 동판을 잘라낸 일화이다.

Q *당시 광고의 전문성에 대해서 기업에서는 어떻게 보고 있었나요?

A 그것도 좋은 에피소드가 있어요. 그러니까 큰 기업에는 광고과가 그 당시에 있었어요. 거기에는 소위 디자이너나 도안사들이 몇 명이 앉았고, 문안 전문가는 없었던 시절이었어요. 문안 전문가가 생기기 시작한 건 1970년대 중반부터예요. 그러고 연구 이런 사람들도 없었어요. 매체 담당이 데이터 가지고 이야기하니까 신문사가 데이터 가지고 이야기 안 해요. 또 신문사에서 데이터 중요성도 인정을 안 하고 인식이 안 돼 있고요. 신문사나 방송사가 대행사를 인정을 안 해주고요, 자기들이 전문적으로 다한다니까. … 대행사에 자기네 광고를 맡길 수 없다는 것을, 당시 외국에서 공부도 하고 머리가 깨어있는 중역 중에도 나한테 이런 쇼킹한 이야기를 하더라고요. 뭐냐 하면 우리 그룹에서는, 당시만 해도 우리 회사지, 우리 회사에서는 광고를 우리가 다 만들어서 할 수 있다. 그리고 외부의 힘을 빌릴 필요가 없다. 필요하면 부분적으로 외부에 빌릴 수도 있고 그러니까. 그 다음에 우리의 광고 오퍼레이션을 다른 사람들에게 의뢰할 수 없다. 그것은 우리의 중요한 홍보 수단의 하나로서, 매체와 우리와의 관계 미디어 릴레이션(media relation) 그것이 우리한테 얼마나 중요한 건데, 다른 사람들한테 맡길 수 있냐? 그것이 기업에서는 보통 절실하고 중요한 문제가 아니다, 이런 문제를 설명하더라고요.**

Q 현실을 제대로 안다는 게 당시에 그분이 비교적 머리가 깨어있어서.

A 깨어서 그렇게 제대로 정리한다는 거예요. 내가 그렇게 제대로 정리한 사람을 만나지 못했어요. 그러니까 그걸 바꿀 수 있는 현실이 돼야 우리도 대행사를 쓸 수 있다는 생각을 해볼 수 있다. 그전까지는 내가 대행사를 쓰는 것을 생각을 할 수 없다. 이것은 아주 적절한 얘기거든요.

Q *광고에 대한 당시의 일반적 인식을 보여주는 에피소드나 사건 같은 게 있으세요?

A 맥스웰 광고 시리즈로 했는데 그 당시 이름 있는 문인들이 나오셨어요. 김종길 씨와 조경희 씨가 나왔어요. 제1차로 그날 조간신문에 나갔는데 낮에 김종길 교수한테 전화가 왔는데 교수가 광고에 나왔다고 학생들이 야단이란 말이죠. 어떻게 교수님이 커피 광고에 나올 수가 있느냐 그래가지고. 그래서 이 양반이 당황해했고, 그래서 또 다른 교수 분들도 옆에서 말이 많았겠지. 학교 내에서 하여간 야단이 되니까 이래가지고 결국 그 양반이 동서식품 사장에게 연락했어요. 이거 어떻게든 빼줘야 하는데 이거 안 되겠단 말이죠. 신문은 부킹이 다 되어있지, 뭐 여러 가지 생각하다가 할 수 없이 신문광고 동판을 보고선 잘라내 버렸어요. 그 다음번에 나갈 때는 거기 있던 그 양반이 없어졌어요. 그러니까 구도도 이상하게 됐지만 하여간 그 양반이 자기는 거기에 못 있겠다고 해 동판을 수정했죠. 그래서 동판에서 그 양반만 잘라내고 거기에 검은 칠을 해가지고 집행을 했어요.

Q 요즘과 비교하면 정말 격세지감을 느끼게 하네요.

A 그 에피소드가 상당히 잊히지 않아요. 물론 당황했으니까 그럴 수도 있겠지만 그보다 그 시대에 사람 사는 생활을 이야기했던 거죠. 광고에 대한 인식을 이야기했고, 어떻게 점잖은 교수님이 소위 광고에 나오느냐, 당시의 인식이 그랬으니까요. 그런 생각이 나네요. 이런 게 당시의 광고에 대한 일반적 인식이라는 거죠.

Q 어쨌든 문인들이면 지식인이었잖아요. 조경희 선생님, 정비석 선생님 이런 다른 분들은 광고 나가는 것에 대해 거부감은 없었어요?

A 설득작업이 쉽지 않겠지요. 쉽지 않았지만 정비석 씨도 나온다, 조경희 씨도 나

합동통신사 광고기획실 사옥(수송동)ⓐ

온다, 이렇게 되니까 설득할 수 있는 길이 생겨, 그 양반들이 광고에 나온 거였죠.**

전문성 강화: 공채 및 전문교육

김석년은 70년대 중반 전문성 강화를 위해 노력했던 광고대행사의 풍경을 전해준다. 직원들의 전문성을 높이기 위해 직원들 교육에 힘써서, 처음으로 민병수를 피닉스 아리조나 대학에 1년 유학을 보낸 것을 비롯해서 해외연수 제도를 시행했다고 기억했다. 이 부분의 연도 등은 약간 차이가 있는데, 〈두산그룹사〉(두산그룹 사사편찬실, 1987)에 의하면 1979년 12월 해외장기연수 교육 제도를 확정하여 매년 1년 이내의 기간에 간부사원을 1명 이상 연수 보냈다. 그리하여 1980년 1월 민병수가 첫 연수자로 선발되어 미국 애리조나주 글랜데일에 있는 국제경영대학원(American Graduate School of International Management)에 1년간 연수교육을 받았고 이 제도는 2, 3차 계속되어 1983년에는 3명이나 장기연수를 받기도 했다.

광고의 전문성 강화를 위해 공채시스템으로 사람들을 뽑기 시작했으며, 광고기획실만의 전문성을 위해 광고 분야별로 공채를 뽑았다고 김석년은 기억했지만 연도는 약간 차이가 있다. 오리콤 사사(오리콤, 1997)에 의하면 사원 공채제도는 1974년부터 시작되었고, 사원공채로 뽑은 신입사원들을 각 부서에 배치하여 일정기간 연수를 받는 현장실무교육 OJT(On-the-Job-Training)를 실시했다. 또 이를 계기로 그해 10월부터 사내교육제도를 확립하고 세미나를 통해 업무의 질적 향상을 꾀했다. 그때 들어온 인재들이 그 뒤 오리콤 뿐 아니라 한국 광고계를 이끌어 간 주역이 되었다고 뿌듯해 했다. 또한 광고대행사의 월급은 많은 편이 아니었으나 1980년대 중반부터 대기업 수준의 보수를 받게 되었다고 기억했다.

Q *당시의 직원들 연수는 어디로 보냈어요?

A 연수 프로젝트가 1973년쯤부터 시작되었죠. 그 전에는 일본의 광고회사를 구경하고 오고, 뭐 이런 정도로, 일주일 정도 갔다 오는 연수 수준이었어요. 하지만 그걸로 도저히 길게 내다 볼 수 없더라고요. 그리고 영어공부도 시켜야겠고 해서, 가장 먼저 다녀온 사람이 민병수 씨예요. 피닉스 애리조나에 인터내셔널 비즈니스 하는 선더보드 스쿨을 일 년 코스로 보냈죠. 그 다음에 한 사람 돌아오면 한 사람 또 보내고 해서 많이들 보냈었죠.

Q 그때 광고기획실의 규모가 꽤 커졌겠네요?

A 그럼요. 벌써 그때에 40~50명 규모로 커졌어요.

Q 만보사는 당시에 어느 정도?

A 만보사는 그때 30~40명 그랬어요. 다 들어온 건 1975년 이후였고, 1975년 전

에만도 30~40명 됐어요. 만보사 들어오고 나서 대략 100명 가까이 됐어요. 1990년에 내가 그만둘 적에 대략 350명 정도 됐으니까요. 그때에 갔다 온 사람이 김태환 씨라고 있어요. 시장조사 분야의 전문가죠. 하여간 여러 명 돼요. … 우리가 공채 뽑고 계속해서 거기서 인력 확보해나가고 좋은 인재들은 규합해가지고 교육도 열심히 했고요. 일본이나 미국에도 보내고 이렇게 되니까 오리콤이 점점 단단해지는 과정을 겪었죠.

Q 그러면 당시에 공채 뽑을 때 두산그룹으로 같이 뽑았나요?

A 원래 그룹공채로 같이 뽑아서 계열별로 나누고 그런 게 있기는 했는데 그건 한참 후의 이야기고, 하여간에 광고기획실만은 독립성이나 전문성을 인정해서 별도로 뽑고는 했어요. 그래서 뭐 내가 직접 뽑았으니까요. 내가 직접 보고 그랬으니까, 그때부터 내가 부국장이었지만 대표이사 부국장이라는 별명이 붙었죠.**

A 언론학과 교수들하고 같이 일 하는데. 당시에 4학년 학생이 조수로 와가지고 일을 했어요. 그 사람이 엄하용이에요. 엄하용이라고 일생을 그냥 완전히 오리콤에서 지낸 사람이에요. 상무까지 했죠. 그 사람이 1기생이에요.

Q 아… 광고기획실 공채요?

A 제일 처음 공채죠. 그 사람들 데려다가 공채를 했죠. 그 다음 부터는 계속해서 공채예요. 오리콤은 계속 공채로 가니까요.

Q 몇 년부터 이렇게 공채를 하신 거예요?

A 1971년부터인가? 그리고 두 번째 공채로 들어온 사람이 민병수예요. 민병수는 고대 수학과를 나왔는데 색소폰도 불고, 음악도 하고 했어요. 또 중간에서 옆으로 빠진 사람이 있죠, 오용호라고, 한국에서 조사 분야에서 정말 제일 처음에 조사한 친구도 있고요. 그리고 조병량 뭐 이런 사람들. 그래서 기(期)마다 이렇게 공채로 들어왔죠. 공채 뽑고 계속해서 인력 확보해나가고 좋은 대학 나오고 좋은 인재들을 규합해가지고 교육도 열심히 시켰어요.

Q *제작도 공채로 뽑았나요? 이를테면 디자이너라든지 카피라이터라든지요.

A 디자이너도 물론 공채를 했어요. 업종별로 뽑기 시작한 게 우리가 처음이죠. 공채 이전으로는 나중에 오리콤 전무까지 지낸 이태영 씨라고 서울미대 그래픽 출신이 있었고, 그 다음에 국민대학교 교수가 된 윤호섭 씨하고도 내가 몇 년을 같이 일했죠. 매년 디자이너가 몇 명씩 들어오고 그랬으니까요. 사진연구소나 제판집이 충무로에 생기고 독립프로덕션들이 우후죽순같이 생겨났죠. 좋은 커머셜 만들면 광고주한테 신용을 얻어 전속이 되다시피 해서 커지는 프로덕션이 생겼고, 이래서 1970년대 후반에는 독립 프로덕션들이 자리를 잡아요. 선우의 강한영 씨나 세종문화의 윤석태 씨가 대표적이죠.

Q 오리콤에서 함께 지내시던 분들 중에 어떤 분들이 특히 기억나세요?

A 초창기 사람들이 많이 기억나죠. 십 몇 년을 같이 있었고 제일 긴 사람은 20년 가까이 같이 있었고요. 왜냐면 내가 오리콤 생활을 20년 만에 그만두었거든요. 1975년 이후 공채로 들어온 사람들 중에는 민병수, 김세민, 엄하용, 김태환, 강건구 같은 사람들이 붙박이로 수십 년을 오리콤에 청춘을 바친 사람들이죠. 매년 몇 명 씩 엘리트들이 들어왔고 그 사람들이 미국 가서 1년씩 연수하고 그러면서 정말 오리콤을 끌고 간 사람들이죠.**

4. 1970년대의 광고제작 분야

기억나는 광고크리에이티브

그 당시 기억나는 광고 크리에이티브로 김석년은 퍼모스트 아이스크림, 유한킴벌리, 이젠백과 OB맥주, 피어리스 화장품 등을 꼽았다. 퍼모스트 아이스크림은 미국 퍼모스트(Foremost)사와 기술 제휴한 국내 대일유업 주식회사가 만든 유제품이다. 1973년 10월에 합동통신 광고기획실에서는 그 당시로서는 파격적으로 소비자 조사에 근거해서 광고캠페인을 기획했다. 소비자 조사결과 그때까지 설탕물을 얼려서 만든 얼음과자, 즉 아이스케키 수준의 불량식품이 무분별하게 쏟아져서 주부들은 자녀에게 안심하고 먹일 수 있는 아이스크림을 찾는다는 사실을 발견했다. 그러한 소비자 인사이트을 바탕으로 해서 '주고 싶은 마음, 먹고 싶은 마음'이라는 광고 슬로건이 나왔다는 것이 오리콤 사사의 기록이다(오리콤, 1997).

그런데 김석년은 그 슬로건이 원래 '주고 싶은 만큼, 먹고 싶은 만큼'이었는데 말맛을 살리다보니 마음으로 바꾼 것이라는 재미있는 비화를 알려준다. 라디오를 통해 동네마다 밴이 어디에 오는가를 방송했다는 기억은 퍼모스트에서 벌인 밴카(Van Car) 프로모션 이벤트를 말한다. 이를 통해 라디오 방송에서 아이스크림을 가두 판매하는 밴카의 위치를 알려주고 그곳을 찾는 사람에게는 공짜 아이스크림 등 상품도 주어서 아이스크림이 아직 흔하지 않을 때 소비자의 상품 시용(試用)을 유도했다.

아직까지도 인구에 회자되는 '우리 강산 푸르게 푸르게'라는 슬로건으로 유명한 유한킴벌리 광고캠페인은 한국의 대표적인 CSR(Coporate Social Responsibility) 마케팅 사례로 인정받고 있다. 유한킴벌리는 1970년 유한양행과 미국 킴벌리-클라크사가 공동출자하여 설립한 회사로 1980년대부터 기업이미지 광고를 펼치기 시작했다. 유한킴벌리는 한국이 산림자원이 부족하여 펄프를 100% 수입한다는 점에 착안하여, 미래에는 펄프 생산국이 된다는 목표를 가지고 펄프의 원료인 나무를 심고 가꾸는 일에 일정 수익금을 지출해왔다. 이러한 내용을 홍보하기 위해 1984년 '우리강산 푸르게 푸르게'라는 공익캠페인이 탄생했고 지금까지 30년 넘게 이어지는 장기 캠페인으로 자리를 잡았다.

김석년이 언급한 이젠백 맥주와 OB맥주의 광고전은 한국 광고사의 유명한 캠페인 사례이다. 원래 한국 맥주시장은 오비맥주와 크라운맥주가 59:41로 양분하는 과점체제였는데 1975년 제3의 맥주회사인 한독맥주 주식회사의 이젠백맥주가 등장했다. 정통 독일맥주임을 앞세운 이젠백맥주는 오비맥주보다 2배 이상의 광고비를 쓰며 공격적인 마케팅을 펼치면서 '이제부터 맥주는 이젠백'이라는 슬로건으로 소비자의 브랜드 전환을 유도하려 했다. 그 결과 맥주시장의 시장점유율이 오비맥주 51.7%, 크라운 맥주 32.9%, 이젠백맥주 15.4%로 재편되어 오비를 위협하게 된다. 그러자 맥주시장의 선발주자인 오비맥주 광고를 대행하던 합동통신 광고기획실에서는 '친구는 역시 옛친구, 맥주는 역시 오비맥주'라는 캠페인 광고카피로 기존 시장을 방어하는 전략을 구사했다. 이 캠페인은 성공을 거두어 소비자 광고 기억률은 75%에 이르렀고 46%까지 떨어졌던 시장점유율도 57%까지 회복했다.

1976년을 맞아 광고기획실에서는 새로운 광고주인 피어리스 화장품 광고

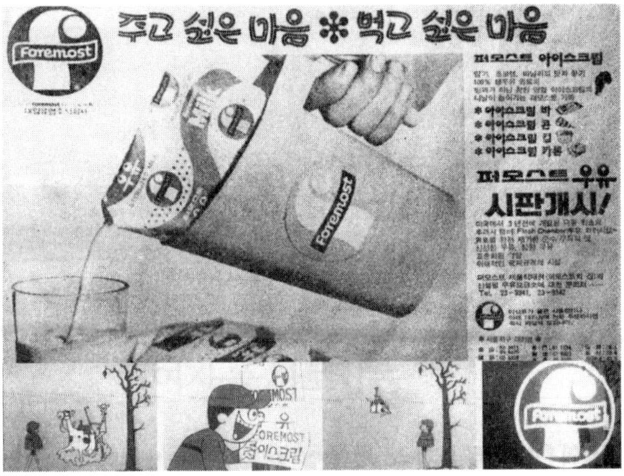

퍼모스트 아이스크림 광고ⓑ

를 대행하게 된다. 당시 화장품 시장은 아모레의 태평양화학이 86%의 시장 점유율로 확고한 우위를 차지하여 후발 주자인 피어리스가 침투하기 쉽지 않았다. 그 당시 화장품은 대부분 방문판매원에 의존했는데, 소비자인 주부들이 기존의 아모레 아줌마에게는 방문을 쉽게 열어주지만 후발 주자인 피어리스 아줌마에게는 선뜻 방문을 열어주지 않았다. 그래서 방문판매 아줌마들이 주부를 쉽게 만날 수 있게 하기 위하여 '안녕하세요 피어리스예요' 라는 캠페인으로 피어리스 아줌마의 친근한 이미지를 집중적으로 조성했다. 그 결과 피어리스 아줌마들이 소비자 가정의 문턱을 쉽게 넘을 수 있었고, 시장 점유율이 전년에 비해 무려 세 배나 급성장하는 광고효과를 나타냈다고 오리콤 사사는 기록하고 있다(오리콤, 1997).

A 빙그레 전신이 1970년대 초까지 미국 군대 속에서 아이스크림을 납품하던 브랜드예요. 퍼모스트 아이스크림이라고 그 사람들이 한국정부에서 시판 허가를 받았어요. 다른 게 아니라 유제품 아이스크림이 한국에 나오는 거예요. 그 전까지는 빙과류였었는데.

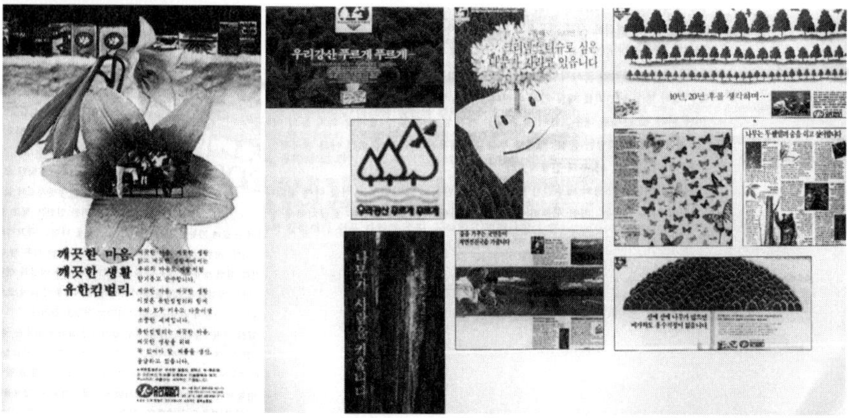

유한킴벌리의 초창기 광고ⓐ

Q 아이스께끼 이런 거요?

A 네. 그 전에는 아이스께끼였어요. 그런데 한국에 미군 납품을 하던 사람이 공장을 세워서 시작했어요. 그때 그 사람들하고 연결이 돼서 우리가 광고를 맡게 됐어요. 처음으로 퍼모스트 아이스크림 광고를 만들어 내는 거예요. 방송사 TBC로 해서 라디오 캠페인 같은 거를 했어요. 지금 퍼모스트 아이스크림 벤이 어디로 가고 있습니다. 이런 거를 했어요.

Q 그 지역에서 하는 거예요?

A 네, 그렇죠. 그렇게 해서 동네 애들이 오면 마이크를 잡고 실제로 방송을 해줬어요. 지금 몇 시 몇 분부터 어떤 동네로 이동하고 있다, 캠페인을 했어요.

Q 그게 일종의 프로모션 이벤트를 한 거네요.

A 그렇죠. 광고 이벤트, 홍보성 광고, 광고 이벤트의 효시예요. 그리고 아이스크림 광고를 할 때 처음 나온 슬로건이 '주고 싶은 마음, 먹고 싶은 마음'이었어요. 오늘까지도 그걸 쓰고 있는 걸 보면 한국 광고 중에서 최장수 슬로건이라고 생각해요.

Q *당시 광고 중에서 가장 기억에 남는 카피는 뭔가요?

A 제일 기억에 남는 게 오래도록 지속된 슬로건일 거예요. '주고 싶은 마음, 먹고 싶은 마음'이라는 퍼모스트 아이스크림 광고 카피죠. 빙과가 아닌 우유 원료의 아이스크림이 처음 한국에서 판매된 건데, 우리가 그 광고를 맡게 되어 조사를 해보니까 실제 구매자는 엄마인데 먹는 건 아이들이라는 거죠. 그래서 '주고 싶은 만큼, 먹고 싶은 만큼'이라고 했는데 마지막 날에 한 친구가 '만큼'보다 '마음'으로 바꾸는 어떠냐고 제안해서 그렇게 바꿨죠. 오늘날까지도 그걸 쓰고 있잖아요?**

Q 생각해 보면 70년대 광고 중에 CM송이나 슬로건이 지금까지도 기억나는 것들이 많았던 것 같아요.

A 그때 또 하나 오래가는 슬로건이 유한킴벌리 광고예요. '우리 강산 푸르게 푸르게' 이게 몇십 년은 간 가장 오랜 광고지요. 그거 말고 또 하나 재미있는 게 있는데, 대한민국에 OB하고 크라운밖에 없었어요. 크라운은 지금의 하이트죠. 그 당시에는 OB가 더 컸어요. 그런데, 제3의 맥주가 들어왔어요, 이젠백라고. 마산에 들어왔어요.

Q 그거 기억나요. 이제부터 이젠백라고! 그거 아니었어요? 지금은 그 맥주 없죠?

OB광고의 옛 친구 캠페인ⓐ

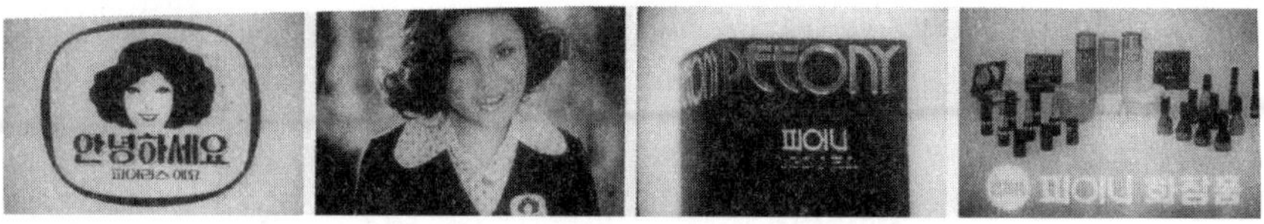

피어리스 광고ⓑ

A 없죠. *그게 들어오면 제일 위협을 받을 게 톱 브랜드인 OB이었죠. 그래서 그 친구들이 들어와서 하는 걸 쳐부숴야 하는 거죠. 이걸 어떻게 공격적으로 방어를 하느냐 해서, 우리가 구상해서 한 캠페인이 '친구는 역시 옛 친구, 맥주는 역시 OB!'예요. 친구는 그래도 옛 친구라는 거죠, 새 친구가 아니란 거죠. 캠페인을 그냥 쏟아 부었지요. 그래서 결국은 이젠백이 영업에도 실패했고요. 제품도 독일 냄새가 난다 그래서 한국 사람들 입에 쉽게 소화가 안 된 거죠. 그래서 캠페인으로서 성공한 캠페인이죠. 그런 광고를 만들었던 게 생각이나요.**

A 옛날에 피어리스라는 화장품이 있었어요. 독립 광고주였어요. 그룹의 계열사가 아니고. 그런 사람이 광고를 우리한테 맡겨서 시작을 했는데 피어리스가 처음 나올 때 문제는 아무도 모른다는 거였어요. 그럼 어떻게 해야 되느냐 말이죠. 그땐 피어리스 세일즈 아줌마들이 호별(戶別) 방문을 하면서 물건을 팔았어요. 그때 화장품이라는 게 다 그랬어요. 화장품가게에 소비자가 와서 자기 걸 골라가는 게 아니라 집에 앉아있으면 화장품 아줌마가 와가지고 동네사람들 모아놓고 앉아서 그 자리에서 팔고가고 그랬어요. 그러면 마케팅적인 이슈로서 광고가 해야 하는 역할은 어떻게 아줌마가 그 집 대문을 넘어 들어가느냐 였어요. 이건 광고적인 문제와 다른 건데 어떻게 광고적으로 소화를 하느냐, 이런 과제를 우리가 설정을 했어요. 그것을 돌파하기 위해 결국 피어리스 아줌마 캠페인이라는 것 해야 하지 않겠느냐. 그래서 피어리스 아줌마 캠페인을 했어요. 처음에는 광고주가 '제품 광고도 아니고 이게 뭡니까?'그랬어요. 그래서 우리가 설명을 해줬더니 옳은 이야기입니다, 알겠습니다, 그럼 그렇게 진행합시다, 그래서 그렇게 갔어요. 그래서 피어리스가 결국은 한국에서 제3의 브랜드가 됐어요. 상당히 좋은 광고주였어요.

1970년대의 주요 광고주 및 광고단체

주요 광고주의 현황은 시대마다 달랐다. 김석년이 1970년대 주요 광고주로 특히 언급한 산업분야는 제약광고였다. 모기업인 동양맥주나 두산이 식품 중심 회사였지만 그 당시는 식품이나 음료보다 제약광고가 많았다. 그들은 자체적으로 상당히 숙련된 광고팀을 보유하고 있는 경우가 많아서 광고대행사에 광고를 맡기지 않고 자체적으로 제작하고 집행했던 것으로 김석년은 기억했다. 실제로 〈표 3-4〉 및 〈표 3-5〉에서 보는 것처럼, 1969년도 10대 광고주 1위부터 5위까지가 전부 제약회사 광고였고, 10위까지는 2개만 제외하고는 모두 제약회사였다. 그 뒤 10대 광고주의 변화추이를 보면 오늘날과 많이 다른 것을 알 수 있어 격세지감을 느끼게 한다.

표 3-4. 1969년의 10대 광고주 광고비 (단위 : 천원)

순위	광고주	신문	잡지	TV	라디오	계
1	동아제약	73,110	13,862	11,586	29,493	128,053
2	한일약품	45,400	14,338	6,946	24,339	91,024
3	한독약품	52,640	11,856	11,627	8,234	84,358
4	유한양행	51,644	4,509	10,965	14,016	81,135
5	종근당	28,800	10,416	8,350	22,933	70,500
6	해태제과	19,501	17,720	6,816	19,695	63,734
7	영진약품	30,681	13,233	3,487	13,225	60,628
8	일동제약	31,926	3,947	6,112	16,299	58,285
9	한국화이자	30,113	7,215	5,864	13,994	57,187
10	락희화학	12,399	11,585	5,157	22,829	52,162

출처: 제일기획 15년사 편찬실(1988), 76쪽

오리콤 사사(오리콤, 1997)에 의하면 합동통신 광고기획실은 1973년 처음으로 동화약품과 손을 잡고 광고제작에 착수했고, 그 다음 해 5월에는 전면광고대행을 하게 된다. 제약회사가 광고대행사에 일을 맡긴다는 것이 그 당시

표 3-5. 1981년 및 1985년의 10대 광고주 광고비 (단위: 억원)

1981			1985	
순위	광고주	광고비	광고주	광고비
1	태평양화학	73.7	삼성전자	138
2	삼성전자	71.4	금성사	133
3	대한항공	61.6	태평양화학	114
4	금성사	48.3	대우전자	113
5	럭키	46.1	제일제당	91
6	롯데제과	44.1	농심	78
7	삼양식품	43.2	럭키	75
8	동아제약	35.9	유한양행	63
9	한국화이자	34.1	해태제과	61
10	유한양행	33.4	동아제약	60

출처: 신인섭 · 서범석 (2011), 380쪽

로는 상당히 이례적인 일이라고 사사는 평가했다. 왜냐하면 김석년도 언급한 바와 같이 그 당시 한국광고계를 주도한 분야가 제약광고였고 제약회사 선전부 담당자들이 광고제작이나 시장분석 능력면에서 광고회사보다 오랜 경험을 자랑하고 있었고 한 수 위라고 자부했기 때문이다. 실제로 초창기 카피라이터나 디자이너 중에서 제약회사 선전부 출신이 꽤 많다. 이를테면 한국 최초로 광고카피 작품집을 펴냈던 김태형 카피라이터도 서울대 약대를 졸업한 후 뒤늦게 영진약품 선전부에 입사하여 광고문안을 쓰다가 나중에 제일기획으로 옮겨 간 경우이다(김병희, 2004). 또 광고대행사 코래드의 회장을 역임한 김명하도 이종배와 마찬가지로 한독약품 출신이고, 광고협의회 회장을 지낸 유충식은 동아제약 출신이다(서울AP클럽, 2015).

광고관련 단체도 제약광고인을 중심으로 결성되었다. 제약광고하는 사람들 중심으로 1971년 충무로의 한 호텔에서 한국광고연구협회를 결성했던 것으로 김석년이 어렴풋하게 기억하고 있는 광고관련 단체는 정확하게는 광고연구협의회이다. 한국 최초의 광고단체로 알려진 광고연구협의회는 한독약품 광고부장인 이종배가 주도하여 1971년 7월에 발족했다. 이 단체는 그 후

1974년 한국광고협의회로 이름을 변경했고 1990년에 한국광고단체연합회로 확대개편되면서 이름을 바꾸었으며, 2012년 한국광고협회를 거쳐 2014년에 현재의 한국광고총연합회로 이어지고 있다(한국광고총연합회 www.kfaa.org). 초대 회장은 김석년이 기억하는 바와 같이 이종배였고, 김석년은 8대 회장을 역임했다.

그런데 신인섭 · 윤태일(2011)에 의하면 광고연구협의회 이전에 이미 광고단체가 있었다. 비록 친목모임 수준의 구락부(俱樂部; club의 한자 표현)이기는 하지만 1966년 결성된 '한국 의약품PR 구락부'가 있었고, 소모임 형태이기는 하지만 한국ABC연구회도 1967년 잠깐 활동을 했고, 1970년에는 신문협회 광고협의회가 발족했다. 그보다 앞서 1968년에는 국제광고협의회(IAA, International Advertising Association)의 한국지부(Korea Chapter)가 결성되어 정부에 등록도 했다. 따라서 정부기관에 등록된 한국최초의 광고관련 단체는 IAA 한국지부다.

이처럼 제약광고인 중심으로 광고단체를 설립할 정도로 제약광고가 초창

제1회 광고주 초청 합동광고 세미나ⓐ

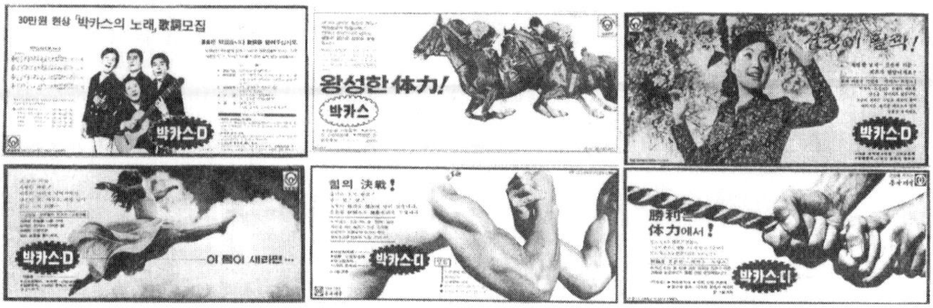

1970년대 대표적인 제약(박카스디) 광고ⓒ

기 광고계를 주도했지만, 광고주마다 나름의 기업문화가 있어서 광고대행업에 대한 인식도 조금씩 차이가 있었던 것으로 김석년은 기억했다. 이를테면 창업 1세대가 경영하는 기업인 경우 대체로 광고에 대한 인식이 낮았다고 보았다.

Q 그 당시 광고주 중에는 어떤 품목이 많았나요? 두산이라서 식품이나 음료가 많았나요?

A 당시는 제일 많은 게 식품 아닌가요? 그 다음에 우리는 제약을 못했어요. 제약이 상당히 많았는데, 제약광고가 상당히 고루했어요. 그래서 남한테 주지를 않았어요. 그리고 제약광고주들이 상당히 자체적으로 광고를 잘한다는 자부심이 있었어요.

Q 맞아요. 우리나라 광고를 보면 초창기를 보면 회장님처럼 그쪽이 있고, 제약 쪽도 그 일군이 있더라고요? 김태형 선생님도 그쪽이시죠?

A 한독약품인가 어디 출신일 거예요.

Q 송도익 씨도 그렇죠?

A 맞아요.

Q 카피라이터도 하고 그러셨는데…, 제약회사에서도 광고대행사를 만들었나요?

A 그건 상당히 늦었죠. 그 양반들이 만든 건 80년대 후반부터 만들었죠. 사실 제

약회사 쪽의 광고운영에서 성공사례를 보면 그 사람들이 많이 만들었어요. 자기 나름의 의학에 대한 전문적인 지식을 바탕으로 만들었고, 일반광고가 아닌 제약 광고를 상당히 구축했고 상당한 프라이드가 있어요. 물량적으로도 상당했고요.

Q 당시 광고업이 크게 보면 광고대행사 쪽하고 제약회사 내에 있는 광고였었죠?

A 거기가 광고조직으로서는 제일 먼저 자리를 잡은 데죠. 그런데 거기는 너무나 먼저 잡았기 때문에 또 전문분야다 하는 제약 쪽의 인식 때문에 대행사하고 연계되는 거는 오히려 다른 업종보다 늦었어요. 그것도 조금 이상한 이야기인데 한국역사를 보면 제약광고가 제일 컸으니까 제일 먼저 자리를 잡았죠.

Q 원래 외국에서도 그런가요?

A 외국은 잘 모르겠는데 외국에서도 그런 게 많았어요. 그런데 참 아이러니 한 거는 제약이라고 하지만 사실은 순수 치료제가 아니고 일반적으로 그냥 판매하는 의료품이었어요.

Q 미국에서는 그냥 마켓에서 누구나 살 수 있는 거요?

A 그렇죠. 드러그 스토아(drug store)에서 누구나 살 수 있는 거요. 치료제가 아닌 일반 소위 의료품이죠. 그런 게 광고가 제일 많았죠.

Q *그럼 광고단체가 언제 생겼나요?

※ 한국광고총연합회(KFAA) 역대 회장

1대 회장 - 이종배(71.7.26 ~ 73.3.8)	2대 회장 - 이명환(73.3.9 ~ 74.6.20)
3대 회장 - 유충식(74.6.21 ~ 76.7.25)	4대 회장 - 김명하(76.7.26 ~ 79.3.1)
5대 회장 - 오인현(79.3.2 ~ 80.2.7)	6대 회장 - 이기홍(80.2.8 ~ 81.2.23)
7대 회장 - 이병인(81.2.24 ~ 82.2.23)	**8대 회장 - 김석년**(82.2.4 ~ 87.3.9)
9대 회장 - 김덕보(87.3.10 ~ 90.2.11)	10대 회장 - 전응덕(90.2.12 ~ 04.2.27)
11대 회장 - 남상조(04.2.27 ~ 11.2.10)	12대 회장 - 이순동(11.2.1 ~ 현재)

출처: 한국광고총연합회 홈페이지 (www.kfaa.org)

A 아마 1971년이에요. 광고단체연합회가 당시에는 그냥 광고연구협회라고 해서 1970년대 제약업계 사람들과 광고회사 사람들이 충무로의 한 호텔에서 모여서 논의했어요.

Q 그때 그 호텔 기억나세요?

A 그 호텔은 지금도 있어요. 온천호텔인데 충무로에서 연락이 와서 참석했던 기억이 나요. 한독약품의 이종배 씨라고 광고부장인가 하는 양반이 그때 회장으로 추대됐고, 광고대행업의 필요성에 대해 만보사의 이재항 사장이 연설을 하고 그랬던 게 생각나네요.**

A 나중에 소위 광고주에 대한 얘기를 해야겠지만, 광고주에게도 합리화되고 전략적인 광고주가 있는가 하면, 규모와 상관없이 풍토가 전략적이지 않고 합리화되지 않은 광고주가 있고, 광고주마다 패턴이 달라요. 광고 쪽으로 성공하는 거에 상관없이, 그게 이상하게 근본적인 풍토가 달라요.

Q 기업 나름의 분위기가 있겠죠?

A 네. 기업의 분위기가 있고 나름의 풍토가 있어요. 나중에 그걸 기업문화라고 좋게들 얘기를 하는데, 그런 어프로치가 상당히 달라요.

Q 회장님이 겪어보시니까 광고 마인드가 있는 기업과 그렇지 않은 곳은 어디인가요?

A 우리가 접촉해보면 대강 창업주 기업들이 상당히 활력 있게 추진은 하지만 광고의 전문성에 대해 인정이 잘 안 되죠.

Q 창업주 2세가 하는 기업들은요?

A 거긴 상당히 감성적인 경영들을 하니까, 그래서 성공한 곳이니까요. 대기업 중에서도 그렇게 전략적이고 체계화된 기업이 있는가 하면, 그렇지 않은 기업이 있어요. 그렇지 않은 기업 중에서도 제품이 좋고 시장하고 유대관계가 좋아서 성공하는 기업도 있더라고요. 광고적으로는 결코 좋은 광고는 아닌데 그런 기업도 있더라고요.

광고 카피라이팅과 디자인, CM

김석년이 전하는 바에 따르면, 1970년대 초반까지만 해도 광고제작 업무의 전문성이 부족했다. 특히 한국 광고사에서 광고 디자인은 미술대 출신 디자이너가 있고, CM 감독 분야도 아무나 할 수 없는 업무라고 인정했지만, 카피라이팅 분야는 누구나 쉽게 쓸 수 있다고 생각해서 그 전문성을 제대로 인정을 받지 못했다. 그래서 초창기 카피라이터 중에는 문인이나 연극인 출신이 많았고 신문기자 출신 중에도 광고 분야로 건너온 사람들이 있었다. 또 처음 방송사나 신문사에 광고의 CM을 제작해주는 CM계가 있었고 1960년대 말에야 비로소 CM프로덕션이 설립됐다.

특히 김석년의 서울대 미학과 후배 중에는 연극을 하면서 광고 카피라이터를 하던 사람들이 많았는데 이들은 주로 연우무대를 중심으로 활동하던 연극인이었다. 연무무대는 정한룡, 이상우, 김석만, 김광림, 김민기 등 서울대 문리대 연극반 출신들이 1977년 창작희곡 읽기 모임으로 시작한 극단으로 1980년대 「한씨연대기」 「칠수와 만수」 등 사회비판적인 문제작을 무대에 많이 올렸다(유민영, 2001). 연우무대의 주역인 이상우는 「칠수와 만수」 「늘근 도둑 이야기」 등의 작품으로 유명한 희곡작가 겸 연출가이지만, 한때는 오리콤의 카피라이터로 존 케이플즈(John Caples)의 〈성공하는 광고〉라는 책을 번역하여 오리콤 광고신서도 출간하기도 했다. 서울대 미학과 출신의 연우무대 연극인 중 정한용, 이상우, 오인두 등도 한때 광고 카피라이터였다.

재미있는 것은 미학과 출신의 저항시인 김지하도 한때 광고회사 카피라이터였다는 사실이다. 동아일보 기자 허문영(2013)이 쓴 〈김지하와 그의 시대〉에 의하면, 김지하는 서대문시립병원 폐결핵 요양원에서 2년 반을 요양한 후 퇴원하여, 1969년 8월 생애 처음이자 마지막으로 취직을 해서 회사를 다니게 된다. 그는 한 지인의 소개로 어느 마케팅 회사의 카피라이터로 들어가

합동통신 광고기획실의 제작국 송년 모임(1970년대 말)ⓐ

서 생활인으로서의 삶을 시도했지만 석 달을 채우지 못하고 그만두었다. 그 당시 김지하가 관여한 광고카피는 담배인삼공사에서 수입한 버지니아 잎담배 광고와 대한항공 광고였다. 1969년에 민영화한 것으로 기록되는 대한항공의 광고 카피에 대해서 김지하는 비교적 정확하게 기억하고 있었다. 그의 기억에 따르면, 헤드라인은 '당신은 대한항공에서 언제나 양반대접을 받습니다'였고 그 아래 한국의 양반에 대한 개념을 설명하는 바디 카피, 그리고 비주얼은 서양인이 통영갓을 쓰고 앉은 기내 사진이었다. 허문영과의 인터뷰에서 그는 짧은 광고경험이었지만 그 당시 광고에 대해서 어떤 생각을 했는가를 이렇게 회고했다.

> 당시 일하면서 미국광고협회 회장의 연설문을 읽은 게 기억난다. 그 회장은 '오늘날 광고와 마케팅에서는 콘텐츠와 관련해 밥 딜런(미국 포크록의 거장이자 반전가수) 같은 청춘의 상징과 그 메시지를 깊이 검토해야 한다'고 썼다. 그 글을 읽으며 앞으로 기업들이 문화운동까지 잠식해 문화 속 미학적 영향력을 상품판매에 깊이 연결시킬 것이라는 예감이 들었다(허문영, 2013, 116쪽).

이밖에도 시인 오규원을 비롯하여 광고계에 몸담았던 문화예술인이 꽤 많다. 이것은 미국이나 프랑스도 비슷한데, 시인이나 영화감독 중에서 광고인 출신이 꽤 있다. 김석년의 기억에 의하면, 초창기에는 문화예술인 중에서 광고를 하면서 창작활동에 손을 댔지만, 그 뒤 광고 산업의 비즈니스 경향이 강화되자 창작 활동을 하면서 광고카피를 쓰는 사람은 많이 줄었다. 초창기 한국 광고계는 그러한 창의적 인재가 많이 유입되어 광고 크리에이티브가 비약적으로 발전하는 데 도움을 주었다고 평가했다.

Q *초창기 광고회사의 크리에이티브는 어떤 흐름을 거쳐 진화 되었을까요?

A 크리에이티브 쪽은 어땠느냐? 당시에 CM이라는 이야기를 했어요. 나중에 커머셜(commercials)로 변해 가는데, 그때도 있을 거는 다 있었던 것 같아요. 단지 카피라이팅이라는 분야가 완전히 비어있었죠. 1970년대 초반에 큰 대행사가 몇 군데 생기니까 카피라이터라는 직업이 생기는데 만보사 출신의 이인구 씨가 생각나요. 거기는 전문 영역이니까 카피라이터의 전문 영역이 시작되었다고 할 수 있어요. 당시는 감독들이 카피를 쓰고 그런 시절이었죠. 뭐 누구나 다 쓸 수 있다고 생각해서 카피의 전문성을 인식 못했을 때니까요. 한국광고가 외국광고에 비해 몇 가지 분야에서 거꾸로 돌아갔는데 그중에 하나가 카피 분야였어요.

Q 왜 그랬을 것 같으세요?

A 한국에서는 카피로서의 광고 개념이 없었고 오히려 광고를 도안으로 보는 시각이 많았어요. 카피라이팅 교육 기관이 하나도 없었어요. 대신에 그래픽 아트 분야는 미술대학에 다 있었고요. 응용미술과 출신들이 광고주의 광고과에 들어가고 했는데 카피라이팅 분야는 없었다는 말이죠. 거꾸로 갔던 거죠. 그때 들어온 카피라이터가 조병량, 정한용, 김광림, 이상우 씨였죠. 나중에는 연극하던 친구들도 왔어요. 김광림은 1975년인가 1976년에 왔었죠. 연극하던 사람들이 크리에이티브 하게 만들고 헤어지고 이랬으니까요. 당시 연극계는 파이낸싱(financing)이 잘 되지 않아서 연극하는 친구들이 광고계에 들어와서 공헌을 많이 했어요. 김광림 같은 친구들은 나중에 희곡작가로 유명해졌죠.**

A 그 후에 편집국이나 보도국 사람들이 광고국장으로 오기 시작했어요. 중앙일보에서. 그게 처음이에요. 근데 중앙일보에서 어떻게 결정을 했느냐면 편집 쪽에서도 광고를 알아야 된다, 그래서 광고국장으로 왔다 가기도 하고 그렇게 됐어요.

Q 편집국에 있던, 그러니까 기자가 오는 거예요?

A 기자출신의 관리직이죠.

Q 그러면 광고국에 왔다가 다시 기자로 가나요?

A 가기도 하고요, 그런 케이스도 있었어요. 그런 로테이션을 시킨다는 건 신문사로 봐서는 광고에 대해 엄청나게 발전적인 정책을 쓰기 시작한 거죠. 방송에서 광고를 접근하기 위해서 광고가 들어오면 직접 맡아서 제작해주는 CM계가 있었고요.

Q CM계요?

A 네. CM과도 아니고 CM계라고. CM을 맡아서 하는 직원 한두 명으로 CF를 만들었어요.

Q 아… 방송국에서 그걸 만들어 줬다고요? 원래 신문사에서 광고의뢰가 오면 자기들이 직접 만들어주던 거랑 비슷한 거네요.

A 네. 신문사에서 만들어주는 거와 마찬가지로 방송사에서도 CM 의뢰가 들어오면 만져서 소화를 해주고 만들어주고 했어요. 1960년대 말부터 있었지 아마.

Q 특히 서울대 미학과 출신 중에 연극하면서 광고 일 했던 분들이 꽤 많았던 거 같아요. 그런데 연우무대 정한용 씨라든지 이런 분들하고 왜 연극 계속 안하셨어요?

A 정한용, 이상우, 오인두 이렇게들 나하고 같이 작업들을 하고 회사를 같이 했지만, 나 스스로는 연극을 다시 한다는 생각은 안했어요. 내가 순수 연극 한다 그러다가 안하고 결국 딴 데로 흐른 전과가 있잖아요. 그런 거에 대한 죄책감이 있어서 그런지 감히 다시 하겠다는 이야기를 내가 못하겠더라고요.

Q 그런 분들은 대부분 오리콤 이상우 씨라든지 있었잖아요. 광고 할 때도 연극은 계속 하신 거잖아요.

A 했었죠. 나도 알고 있었죠. 오히려 더 좋죠. 해라, 난 이런 입장이었어요. 연극계에서 창작 활동을 하는데 아무 지장이 없고 더 좋은 자극제가 되는 거였어요. 그러니까 연극에서 완전히 손 떼지 말라고 했어요.

포스트 프로덕션의 시작

1970년대 현대적 광고 산업의 윤곽이 형성되고 광고 제작이 본격적으로 활성화되면서 광고제작 환경도 급격히 변해갔다. 광고 크리에이티브 아이디어를 구체화할 수 있는 제작관련 업무가 생겨난 것이다. 충무로를 중심으로 CM을 제작하는 프로덕션, 광고사진을 촬영하는 스튜디오, 지금은 제작업무가 전산화되어 더 이상 필요 없어졌지만 제판집 분해집 사식집 등이 그 당시 충무로를 중심으로 생기면서 이른바 광고에도 충무로 시대가 열렸다. 〈한국광고사〉(신인섭 · 서범석, 2011)에 따르면 상업방송국이 개국하여 TV 광고가 늘어나자 방송광고 제작을 위한 시설을 매체사와 대행사에서 갖추기 시작한다. 매체사 쪽을 살펴보면, 1969년 텔레비전 방송국을 개국한 문화방송(MBC)이 TV 및 라디오 광고제작을 위한 전문 스튜디오와 성우를 확보하고, 동양방송(TBC)도 1972년 5월에 라디오 CM제작과 음향개발을 위해 제5스튜디오를 신설한다. 대행사 쪽에서는 제일기획과 합동통신 광고기획실이 자체 TV 프로덕션 부서를 만들었으나 나중에 자체 시설을 없앴다. 이것은 1970년을 전후하여 개인이 세운 독립 프로덕션이 조금씩 생기기 시작했기 때문인데, 이 무렵의 TV광고 프로덕션 설립현황은 〈표 3-6〉에 정리되어 있다.

1980년대 컬러광고가 나오기 전 16m 카메라를 대여해 흑백광고를 제작했으며, 극장광고는 극영화를 하던 사람들이 35m 카메라로 컬러광고를 제작하여, 80년대 초부터 광고의 산업화가 본격적으로 시작되었다. 또 촬영한 영상을 편집하는 편집실이 중요해졌는데, 요즘처럼 촬영한 영상 파일을 컴퓨

표 3-6. TV광고 프로덕션과 창설연도

프로덕션	창립연도	대표
한일프로덕션	1965	배승남(추남)
K 프로덕션	1966	김영일
신영필름	1969	김태우
Q 프로덕션	1969(?)	손정철
서울문화	1971	양종해
비(飛) 프로덕션	1973	김영훈
유 프로덕션	1973	송재홍

출처: 신인섭 · 서범석(2011), 328쪽

터의 편집 소프트웨어로 하는 것이 아니라 흑백 필름을 가위로 잘라 양쪽을 조금 긁어내어 아세톤으로 갖다 붙이는 '스프라이징'이 주류를 이루던 수공업 시대였지만 이른바 포스트 프로덕션 작업이 중요해졌다(김병희 윤태일, 2011).

김석년이 언급한 김한용 사진연구소는 1959년 김한용이 설립하여 운영한 스튜디오다. 김한용은 1924년생으로 한국 광고사진의 선구자로 불리는 사진작가이다. 1961년 잡지 〈여원〉에 표지사진 및 내지 광고사진을 찍으면서 광고사진을 시작했으며 1968년 조직된 한국상업사진가협회 초대 총무를 역임했다(서울AP클럽, 2015). 한국상업사진가협회는 1972년부터 1974년까지 3회에 걸쳐 회원전을 열었다. 회원의 한 사람인 한영수는 한국 상업사진 작가로는 처음으로 〈포토그라피스(Photographis)〉 1973년 연감에 그의 작품이 수록된 바 있다(신인섭 · 서범석, 2011).

Q 대행사 말고 프로덕션이 그때 많이 활성화됐나요?

A 별로 없었어요.

Q 그러면 CM은 어디서 만들었죠? 대행사에서 만들었나요?

A 당시 대행사에서도 만들기 시작하고 CM 프로덕션이라는 게 생기기 시작했죠. 1960년대 말부터요.

Q CM 프로덕션이 1960년대 말부터 생겼나요? 그때 초창기 누구였죠? 윤석태 선생님 이런 분들이었나요?

A 아니요, 윤석태는 미술학도였었는데, 만보사 제작국에 들어왔어요. 그래서 CM을 만들기 시작했죠. 텔레비전 방송국에는 손정철이라고 있었는데 그 사람이 동아제약의 CF도 만들었어요. TBC 직원이면서 거기서 CF도 만들었어요. 그렇게 움직임이 시작이 됐어요.

A 충무로에 CF 쪽도 독립프로덕션들이 생기기 시작해서, 사무실이 그쪽에 몰렸어요. 충무로 시대가 형성이 되는 거죠. 그래서 충무로 그래픽 쪽에 식자집이라는 얘기 들어봤어요? 그때는 다 만들어 놓은 활자를 뽑아서 조립을 해요. 활자집이라는 게 있고, 제판집이라는 게 있어요. 동판을 만들고. 유일한 칼라가 이제 잡지예요. 가끔 신문에 광고가 컬러판이 나올 수가 있어요. 그것도 간지뿐이죠. 전체에 컬러가 들어갈 수 있는 게 아니고요. 독립 사진스튜디오들이 그때 있었어요. 사진스튜디오는 벌써 1950년대에도 있었고 1960년대에도 있고 상당히 오래됐어요. 그런데 그 사람들이 이런저런 사진수요를 했는데 광고사진을 본격적으로 취급하기 시작했어요. 그래서 사진연구소 이런 간판을 붙였죠.

Q 그렇죠. 사진관이 많으니까 차별화하기 위해서요.

A 김한용 사진연구소라든지 미대 출신의 그 아주 유명한 사진연구소하는 사람들이 몇 명이 있었어요.

A 제판집이니 뭐니 조그만 가게, 브띠끄(Boutique)죠. 브띠끄에 가서 보면, 거기서 밤 새가지고 만들어가지고 오고, 제판 소위 스리를 내건다 해가지고 활동을 했죠. 수동으로가 아니라 기계 갖다 놓고 하기 시작하는 게, 그 컬러 세퍼레이션(color separation) 하는 집이에요. 사진 분해를 하는 집이죠. … 다음에 독립프로덕션들이 생기기 시작했죠. 프로덕션들이 우후죽순 같이 생겨났죠. 되는 집도 있고 안 되는 집도 있었고요. 그중에서 좋은 커머셜 만들면 큰 광고주한테 신용을 얻어서, 어떤 브랜드는 그 집과 전속으로 만들다시피 해서 커가는 프로덕션들이 생겼어

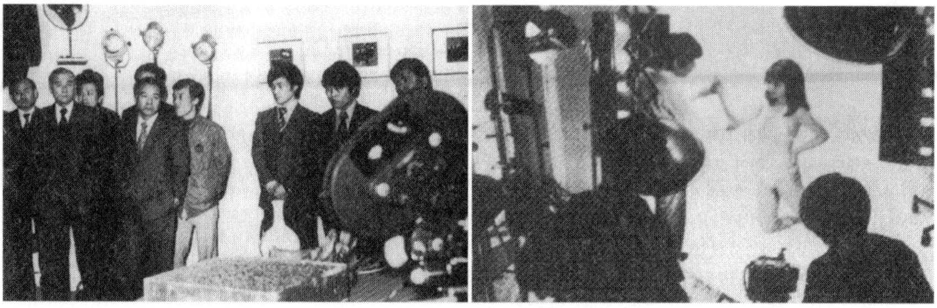

사내 스튜디오 오픈식 및 촬영장면ⓐ

요. 1970년대 후반에 들어가면서 독립프로덕션들이 자리를 잡기 시작해요. 선우라든지 세종이라든지 생겼죠. 세종은 윤석태 씨가 오리콤에서 제작국장 하다가 독립을 해서 프로덕션을 만든 거예요.

A 한마디로, 요새 말하는 포스트 프로덕션이라는 프로세스를 몰랐어요. 제대로 생기기 시작하는 거는 1980년대부터예요. 1980년대 들어서 흑백시대에 컬러 영화가 조금씩 발전했어요. 아마 극영화가 먼저 발전을 하니까 그게 발전을 하는 것이죠. 편집기술도 발전을 하고. 편집에 대한 여러 가지 장비나 이런 것이 현대화되어가고요. 거기다 컬러에다 35mm 하니까 그쪽으로 투자들을 해요. 그렇지만은 항아리를 몇 개를 갖다놓고 거기에다가 필름을 현상을 하던 시대니까요.

A 원시적인 데서부터 현대화되는 과정이 상당히 단시일 내에 이루어졌죠. 결국은 10여 년 동안에 이루어지는 거예요. 한국에서 그만큼 수요가 있고 광고가 발전하기 시작한 거죠. 그래서 사실 광고라는 게 상당히 복합적인 크리에이티브 작업이에요. 인쇄, 도료, 컬러 말이에요. 컬러가 나쁘면 발전못한다고 그러죠? 제작에 영화의 제작 수준, 사진의 수준, 컬러 세파레이션 이런 충무로에서 있었던 여러 가지 기술 분야가 한국광고의 수준을 규정하는 거죠. 거꾸로 한국광고의 수요가 그쪽을 개발시키는 거죠. 충무로와 광고발전은 뗄 수 없는 관계로 정립이 되는 거예요.

5. 동아일보 백지광고 사태와 대마초 파동

동아일보 백지광고 사태

동아일보 백지광고 사태는 세계 언론사는 물론 세계 광고사에서도 그 유례를 찾아보기 힘든 사건으로 광고와 언론자유의 관계를 극명하게 보여준다. 동아일보 광고 사태에 대한 논문에서 김병희(2011)는 광고학자의 입장에서 동아일보 백지광고 사태를 "박정희 정권의 중앙정보부가 동아일보의 자유언론실천운동을 무력화하기 위해 광고주들에게 압박을 감함으로써 1974년 말부터 1975년 1월 23일까지 동아일보 광고물량의 98%를 줄인 사건"(153쪽)이라고 규정했다. 이에 대해서는 한국언론사와 한국광고사에서 비중 있게 다루고 있다.

사태의 전개를 간단하게 요약하면 1974년 10월 24일에 동아일보사 편집국에서 '자유언론 실천선언대회'가 열려 언론자유 실천운동을 전개하자, 불안해진 박정희 유신정권은 동아일보, 동아방송, 신동아, 여성동아에 광고를 내지 못하도록 광고주들에게 압박을 가하기 시작한다.

광고주의 동아일보 해약사태는 1974년 12월 16일부터 나타나기 시작하여 한독약품이 광고동판을 회수해가는 것을 시작으로 광고주들이 잇달아 광고계약을 해지하자 신문 하단의 광고란이 텅 빈 백지 상태로 신문이 발행된다.

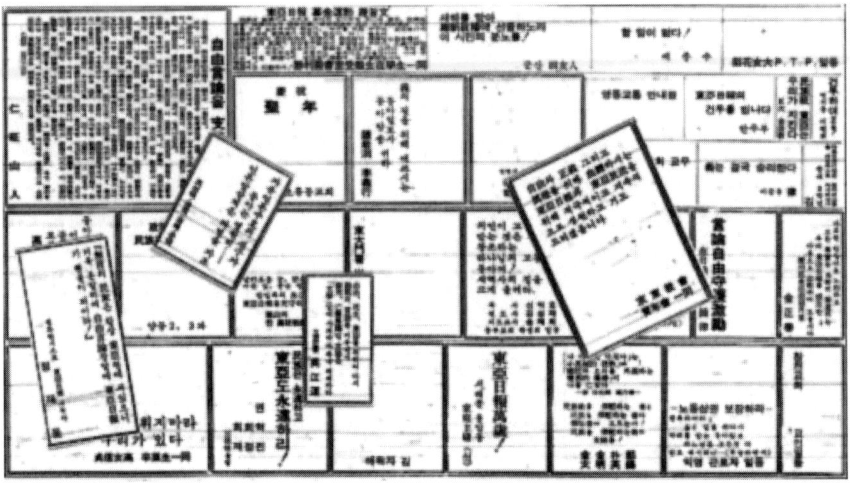

동아일보 광고탄압에 맞선 시민들의 격려광고

이에 신문광고 강제해약을 질타하는 원로 언론인 홍종인의 기고문, 그리고 일반시민의 의견광고나 협찬광고를 당부하는 동아일보 광고국장 김인호의 호소가 나가자 1975년 신년부터 천주교정의사제구현단을 필두로 격려 광고가 쇄도하기 시작했다.

시민들의 열렬한 지지로 1월 27일자에는 지면 부족으로 격려광고를 다 싣지 못하고 다음 날로 미룬다는 광고문을 광고국장 명의로 낼 정도였다. 1975년 1월 한 달 동안 게재된 격려 광고의 총 건수는 2,943건이었으며, 이중 학생이 절반을 차지 하지만 농민과 군인에 이르기까지 다양한 직업이 포함되어 있었다(채백, 2015).

백지광고 사태가 장기화되자 동아일보사 경영진은 경영압박을 이유로 1975년 3월 17일 농성 중이던 언론인을 경찰과 폭력배를 동원하여 강제로 해산하고 4월 12일에는 131명을 해고한다. 5월 13일 긴급조치 9호가 선포되자 시민들은 더는 격려광고를 낼 수 없게 되었다. 7월 15일 동아일보사가 긴급조치 9호를 준수한다는 내용을 보도하고 그 다음날부터 기업의 상업광고가 재개되는 것으로 중앙정보부와 타협함으로써, 7개월간 지속된 정부의 광고탄압은 막을 내린다(김병희, 2011)

한국광고사(신인섭 · 서범석, 2011)에서 "동아 광고 사태는 워낙 노골적인 정부의 언론탄압이었기 때문에 광고계의 조직적인 반응은 있을 수 없었다"(371쪽)고 서술한 것처럼, 그 당시 광고대행사 입장에서는 이 사태와 깊게 연관되지는 않았던 것으로 보인다. 이 사태를 결코 '질 수 없는 싸움'이었다고 회고한 당시 동아일보 광고국장 김인호에 따르면 "정권은 비밀리에 광고주에게 압력을 행사해 〈동아일보〉에 광고물량을 주지 못하도록 조치했다"고 한다(서울AP클럽, 2015, 144쪽). 동아일보 광고해약은 대행사를 거치지 않고 광고주에게 직접 압력이 가해졌기 때문에 대행사가 개입되어 있지는 않았고, 시민들의 격려 광고도 소액이고 자발적인 것이기 때문에 대행사에서 시민 격려광고를 대행하거나 제작하는 등의 개입은 없었던 것으로 김석년은 회고했다.

광고탄압으로 동아일보사는 1975년의 신문 방송 출판광고를 포함한 총광고수익이 대략 25.6억원에서 18.8억원이 감소한 것으로 추정된다(신인섭 · 서범석, 2011). 광고대행사도 동아가 워낙 신문 및 라디오방송을 가진 큰 매체사였기 때문에 광고수익의 감소는 있었지만, 다른 매체사로 전환할 수 있는 부분도 있어서 큰 타격을 입지는 않았던 것으로 기억했다.

A 네. 동아일보 광고를 견제하는 움직임은 대행사로 오지 않고 광고주를 직접 가요.

Q 광고를 견제한다는 것이 '광고내지 말아라' 그런 거예요?

A 그렇죠. 그런 거는 기업들하고 직접 작업이 이루어졌죠. 광고 대행사를 통해 이루어지진 않았어요.

Q 어느 날 갑자기 동아일보에서 광고가 예약돼 있던 게 해약이 된 거잖아요. 그

게 어떤 식으로 가능했었는지? 일일이 다 광고주들한테, 정부당국이 전화를 해서 하지 말란 건지?

A 백지 광고는 개인들이 내고 그랬죠. 그때는 지면이 두껍지 않았죠. 지면이 기껏해야 6페이지 7페이지 했으니까요.

Q 광고주가 그렇게 많지는 않았나요? 상대적으로 통제하기가 쉬웠다는 거죠?

A 그렇죠. 훨씬 쉬웠죠. 양적으로도 쉬웠고.

Q 그거에 대해 기억나는 거 없으세요?

A 우리야 광고국 사람들이랑 잘 알고, 동아일보 자체에 개인적으로도 친분도 있었고, 난처했지만 할 수 없었죠. 서슬이 퍼런 사람들이 칼 휘두르고 있는데.

Q 그거 때문에 광고대행사가 손해를 보는 게 있었나요?

A 물론, 그렇죠. 근데 장기화된 건 아니니까요. 한 2개월? 실제로 공백상태는 몇 주 아니니까요.

Q 당시의 일반시민들의 응원광고는 대행사와는 관련이 전혀 없나요?

A 그렇죠.

A 우리입장에서는 상당히 안타깝죠. 왜냐하면 동아일보하고 우리가 상당히 가까웠거든요. 개인적으로도 내가 뭐 다들 잘 아는 처지고요. 당시에 김국장이라고 광고국장이 있었는데 그 사건이 몰아치니까 분위기가 말도 못했어요. 동아일보에 광고한다는 기업들이 다 없어졌어요.

Q 그랬죠. 그럼 혹시 동아일보에 하려고 했다가 안하는 광고주도 있었나요?

A 모든 광고주가 다 그렇죠. 광고주들이 동아일보사태가 일어나니까 우선 광고 멈춰라, 이런 거죠.

Q 그런 거는 광고주 쪽에서 결정을 하나요? 대행사에서 결정을 하나요?

A 물론 광고주가 결정을 하죠. 그런 문제야 대행사가 어떻게 할 수 없죠. 대행사야 하나라고 집행하면 좋죠. 집행하기 위해서 있는 대행사인데요. 근데 그걸 다 멈

추라니까 보통 어려운 게 아니죠. 그래서 활동이 없어지고 수입이 없어지는데 매체가 백지로 나가게 되고 상황이 어려워 졌죠.

Q 경영상으로 타격이 있으셨나요?

A 동아일보요?

Q 동아일보야 당연히 그랬을 거고, 대행사에서요.

A 물론, 대행사의 수입이 상당히 줄었죠. 그래도 여러 매체 중에서 동아일보 하나였으니까요.

Q 그러면 동아일보에 하려고 했던 광고를 다른 매체로 돌리는 경우가 있었나요?

A 돌릴 수 있는 건 돌렸죠. 그래도 큰 매체인 동아일보가 없어지니까 그 만큼 손해를 봤죠. 우리의 수입이 줄어서 손해를 봤죠.

연예인 대마초파동과 CM송

세계 언론사와 광고사에 그 유례를 찾기 힘든 1974년 말의 동아일보 백지광고 사태에 이어, 역시 세계 가요계에 그 유례를 찾기 어려운 사태가 1975년 말에 일어났다. 대마초를 피운 연예인을 대량 구속하고 활동을 정지시킨 이른바 '연예인 대마초 파동'이다. 대마초 연예인 구속의 전조는 1975년 6월 7일 문화공보부가 발표한 '공연물 및 가요정화 대책'이다. 정화 대책에 의거해서 1975년 6월 이후 총 5차에 걸쳐 금지곡을 지정한 결과 1975년 말에는 국내곡만 223곡을 금지했고 외국곡도 260여곡을 금지곡으로 지정했다. 가요계 정화의 절정은 1975년 12월 발표된 대마초 연예인 구속이었다. 12월 14일 검찰은 대마초 연예인에 대한 대대적인 수사결과를 발표하여 이장희, 윤형주, 이종용, 김도향 등 '포크'계열의 음악인과 신중현, 김추자, 권용남 등 '소울 사이키'계열 음악인들을 구속했다.

〈한국 팝의 고고학 1970〉(신현준, 이용우, 최지선, 2005)에서는 '대마초, 토착화한 팝의 유산(流産)과 유산(遺産)'이라는 장을 할애하여 대마초 파동을 비중 있게 다루고 있는데, 이 사태가 왜 세계에서 유례가 없는 일인가를 이렇게 기술한다. "대마초를 피운 일이 잘한 일이냐 잘못한 일이냐라는 도덕적 판단을 내리는 일은 여기서 피하고자 한다. 단지 음반이나 방송을 금지시키는 것을 넘어서 '활동'자체를 금지시킨 조치는 세계에서 유례가 없는 일이기에 아직도 선뜻 납득하기 힘들다. 아예 감옥에 가두어 놓는다면 모를까 '생업'을 금지시킨다는 발상이 신기하고 놀라울 뿐이다."(212~213쪽)

대마초와 관련해서 구속되거나 수사를 받은 사람이 없기 때문에 대마초 파동이 광고계에 직접적으로 영향을 미치지는 않았지만, 김도향 윤형주 신중현 등과 CM송 작업을 했었던 것으로 김석년은 기억했다. 하지만 대마초 파동은 광고계에 간접적으로 적지 않은 영향을 미쳤다. 김도향이나 윤형주 강근식 이장희 등 포크가수들이 대마초 파동으로 일체의 연예활동을 할 수 없게 되자 그 당시에 아직까지는 규제가 없던 CM송을 많이 만들었기 때문이다. 이들은 광고음악 전문 프로덕션을 운영하면서 창작 광고음악을 많이 작곡했다. 이들이 어떻게 광고음악을 하게 되었는가에 대해서는 대마초 연예활동 금지가 해제된 1979년 12월 윤형주가 경향신문에 연재한 '회환의 4년 : 대마초 가수의 수기'라는 글을 통해 알 수 있다. 윤형주는 음악평론가 이백천의 권유로 처음 광고계에 발을 들여놓았다고 하면서 다음과 같이 기술하고 있다.

> 경기고교 2년 선배인 김도향 동문과 서울 오디오라는 CM송 제작회사를 만든 것이 76년 여름. 우리의 열의와 노력은 점차 작품을 통해서 인정되기 시작했고 많은 제작의뢰가 들어오면서부터 우리의 사업은 차차 활기를 띠기 시작했습니다. … 그러던 중 왜 하필이면 대마초 연예인들에게 제작을 의뢰하느냐라는 기업주의 의견

과 대마초 연예인들의 창작활동이 원칙적으로 인정되지 않는다는 방송윤리위원회의 해석은 제작의뢰 기피현상이 나타나면서 우리가 하던 일에 영향을 미치게 되었습니다. 그러나 우리의 사업성격이 기획 쪽이며 생업이라는 관점에서, 또한 좋은 광고물은 판매에서도 중요한 비중을 차지한다는 광고적 관점에서 우리의 입장을 대변해주신 여러분들의 노력으로 다행히 하던 일을 계속할 수 있었습니다(윤형주, 1979. 12. 8, 5면).

그전까지 한국의 광고음악이 단순히 브랜드를 연호하거나 기능적인 측면에만 머물던 수준을 탈피해서 이들은 예술성이 가미된 감성적인 광고음악을 많이 만들어 한국 광고음악의 수준을 획기적으로 높이는데 기여했다. 〈표 3-7〉에서 보듯이 그 당시 광고상을 받고 사람들에게 많이 알려진 CM송은 대부분 윤형주, 김도향, 강근식의 작품이었다. 그 당시 주류와 제약 광고에서는 CM송의 사용이 금지되면서 주로 제과 음료 식품 패션 등 젊은 세대가 즐겨 찾는 제품에 집중되었다. 김도향의 줄줄이 사탕, 강근식의 브라보콘, 윤형주의 오란C, 그리고 대마초로 활동금지가 되지는 않았지만 당대의 대표적인 포크가수 송창식의 투게더 아이스크림은 지금도 사용되고 있는 CM송이다. 한국광고사에서 CM송의 수준도 높고 가장 영향력이 크던 시절은 1970년대이다. 김도향에 따르면, 집 한 채 값이 80만원 하던 시절에 CM송 한 곡 당 50만원을 받았고, 아이들이 동요보다 CM송만 너무 부른다고 해서 사회문제가 될 정도였다고 한다(서울AP클럽, 2015).

한국광고사에서 1970년대가 CM송 전성시대가 된 이유는 몇 가지가 있다. 우선 앞에서 설명한 것처럼 연예활동이 금지된 당대 최고의 대중음악가들이 생업을 위해 참여했다는 것이다. 또 1970년대에 라디오의 영향력이 컸다. 아직도 남아 있는 '별이 빛나는 밤에'나 '밤을 잊은 그대에게'같은 음악 프로그램이 그 당시는 젊은이들 사이에서 인기가 높았다. 그에 따라서 광고의 음악적 측면도 중요해졌고 수준 높은 CM이 많이 만들어졌다. 하지만 1980년대는 칼라 TV가 도입되고 음악보다는 영상이 더 위주가 되면서 상대적으로 1970년대만큼 뛰어난 CM송이 나오지 않았다고 평가할 수 있다(신인섭 · 서범석, 2011).

표 3-7. 1977~1979년의 수상 CM송 일부

연도	광고주	제품	작곡자	수상내용
1977	해태제과	알사탕	김도향	ACC TV부문 수상작
	동아제약	오란씨	윤형주	동아방송 추계 CM Song부문 최우수상
	해태제과	훼미리쥬스	김도향	동아방송 추계 CM Song부문 우수상
	오리온제과	라라크래카	윤형주	동아방송 하계 CM Song부문 최우수상
	삼립식품	호빵	김도향	동아방송 동계 CM Song부문 최우수상
	해태제과	써니텐	김도향	중앙매스콤 광고대상 라디오부문 최우수상
	삼립식품	아이차	윤형주	중앙매스콤 광고대상 TV부문 최우수상
	해태유업	해태조아	윤형주	중앙매스콤 광고대상 라디오부문 우수상
1978	럭키	유니나샴푸	윤형주	문화 · 경향 광고대상 라디오부문 금상
	농심	농심라면	윤형주	문화 · 경향 광고대상 라디오부문 은상
	삼립식품	호빵	김도향	문화 · 경향 광고대상 라디오부문 동상
	롯데제과	보석사탕	윤형주	문화 · 경향 광고대상 TV부문 은상
	삼립식품	다섯친구	김도향	중앙매스콤 광고대상 TV부문 대상
	동산유지	베이비샴푸	김도향	중앙매스콤 광고대상 TV부문 우수상
	농심	농심라면	윤형주	중앙매스콤 광고대상 TV부문 우수상
	롯데칠성	칠성사이다	윤형주	중앙매스콤 광고대상 TV부문 우수상
	금성사	눈표냉장고	김도향	중앙매스콤 광고대상 TV부문 우수상
	동산유지	베이비샴푸	김도향	중앙매스콤 광고대상 라디오부문 대상
	럭키	유니나	윤형주	중앙매스콤 광고대상 라디오부문 우수상

1978	삼립식품	다섯친구	김도향	중앙매스콤 광고대상 라디오부문 우수상
	반도상사	여름루스룩	김도향	중앙매스콤 광고대상 라디오부문 우수상
	농심	농심라면	윤형주	중앙매스콤 광고대상 라디오부문 인기상
	럭키	데이트비누	윤형주	동아방송 춘계 CM Song부문 최우수상
1979	오뚜기식품	마요네스	윤형주	문화 · 경향 광고대상 라디오부문 금상
	금성사	눈표냉장고	김도향	문화 · 경향 광고대상 라디오부문 동상
	반도상사	mix & Match	김도향	문화 · 경향 광고대상 라디오부문 동상
	삼립식품	아이자	김도향	중앙매스콤 광고대상 TV부문 우수상
	남양유업	요쿠르트	김도향	중앙매스콤 광고대상 TV부문 우수상
	금성사	코스모	김도향	중앙매스콤 광고대상 TV부문 우수상
	해태제과	수정과사탕	강근식	중앙매스콤 광고대상 라디오부문 대상
	롯데제과	칠성사이다	김도향	중앙매스콤 광고대상 라디오부문 우수상
	해태제과	한마음껌	윤형주	중앙매스콤 광고대상 라디오부문 우수상
	금성사	다이나믹스	김도향	중앙매스콤 광고대상 라디오부문 우수상

출처: 신인섭 · 서범석 (2011), 342쪽

Q 윤형주라든지, 김도향 이런 가수들이 대마초 파동 때 활동을 못하니까 CM송 많이 만들었잖아요?

A 우리 회사와 잘 어울렸던 사람이 김도향이에요. 사람이 구수하고 좋고 그러거든요. 작업을 많이 했죠. 그런 것 때문에 몰렸었고, 그런 시기에도 자주 놀러오고, 광고계는 그렇게 대마초에 연류 된 사람은 별로 없었던 거 같아요. 영화 쪽은 몰라도 별로 없었죠. 제작할 때 제일 생각나는 게 그 친구에게 일을 시켰어요. 한국 록(rock)음악의, 지금은 그야말로 왕초격인 신중현이 젊었을 때 커머셜을 시켰어요. 상당히 특이한 걸 만들고 그랬어요.

Q 신중현 씨가 CM송을 한 게 있었어요?

A 1970년대에 있어요. 그러다가 그 사람이 쭉 멀어졌다가 다시 돌아온 게 1990년대 이후에 돌아왔죠? 1980년대가 제일 불우했죠? 아마?

Q 대마초 파동 때 가수들이 CM송 많이 만들었다고 하셨죠?

A 그래서 김도향이 도사가 되고요…. 그때는 CF 하는 거에 규제가 없었으니까 독립을 얼마든지 할 수 있어서 그런 걸 많이 했어요.

Q 윤형주나 김도향에게 계기가 있었거나 아님 원래 광고 쪽과 관계가 있었나요?

A 전부터 조금씩 하고 있었으니까요. 방송에 직접 나가는 것도 아니고 음반을 내는 것도 아니니까 광고 쪽 일을 계속 할 수 있었죠. 신중현이라고 있죠? 한국 록음악의 대부 아니에요?

Q 그분도 뭐 했다고 하셨던가요? 지난번에 한 번 이야기했던 거 같은데요.

A 그 사건 터지기 전에 내가 신중현을 만났던 일이 있어요. 신중현한테 OB의 CM송을 부탁을 했었어요. 정말 열심히 하더라고요.

4장

한국 광고산업의 도약: 오리콤과 선연 시절

1. 1980년대 광고계와 KOBACO

광고환경의 변화

한국 광고가 어느 정도 산업적 형태를 갖추기 시작한 시기가 1970년대라면, 1980년대는 한국 광고계가 양적으로 팽창하고 질적으로 발전하면서 한국의 광고산업이 크게 도약을 이룬 시기이다. 1988년에 출간된 〈제일기획 15년사〉에서는 1970년대 후반 한국 광고산업의 특징을 세 가지로 정리한 바 있다. 즉, "첫째 광고에 대한 정부당국과 사회일반의 관심이 높아졌다는 점, 둘째 장차 다가올 국제화시대에 대한 준비가 본격적으로 추진되었으며, 셋째 광고계의 자체 단결로 자율성 전문성의 확보를 위한 구체적인 노력이 이루어졌다는 점"을 들었다(제일기획 15년사 편찬실, 1988, 98쪽). 그리고 4대 매체에 대한 규제나 커슈머리즘 운동 등 광고에 대한 비판적 압력이 오히려 광고를 하나의 산업으로 발전시키는 계기가 되었다고 기술했다.

김석년도 역시 1970년대 후반까지를 광고산업의 각 부문이 갖추어지면서 산업으로서의 토대를 다져나가던 요람기로 보고, 1980년대부터 한국광고가 산업으로서 본격적으로 발돋음하던 시기로 보았다. 또 1980년대 초반까지만 해도 광고산업이라는 말이 생소하게 여겨질 정도로 광고에 대한 산업적 이해가 깊지 않던 시절이었다고 기억했다.

대한전선의 칼라TV 인쇄광고©

1980년대 들어 우선 매체환경이 급격하게 달라졌는데 그동안의 흑백 TV가 컬러 TV로 바뀌면서 광고산업도 그 영향을 받았다. 광고 제작환경이 달라지고 그에 따라 광고비도 대폭 상승하면서 광고산업의 규모가 커지면서 광고대행사들이 많이 생겼다. 〈표 4-1〉은 1979년부터의 흑백 및 컬러텔레비전 생산 규모를 보여준다. 컬러 TV를 통해 다채롭고 생생한 광고표현이 가능하게 되어 화장품 업계가 특히 칼라TV광고를 주매체로 활용했다. 또 그림에서 보는 것처럼 컬러 TV 자체가 중요한 광고품목이 되어 칼라TV를 생산하는 두 가전업체의 광고비 경쟁으로, 당시 언론사가 어부지리를 얻었다는 말이 있을 정도로 광고 활동을 자극했다(강준만, 2007).

특히 이 시기에는 재벌그룹들이 앞 다투어 계열 광고대행사(in-house agency)를 설립하면서, 독립광고 대행사보다 오히려 계열광고대행사가 주도하는 한국 광고산업의 독특한 구조가 형성된다. 광고회사의 소유구조를 중심으로 한국 광고회사의 변화추이를 역사적으로 개괄하면, 1970년대까지 매체사 중심의 광고대행사가 주도했고, 1980년대 및 1990년대는 재벌 광고주 중심의

표 4-1. 흑백 · 컬러TV 보급 추세 및 컬러TV 생산대수 추세

TV 보급(가구 대비 보급률 %)			
연도	흑백TV	컬러TV	컬러TV 생산대수
1979	5,967,952(79.1)	-	422,203
1980	6,128,835(81.5)	138,749(1.6)	955,770
1981	5,523,874(70.3)	1,197,908(14.7)	2,246,340
1982	4,820,009(62.1)	2,299,243(27.3)	2,189,549
1983	4,032,842(47.9)	3,173,345(37.9)	3,715,902
1984	3,421,585(38.4)	4,178,730(45.9)	4,305,361
1985	-	4,773,993(52.4)*	3,604,941
1986	-	4,925,413(51.4)**	6,004,981
1987	-	5,390,075(54.7)	-

주: *1985년 가구수-910만, **1986년 가구수-957만

출처: 신인섭 · 서범석 (2011), 380쪽.

계열 광고대행사 설립이 활발했으며, 2000년대에는 글로벌 다국적 광고대행사가 급격히 팽창하고 있다고 요약할 수 있다(김병희 · 윤태일, 2011). 1980년대 들어 매체사 중심에서 대기업 광고주 중심으로 광고회사의 소유구조가 변화한 이유에 대해 민병수(1996)는 '한국광고 회사의 생성과 발달'이라는 글에서 이렇게 설명한다.

> 이 무렵(1980년대)에는 대기업들이 주도하는 광고회사가 한국 광고대행업의 주류를 이루는 시대가 되었다. 이른바 계열광고회사들이 주도하게 된 이유 중 하나는 1981년 한국방송광고공사가 설립되고 난 뒤 공사가 방송광고회사를 인정하는 기준으로 제정한 '광고회사의 방송광고 대행에 관한 규칙'에서 찾을 수 있다. 이 규칙은 총 매출 100억 원 이상, 연간 50억 원 이상의 방송광고 대행실적, 30개 이상의 광고주 확보를 인정기준으로 삼았다. 따라서 광고회사 설립은 큰 광고주를 확보할 수 있는 회사에서 시도할 수밖에 없었고 그 결과 1987년까지는 11개사만 대행인정을 받을 수 있었다(158쪽).

재벌기업이 광고대행사를 설립함에 따라 보수 수준도 높아지고 우수한 인재들도 광고업계로 많이 유입되었다. 광고업계에 대기업의 자본이 유입되고 그에 따라 우수 인재가 많이 몰려들고, 특히 1988년 올림픽 특수 등으로 인해 1980년대에는 질과 양에 있어서 광고회사가 비약적으로 발전하게 된다.

Q *전체적으로 볼 때 광고가 지금 같은 산업의 체제를 갖춘 시점이 언제라고 보세요? 광고산업의 기본적인 토대가 형성된 게 1960년대 말부터 1970년대까지라고 보세요?

A 1970년대 후반이라고 봐야죠. 그 이전까지는 그게 요람기였어요, 내가 보기에는. 그래서 이것저것 조금씩 조금씩 형성이 된다, 각 전문 분야별로 형성이 된다, 작업 분야와 연계가 된다, 원시적이지만 하여간 움직여 본다, 이렇게 해서 움직이기 시작해서 가동이 시작되었다는 거죠. 그러다가 1970년대 후반부터 산업화되는 방향으로 긴밀하게 서로 움직이기 시작했던 거죠. 1970년대 말부터 광고계에서 우리가 시니어(senior)였으니까 1980년대 초반에 광고산업의 체계화라는 문제를 의식하기 시작했죠. 그래서 결국 대행사를 발전시키려면 우리가 그쪽 분야에

1980년 송년모임ⓐ

적극적으로 앞장서서 일을 해야 광고계와 광고산업이 자리를 잡겠다, 이런 의식을 하기 시작했죠. 그래서 그때부터 업계의 발전이라는 문제를 생각했죠. 광고인들이 그전에는 자기들 하는 일에 바쁘고 해서 생각을 못했어요. 그때부터 만나면 광고계가 어떻게 돌아가야 되고 이런 이야기를 했어요.**

A 1984년에 아시아 광고대회를 한국에서 진행하게 됐을 적에 예행연습으로 한국광고인 대회라는 걸 신라호텔 메인 볼룸에서 디너파티로 크게 했었어요. 그때 내가 한국광고산업이 나갈 길 이런 이야기를 했었어요. 그때에 있었던 사람들이 한국광고라는 말은 많이 들어도 한국광고 산업이라는 이야기는 처음 들었다고 했어요. 광고도 하나의 산업이 될 수 있구나, 이런 이야기를 처음 들었다고, 나중에 그런 이야기를 나한테 하더라고요. 광고산업으로서 어떻게 나가야지 되느냐, 이런 걸 벌써 1980년대 들어서부터 의식했어요. 그래서 내가 연합회도 참여를 하고 아시아 광고대회 이런 것도 유치해서 주관하게 됐죠.

Q 그 얘기는 1970년대까지만해도 광고인들이 산업이라는 개념이 없었다는 뜻이죠?

A 없었죠. 있을 수가 없었죠. 그런 영세 업종에서 이것을 하나의 산업으로서 한다는 건 있을 수가 없었죠. 대행사가 오랫동안 확고한 기반 위에서 자릴 잡아서 오래 가야 발전이라는 생각을 하게 되는데, 그때엔 단명이었죠. 결과적으로, 영세했고, 단명이었고, 그러니까 그렇게 생각할 수가 없었죠.

A 군사정권이 들어서면서 컬러텔레비전으로 전환이 된 거예요. 흑백시대의 요금하고는 다른 컬러시대의 요금이 책정이 되는 거예요.

Q 확 달라졌나요? 제작비도 많이 올랐겠네요.

A 아, 그럼 물론이죠. 확 달라지는 거죠. 흑백광고 제작하는 거 하고 컬러텔레비전 광고 제작하는 거 하고는 가격 차이가 나요. 광고 산업에는 대단한 활력요소이지요. 규모가 커지니까 광고 산업 전체의 프레임이 그냥 확확 변하니까요.

Q 광고효과도 그렇지만 이익이라든지 비지니스 측면에서 많이 도움이 됐죠?

A 그렇죠. 효과도 틀려지고요. 컬러텔레비전의 효과라는 게 흑백텔레비전의 효과하고 전혀 차원이 다르게 나타나기 시작하는 거죠. 한국 컬러텔레비전의 수요가 폭발적으로 느는 것 아니겠어요?

A 광고산업이 복잡하게 되기 시작하고 여기저기 독립대행사가 생기고 인하우스 에이전시들도 많이 생기고 광고회사들이 경쟁적으로 각 그룹마다 광고회사를 하나씩 갖게 되는 이런 시대가 그때부터 시작이 되는 거죠. 삼희기획(지금의 한컴)이 몇 년도에 출범을 했죠?

Q 그게 1980년대 중반쯤이었던 것 같은데요?

A 그렇죠? 그때 여기저기서 대홍이 시작 했고 LG 쪽에서도 희성산업을 시작했죠. 소위 에이전시 시대가 오는 거예요. 그중에서도 제일 특징적인 게 각 그룹마다 자기들 물량이 있으면 인하우스 에이전시들을 출범시키는 거예요. 재미있는 게 에이전시의 대졸사원들 중에 정말 좋은 대학교 나온 엘리트들이 광고대행사에 오기 시작해요. 두산에서도 그런 얘기가 나오더라고요. 두산그룹 애들 보다 오리콤 애들이 더 낫다, 이런 얘기가 나오더라고요.

Q 제가 들어갈 때 1980년대 말 그때 그런 이야기도 있었던 것 같아요. 두산 그룹에 공채 지원한 사람들의 반은 오리콤 지원하려고 두산 지원한 거다. 대행사가 참 인기가 좋았어요.

A 대행사의 보수체제도 상당히 좋았어요. 1980년대에 막 뜨기 시작 했죠. 내가 두산그룹에서 1980년대에 정식 사장이 되가지고 일 년인가 후에 두산 전체그룹 경영상을 내가 탔어요. 그러니까 그만큼 제일 성장을 많이 한 회사죠. 그때는 오리콤이….

코바코(KOBACO)의 설립배경

1980년대 한국광고계의 가장 큰 변화는 코바코(KOBACO ; Korea Broadcasting

Advertising Corporation)의 설립이다. 코바코는 1981년 1월 한국방송광고공사로 출범했다가, 2012년 5월 한국방송광고진흥공사로 바뀌었으나, 코바코라는 영문명칭은 동일하게 사용하고 있다. 오늘날까지 한국 광고업은 코바코의 절대적 영향을 받는다는 점에서 코바코 시스템이라고 할 수 있다. 한국만의 독특한 광고조직인 코바코는 당시 동양방송(TBC)이나 문화방송(MBC)과 같은 방송사가 광고수입을 통해 비대해지고 권력을 행사하는 것을 막는다는 명분으로 설립되었다. 김석년은 언론통폐합 과정에서 코바코가 설립되었는데 전두환 군사정권의 1980년 언론통폐합조치가 일본제국주의가 단행한 언론통폐합 조치를 모델로 한 것이라고 보았다. 이는 언론통폐합을 주도한 당시 청와대 정무비서관이었던 허문도도 진술한 내용으로, 그는 일본이 2차 세계대전 중에 언론사를 통폐합한 것을 책을 보고 알아 그것을 참고했음을 암시했다.

일본의 경우 1920년대 말부터 광고와 통신을 겸업하는 회사가 설립되었는데, 1931년 만주침공으로 세계여론이 일본을 비난하자 여론에 효과적으로 대응하기 위해서는 국가를 대표할 강력한 통신사가 필요하다고 보았다. 그리하여 1932년 일본전보통신(電通)과 신문연합사(聯合)를 합병하기로 방침을 정한다. 하지만 그에 대한 반발도 많아 연합의 찬성파만으로 새로운 통신사인 동맹통신사를 1935년 11월에 설립하여 통신업무만을 전담하기로 한다. 전통(電通, 오늘날의 덴츠)은 통신업무를 동맹통신에 이양하고 1936년 광고업무만 하는 광고대행사로 탈바꿈한다. 제2차 세계대전으로 전시체제로 돌입하자 일제는 1942년 전국의 신문사 104개를 54개로 정리하고, 1943년 12월에는 출판업계를 195개로 정리한다. 그리고 1944년 4월에 전국 200개 전후의 광고대행사를 일본전보통신사를 중심으로 12개사로 정리했다. 그 결과 동경 지구에 6개 회사, 오사카 지구에 4개 회사, 나고야 지구에 1개 회사, 큐슈 지구에 1개로 통폐합했다(신인섭, 1993).

이러한 일본의 언론사 및 광고회사 통폐합사례를 당시 신군부가 참고한 것이 코바코 설립의 배경이라는 의견이 있는가 하면, 1970년대 후반 매체사의 횡포가 코바코 설립의 한 배경이 되었다는 광고계 내부의 목소리도 있었다. 1970년대 매체사의 횡포가 대단했고 그것이 코바코 설립의 배경 중 하나라는 주장은 동시대 다른 광고인의 구술증언을 통해서도 들을 수 있다. 전 세종문화 사장 윤석태에 따르면, 광고대행 수수료 제도가 완전히 정착하기 전에 음성적인 뒷돈 거래가 많았고 매체사 영업사원의 횡포가 심했으며 중소 광고주의 불만이 많아서, 그러한 거래질서를 바로잡는다는 명목으로 코바코가 발족하게 되었다는 것이다(김병희 · 윤태일, 2011).

A 코바코라는 회사가 생겨난 배경이라는 게 군사정권이 언론통폐합을 한 거 때문에 부수적으로 광고도 광고공사라는 게 생겼어요. 1937년경 일본의 군사정권이 시작되면서 일본의 패턴을 한국에서도 쓴 거예요. 광고에 대해서 기안자들이나 그런 사람들이 이해가 없었어요. 그래서 광고는 그럼 어떻게 하느냐, 광고를 통폐합

코바코 설립배경으로 70년대 후반 매체사의 횡포를 지적하는 목소리도 있다.
사진은 오리콤의 매체사 초청 송년파티ⓐ

해야겠다, 그래서 광고공사가 만들어 졌어요. 광고가 엄청난 수입원이니까 TBC나 MBC가 돈으로 장난들을 하니까 언론은 그냥 맘대로 놔둘 수 없다. 그래서 MBC, TBC, KBS를 통합해놓고 보니까 광고도 그렇게 된 거예요.

Q 생각해보니까 당시에는 코바코가 생기기 전이니까 지금처럼 코바코가 중간에서 패키지로 끼워 팔기도 하고 이렇게 하는 거 없이….

A 그렇죠. 얘기하자면 자유경쟁시대죠. 조절하거나 규제가 없었죠. 규제가 없는 대신에 내부적으로 문제가 있었어요. 내부적인 문제가 뭐냐 하면 MBC나 TBC 같은 대 매체에서는 광고가 몰려들어오니까. 횡포가 심했어요.

Q 횡포가 심했다고요? 광고회사에 대해서요?

A 광고회사만이 아니라 하여간에 세력이 당당했어요.

Q 방송사가요?

A 네. 그래서 방송을 잘라서 그냥 한꺼번에 CM을 내놓고 말이죠.

Q 어떤 원칙 없이, 그러니까 프로에 얼마를 딱 해야 한다 이런 게 없었어요?

A 그런 게 있는데도 지켜지지 않았어요. 그래서 어떻게 보면 매체의 유아독존적인 행태가 통합을 자초했다는 거죠.

A KBS를 포함해서 TBC MBC 셋이 광고비 수입이 너무 늘어나고 이러니까 이것을 제어하는 방법이 있어야 되겠다, 그러면 거기 수입에서 일부를 떼어내자, 이런 이야기죠. 사실 그래서 코바코가 생긴 거죠. 당시에 전체수입의 20%를 떼고 그랬을걸요. 그쪽에서 코바코 운영비 제하고 나머지를 당시에 방송발전기금이라고 그랬을 거예요.

Q 방송발전기금? 지금도 있는 그거요?

A 네. 우리 업계에서 생각하는 거는 '외국에서는 광고세라는 제도도 있다, 그러니까 우리로선 결국 광고세를 뜯기는 거다'이렇게도 생각 할 수 있죠.

언론통폐합과 코바코의 설립

1980년 권력을 탈취한 전두환 신군부는 마침내 언론통폐합을 단행하면서 코바코 설립도 주도한다. 언론 통폐합은 1980년 11월 14일 신문협회와 방송협회가 '건전언론 육성과 창달을 위한 결의문'을 발표해 전국의 신문사 방송사 통신사의 대대적인 통폐합을 자율적으로 결의하는 형식으로 이루어졌다. 그 결과 중앙지는 종합일간지 6개에 경제지 2개로 대폭 줄이고, 지방지는 각 도마다 1개씩만 남겼으며, 통신사의 경우는 기존의 동양통신과 합동통신 및 3개 특수통신사를 연합통신 하나로 통폐합했다. 방송사는 상업방송이던 동양방송(TBC)과 동아방송(DBS)을 KBS가 흡수하고 문화방송(MBC) 주식의 70%도 KBS가 인수함으써 공영방송 단일체체를 구축했다. 언론사 통폐합의 실무 작업이 마무리되자 그해 12월 31일 언론기본법을 공포하여 언론자유를 철저하게 통제했다(채백, 2015).

언론사 통폐합 직후 코바코 설립에 대해 설왕설래하던 그 당시에 광고계에서는 광고대행사도 언론사처럼 통폐합된다는 소문이 돌았다고 김석년은 전했다. 이는 오리콤 사사는 물론 제일기획 사사를 통해서도 그 분위기를 짐작할 수 있는데, 코바코가 설립된 지 얼마 지나지 않은 1988년도 〈제일기획 15년사〉에는 이렇게 평하고 있다. "한국방송광고공사의 설립으로 인해 한동안 존폐의 의구심까지 느끼며 불안한 상태로 위축돼 있던 광고업계는 한국방송광고공사와의 대행계약을 체결하고 8%의 수수료를 확보하게 됨으로써 간신히 존폐의 위기를 벗어나 새로운 거래질서를 구축하기 시작했다"(제일기획 15년사편찬실, 1988, 130쪽).

현재의 관점에서 보면 그 당시 광고인들이 피해의식에 젖어서 너무 비현실적인 불안감에 사로잡혀 있다고 생각할 수도 있지만, 일본 광고사를 보면 반드시 그렇지도 않다. 앞에서 설명한 것처럼 실제로 일제가 태평양 전쟁을

1980년 언론통폐합을 보도한 신문기사

일으키면서 전시체제로 들어선 1944년에 일본의 광고대행사를 전국 12개로 통폐합된 사례가 있기 때문이다(신인섭, 1993). 물론 광고대행사를 통폐합하지는 않았지만 방송광고의 매체대행을 독점하는 코바코라는 조직을 설립했다.

1980년 12월 31일 공포된 한국방송광고공사법에 따라 1981년 1월 20일 코바코가 설립되었다. 코바코 홈페이지(www.kobaco.co.kr)의 코바코 30년사에 따르면, 코바코는 '방송의 공공성과 공익성을 실현하고 방송광고의 올바른 경제적 기능을 구현하기 위해'출범했으며, '방송광고 영업을 통한 수익의 일부를 전파자원의 공개념과 국민 소유개념에 입각하여 사회에 환원함으로써 공익을 실현해왔다'고 기술하고 있다.

코바코라는 조직 자체가 외국에도 그 유래가 없는 것이어서 과연 누가 어떻게 해서 설립을 하게 된 것인지에 대해서는 잘 알려져 있지 않다. 김석년은 그 당시 코바코 설립에 관여한 사람으로 청와대 비서관이었던 허문도와 초대 코바코 사장을 역임한 홍두표(전 동양방송 사장)와 전무이사를 역임한 이기홍(전 한국일보 광고국장)을 꼽았다. 그런데 이기홍은 그 당시 자신의 역할은 주로 방송광고대행 수수료를 인정받는 일에 주력했다고 하면서 이렇게 말한 바 있다.

> 1980년 언론통폐합 당시, 정부가 방송광고대행 수수료를 인정하지 않겠다는 정책을 수립해 놓았어요. 사실 저 혼자서 청와대 비서실과 정부부처 뛰어다니며, 그렇게 하면 광고 산업이 죽는다며 대행 수수료 인정의 당위성을 설명하고 설득하고 그랬어요. 분위기가 살벌하니까 그때는 누구도 그런 주장을 못했는데, 제가 정말 요즘 말로 빡빡 우겼어요. 마침내 거기에 해외 공보관으로 있던 몇 사람이 공감을 해주어 대행 수수료 인정을 받았지요(김병희, 2004, 104쪽).

코바코가 방송광고 영업을 독점하다보니 그에 대한 광고대행사의 평가는 아무래도 우호적이지 않다. 1987년 민주화 이후 언론기본법이 폐기되고 언론자유 회복 운동이 거세지면서 한때 코바코의 존폐가 논란이 되기도 했다. 특히 1989년 1월 MBC와 KBS 사원이 '한국방송광고공사 해체 추진위원회'를 결성하고 성명서를 발표하면서, 코바코의 폐지 여부가 뜨거운 논란이 되었지만 결국은 존속시키는 것으로 결론이 났다. 이후 코바코는 변신을 계속했고 방송광고 대행사 자격조건을 대폭 완화하여 중소 독립광고대행사의 자금 부담을 경감시키는 조치를 취하기도 했다(신인섭 · 서범석, 2011). 〈표 4-2〉는 방송광고 인정기준의 변화에 따라 1980년대 주요 광고대행사가 어떻게 달라졌는가를 보여준다. 2012년에는 한국방송광고진흥공사로 바뀌어 오늘에 이르고 있다. 김석년도 국제관계 일을 하면서 외국 광고인과 만날 때 코바코에 대해서 별로 이야기 하지 않는다고 하면서 호의적인 평가를 내리지는 않았다.

A 하여간에 광고공사가 광고를 어느 정도 통합을 할 거냐? 그래서 다른 사람들이야 어떻게 했는지 몰라도, 우리로서는 가능한 설득하고 다녔죠.

표 4-2. 방송광고 광고회사 변동 현황

연도	인정대행사	비고
1981년	오리콤, 제일기획, 연합광고, 나라기획	나라 외화획득 조건부 인정
1984년	대홍기획, 코래드, 서울광고기획	라디오 대행분 인정
1985년	대홍기획, 코래드, 서울광고기획	전면인정(TV 추가 인정)
1986년	동방기획	총 8개사 인정
1987년	엘지애드, 삼희기획, 금강기획	총 11개사 인정
1988년	거손	총 12개사 인정
1989년	거손, 대방, 대보, 대해, 리젠시, 비티, 베래드, 서진, 헤드, 진애드 등 24개사	총 36개사 인정
1990년	제일보젤, HDM, 한인, 맥켄에릭슨, 누리, 선연, 크리콤 등 29개사	총 64개사 인정

출처: 민병수 (1996), 150쪽

Q 어떤 거죠?

A 광고 통합 얘기가 나오는데 그건 말도 안 되는 소리다, 라는 거죠.

Q 광고를 어떻게 통합하는 건가요? 광고회사를 통합한다고요?

A 그렇죠. 광고산업도 한꺼번에 국영회사를 하나 만들겠다, 이런 얘기죠.

Q 그런 이야기도 당시에 있었군요.

A 그럼요. 있었죠. 그랬더니 '광고까지는 그렇게 생각을 안 하고 있는데요', 이런 사람도 있고 '그렇게 생각할 수도 있습니다.' 이런 사람도 있었어요. 하여간에 당시에 기자출신들이 다니면서 움직임을 좀 알려주기도 하고 그랬지만 기자 스스로가 위축되어 있을 때니까요. 왜 통합을 하게 됐느냐, 사실은 어떤 의미에서 보면 MBC, TBC를 중심으로 대 방송매체들이 그땐 광고영업이 좋았어요.

Q 전두환 신군부들이 광고에 대해 이해가 별로 없었을 테고, 코바코라는 조직이 외국에도 별로 없는 사례인데 어디서 아이디어를 얻었을까요? 광고계의 사람들이 한 건 아닌가요?

A 그건 광고계보다 그 사람들이 일본의 패턴에서 연구를 한거예요.

Q 일본에 이런 코바코 같은 조직이 있나요?

A 코바코 같은 조직이 아니라 일본의 군사독재가 시작되면서 언론통폐합을 할 적에 광고문제도 어떻게 통폐합을 했느냐 이런 거를 그 사람들이 연구를 했어요.

Q 언론통폐합은 허문도 씨가 주도한 걸로 알려져 있는데 허문도 씨가 언론에 대해서는 알겠지만 광고에 대해서 별로 몰랐을 것 같은데요.

A 광고에 대해서는 어느 정도 알았어요. 광고계의 사람들 몇 명을 브레인으로 건의를 했는데 그중에 하나가 홍두표라고 TBC 사장까지 하던 사람이예요. 그래서 광고계에서 몇 명이 동원이 됐어요. 광고대행사가 없어진다고 생각해서 코바코로 간 사람도 있었어요.

Q 대행사도 다 통폐합 된다 이런 식으로요. 당시 코바코를 설립하기 전에 대학의 광고 전공교수도 별로 없었을 때니까 현업에 있는 사람한테 자문을 얻었나요?

A 코바코가 그렇게 합리적으로 모든 문제를 할 수 있었던 게 홍두표라는 사람하고 또 하나 이기홍 씨 때문이었어요. 이기홍이 그때 한국일보 광고국장이었어요. 그래서 장관하고 허 차관이 그 사람들의 자문을 많이 얻었어요. 이기홍이 결국은 코바코의 전무로 가고 홍두표가 사장으로 가서 팀을 짜게 되었어요.

A 내가 당시 연합회도 맡고 나는 직접적으로 관여를 안했어요. 오히려 거리가 있었죠.

Q 그때 입장은 어떤 거였어요?

A 그때 우리의 입장은 '말이나 되는 소리냐'였죠. 그렇지만 힘으로 그렇게 하는 걸 우리가 어떻게 할 수 없는 거고요. 코바코가 너무 확대만 안 됐으면 좋겠다고 생각을 했지요.

Q 정부광고 시스템도 그렇고 코바코도 그렇고 좀 독특한 면이 있더라고요.

A 그럼요. 그래서 나중에 내가 국제관계 일을 하면서 코바코 시스템이 외국으로 전파되지 않도록 했어요…. 전파되는 걸 아주 꺼려했어요. 지금도 코바코 시스템에 대해서 자꾸 물어보는 동남아 사람들이 있는데 나는 '아, 그거 아무것도 아니

다.' 그렇게 그냥 넘어가요. 난 한국의 자랑거리라고 생각하지도 않아요. 광고 발전에 공헌했다고 난 생각하지도 않고요. 한 가지 긍정적인 측면이 있다면 그게 정부 공공기관이었기 때문에 광고비가 매년 올라가는 풍습을 잘 눌러줬다는 거죠.

Q 그 다음에 광고개방 협상과정에서 코바코가 관여를 했죠.

A 코바코가 생긴 다음에 결국 광고과라는 게 생겼는데. 광고과가 생긴 게 미국의 광고개방에 대한 압력을 감당하기 위해서 문공부 속에 광고담당부서가 필요하다 하는 인식이 시작됐어요. 또 하나는 코바코가 자기 관할이니까 코바코를 관장하는 광고에 대한 인식이 시작이 된 거죠.

코바코 공익자금의 사용

한국광고 산업이 인쇄광고 중심에서 방송광고 중심으로 변하고 그 규모가 1조 원 가깝게 커지면서 1980년대에 이른바 코바코 시스템을 통해 광고에서 얻은 수익이 막대해졌다. 코바코는 공익자금 운용에 대해서 "공익자금 운용 초창기에는 방송, 언론 문화 창달을 중점적으로 지원했고, 1983년 들어서는 문화예술진흥사업으로도 폭을 넓혀 나갔다. 또한 설립 초기부터 광고 전문지 창간, 한국방송광고 대상 제정, 공익광고캠페인 실시 등 국내 광고산업의 수준 향상을 적극 뒷받침했다"고 기술하고 있다(www.kobaco.co.kr).

후에 코바코의 공익자금 관리를 위한 자리에서 김석년은 광고업계 대표로서 공익자금 관리업무를 관장하는 책임자의 역할을 수행했는데 그 당시 코바코의 공익자금으로 예술의전당을 지원했다. 김석년은 광고 산업을 연구 지원할 수 있는 일종의 광고재단으로서 광고산업연구원의 설립을 제안하였지만 이루어지지는 못하고 결국은 광고자료센터를 세우는 것으로 갈음했다고 기억했다. 많은 광고인들은 코바코의 공익자금이 광고에서 나온 수익임에도 광고계 밖의 언론인을 위해 사용되는 것에 대해서 불만을 많이 토로한다. 이것은 일본 광고사의 초창기에 통신사가 광고대행 업무까지 병행함으로써 광고의 수익이 온전하게 광고를 위해 환류되지 않고 통신사업의 경영비로 충당되어 일본 광고산업의 발전을 저해했다는 요시다 히데오의 지적과 일맥상통한다(신인섭, 1993).

그런데 코바코 공익자금이 언론계를 위해 사용되는 것에 대해서 비판하는 언론학자도 있다. 채백(2015)은 〈한국언론사〉에서 특히 제5공화국 시절 전두환 독재정권이 비판적 언론을 탄압하는 채찍정책은 물론, 독재에 아부하는 언론인에게 각종 혜택을 주는 당근정책도 병행했는데 코바코 공익자금도 그 중의 하나라며 이렇게 평했다.

> 이 공익자금이 문화 예술의 진흥을 위한 자금으로도 쓰였지만 그 상당 부분이 언론인들에게 후생 복지, 재교육 등의 혜택을 제공하는 데에도 사용되었다. 이는 사적 기업의 형태로 존재하는 언론기업에 대해서까지 공적 자금을 통해 종업원 후생복지를 제공한다는 점에서 문제가 있는 것이며 수혜 대상이 되는 언론인뿐만 아니라 언론 기업에 대해서도 커다란 특혜가 된다(434쪽).

A 그래서 코바코 시스템이 이루어지는 거죠. 사실은 광고계가 반대했어요. 광고계로서야 뭐 그렇게 달갑게 생각할 리가 없죠. 우리야 자유경제 속에서 경쟁이라는 것이 우리한테 중요한 여러 가지의 기반 아니에요? 근데 그런 게 없어지니까 결국엔 '더 떼어 가는 거냐?' 뭐 이런 얘기도 있었어요. 하여간에 코바코 시스템이 움직이기 시작하는 거예요. 1980년대부터 한국 광고계의 제일 큰 시스템이 이제 코바코 시스템이죠. 한국광고계에서 방송이 신문보다 커지는 시기거든요, 그때가….

Q 그 전까지는 신문이 더 컸었나요?

A 그렇죠. 1970년대까지는 신문이 컸다가 1970년대 말부터 점점 방송이 더 커지기 시작했죠. 당시 한국 광고비가 내가 알기에는 1조 원 산업이 못됐어요. 그때가 한 5,000억 산업 정도 됐을 거예요.

Q 1조 원은 1980년대 후반인가요?

A 1980년대 후반에 1조 원 산업이 됐죠. 5,000억 산업이다, 뭐 좀 됐는데 그때의 매체수입이라는 게 지금 생각하면 조그만 거지만 당시로서는 엄청났어요. 방송사는 2,000억이면 몇 백억이 코바코 자금으로 떨어지는 거예요. 그러면 그중에서 10% 안 되는 돈이지만 방송광고공사가 운영이 되고 나머지로 이것저것 하는 거죠.

A 나중에 들은 에피소드인데 1990년대 초에 노태우 대통령 후반과 김영삼 씨 대통령되고 나서 어떻게 공보처에서 이야기가 되가지고 '공익자금관리위원회 위원장을 광고계에서 해야 된다, 광고계의 돈으로 모든 게 움직이는 건데'. 이랬어요. 이렇게 되가지고 공보처에서 나한테 관리자금 위원장을 하라 그러더라고요. 나는 그런 거 사실 흥미도 없지만 그래도 광고계의 대표로서 나와서 하라고 하니까 내가 그럼 하겠다, 그래가지고 3년을 했나 그랬어요. 그래서 거기서 모든 돈 쓰는 걸 의결을 하는 거예요. 예술의전당은 벌써 움직이기 시작했는데, 어디에도 예술의전당이 광고에서 나온 공익자금 돈으로 건립되었다고 제대로 쓴 것이 없어요. 그래서 예술의전당한테 얘기를 했죠. 예술의전당에다가 '이 자금에서 나가서 시작된 거다.' 비석을 하나 만들어가지고 예술의전당 마당에다가 추진배경을 설명하는 기념비를 하나 만들어서 세웠어요. 근데 근래에 들어 가보니까 그게 없어졌어요. 어디로 갔는지 또.

Q 방송광고공사의 공익자금으로 건립되었다는 거군요. 그러고 보니까 예술의전당도 결국은 광고계 돈으로 운영되는 거네요.

A 네. 광고계에서 나온 거죠. 광고 돈으로 만든 거죠.

A 근데 나중에 얘긴데 사실상 푸대접을 받았고 거기에다가 광고계 출신이 한 사람씩 끼긴 끼어서 그 모양이에요. 내가 위원장을 하면서 보니까 연간 몇천만 원밖에 광고계에 지원이 안가더라고요. 광고계에서 뭘 필요로 하느냐, 광고계도 좀 지원을 해야 될 것 아니냐, 그래서 연합회에다가 그걸 좀 만들어라 그랬어요. 그래서 사실 내가 아이디어를 줬어요. 아이디어를 뭘 줬냐면, '모든 산업에는 그 산업계를 서포

트하는 산업개발원이라는 게 다 있더라, 광고계에는 그거 없지 않느냐?' 그러니까 그런 것도 하고 또 한쪽으로는 '코바코가 언제까지 있겠느냐? 코바코 시스템 폐지 문제가 주기적으로 나왔으니까 광고계로서는 만일 그렇게 된다면 코바코에 부수된 연구소라든지 도서관이라든지 교육원이라든지 기구를 광고계가 흡수를 해야지 않겠느냐? 같이 없어진다면 아쉽지 않겠느냐? 그러니까 그런 것도 준비할 겸 개발원을 만들어서 갖춰야지 된다.' 그래서 하나 만들어 냈죠. 획기적으로 한 3억 가까운 돈을 광고계로 돌렸어요. 그랬더니 연합회에서는 그걸 가지고 당초에 내가 생각했던 그런 방향으로 가질 않고 자기 산하에 조직을 또 만들었어요. 그 돈으로 광고자료센터 같은 거를 만든 거예요.

코바코 시스템에 대한 평가

김석년은 자유경쟁을 원칙으로 하는 광고시스템이 정부의 독점적 광고운영 기관인 코바코에 의해 통제를 받는 것은 근본적으로 옳지 않다고 보았다. 또 코바코를 통해 조성된 자금은 광고업무로부터 유래한 것인데 그러한 자금이 광고업계로 모두 환류되지 않고 방송이나 언론 등으로 흘러가는 것은 아직까지 광고업계가 힘이 없기 때문이라며 허탈해 하기도 했다.

물론 코바코를 통해 광고대행 수수료를 정식으로 인정하고 상당부분 인상을 했으며 매체사의 횡포로부터 광고주나 광고대행사를 보호하는 측면에서는 긍정적인 면이 없지 않다고 보았다. 하지만 전체적으로 보았을 때 광고산업의 발전을 위해 긍정적인 역할을 제대로 수행하지 못하고 있다고 평가하면서, 코바코 시스템보다는 광고세 등을 통해서 광고가 사회적 역할을 수행하도록 하는 것이 좋다고 제안했다. 광고세는 유럽의 일부 나라에서 시행하고 있는데, 프랑스는 옥외광고에 대해서 부과하고 있고 온라인 광고수입에 대해서도 부과하려다 중지했다. 헝가리는 방송사나 신문사 등 매체사는 물론 온라인 광고에 대해서도 광고세를 부과하고 있다.

Q 코바코 공익자금 운영에 대해서 어떻게 보세요.

A 코바코 방송발전기금을 보면 방송위원회니 이런 데로 나가는 걸로 돼있어요. 아, 그래 참. 광고계에 힘이라는 게 그렇게 없어요. 영향력이 미미하고. 아직도 인식이 그런 정도예요. 참 앉아서 진지하게 생각을 해보면 힘 빠지는 이야기죠.

Q 코바코 같은 시스템이 외국에도 있나요?

A 상당히 특수한 제도예요. 사실 광고인으로서는 그런 제도를 한국에서 가지고 있다는 거에 대해서 그렇게 자랑스럽게 생각하지를 않았어요. 그런 제도를 외국 사람들이 물어보고 그러면 우리는 창피해가지고 제대로 대답도 못했어요…. 다행히 우리가 만나는 사람들이 광고인이라 그렇지, 정부 관료들이었으면 정부 관료들은 '그거 한번 연구해보자.' 이렇게 나왔을 거예요.

Q 코바코가 갖는 긍정적인 면은 어떤 것이 있을까요?

A 단 한 가지 코바코가 결국은 전체의 광고유통의 키(key)를 쥐고 있었고, 하나의 통합된 존재였기 때문에 매체들의 발전과정에서 있을 수 있었던 여러 가지의 과잉 경쟁 또는 과잉경쟁에서 나오는 부작용을 억제할 수 있었다는 긍정적인 면이 있죠. 실제 구체적으로 얘기하면 그 전 시대에 매체들의 횡포를 우리가 봤죠. 그런 횡포가 얼마든지 또 있을 수 있었어요. 사실 매체가 횡포를 하면 컨트롤 할 수도 없고 상당히 어려운 거예요. 광고회사나 광고주 입장에서는 어려워요. 그래도 정부 공공기관이기 때문에 가격의 경쟁적인 인플레이션을 억제를 했죠. 그렇지 않았을 것 같으면 광고비가 매년 들쑥날쑥 올라가고 야단법석이 났었을 거예요. 결국 부작용은 언젠가 매체 스스로 자기들한테 떨어지는 거지만 매체가 그렇게까지 장기적으로 모든 것을 내다보고 하지는 않아요.

Q 1970년대는 예를 들면 방송매체가 광고 시간을 자기들 마음대로 횡포를 부렸다는 거잖아요.

A 광고 요금의 레이트(rate)도 그렇고 모든 게 매체사를 컨트롤하지 못했어요.

Q 그러면 당시 신문도 그랬나요?

A 신문도 그랬죠. 신문보다는 방송에 자꾸만 광고비가 쏠리니까 경쟁과 인플레이션이 생기기 시작하는 거고요.

A 사실 자유경쟁경제 속에서 광고가 자유경쟁의 제일 도구 아니에요? 그런 산업이 경쟁 없는 시스템에 의해서 통제된다? 사실 상당히 아이러니한 존재죠. 정부의 권력이 있으니까 지탱이 되었던 시스템이지, 근본적으로 광고산업에서 용인될 수 있는 시스템은 아니죠. 아까도 이야기를 했지만은 다른 나라에서는 광고세도 있고 중간에서 그런 작업들을 만들어서 여러 가지로 자금을 대고 한 것이 있잖아요. 말하자면 예술의전당도 그렇고요. 본의 아니게 아리랑 TV도 만들어 놓고, 그 외에 언론계의 해외 시찰이나 연수도 많이 시키고 해서 언론계에 크게 힘이 되고. 그러나 내가 보기에는 코바코가 광고산업의 발전을 위해서는 큰 공헌은 못한 것 같아요.

2. 계열 광고대행사 오리콤 경영

오리콤의 설립

1979년 5월 마침내 합동통신사 광고기획실이 오리콤으로 독립하게 된다. 하지만 독립할 당시에도 순수하게 광고대행사로만 구성되어 있지 않았다. 독립할 당시 그룹에서 전산파트인 동양전산을 같이 가져갈 것을 요구해서 광고부문과 전산부문이 묶여서 독립하게 되었다. 그래서 김석년은 한참 동안 광고업무뿐 아니라 컴퓨터 업무 관련해서도 경영을 해야 했다. 전산 관련하여 외국의 회사도 견학을 가고 상공부나 전산관련 학교를 드나들며 경영관리 했던 것으로 기억했다. 〈두산그룹사〉에 의하면 동양전선은 동양맥주 정수창 회장과 키스트(KIST)의 이용태 박사가 1975년 창립했으며, 1977년 두산그룹이 인수했다. 1979년 오리콤의 전산 부문으로 통합되었다가, 1984년 두산 컴퓨터에 양도될 때까지 광고부문과 함께 오리콤에 있었다(두산그룹 사사편찬실, 1989).

전산 부분과 광고부문을 통합한 새로운 회사의 이름을 지을 때 두 부문의 공통점인 커뮤니케이션과 OB의 오리엔탈(Oriental)을 붙여 오리콤이라는 회사이름이 만들었는데, 그 당시 광고대행사가 대부분 OO기획이 많아서 매우 생소하게 받아들였다. 그래서 싱크대 만드는 주방회사로 착각하는 사람도 있을 정도였는데, 나중에는 OO콤이 붙은 비슷한 이름의 광고대행사가 많아졌다.

오리콤 독립은 합동통신 광고기획실의 오랜 숙원이었고, 그만큼 오랜 기간 단계적으로 이루어졌다. 1967년 3월부터 광고대행업을 창업한 이후, 1975년 만보사를 합병하면서 광고기획실이 일대 도약을 했다. 1976년에는 종래의 예산관리 제도를 보강하여, 매년 초에 사업계획을 세우고 연말에 결산하는 '사업계획 제도'를 시행하면서 독립사업 체제를 구축했다. 1978년에 이 제도를 더욱 강화하고, 10월에는 기존의 합동통신 회관에서 OB빌딩으로 이전하여 독립법인으로 출범하기 위한 준비에 들어갔다. 1978년 2월의 주주총회에서 광고기획실을 별도 법인으로 독립시키기로 결의하여 마침내 5월에 오리콤이 출범하게 된 것이다(두산그룹 사사편찬실, 1989).

그런데 김석년은 바로 1년 뒤 1980년에 불어 닥친 언론사 통폐합으로 합동통신이 연합통신으로 흡수된 사실을 감안하면, 독립이 조금만 늦었어도

오리콤 독립사옥ⓐ

1985년 신년하례식 후의 간부진ⓐ

오늘날의 오리콤은 없었을지도 모른다고 회고했다.

Q *광고회사와 전산회사가 통합한다는 것이 상식적으로 이해 할 수 없네요.

A 그런데 (동양전산이) 도저히 안 되니까 손을 들었고 그것을 두산에서 인수를 했던 거죠. 당시 두산그룹에 정수창 회장이 계셨는데, 그 양반이 인수를 해서 한번 키워보겠다 하셨지만 잘 안 됐어요. 그걸 끌고 가는데 우리한테 그것하고 같이 가라 이거죠. 또 우연히 우리가 종로4가 빌딩 사무실을 쓰고 있는데 거기 한 층을 그 전산팀이 와서 쓰고 있었어요. 그러니까 그것까지 한꺼번에 그냥 넣어서 해라 이렇게 된 거죠. 사실 편법이었죠. 그래서 어떻게 이름을 정할 것이냐가 문제가 되었죠.

Q 그러니까 한 회사에 다른 두 사업이 있었다는 말씀이네요?

A 그렇죠. 광고 부문하고 전산 부문하고. 사실은 우리는 뭐, 합동통신사에서도 통신 부문하고 광고 부문하고 같이 살던 것과 마찬가지 형식으로 생각했어요. 그런데 이쪽에서는 모체가 되었던 것이고. 그래가지고 회사를 독립시키는데 이름을 뭐라고 지을 거냐 하다가, 결국 이제 두 업무의 공통점이 뭐냐, 이쪽도 커뮤니케이션 수익이고 저쪽도 커뮤니케이션 수익이고, 크게 보면 커뮤니케이션 수익 면에서 공통점이 있었어요. 그래서 오비(OB)가 오리엔탈 브류어리(oriental brewery), 동

양맥주였으니까요. 거기서 '오리엔탈' 따고 '커뮤니케이션' 따서 오리콤(Oricom)이라는 회사의 이름을 만들었어요.

Q 다들 'OO광고'나 'OO기획'이라는 말을 쓰던 시절인데, 오리콤이라는 이름은 상당히 앞서갔다는 생각이 드네요.

A 네 그런데 (오리콤이란 이름이) 유행이 되가지고 '콤'이라는 단어를 쓴 광고회사들이 많이 생겼죠. 그래서 오리콤이라는 광고회사 이름도 괜찮지 않느냐 했어요. 다 운명적인 거예요. 그때 우리가 독립하지 않고 그대로 합동통신사의 한 부분으로 남았다면 어떻게 되었을까? 우리가 독립하고 1년도 못 돼 정부 주도로 한국에 매체 변화가 일어났었죠. … 그래서 중앙일보랑 TBC는 그냥 반 쪼가리가 났어요. 중앙일보만 남겨놓고 TBC는 KBS로 통합되고, 동아일보가 동아방송을 뺏겨 동아방송이 KBS 라디오로 통합되고, 지역신문들도 여러 개 난립되어 있던 것이 1도 1사로 통합되었어요. 이런 와중에 한국의 통신사들은 소위 뉴스 에이전시 시스템(news agency system)으로 통합되어 국영 뉴스 에이전시 하나만 남을 거예요. … 그래가지고 합동통신사와 동양통신사가 강제로 합병되어 연합통신이 생겼잖아요. 그랬으면 우리도 도매금으로 넘어가 연합통신 내의 광고 부문이 돼있을 거라고. 물론 광고 부문은 그때 안 넘겨줬을지 모르지만 하여간에 그런 입장이 됐을 텐데, 그 바로 1년 전에 우리가 독립했던 거죠. 그러니까 우리가 1년 반만 늦었어도 합동통신사에 묻혀갈 수도 있었죠. 아슬아슬하게 우리는 독립을 했어요, 그 바로 전에.**

A 내가 조금 그쪽(전산부문)은 문외한이지만 알아야 되겠다, 그래서 그쪽하고 제휴회사인 데크라고 있어요, DEC(Digital Equipment Corporation). 미국에서 데크 시스템이라고 미니컴퓨터에서는 아주 휩쓴 브랜드였어요. 보스턴 교외에 있는데 그 회사도 구경을 가고 견학을 간 거죠. 견학을 가서 컴퓨터산업이 어떻게 되는 건지는 내가 좀 알아야 되겠다, 어느 정도까지는 알고, 컴퓨터는 아무것도 모르지만 컴퓨터 관계로 국내와 국외에 무슨 회의가 있다 그러면 가기도 했어요.

Q 몇 년간은 전산도 경영을 좀 하셨어야 했겠네요.

A 네. 조금 했죠. 성공적으로 독립을 시켜서 내보냈으니까. '사장이 들어와야지 된다.' 그러면 할 수 없이 상공부도 좀 드나들었어요. 체신부가 관련이 있으니까 체

표 4-3. 임원 임기 일람표 (1967.3.1~1988.3.31 현재)

직위	성명(재임기간)	
회장	박두병(1967.3.1 ~ 1973.8.4)	
사장	이원경(1967.3.1 ~ 1974.9.19) 이재항(1979.5.1 ~ 1980.10.30)	박용곤(1974.9.20 ~ 1979.4.30) **김석년**(1981.7.1 ~ 현재)
부사장	김광섭(1973.3.27 ~ 1975.2.5) **김석년**(1980.10.31 ~ 1981.6.30)	이재항(1975.2.5 ~ 1979.4.30)
전무	김광섭(1972.1.19 ~ 1973.3.26) 민경훈(1979.5.1 ~ 1981.2.21) 우본형(1987.2.21 ~ 1987.12.20)	**김석년**(1979.5.1 ~ 1980.10.30) 민경훈(1982.9.1 ~ 1983.12.20) 양정석(1987.2.21 ~ 현재)
상무	김광섭(1967.3.20 ~ 1972.1.18) 이태영(1979.6.21 ~ 현재) 임한승(1981.2.21 ~ 1983.7.1) 우본형(1986.2.28 ~ 1987.2.20)	**김석년**(1977.2.11 ~ 1979.4.30) 김염제(1979.6.21 ~ 1981.1.20) 김강일(1983.7.1 ~ 1985.2.28)
이사	강두순(1975.1.1 ~ 1975.8.12.) *이원경(1979.5.1 ~ 1981.2.21.) *정수창(1979.5.1 ~ 1981.2.21.) 이윤기(1981.2.21 ~ 1982.12.31.) 이용혁(1982.1.1 ~ 1988.2.20.) 한건석(1983.11.9 ~ 1985.2.28.) 한종희(1985.2.28 ~ 현재)	**김석년**(1975.2.5 ~ 1977.2.10.) *박용곤(1979.5.1 ~ 1981.2.21.) *민병준(1979.5.1 ~ 1981.2.21.) *박용민(1982.1.1 ~ 현재) 김병각(1983.1.15 ~ 1984.2.29.) *민경훈(1983.12.20 ~ 현재) 민병수(1988.2.21 ~ 현재)
감사	박용성(1979.5.1 ~ 1981.2.21) 유승범(1980.5.1 ~ 1981.1.6) *권태명(1982.9.1 ~ 현재)	김희진(1979.5.1 ~ 1980.5.1) 민경훈(1981.2.21 ~ 1982.9.1) 이용혁(1988.2.21 ~ 현재)

참고 : 1967년 3월 1일부터 1979년 4월 30일까지 ㈜합동통신사 광고 기획실 때는 광고사업 관련 임원 명단만 게재 *는 비상근임

출처: 두산그룹 두산그룹 사사편찬실 (1989), 841쪽

신부도 갔어요. 그때 컴퓨터 세일즈하기 위해서 영남대학도 가고 여기저기 갔어요. 사장이 얼굴을 내밀어야지 된다는데 그래서 또 갔죠.

광고사관학교 오리콤

오리콤 시절에는 능력 있는 인재들이 많이 들어 와서 그들에 대한 교육도

오리콤 단합대회 '한마음대행진'(1984년 청평)ⓐ

많이 했다. 직원들의 사내교육을 철저하게 했고, 그 당시 대학에 광고홍보학과가 거의 없고 광고관련 책도 별로 없던 시절이라 광고업무에 꼭 필요한 책을 번역해서 오리콤 신서로 출간하면서 광고인의 전문지식 향상을 위해 노력했다. 이중 일부는 이미 1970년대에 내부적으로 자료집 형태로 발간된 것을 나중에 정식으로 출판한 것도 있다고 김석년은 구술했다.

오리콤 사사에 따르면 1979년 10월에 출판부를 신설하여 기업의 사보나 홍보용 출판물을 대행하다가 1980년 5월 정식으로 출판사 등록을 하여 자체 서적까지 출판할 수 있게 되었다. 오리콤 신서는 1983년 2월부터 시리즈로 발간했는데, 광고 마케팅 분야의 고전적인 필독서를 많이 번역해서 초창

광고제작물 리뷰하는 장면

기 광고인들 사이에서 폭넓게 읽혔다(박스 〈오리콤 광고신서〉 참조). 특히 존 케이플즈(John Caples)가 쓰고 이상우가 번역한 〈성공하는 광고〉는 교보문고가 집계한 베스트셀러(1989년 7월 21일부터 27일까지 사회과학 부문)에 오를 정도로 인기가 있었다(오리콤, 1997). 1980년대 중반 이후 광고대행사가 팽창하면서 오리콤 출신들이 나중에 광고대행사에 자리를 잡고 한국광고업계에서 중추적 역할을 수행함에 따라 오리콤을 광고사관학교라 부를 정도였다.

그 당시에는 각 대행사마다 직원의 사내 교육을 매우 강조했다. 1972년 첫 대졸 신입사원 공채로 입사하여 평생을 그야말로 '오리콤맨'으로 일했던 엄하용은 오리콤 교육에 대해서 이렇게 기술했다. "초창기였던 만큼 자료 또한 흔치 않아 김석년 국장이 굉장히 열심히 공부시켰던 것이 함께 근무했던 동료들의 기억에 남아 있다. 김 국장은 직원을 불러 자신이 공부한 내용을 강의하기도 했고 조금 지나면서 후배들에게 직접 사내 강사가 되도록 지시한 까닭에 자연스럽게 공부가 늘었고 그만큼 교육 자료가 쌓여 갔다"(서울AP클럽,

2015, 273쪽). 만보사가 합동통신 광고기획실과 합병하기 전에 만보사에 근무했던 윤석태는 오리콤 이전 만보사시절부터 사내 교육의 전통이 강했다고 구술했다(김병희 · 윤태일, 2011).

〈제일기획 15년사〉에 의하면, 제일기획도 1973년 창립 첫해부터 사내교육에 힘을 쏟아 그해 2월부터 9월까지 매주 2회씩 특별강좌를 개설했고, 1973년 8월에는 경력사원을 대상으로 최초로 입문교육을 실시했다. 1974년 2월부터 1975년 11월까지는 사원들에게 3단계 일본어 교육을 시켰고, 1974년 12월부터 1975년 11월까지 정기 목요강좌를 열었다(제일기획 15년사 편찬실, 1988).

또 오리콤 시절에는 사내의 리뷰 보드에 대한 중요성을 강하게 느껴서 매우 까다롭게 리뷰를 했다. 그 결과 리뷰 과정에서 속된 말로 '작살난다'는 의

※ 오리콤 광고신서

〈광고 커뮤니케이션의 새 기법〉, John E. O'Toole 지음, 이정규 역
〈소비자 행동 연구〉, Peter D. Bennett & Harold H. Kassariian 지음, 권오휴 · 이상빈 역
〈존 케이플즈의 성공하는 광고〉, John Caples 지음, 이상우 역
〈포지셔닝〉, Al Ries & Jack Trout 지음, 김영준 역
〈기업과 디자인 시스템 I〉, 中西元男 지음, 윤진호 역
〈시장 조사를 이용한 마아케팅〉, Gordon Wills 지음, 최동만 역
〈광고의 실체〉, Rosser Reeves 지음, 권오휴 역
〈기업과 디자인 시스템 II〉, 中西元男 지음, 윤진호 역
〈효과적인 광고 전략〉, Don E. Schultz 지음, 신강균 역
〈효과적인 매체 전략〉, A.M. Barbon 외 지음, 강건구 · 조부상 역
〈효과적인 광고 카피〉, 西尾忠久 지음, 안준근 역
〈세일즈 프로모션의 12기법〉, Don E. Schultz & William A. Robinson 지음, 김세민 역
〈효과적인 광고 발상〉, 山田浩二 지음, 서기원 역
〈전문가를 위한 마아케팅 I · II〉, Philip Kotler & Paul N. Bloom 지음, 임항순 역

출처: 두산그룹 사사편찬실 (1989), 815쪽

미에서 작살보드라고 불렀다. 이러한 엄격한 리뷰 때문에 실무자들이 힘들어 하고 좌절하는 경우도 있지만 이런 과정을 거쳐야 수준 이하의 광고를 걸러낼 수 있다고 보았다. 언론사나 방송사 등 미디어 커뮤니케이션 조직에서는 게이트 키핑(gate-keeping)의 중요성을 많이 강조하는데 일종의 게이트 키핑 과정이라고도 해석할 수 있다. 사내 리뷰를 하다보면 그 팀의 내부 알력관계나 협력관계 등을 다 드러나기 때문에 제작물에 대한 리뷰이면서 동시에 사람에 대한 리뷰도 하게 된다고 김석년은 기억했다.

그는 현업에서 활약하던 시절의 인터뷰에서도 사내 리뷰의 중요성을 강조했다. 광고회사의 리뷰 시스템이 회사마다 달라서 효과가 있는 회사가 있는가 하면 그것 때문에 문제가 많이 생기는 회사도 있지만 시니어 크리에이터들이 리뷰를 해야 한다는 의견을 피력한 바 있다. 리뷰에서 제일 중요한 것은 크리에이티브 콘셉트가 제대로 잡히고 표현이 되었는가를 점검하는 것이라고 하면서 이렇게 말했다. "어떤 의미에서 에이전시의 크리에이티브 리뷰는 프로덕션 퀄리티 측면의 완성도와 창작에 필요한 기술적인 제약의 문제, 그리고 윤리적인 문제 같은 것들을 다 다룰 수 있겠죠. 그러나 제일 중요한 것은 크리에이티브 콘셉트라고 할 수 있어요. 무조건 시간에 맞춰 쇼킹한 것을 추구하고 주입식으로 반복하는 광고들이 나오는 것은 너무 조급하고 리뷰 시스템이 잘못 되어 있어서 그래요"(지우학, 2004, 34쪽).

Q 그 당시 오리콤에 인재가 많이 몰려들었죠?

A 그때 참 좋은 엘리트들이 들어오기 시작했어요. 회사가 정기적으로 좋은 엘리트들을 신입사원으로 매년 모집하고 말이죠. 그러니까 회사가 잘 나갈 수밖에. 수준도 막 높아지고 말이죠. 1980년대 중반서부터 일정한 산업이 되어갔어요. 큰 광고회사들은 직원들이 100명이 넘고 200명 가까이 되기 시작하고, 기구들도 확장을 하고 그때부터 여러 가지 부수되는 사업을 광고대행사가 시작을 했죠. 조사부라

든지 또는 AV(Audio-Video) 센터를 한다든지….

Q 오리콤 신서가 언제 나온 거죠? 1990년대 초반인가요?

A 1970년대 중반부터 시작했어요.

Q 그렇게 오래된 책인가요?

A 네. 1980년까지 계속 했지. 몇 년에 걸쳐서 조금씩 한자씩 했어요.

Q 오리콤 신서 책이 참 좋았어요. 저도 처음에 대행사 들어갔을 때 오리콤 신서 책을 꽤 봤는데, 광고 쪽에선 꼭 읽어야 될 책들이 참 많았던 것 같아요. 지금도 학생들에게 실무에 꼭 필요하다고 권하는 책들이에요.

A 고전적인 책들을 골라서 번역들을 시켰으니까요.

Q 그게 지금도 나오나요?

A 모르겠어요. 요새도 나오는지. 개정판이 장정을 바꿔 나왔던 것 같기도 해요.

A 오리콤에서의 실력 있는 젊은 간부들한테 하나씩 맡겼죠. 사람들한테 공부도 되고 광고에 대한 신념도 길러주고 그런 역할을 했다고 봐요.

Q 오리콤 내에서 사내 교육 많이 했어요?

A 사내교육은 철저하게 많이 했죠. 아마 제일 많이 했을 거예요. 끝나고 나서 한다든지 주말에 한다든지 연수원에 들어가서 한다든지 교육문제를 많이 다뤘죠. 그렇기 때문에 결국은 오리콤 사관학교다 이런 이야기가 많죠.

Q 오리콤이 광고 사관학교다 뭐 그랬죠.

A 나는 간접적으로 리뷰 보드(review board)를 통해서 했어요. 우리 직원들한테 아주 어려운 시간을 줬지요. 광고주와 대행사에 기름칠을 해야 하는데 내가 브레이크를 걸고 융통성 있게 해주지 못했어요. 그때 리뷰 보드 별명이 '작살 보드'였어요. 모든 게 나한테 리뷰를 하게 돼 있었어요. 나중에 최종단계에서 나한테 리뷰를 받고, 오케이를 받아서 나가는 거예요. 분기별로 반년별로 전체방향이 이렇다면서 프레젠테이션을 하는 거예요. 나는 앉아서 리뷰보드를 주로 하는 거죠. 내가 리뷰보드에서 하도 깐깐하게 하니까 별명이 작살보드가 됐어요. 내가 그렇게 깐깐하게

1987년 오리콤 창립 20주년 기념식

해서 어떤 의미에서 교육적인 가치가 있었지요. 하여간에 직원들한테 상당히 하드타임(hard time)을 준건 사실이에요.

A 제일 걸러내야 하는 게 수준이하, 난센스예요. 광고 담당하는 사람들이 자기들이 작업을 한 거니까 자가당착이나 착각에 빠지기 쉬워요. 그런 거를 올바르게 돌려줘야 해요. 그것을 윗사람들이 해야 하는데 젊은 친구들은 그것을 윗사람이 누른다고 생각하는 경우가 많아요. 그래서 그것에 반발하는 사람들도 많죠. 어떤 사람은 광고쟁이가 되지 못하고 좌절하고 집어치우는 사람도 있어요.

Q 초기에는 주로 이런 문제가 있었는데 나중에는 저런 문제가 됐다, 라든지 초기에는 이런 측면이 좋았다 이런 거는 있으셨어요?

A 리뷰라는 게 어려가지 복합적이에요. 작품을 리뷰하는 것도 있지만 사람을 리뷰하는 것도 있어요.

Q 사람을 리뷰한다고요?

A 리뷰를 하면 그 팀의 리더십이 프레젠테이션에 다 나와요. 그러니까 리뷰가 중요한 거예요.

Q 사내 리뷰 하시면서 팀장이나 다른 직원들 보면 다 보이세요?

A 다 보여요. '저 작품은 팀장하고 직원들 사이 갈등의 작품이다.' 이런 것까지 다 보이고, '저 친구는 이것에 대해서 반대인데 팀장이 방향을 틀어놨기 때문에 그냥 그렇게 가는 모양이구나.' 이렇게 다 보여요. 그러니까 그 속에서 장래성 있는 친구들이 걸러져 나오는 거죠.

오리콤 AVC와 아리랑 TV

1980년대 들어 광고 제작 환경이 흑백필름 시대에서 컬러로 전환하면서 광고 제작 과정상의 후반작업에 해당하는 포스트 프로덕션 과정이 중요해졌다. 그래서 김석년은 광고제작 과정을 지원하는 프로덕션 시스템(post production system)을 오리콤 자체 내에 갖추려고 누구보다 열정적으로 노력했고 그 결실이 오리콤 AVC(Audio Video Center)였다. 일본 도호쿠신사(東北新社)의 도움을 많이 받았고 안테나만 꽂으면 유선방송국이 될 정도의 시설을 갖추었다고 자부했다.

이 부분에 관한 오리콤 사사 기록을 보면, 1980년대 컬러 방송이 시작되면서 좀 더 풍부한 영상표현을 원하게 되었고 그 결과 오리콤은 자체에 AVC를 갖추기로 한다. 그리하여 1984년 20억 원을 투자하여 장비를 도입하고, 제작국 기술부 5명을 일본 도호쿠신사의 소니사에 파견시켜 3개월간 전문교육을 받게 한다. 마침내 당시로서는 최첨단의 시설을 갖춘 오리콤 AVC가 1984년 12월 26일 문을 열고 그 후 10년간 광고관련 제작 산업에 기여를 했다. 하지만 점차 국내에도 첨단 장비를 갖춘 포스트 프로덕션이 생기면서 광고대행사 본연의 업무에 충실하기 위해 1990년대부터 기구를 축소하기 시

AVC 준공식 후 기념촬영ⓐ

오리콤 AVC건물 및 스튜디오(강남 대치동)ⓐ

작했다(오리콤, 1997).

한편 광고계가 다 같이 활용할 수 있는 포스트 프로덕션 시설로 코바코의 공익자금 지원도 받고 해서 방송영상회사를 설립했다고 한다. 그런데 김영삼 정권 시절 영어방송의 필요성을 주장하여 결국에는 변경된 것이 지금의 아리랑 TV라는 비화(秘話) 혹은 비화(悲話)를 김석년은 구술했다.

A 1980년대 들어와서 흑백필름시대가 아니라 컬러필름시대로 전환을 하니까 이때까지의 16mm 흑백 여기에서 탈피를 했어요. 그러니까 컬러 35mm로 넘어가면서 포스트 프로덕션(post-production) 프로세스 전체가 흑백시대의 프로세스하고는 질적으로 달라졌어요. 극영화 시설에 쫓아다니면서 곁다리로 작업을 해오고 그랬죠. 외국에선 포스트 프로덕션 시스템이라는 게 벌써 상당히 발전을 하고 있었

어요. 그럼 포스트 프로덕션 시스템을 한국에서도 만들어야 될 거 아니냐. 근데 돈이 많이 들어요, 포스트 프로덕션 시스템을 만드는 데. 그때의 한국 프로덕션 시스템이라는 게 상당히 엉성했어요. 감독 위주로 다들 움직이고 있기 때문에 그런 걸 할 수가 없어요. 그래서 우리가 만들자. 그래서 할리우드, 뉴욕, 런던, 동경 쫓아다니면서 오리콤에 자체적으로 포스트 프로덕션 시스템을 만든 거예요. 그게 오리콤 AVC라는 거예요. 오디오 비디오 센터(Audio Video Center). 그래서 오리콤에서 번 돈을 거기다가 투자도 해서 AVC를 만들었어요. 나중에는 안테나만 꽂으면 그것이 하나의 유선방송회사가 될 수가 있었던 거예요. 그 전환을 결국 하질 못했어요. 결국 AVC가 없어져 버렸는데 오리콤의 AVC라는 건 그 당시 선풍적인 화제를 불러 일으켰죠. 그런 것을 대행사가 갖는다는 건 처음 있는 일이니까….

Q 동북신사가 어떤 식으로 도와줬어요?

A 자기 회사의 모든 걸 공개를 해주고 우리 AVC 기술자들을 트레이닝 해주고요.

Q 거기 가서요?

A 그럼요. 거기 가서요. 그거 했죠. 좀 미흡한 것 같다 그래서 자기들 테크니션 몇 명을 붙여서 보냈어요. 한국에서 오퍼레이션이 잡힐 때까지 반 년인가 같이 있으면서 지도를 해주었어요. 일본의 유명한 단편 영화도 만드는, 세계에서 유명한 프로덕션하우스의 하나로 꼽히는 동북신사, 도호쿠 신샤라고…. 전 세계 광고계에서는 유명한 회사예요. 거기에 우에무라 회장이라고 있는데 그분이 도와줬어요. 그 양반이 내가 지향하는 방향에 대해서 공감을 해줬어요. 너희한테 힘이 돼줄 수 있다면 나한테 하나의 기쁨이다, 그러셨어요. 그 양반이 직접 나와서 장소도 보고 기자재, 시스템 도입하는데 있어서 직접 컨설팅을 해주고 그렇게 해줬어요. 개인적으로 그 양반을 정말 고맙게 생각을 하는 거죠. 내가 정열적으로 열심히 하니까 그 양반이 높게 사줬어요. 참 고맙게 생각하죠.

A 당시에 보면 광고계는 아주 빈약하기 짝이 없어가지고 프로덕션 하우스들이 다들 포스트 프로덕션 시스템도 제대로 없고 또 포스트 프로덕션이 돈이 많이 들어요. 그래서 그런 것도 잘 만들지 못하고 그러니까. 그렇다고 방송사에 가면 그야

말로 광고문제는 방송사에서 아주 찬밥이었어요. 그래서 방송영상주식회사를 만들자 했죠.

Q 오리콤에서요?

A 오리콤이 아니에요, AV센터를 가졌듯이 '광고계 전체의 앞으로 더 들어가고 할 포스트 프로덕션이니 스튜디오 하나 없지 않느냐?' 당시에 스튜디오야말로 교외에 판자 집 같은 창고 그거 빌려가지고 촬영하고 그랬어요. 형편없었다고 참. 그러니 '스튜디오도 있는 그런 시스템을 하나 만들자.' 그래서 이기홍 씨가 선두에서 진행해서 코바코하고 공보처하고 다 승인이 났어요. 그래서 한국영상주식회사라는 게 만들어졌어요. 이기홍 씨가 공익자금에서 서포트하는 걸로 했어요. 그러니까 공익자금으로 하는 제일 큰 사업은 예술의전당이고 다음 사업을 하는 걸로. 이기홍 씨가 미국이니 일본이니 구라파니 사방으로 쫓아다니면서 그런 시스템들 본거죠. 그래서 지하실에는 엄청난 스튜디오, 그 위에는 포스트 프로덕션 시스템 이렇게 해가지고 예술의전당 건너편에다가 지어서 완성이 됐어요. 회사도 설립이 됐고 이기홍 씨가 방송영상주식회사 사장으로 나갔어요. 그렇게 다 된 건데 하루아침에, 그때가 김영삼 정부 마지막쯤인데, 정부 내부에서 '국내에 영어방송이 있어야 된다, 외국인들이 들어와서 한국에서 사는데 영어로 하는 방송이 있어야 된다.'고 했어요.

Q 아~ 그게 아리랑 TV예요?

A 네. 그거예요. 그게 간판 바꿔 달면서 그냥 아리랑 TV가 되버린 거예요. 그게 한국에서 관청을 위시해서 정부나 이런 데에서 광고에 대한 인식이 어느 정도 부정적이었는가를 보여주는 사례예요. 광고계가 있으면서 그렇게 힘이 미미했지 않느냐, 이랬죠.

오리콤 PR의 시작과 올림픽

기록에 의하면 오리콤이 PR부를 신설한 때는 1977년 1월이다. 그전까지 매체부서에서 수행하던 업무를 체계화한 것으로, 그해 5월 아메리칸 익스프레스 인터내셔널(American Express International) 은행의 서울지점 개설에 따라 PR

올림픽 관련 출판물ⓐ

업무 대행을 체결한다. 같은 해 11월, 미국 최대의 PR회사인 힐 앤드 노울튼(Hill & Knowlton)사와의 업무 제휴 계약을 맺어 선진적인 홍보기법을 익히기 시작한다. 1978년에는 미국 체이스 맨해튼(Chase Manhattan) 은행, 웨스팅하우스(Westinghouse)사, 한국 음료, CPA 호주식육축산가공사와 PR업무 계약을 체결하여 업무 영역을 넓혀 갔다고 기록하고 있다(오리콤, 1997).

김석년 역시 오리콤의 PR에 대해서 언급하면서, 그 당시 국내 기업들은 아직까지 PR에 대한 인식이 높지 않아서 클라이언트는 주로 외국 기업이었다고 회고했다. 대표적인 기업이 보잉사(Bowing)와 웨스팅하우스사로 한국에 웨스팅하우스가 원자력을 들여오며 정부에서 대국민 홍보의 필요성을 느끼게 되었고 그 대행 업무를 오리콤에서 수행했다. 그를 위해 영어로 홍보물 문안을 작성할 외국인을 채용했고 웨스팅하우스 본사도 방문하여 회장을 만났는데 그들의 비즈니스 매너가 매우 인상적이었다고 김석년은 기억했다.

오리콤이 서울올림픽 당시 공식 PR대행사는 아니었지만 올림픽 관련 홍보책자 제작에 참여하면서 국내 최초로 전산 시스템을 활용하여 책자를 출판했다고 구술했다. 김석년이 언급한 것처럼 오리콤 SP(Sales Promotion)부는 탁월한 기획력을 발휘하여 올림픽 관련 홍보책자를 만들었다고 오리콤 사사는 기록하고 있다. 서울올림픽의 유일한 공식책자인 〈서울올림픽〉과 올림픽 문화예술축전을 종합적으로 소개하는 〈Art Festival〉, 올림픽을 찾아온 각국

오리콤 논현동 사옥ⓐ

선수단에게 배포되어 찬사를 받은 〈우정의 수첩〉, 올림픽 사진기록집인 〈서울올림픽 기념화보집〉이 모두 오리콤에서 만든 홍보책자였다. 특히 〈우정의 수첩〉은 전 세계 39개국 언어로 제작했고, 〈서울올림픽〉은 한국어, 영어, 불어, 일어, 스페인어의 5개국어로 서울올림픽을 소개하는 300여 쪽 분량의 총천연색 책자였다(오리콤, 1997). 또 김석년은 개인적으로 올림픽 홍보 관련 위원회에서 홍보자문을 맡았는데 원래 올림픽 심볼이 까치였으나 강력히 주장해서 우리가 알고 있는 호돌이로 변경되었다는 뒷이야기도 전해준다.

A 1970년대 중반에 외국기업들이 홍보를 맡기 위해서도 우리한테 영어 라이터(writer)가 필요하더라고요. 그래서 외국 직원을 쓰기 시작했죠. 그때부터 외국 직원이 한사람씩 PR에 있었고 일을 늘려가려고 하는데 상당히 늘어나지가 않았어요. PR이 힘들어요. 그래서 나중엔 PR부서에선 출판도 하고 미디어 릴레이션

(media relation)도 하고 그리고 이벤트 같은 걸 했어요. 거기 출신들이 PR회사를 적극적으로 운영하고 있는 사람들도 많아요. PR부도 있었고 조사도 있지요. 올림픽 관련 책자 제작 및 발행은 오리콤으로 돼 있고 공동제작사가 사우스웨스턴 벨(Southwestern Bell)이었죠.

A 한국기업의 PR 홍보는 매체하고의 관계가 있으니까 큰 회사에서들에서는 홍보대행을 맡기질 않아요. 한국에 들어와 있는 미국회사들은 맡기는데 그중에서 우리가 맡은 것이, 웨스팅하우스가 한국에 원자로를 가지고 왔어요. 웨스팅하우스가 원자로만이 아니라 철강회사 그리고 그전에는 웨스팅하우스 가전회사로서 미국에서 유명한 회사예요.

Q 가전으로 유명한 회사가 원자로를 팔았군요.

A 그럼요. 거기에서 가전시대에서 넘어가서 1950년대 1960년대에는 미국에서 제일 큰 가전회사가 웨스팅하우스예요. 소위 가전제품은 백색제품이라는 거였어요. 원자로를 한국으로 가져오는데, 원자로가 한국에서는 정부에서 하는 거란 말이에요. 한국전력하고 정부에서 하는 거니까 홍보가 필요하진 않지만 대국민 홍보라든지 원자로에 대한 것이 필요하다고 했어요. 원자로가 당시에 고리 7호인가 8호인가 그 후도 계속해서 원자로 산업을 하게 되고 한국에 PR 에이전트를 하나 두어야 되겠다, 그래서 우리하고 이야기가 되서 PR 에이전트를 위해 오리콤에서 외국인 직원을 쓰기 시작했어요. 미국 여자를 쓰기도 하고 호주 여자를 쓰기도 했어요. … 외국회사들 우리가 광고주로서 많이 가지고 있으니까 회사의 홍보도 할 겸, 그래서 그것 때문에 웨스팅하우스 본사도 찾아가서 회장도 만났어요. 그 웨스팅하우스에 딱 들어가니까, 거기 사장이 당시에 미스터 거비(Girvy)라고 있는데, 한국에서 왔느냐고 그러더니 'Korea is my favorite country.' 이러면서 제스처들을 하고 그러더라고요. 미국 대 회사의 CEO를 만난 거 참 인상에 남았어요. 앉아서 한국 이야기 좀 해달라고, 이건 뭐 아주 매너들이 기가 막히더라고요.

Q 보잉(Boing)사 홍보도 하셨다고 했던가요?

A 보잉 비행기 회사가 한국에다 비행기를 파니까 보잉에 대한 홍보를 해야지 되겠

다. 보잉회사는 전 세계를 제패하는 비행기 회사인데, 미국 내의 비행기 회사끼리 싸웠죠. 그러나 나중에 결국은 다 죽고 보잉이 독점을 하다시피 했는데 그래서 거기 뭐 한국에 그다지 홍보가 필요하지 않다가 구라파에 비행기가 성공적으로 가고 또 대한항공이 비행기도 도입하고 하니까 이제 보잉으로서는 상당히 홍보의 필요성을 느낀 거예요. 더구나 한국에 또 아시아나도 생기고 해서 단일 항공사가 아니게 되니까. … 보잉에도 여러 번 갔어요. 매년 그런 회의가 있어서 몇 년을 내가 갔었고요.

A 올림픽홍보부터 시작해서 여러 가지 사업이 있는데 올림픽 홍보관계 디자인 관계로 해달라고 해서 내가 기술위원회에 일원으로 나갔어요. 올림픽 때 재미있는 것은 홍대 총장하는 권명광 씨도 디자인계에서도 나오고 했어요. 올림픽 심볼을 결정할 적에 제일 처음에 까치였어요.

Q 올림픽 때 호돌이였지 않나요?

A 네. 결국 호돌이로 된 거죠. 까치로는 약하다 그래서 호돌이로 밀어붙였죠. 결국 호돌이가 채택이 됐어요. 그때 난 호돌이를 강력하게 주장을 했어요. 당시만 하더라도 올림픽에 관계되는 사람들은 홍보니 광고니 이런 문제에 대해서 잘 모르죠. 그러니까 외국 광고대행사나 외국 홍보회사에서 와가지고 이야기하면 솔깃해가지고 프로젝트들을 주는데 한국회사에서 이야기하면 안주더라고요.

A 6개인가 7개 언어로 하루라도 빨리 출판을 하고 취재를 하면 편집이 되고 바로 출판이 되고, 올림픽은 기껏해야 뭐 한 달도 안 남은 때였어요. 끝내자마자 금방 즉각적으로 출판이 되고 하려니까 커뮤니케이션을 뭘 했느냐 하면, 원판을 컴퓨터를 통해서 보내는 작업을 그런 시스템 한국에서 쓰는 회사가 없었어요. 그래가지고 사진이 나오면 원판을 그대로 각국에 보내고. 거기다 캡션 달고 본문 달고 전체 번역하고 해서 들어오면 컴퓨터로 고쳐서 다시 내보내고 오케이 받았어요. 올림픽이 계속하는 동안 편집 작업이 계속되고 취재 편집이 계속되는 거죠. 미국의 벨회사 사람들이 기술적인 문제는 주도적으로 하고 전체 취재와 돌아가는 거 올림픽위원회와 코디네이션 이런 걸 이제 우리가 맡고 그래서 올림픽관계 출판이 아주 성공적으로 이루어졌죠.

표 4-4. 합동통신 광고기획실 / 오리콤 조직의 변화

1969.4.1. 조직도

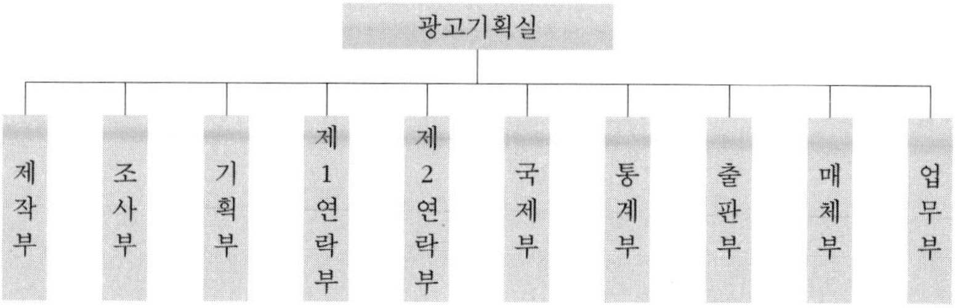

1974.7.1. 조직도

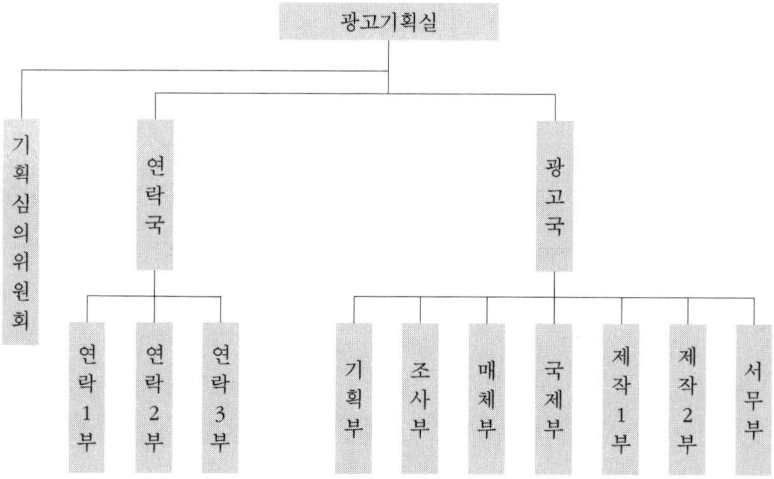

1979.11.1. 조직도

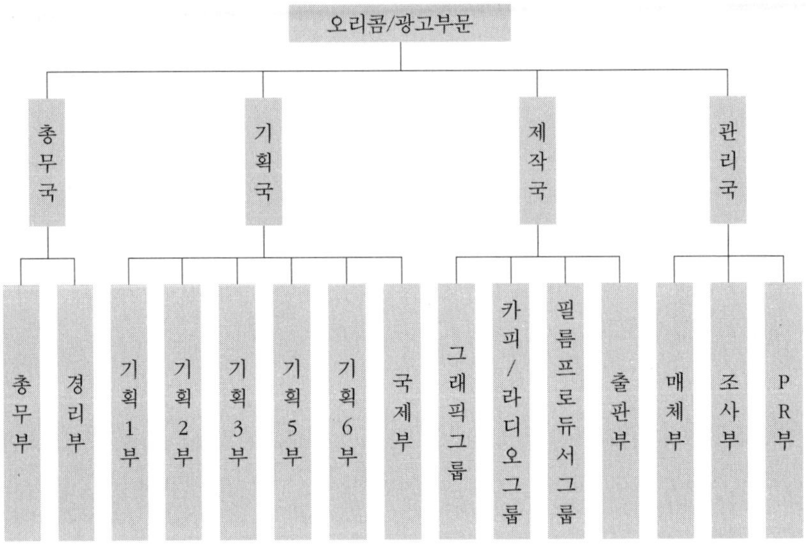

1985.1 조직도

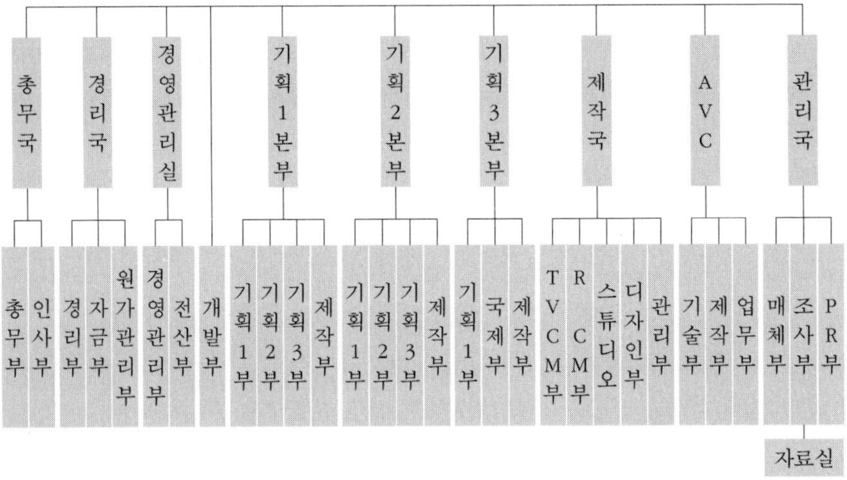

출처: 두산그룹 사사편찬실(1989)

3. 독립 광고대행사 선연 경영

오리콤 퇴사와 새로운 광고대행사의 구상

오리콤의 대표이사 10년에 합동통신 광고기획실 시절부터 하면 20년 가까이 오리콤과 함께 했던 김석년은 후배들에게 길을 터주는 의미에서도 퇴임을 생각하게 된다. 그리하여 두산그룹 회장과 독대를 하여 퇴임의사를 밝히면서, 주변의 만류에도 불구하고 퇴사를 하게 된다. 〈오리콤 30년 광고이야기〉에는 '세년 킴(Senyon Kim)의 퇴임'이라는 장을 별도로 마련하여 김석년의 퇴임을 비중 있게 다루면서 그의 오리콤 시절을 이렇게 평가했다.

> 1970년대부터 오리콤과 인연을 맺어온 그는 지난 20여 년 동안 오리콤의 발전에 많은 기여를 했다. 그동안 그는 오리콤은 곧 김석년이란 명제가 사람들의 인식 속에 자연스럽게 떠오를 만큼 대표적인 오리콤인이 되었으며, '세년 킴'이라는 이름은 세계 광고계에서 한국 광고인의 대명사로 널리 알려졌다. … 그에게는 광고의 크리에이티브에 대한 탁월한 식견이 있었으며 좋은 광고를 만들기 위한 뜨거운 열정이 늘 내부에서 살아 용솟음치고 있었다. 또한 그는 비즈니스를 위해 광고인의 자존심을 버리지 않는 사람으로 유명했다(오리콤, 1997, 191-192쪽).

김석년은 오리콤을 퇴사하면서 작지만 프로페셔널하고 실력있는 광고대행사를 운영해보고 싶은 꿈을 갖게 된다. 오리콤을 퇴사하고 처음으로 부인과 함께 일본 관광여행을 했는데, 업무관계로 오랜 교우관계를 맺었던 일본의 덴츠와 동북신사에서 극진히 대접을 해주던 좋은 추억을 반추했다.

A 1980년대 후반 들어서부터 내가 점점 나이를 먹기 시작하고 인생에 대해서 정열만 가지고 사는 게 아니라 설계를 해야 되고 그럴 나이가 된 거죠. 그래서 이것저것 생각하면서 나이도 내일 모래면 환갑도 되고.

Q 거의 50대 후반이신 거였죠?

A 그렇죠. 50대 후반에 들어가면서 명퇴 준비를 해야 되지 않겠느냐. 알다시피 내가 몇 년 만해도 고용사장이니까. 사장도 10년 하면 후배들을 위해서 자리를 비켜줘야 되겠고. 여러 가지 있어서 그런 생각을 하게 된 거죠. 이왕이면 대행사를 하고 싶다. 대행사도 어떤 대행사를 하고 싶냐 하면 아주 프로페셔널 에이전시 그러니까 조그맣더라도 독립적이고 정말 광고실력 하나만 가지고 사는 대행사 이런 걸 한번 해보고 싶다.

A 그룹 속에서도 나하고 가까운 친구들이 있는데 그 사람들한테도 일절 얘기하지 않고…, 생각해 보니까 방법은 하나밖에 없어요. 그래서 회장한테 갔죠. 회장한테 직접 가서 '제가 10년 했고 인생의 전기를 맞이해야지 되겠다.' 그랬어요.

Q 그때 누구였죠? 회장이?

A 그때 박용곤 회장이죠. 지금 명예회장. 그 양반이 나를 계속해서 밀어주고 또 광고산업을 적극적으로 도와준 사람이에요. 그 양반이 그렇기 때문에 내가 아주 터놓고 얘기를 했죠. 그래서 그만 두려고 한다. 그랬더니 '아유 무슨 소리냐. 그러지 말고 앞으로 나하고 같이 일하자.' 그래서 친구들한테도 상담을 안했어요. 의논하면 나중에 그 사람들 입장이 곤란해져요.

Q 왜요?

A 의논을 하면 나중에 자네는 알고 있었으면서도 말리지 못했느냐 이런 이야기가 나오거든요. 그래서 세 번 회장을 찾아갔어요.

Q 회장이 자꾸 만류를 해서 삼고초려를 하셨네요.

A 회장이 실질적으로 그룹을 운영하는데 셋째가 있었어요. 하루는 그 사람이 우리 사무실로 왔어요.

Q 오리콤으로요?

A 네. 그 사람이 와서 '회장한테 뭐 이야기 하셨다면서요?' 그랬죠. 그래서 사실대로 이야기를 했어요. 회장이 그 문제 때문에 그 사람한테 상의를 했대요. 그래서 '제가 여기서 계속해서 죽을 때까지 있는 것도 아니니까 나를 놔 달라.' 이렇게 이야기를 했더니 결국은 그만두는 게 확정이 됐어요. 그때까지는 준비도 아무것도 안 하다가 그때부터 준비를 시작했죠.

A (오리콤) 그만두고서 바로 봄에 우리 집사람하고 같이 일본을 한번 갔어요. 일본 사람들한테 인사도 할 겸. 그게 내가 처음으로 마누라 데리고 관광을 간 거예요. 그때까지 내가 외국에 꽤 많이 다녀도 회의실이나 호텔방 외에는 놀러 다니고 관광 다니고 그러질 못했어요. 일 끝나면 그냥 그날 밤으로 비행기 타고 들어오고 그런 식이었지. 그래서 처음으로 마누라 데리고서 오사카도 가고 나라도 가고 동경에 갔더니 일본인 친구들이 덴츠에서 극진히 대우를 해주더라고요. 하여간에 일본에 가니까 우리하고 같이하던 회사 사장은 나한테 금시계도 하나 선물을 하고 시계에다 이름 조각해놓고요. 하하하. 일본의 동북신사라고 일본서 유명한 단편영화 그리고 CF 프로덕션으로 유명한 회사가 있는데 거기 회장이 참 많이 도와줬어요.

Q AV센터 만들 때요?

A 네. AVC 만드는 거 도와주고 그랬어요. 그 사람도 어떻게 된 일이냐고 거기하고 오래 관계가 계속될 줄 알았다고. 그래서 내가 이렇게 돼서 그렇게 됐다 미안하다 그랬어요. 하여간에 우리도 그 사람들하고 인간관계는 다 좋았어요. 그때부터 구상을 한 거죠. 대행사를 만들자. 가능하면 아주 조그맣게 엘리트들만 들이고 해서 해나가자.

독립 광고대행사의 꿈

오리콤을 나와서 김석년은 마침내 자신이 소망하던 실력 있는 독립 광고대행사 선연을 창립한다. 그 당시 재벌의 계열 광고대행사 임원 출신들이 퇴임을 하면서 작은 광고대행사들이 많이 생기던 시절이었다. 혼자서 회사설립을 준비하는 과정에서 어려움도 많았지만 10명 정도의 소규모 수준으로 일단 창업을 한 선연은 오리콤의 기존 인력을 스카우트하지는 않았고, 계열 광고대행사 오리콤이 있기 때문에 두산그룹의 계열사를 광고주로 영입할 수도 없는 형편이었다. 선연은 다른 광고대행사에서 실력 있는 인재를 뽑고, 오랫동안 친분이 있던 광고주를 영입하면서 광고대행 업무를 시작했다. 선연이 어느 정도 커지면서 사내 노래방을 갖추고 직원 복지에도 힘을 쏟았는데 그 내용이 신문에 보도될 정도였다고 기억했다.

실제로 기사를 검색해보면 1992년 6월 8일자 경향신문에 '사원 스트레스

"社員스트레스를 풀어주라"

식당·회의실등 부분개조 일과후엔 社內 노래자랑

취미활동 지원도—'생산성 높아졌다'

日불법취업

離婚 위자료 평균 2,600만원

서울가정법원 작년 소송집계

선연의 사내 노래방을 보도한 신문기사

를 풀어주라'라는 제목의 기사가 있다. 그 기사에 의하면 바로 전 달인 5월에 대법원에서 스트레스도 직업병이라는 판결이 나온 이후 각 회사마다 직장 내에 간이주점이나 노래방을 설치하는 회사가 늘고 있다며 그 최초의 사례로 다음과 같이 보도했다.

서울 중구 신문로2가에 있는 광고기획회사인 ㈜선연(대표 김석년, 59)은 최근 국내에서 처음으로 사내 회의실에 노래방을 만들었다. 사원들은 점심시간 또는 일과 후 무료 개방되는 이곳에서 동료들과 함께 노래자랑을 벌여 피로를 풀고 사내 다른 부서 사람들과의 교류기회도 넓히고 있다. ㈜선연 매체부 최상국 씨(33)는 '야근이 많고 정신적 긴장이 지속되는 업무 특성상 사내 스트레스 해소시설이 업무효율을 높이는 데 많은 도움을 주는 것 같다.'고 말했다(이기수, 1992.6.8.).

A 근데 처음에 회사 만들 적에 비참하더라고요.

Q 왜요?

A 내가 혼자서 빈 사무실 찾아다니고, 회사 설립하기 위한 모든 서류 만들어 직접 가지고 다니고, 동사무소부터 시작해서 등기내고, 서류 만드는 거 직접 혼자서 하려니까 보통일이 아니에요.

Q 그렇겠죠. 비서가 하던 거를 혼자서 하시니까요.

A 그럼요. 비서만인가 총무 인력, 관리 인력이 하는 거죠. 내가 직접 하려니까 아주 단단한 결심을 하고 시작을 한 거죠. 그 회사 설립도 하고 사무실도 조그맣게 얻어가지고 사무실이라고 그러고….

Q 처음에 몇 명 정도로 시작했어요? 선연이?

A 처음에 한 열 명 정도? 그렇게 시작을 했어요. 서대문 씨티은행 건물에서 조그맣게 시작을 했어요.

Q 인력들은 어떤 식으로 리크루트 하셨어요?

A 아는 사람들 통해서 좋은 친구들 좀 지목을 해달라고 했어요. 옛날에 오리콤에 있다가 부사장인가 사장 했던 권오휴라고 있어요. 내가 아는 사람들이 오리콤 출신이니까요. 지금 시중에서 있는 친구들한테 연락을 했죠. 그래서 오리콤에서도 사람을 내가 데려가려고 했는데 일부에서 말리더라고, 오리콤 사람 빼가지 말라고. 그래서 오리콤에서 사람들 데리고 가는 거는 결국 안 했고, 외부에서 열 명 정도 데리고 와서 시작을 했죠. 전부터 알던 광고주 찾아다니고 해가지고 크지 않지만 조그마한 광고주들 그래서 한 서너 군데로 시작했어요.

Q 그때 주로 어떤 광고주였나요? 계열 광고대행사인 오리콤이 있었으니 두산그룹 계열사들은 아니었을 테고….

A 두산은 할 수가 없었죠. 그 당시 제약회사도 하나 있었고, 가구 회사 하나 있었고, 식품회사도 하나 있었고….

Q 그런 광고주를 이제 영입한 상태에서 선연을 창립한 거죠? 일이 있어야 되니까….

A 그럼요. 화장품 회사도 하나 있었고, 그런 회사들이 옛날부터 오리콤의 광고주들이었는데, 나랑 친분이 깊다보니 내가 나가서 독립해서 대행사를 하나 한다고 하니까 '아 그럼 내 광고를 맡기겠다'고 해서 피어리스 화장품도 하고 대웅제약도 하고….

Q 어휴 그 당시엔 꽤 큰 광고주였네요.

A 뭐 몇 개가 더 있었는데, 전면대행이 아니고 일부 품목을 대행하는 경우도 있었죠.

Q 그때 독립 광고대행사로 신규 대행사가 많이 생겼죠?

A 많았죠. 그런 대행사들이 많이 생기던 때였어요.

Q 작은 데도 있었고, 그래도 어느 정도 지명도가 있는 분들이 많이 차렸던 것으로 기억나는데요.

A 그럼요. 그때 그런 대행사들이 많이 생겼어요. 각 그룹에서 1980년대 초반부

터 시작해서 중반에 걸쳐서 많은 그룹에 계열사가 생기고 1980년대 후반부터 조그만 대행사들이 많이 생겼죠. 간부들이 대행사에서 있다가 나가서 차리는 광고대행사가 그때 많았어요.

Q 지금 생각해 보니 그 당시 작은 디자인 사무실부터해서 꽤 많이 생겼던 것 같아요. 그중에서도 선연이 꽤 화제가 되어서 제가 있던 삼희기획(지금의 한컴)에서도 몇 사람이 갔던 기억이 나네요.

A 회사가 커지면서 회사 직원이 100명이 넘었어요. 그때 내가 회사 속에 노래방을 만들었어요.

Q 네? 회사 안에요?

A 네. 그게 신문에까지 났어요. 기계를 사다가 조그만 회의실 하나에 만들었어요. 저녁에 노래방으로 사원들끼리 얼마든지 즐겨라. 기계가 얼마 안했어요. 그래서 사다가 설치해서 신문에도 났지요.

칸느광고제에 심사위원으로 참여하다

오리콤을 나와 선연을 경영하던 시절에 김석년은 칸느 국제광고제의 심사위원으로 활약하기도 했다. 그는 우리나라 광고인 중에서 최초로, 그리고 아시아에서도 일본인이 아닌 광고인 중에서는 처음으로 칸느 국제광고제의 심사위원으로 위촉된 것이다. 칸느 국제광고제(Cannes International Advertising Festival)는 1953년에 창설되었으며, 칸느영화제로 유명한 프랑스의 남부 도시 칸느에서 열린다. 클리오 광고제 · 뉴욕페스티벌과 함께 세계 3대 광고제 가운데 하나로 꼽힌다. 창설 당시에는 극장용 광고 중심으로 개최되었으나 점차 텔레비전 매체의 발달과 더불어 텔레비전 광고, 그리고 최근에는 디지털 광고로 그 범위를 확장해 왔다. 1992년에는 인쇄 부문상, 1998년에는 사이버 부문상, 1999년에는 매체 부문상을 각각 신설하였다.

김석년도 언급한 것처럼 원래 칸느 광고제와 처음 접촉을 한 한국의 광고인은 윤석태였다. 그는 오리콤에서 제작국장으로 김석년과 같이 일했고 나중에는 영상광고 제작회사인 세종문화 사장을 했다. 하지만 그는 외국어가 능숙하지 못해서 외국인과 자유로운 의사소통을 하기에는 어려움이 있었다. 본래 프랑스에 유학을 하여 영어뿐 아니라 프랑스어도 능통했던 김석년은 프랑스에서 열리는 칸느 국제광고제에서 외국인과의 의사소통에 문제가 없어서 한국을 대표하는 광고인으로 발돋움하게 된다.

칸느 광고제에서 심사과정에 대한 그의 설명은 국제광고제에서 직접 심사해보지 않으면 알 수 없는 정보와 분위기를 전하고 있어서, 국제광고제 참여가 점점 늘고 있고 부산국제광고제를 개최하고 있는 한국 광고계에 귀중한 경험을 전하고 있다. 1990년 오리콤을 퇴사하고 독립광고대행사 선연을 창립하던 시절이라 오리콤과의 직접적인 관련이 없어서 오리콤 광고를 부담없이 추천할 수 있었다고 전한다.

초창기 한국 광고계의 외국 광고제 수상실적을 보면 칸느 광고제보다는 클리오 광고제가 더 많았다. 클리오(Clio) 국제 광고제는 1960년에 뉴욕에서 창설된 광고제로 처음에는 미국 내의 광고상으로 운영되다가 1972년부터 국

1977년 클리오 국제광고제에서 수상한 코오롱 기업PR 신문광고ⓐ

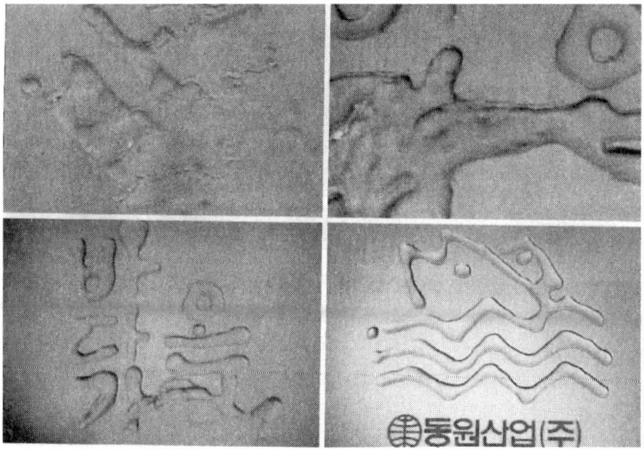

1990년 칸느 국제광고제 수상작 동원의 TV-CM 〈바다가 온다〉ⓑ

제광고제의 면모를 갖추게 되었다. 우리나라는 1974년 호남정유의 별표 백등유 TV광고가 국내 최초로 클리오 광고제에서 상(Clio Special Citation)을 받았다(신인섭, 2005). 합동통신 광고기획실은 1977년 코오롱 기업PR광고가 클리오 광고제 기업PR부문에서 입상을 했고 1979년에는 유한 킴벌리의 '메리 크리넥스'가 패키지 부문에서 입상했다. 오리콤 시절인 1986년에는 밀크 쉐이크 광고가 클리오 광고제 라디오 CM 부문 본상을 수상했다(두산그룹 사사편찬실, 1989). 제일기획도 1977년 중앙개발의 지하수개발 캠페인 신문광고가 클리오 광고제에서 파이널리스트에 올랐고, 1978년에는 삼성물산의 기업PR 신문광고가, 1979년에는 삼성전자의 냉장고 신문광고와 ㈜피존의 잡지 광고가 역시 클리오 인쇄부문에서 입상했다(제일기획 15년사 편찬실, 1988).

칸느 광고제를 비롯하여 국제 광고제는 서구 광고계 인사가 중심이 되고 그들의 시각에서 평가하는 것이기 때문에 아시아적인 크리에이티브를 그들이 제대로 이해하지 못한다고 김석년은 보았다. 따라서 그는 세계 각국의 광고를 심사하면서 한국은 물론 아시아의 광고가 세계의 벽을 넘기 쉽지 않다고 느꼈음을 토로했다. 칸느 국제광고제의 심사경험은 그가 훗날 아시아 광고연맹(AFAA; Asian Federation of Advertising Associations)에서 아시아 태평양 광고제(Ad Fest; Asia Pacific Advertising Festival)를 만드는 데 간접적으로나마 도움을 주었으리라 짐작된다.

A 칸느 광고제는 알다시피 제일 유명한 광고제죠, 거기를 한두 번 갔었어요. 거기하고 연결이 된 게 한국에 있는 세종문화 프로덕션의 윤석태 사장이라고 있어요, 그 양반이 칸느 광고제를 열심히 쫓아다녔어요. 그 양반이 불쑥 사무국하고 접촉이 돼서 '한국도 정식으로 참여를 해야 되겠다, 한국도 광고산업이 발전하고 있다.'고 하니까 그쪽에서 한국이 그러냐고 해서 처음으로 그쪽에서도 (한국을) 안 거예요.

Q 그게 언제에요?

A 1988년쯤 됐을 거예요. 1985~86년 쯤 됐나? 그쯤 됐을 거예요. 알다시피 세종문화의 윤석태 사장은 오리콤의 제작국장도 해서 가까이 지냈어요.

Q 연배가 좀 아래시죠, 윤석태 사장님이?

A 물론 그렇죠. 내가 거기 사장 할 적에 같이 있었고…. 그 일을 그 양반이 가지고 왔어요. 그래서 내가 '아, 그거 참 잘된 일이라고. 잘한 일이라고 말이지, 그렇게 적극적으로 진출해야 된다'고…. 근데 윤 사장의 핸디캡이 불어, 영어가 잘 안 돼요. 그래서 그쪽하고 커뮤니케이션할 때 나한테 한번 꼭 같이 가자고 말을 했어요. 그쪽 사람을 직접 만나서 불어로 내가 얘기를 하니까 깜짝 놀래가지고 '아, 한국 사람이 불어도 하느냐?' 그랬죠. '한국 광고계가 발전을 하고 있고, 아시아 광고계가 상당히 발전을 하고 있다.' 이런 얘기를 해줬더니 '사실은 나도 아시아 광고가 발전하고 있다는 얘기를 들었는데 우리하고는 아직 콘택트(contact)가 제대로 안 됐다.' 그랬어요. '아시아 광고계를 칸느에 끌어들여야 될 텐데. 내가 아시아 광고에 대해서 관심이 많다.' 그래서 그 사람하고 처음으로 사귀게 됐어요.

Q 칸느 심사위원은 어떻게 하시게 되었어요?

A 그 사람이 아시아에 가면 날 보러오겠다. 일본에 일 년에 한 번 씩 오니까 일본에 왔다가 한국에 들렀더라고요. 그래서 내가 아시아 광고들 보여주고 우리 회사도 보여주고 아시아에 대한 이야기도 해줬어요. 근데 그 사람이 내년에 광고 심사위원

을 해달라고 했어요. 그래서 '내가 크리에이티브 출신도 아닌데 뭘 그러냐?' 그러니까 '괜찮으니까 꼭 심사위원을 해달라'고 했어요. 매년 칸느 심사위원에 일본 사람이 한 명씩 있어요. 당시에 일본 사람이 아닌 아시아인으로 내가 처음 들어간 거예요. 불란서 가서도 심사위원을 했어요. 그 다음 해부터 나한테 칸느 광고제 심사위원을 아시아 지역에서 한 명씩 추천을 해달라고 했어요. 그래서 알았다고 했죠.

A 심사위원을 가서 해보니까 보통 혹사가 아니더라고요.

Q 그래요? 너무 많으니까요?

A 그럼요, 한꺼번에 심사를 하는데 깜깜한 방에서 스크린을 통해서 새로운 거 보고 또 다음 거 보고 그랬어요. 자동기계가 있어요. 투표기계가 있는데 스케일을 올렸다 내렸다 하는 거예요.

Q 하나 보고 올리고요?

A 네. 하나보고 스케일 하고, 이쪽에 앉아서 심사위원들 6~7명이 앉아서 보고 '보트(Vote)!' 그러면 스케일을 올리고 내리고 하는 거죠.

Q 그 많은 작품에서 진짜 눈길을 확 잡아야 되는 거네요.

A 네. 심사위원들 별명이 레드 아이(red eye)예요. 눈이 빨갛게 된 사람들이죠. 그 심사위원들이 며칠 동안 그걸 하니까요. 스케일을 해서 점수가 좋았던 것만 모아서 또 하고, 예선, 준예선, 준결승, 결승 이렇게 하는 거죠. 마지막 결승하고 준결승 때는 아침에 심사위원들을 모아서 버스에다 집어 태우더니 그냥 어디로 가더라고요. 자동차로 한 시간 정도 가요.

Q 로비 같은 게 들어올까 봐 그런 모양이죠?

A 네. 정보가 샐까 봐요. 칸느 교외에 성이 하나 있더라고요. 거기에다 집어넣더니 저녁때까지 못 나온다는 거예요. 그날 저녁에 오프닝하는 날인데 못 나온다는 거예요. 그래서 낮에 거기서 준결승하고 결승 투표를 시키더라고요.

A 그 친구들이 심사위원을 갔다 와서 나하고 얘기를 했죠. 서로 공통으로 느낀

점이 뭐냐면 서양의 벽은 너무 높다. 결론적으로 우리가 접촉했다고 되는 게 아니다. 사실 페스티벌이 그쪽에서 경제적인 수입으로 따져서 아시아 사람들이 공헌하는 것도 있지만은 그렇다고 해서 리워드(reward)가 뭐냐, 우리는 벽이 높다는 것을 느꼈던 거죠.

Q 크리에이티브에 있어서 벽이 높다는 건가요?

A 아시아적인 크리에이티브가 서양에 가서 이해가 되지 않는다는 거예요. 전 세계라고 하지만 구라파 중심이죠. 칸느에서 하지만 실제로 운영하는 사람은 영국하고 미국, 즉 영미계예요. 영미 광고업계의 입김이 제일 센 페스티벌이죠.

A 1990년대 6월. (선연) 회사를 시작하려고 했어요. 조금 늦었었죠. 그때 칸느 광고제에 내가 처음으로 심사위원으로 초대를 받았어요. 사실 오리콤에 있을 때부터 그 친구들이 나를 심사위원으로 하겠다, 그래서 나는 '크리에이티브 출신도 아닌데 괜찮느냐?' 그랬더니 '괜찮다, CEO든지 크리에이트 디렉터(Creative Director) 이렇게 지원하면 되는 거지 뭐 어떠냐고 괜찮다.'고 그랬어요. 당신이 한국에서 제일 처음 와줘야 된다고, 그래서 주최 측하고 친해졌으니까 그래서 갔어요. 칸느 광고제를.

Q 그거 말씀하시는 거예요? 오리콤에 상 받은 동원 광고요?

A 네. 그랬더니 심사위원을 죽어라 하고 일을 시키더라고요. 눈이 새빨개져가지고 심사를 해요. 며칠에 걸쳐서 몇천 점을 심사를 하는데, 아이고, 죽어났어요. 그때 오리콤 생긴 지 처음으로 동상인가 은상인가 하나 탄 거예요. 처음으로 한국에서. 내가 오리콤에 있지도 않으니까 마음 놓고 그냥 추천을 했죠. 그랬더니 다들 동의했어요.

활발한 국제광고 활동과 선연의 정리

선연을 창립하여 운영하던 시절 김석년은 국제광고 광고관련 업무에 깊숙이 관여하게 된다. 특히 국제광고협회(IAA; International Advertising Association) 세계회장 업무를 수행하면서 국제광고 업무에 치중하고 몰입하다보니 아무래도 선연 경영을 소홀히 하게 된다. 그래서 경기중학교 후배인 이기홍을 선연 사장으로 선임하고 자신은 회장으로 물러나면서 회사 경영에서 점차 거리를 두게 된다. 결국 독립 광고대행사 운영이 쉽지 않고, 김석년도 이미 70살이 넘는 고령임을 감안하여 2005년에 주식을 동아제약에 넘기고 선연을 정리하게 된다. 선연은 그 뒤로 디지털 양방향광고 전문대행사 선연 투웨이애드(2Way Ad)로 변신하여 상당기간 지속되었다.

Q 국제광고협회(IAA) 세계회장을 6년 하시면 선연 경영하시는 데에 어려움은 없으셨어요?

A 그게 문제예요. 내가 국제문제에 너무 깊이 몰입되고 그러니까요.

Q 사원들이 불평 안하던가요?

A 다른 사람이 맡아서 일을 하게 되고 이렇게 됐었죠. 선연 발전이 좀 늦어진 것은 내가 국제문제에 몰입해서 그쪽에 시간을 쓰니까 회사 문제에 대해서 철저하게 발전을 못 시켰죠.

Q 그때 회장님 대신해서 회사의 관리를 많이 했던 사람이 있었어요?

A 선연에 처음 사장으로 출발했다가 사장을 영입하고 내가 회장이 됐죠. 그래서 회사를 전담하게 된 게 코바코의 전무였고 옛날에 한국일보 광고국장도 했던 이기홍 씨라고 있어요.

Q 그분이 선연 사장을 오래 했잖아요.

A 선연사장을 쭉 했죠. 내가 회장을 하고 그 사람이 사장을 하고. 내가 경기중 후배고 광고계에서 서로가 아는 지가 몇십 년이니까요.

Q 실무적인 회사 관리는 이기홍 사장이 많이 하고 회장님은 국제적인 일을 많이 하셨군요.

A 네. 실질적인 업무를 내가 많이 못했죠.

Q 선연을 정리하겠다고 일부러 마음을 그렇게 잡으신 거예요? 아니면 그때 무슨 계기가 있으셨어요?

A 내가 준비를 했죠. 2005년에 완전히 손을 뗐었나?

Q 거의 70이 이미 넘으신 상황이 되죠?

A 그럼요. 나이도 그렇고 솔직하게 국제문제 뛰다가 보니까 내부의 경영에 대해서 상당히 소홀했어요. 그때 이기홍 사장한테 맡겨서 하고 있었죠. 그런데 그때에 독립 에이전시로서 명맥을 유지해 나가는 게 상당히 힘들었어요. 지금부터 다시 리바이탈라이즈(revitalize)하고 이렇게 노력하기에는 너무 시기적으로 안 맞았어요. 그래서 내가 은퇴하기로 결정을 한 거죠. 내 주식을 다른 데로 팔아버렸죠.

Q 누구한테 파셨어요?

A 그때는 동아제약 쪽에 넘겼는데 동아제약에서 대행사를 한다고 했다가 동아제약 내부에서 내분이 있어서 대행사를 안 하겠다고 그래서 거기서 다른 데로 넘어 갔죠.

계열 광고회사 대 독립 광고회사

김석년은 재벌 그룹의 계열사 광고대행사와 독립 광고대행사 모두를 경영해 본 흔치 않은 경험의 소유자다. 지난 시절의 광고회사 경영을 회고하면서 그는 재별 그룹의 계열사 광고대행사가 주도하는 오늘날 한국 광고대행사 산업의 구조는 재벌이 주도하는 한국 자본주의의 전체적인 경제구조에서 기인한다고 보았다. 흔히 재벌그룹의 소유자가 자신의 차남(次男)에게 광고대행사 운영을 맡기면서 한국의 광고대행사는 이른바 '차남 비즈니스'라고 불리게 되는데, 국제적 표준의 관점에서 보면 광고주로부터 독립하여 자율적으로 운영하는 독립 광고대행사가 원칙이다. 한국에서도 몇몇 독립 광고대행사가 성공한 사례가 있기는 하지만 아직 광고대행사의 주류를 형성하지 못하고 있다. 그런 상황에서 장기적으로는 독립광고대행사로 가야 한다고 김석년은 주장하면서 대행사 수수료 제도가 어떻게 되느냐도 향후 광고대행사 체계의 중요 변수가 되리라 보았다.

A 한국에서 인하우스 에이전시(in-house agency)가 아닌 순수한 대행사는 살기가 힘든 게 실정 아닙니까. 대기업이 광고산업을 너무 과점하고 있기 때문에 결국 그러한 현상이 일어나는 거죠. 한국광고계와 아울러서 한국재계의 구조적인 문제와 연결이 되는 거죠.

Q 일본 자체가 한국식의 재벌과는 다른가요?

A 사실은 일본 자본주의라는 게 제2차 세계대전 때까지만 하더라도 재벌 자본주의가 성공을 거두었고 그만큼 컸던 거죠. 그런데 미국점령 하에서 재벌이 해체 돼버리는 거죠.

Q 그러니까 재벌 계열 광고대행사가 우리나라에서 유독 강하군요.

A 일본에서는 재벌 해체 후 재계의 새로운 개편이 이루어지기 전에 대행사들이 발전을 했어요. 그래서 자릴 잡았고요. 그래서 뭐 덴츠나 하쿠호도 같이 유명한 대행사들은 전체의 60%가 되죠. 일본 광고산업계가 미국이나 구라파 광고회사하고 다른 성격이 있고 우리하고도 다른 성격이 있어요. 일본 광고계가 일본 경제계의 구조적인 문제와 직접적으로 연결 돼있는 거죠. 한국 산업계와 재계의 구조는 기본적으로 광고대행사의 구조와 긴밀하게 유기적인 관계를 가지고 있죠.

Q 한국경제구조 자체가 특이하게 재벌중심이다 보니까 한국 광고산업도 인하우스 에이전시였잖아요. 돌이켜볼 때 대기업 재벌 인하우스 에이전시의 득과 실이랄까, 광고산업에 기여한 것과 좋지 않은 점은 무엇일까요?

A 득과 실을 따지기보다는 구조적으로 독립 에이전시가 상당히 힘들었다는 거죠.

인하우스 에이전시들은 너무나 많이 만들고 각 그룹에서는 '저기서 하는데 우리도 못하느냐.' 이런 것도 있고, 차남(次男) 비지니스라고 인하우스 에이전시를 만들어주기도 하고요.

Q 장남은 아니고 차남이 주로 관여한 차남 비지니스네요. 정말.

A 네. 그런 것들이 많아요. 한국의 특색 있는 움직임이죠.

Q 장기적으로 봤을 때 한국의 경제구조 자체가 지금처럼 재벌중심의 구조로 간다하더라도 광고대행사는 옛날처럼 인하우스 에이전시 중심이 아니고 독립 광고대행사 중심으로 갈 것 같다고 보세요?

A 난 그렇게 단적으로 이렇게 될 거다 저렇게 될 거다 이야기하는 것은 아니라고 봐요. 제일 처음 광고체계의 구조에 의해서 광고대행사들이 성격화됐다. 그래서 결국 인하우스 에이전시 체제가 움직였다. 앞으로는 점점 에이전시 비즈니스가 프로페셔널 스탠더드에 의해 평가를 받게 받는 시대가 되지 않겠느냐. 그렇게 보는 거죠.

Q 꼭 인하우스 에이전시가 아니라는 거군요.

A 모든 사람이 인하우스 에이전시를 할 수가 없죠. 또 하나 요새 광고주로부터 피(fee)를 받는 시스템에서 광고대행사 보수를 어떻게 책정할 것인가도 앞으로 큰 변수죠. … 대행사 역사를 보면 미디어 커미션 시스템에서 모든 게 출발을 했는데 에이전시 피 시스템으로 변했죠. 앞으로 대행사 수수료가 어떤 시스템으로 갈 것인가 하는 변수들이 새로운 광고대행사 제도에 영향을 미치겠죠.

5장

한국광고 국제화의 한 복판에서

1. 글로벌 브랜드와 함께 일하기

외국 광고주와 그로부터 배운 점

외국자본에 대해 엄격하게 통제했던 박정희 산업정책의 영향으로 외국 기업이 쉽게 들어오지를 못했지만 그런 중에 가장 먼저 들어온 외국 기업이 정유회사였다고 김석년은 기억했다. 실제로 1962년 미국의 걸프(Gulf)와 합작한 국영기업인 대한석유공사가 설립되었고, 1967년에는 미국 칼텍스(Caltex)와 한국의 럭키 그룹이 합작하여 최초의 민간정유회사인 호남정유가 설립되었다. 이어서 1969년에는 미국 유니온(Union) 석유와 한국화약이 합작한 경인에너지가 출범하여 정유시장에서 치열한 3파전을 벌였다. 석유공사는 1969년 3월부터 합동통신 광고기획실에서 광고를 대행하다가 1970년 8월 미국인 칼 부르스가 운영하던 광고대행사 임팩트(IMPACT)로 옮겨갔다(두산그룹 사사편찬실, 1989).

석유공사를 잃은 합동통신 광고기획실에서 그 뒤 경인에너지를 대행했는데 '불쾌지수 제로!'라는 강한 카피로 본격적인 캠페인 광고를 시작하여 대성공을 거두었다고 오리콤 사사에서 자평하고 있다(오리콤, 1997) 김석년은 정부와 경인에너지 사이에 업무 조율이 되지 않아 신문광고를 갑자기 취소했던 일화를 들려주었는데, 그 당시 디자이너였던 전 국민대 시각디자인과 교

유공 잡지 광고ⓐ

수 윤호섭은 김석년에 대해서 이렇게 말한 바 있다. “당시 팀장은 김석년 국장이셨는데 팀원 팀장할 것 없이 하나가 되어 밤새워 작업에 몰두했던 기억이 납니다. …… 당시엔 무척 힘들었지만 모든 일을 마무리 짓고 났을 때의 그 성취감은 지금도 잊히지 않습니다”(오리콤, 1997, 63쪽).

외국 광고주 중에 캐세이 퍼시픽(Cathay Pacific) 광고를 하면서 외국회사도 방문하고 관련 회의도 참가하는 가운데 김석년은 선진적인 광고 기법을 익히게 되고 한국 광고대행사가 나아갈 길이 어디인가를 깨닫게 되었다고 했다. 그는 외국의 광고주들이 광고대행사를 하청관계로 보지 않고 사업의 진정한 동반자로 대우하고 그 역할을 인정하는 것을 보고 깊은 인상을 받았음을 구술하면서, 아직까지도 국내의 광고주들이 광고대행사의 전문성을 인정하지 않고 경영의 파트너로 대우하지 않는 것에 대해 깊은 아쉬움을 나타냈다.

A 근데 한국에서는 박정희 정책이라는 게 여러 가지 산업 중에서도 소비재산업이에요. 그래서 산업화 과정에서 외국하고의 제휴나 이런 걸 허가해주지 않았어요. 그래서 외국에서는 합작이다 차관이다 이런 게 유행했지만, 한국에 들어오질 못했지요. 그런 중에서 제일 먼저 들어온 게 석유회사. 정부에서 직접 걸프석유와 제휴

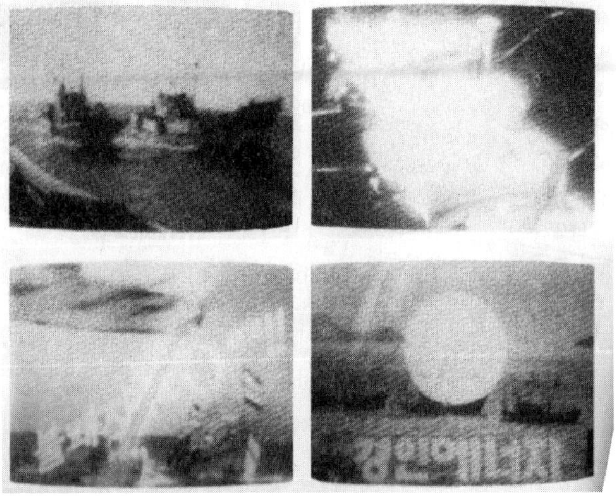

경인에너지 광고ⓐ

해가지고 투자를 해서 만든 게 나중에 SK가 된 거예요.

Q 예. 맞아요. 그게 유공이 되었다가 SK㈜가 되었죠.

A *유공석유의 론칭이 1969년에 있었죠. 그거를 합동통신사 광고기획실에서 했어요. 코끼리 캠페인인데 (광고 및 주유소 홍보물에) 코끼리 그림 그리고, 서울 시내 종로와 충무로 등지에 주유소가 몇 개 생겼어요. 그래서 석유제품과 가스오일 제품을 시판하기 시작한 거죠.**

A 그게 또 재미있는 얘기예요. 경인에너지 광고를 해서 판을 만드는데, 거기다 칼라를 써가지고 만들었는데, 회사에서 스톱을 거는 거예요. 이거 아직 집행하지 마라. 그런데 신문은 다 부킹해놓았죠. 그걸 어떻게 해요. 그래가지고 경인에너지 경영층에서 조선일보 사장실로 찾아가서, 입장 설명을 하고, 어떻게 좀 살려달라고 했죠. 그래서 조선일보 사장실에서 '그럼 할 수 없다.' 그래가지고 딴 걸로 매워라, 판 스톱시켜 가지고 그냥 메운 일이 있었어요.

Q 경인에너지가 그때 왜 갑자기 그걸 스톱하게 했는지 기억나세요?

A 정부한테 영업 개시 날짜에 대해서 쉬쉬 했던 모양이에요. 그랬던 거 같아요.

Q *초창기에 외국광고주로부터 무엇을 어떻게 배우셨어요?

A 우선 케세이 퍼시픽(Cathay Pacific) 이야기를 하나 할게요. 홍콩이 본사이고, 아시아 지역에서 그걸 맡아서 하는 회사가 포춘 에드버타이징이라고, 본사가 홍콩에 있는데 호주 계열회사였어요. 그래서 거기 인사를 가서 이야기를 듣고, 또 거기서도 오고 그래서 교류가 시작됐죠. 그랬더니 케세이 퍼시픽을 우리한테 맡아서 하라고 그러고, 케세이 퍼시픽 서울사무소도 우리하고 사이가 좋았죠. 그래서 내가 케세이 퍼시픽하고 포춘 대행사 회의에도 몇 번 참석하고 그랬어요. … 특히 애뉴얼 프레젠테이션(annual presentation)이라고 있어요. 포춘 에드버타이징과 네트워크 에이전시(network agency)들이 같이 케세이 퍼시픽에 프레젠테이션을 해요. 종합적으로. 큰 호텔의 그랜드볼룸을 빌려가지고 거기서 프레젠테이션을 하는데, 케세이 퍼시픽에서는 사장 이하 마케팅 쪽 사람들과 각국의 영업소장들과 책임자들이 다 와서 앉아있고, 뭐 대단했죠. 에이전시 쪽에서도 그렇게 나와서 앉아있고요.

호남정유 및 유공 광고©

Q 그런 경험을 통해서 어떤 걸 배우게 되셨어요?

A 에이전시하고 광고주하고 서로 코디네이션을 어떻게 하나? 그 채널은 어떤 것이며, 어떠한 단계를 밟아서 하며, 코디네이션 하는 콘텐츠가 뭐며, 그리고 코디네이션의 내용과 레벨은 어떤 것인지, 뭐 이런 것들을 공부하기 시작하는 거죠. 그런데 광고주가 에이전시를 그야말로 하찮게 알고 광고과(廣告課) 시켜서 핸들링이나 하고 뭐 이런 게 아니라, 이거는 매니지먼트야 매니지먼트. 그야말로 회사의 상황을 토의하고 방향을 정하고 이런 걸 보고 나서, 한국의 지금 현실하고는 너무나 다르구나, 그런 생각을 했어요. 마케팅 정책, 그리고 회사 정책을 세우는 장기적인 광고 전략이었죠. 정말 한 회사의 정책이 우선순위에 드는 거죠. 그래서 에이전시가 한국식으로 생각하는 하청업체가 아니라 비즈니스 파트너구나, 이런 걸 배웠어요. 한국에서도 그렇게 되어야 하는데 한국은 그렇지 못하니까, 그런 걸 배우면서 우리 에이전시가 나가야 될 길이 뭐냐는 것이 자명해지더라고요. 외국에 다니면서 그걸 공부했던 거죠.**

A '한국에서도 이렇게 해야 한국광고도 발전할 수 있다.' 이런 생각을 갖게 되는 게 외국에서 보고 공부한 거예요. 그게 중요한 거예요. 한국에서 사장님한테 회사의 폴리시(policy)나 기본회사 이념을 브리핑 하고, 고위급 경영진과 인터뷰도 하면서 '우리 대행사가 공부할 기회를 주십시오.' 그런 이야기를 하면 '우리 사장하고 인터뷰를 해요? 말도 안 되는 소리하지 말아요.' 이런 데 하고는 차원이 달라요. 그런 걸 공부하면서 참 느끼는 게 많고, 우리가 가야 될 방향이 참고가 되고 우리가 발전해야 되는 게 뭐인지도 알게 되고요. 참 얻는 게 많은 거죠. 그런 게 없었으면 우리가 얻는 게 없었어요. 우리가 스스로 개척해나가는 건 한계가 있는 거죠.

코카콜라와의 파트너십

김석년은 코카콜라 광고를 집행할 때 전 세계 코카콜라 광고를 대행하는 맥켄에릭슨의 일본지사나 미국 본사에서 관련 자료를 잘 주지 않으면서, 수

1980년 코카콜라 보틀러 컨벤션 모습, 프레젠테이션 중인 김석년(원 안)

익의 상당 부분을 가져가는 것에 대해서 불만을 가졌다고 한다. 당시 코카콜라의 광고는 전체적으로는 모든 세계에 동일한 광고전략을 구사하는 일종의 표준화 전략을 기본으로 하면서, 각 지역에 맞게 일부 내용을 변형하고 지역화하는 전략을 구사했다.

또 그 당시 한국 코카콜라 수입업체 자체가 단일한 회사가 아니라 여러 보틀러(bottler) 회사로 복잡하게 나뉘어져 있었다. 즉 1997년 이전까지는 서울 경기 강원 지역의 보틀러는 두산음료, 부산 경남은 우성식품, 광주 호남은 호남식품, 대구 충남북은 범양식품으로 나뉘어 있었다. 따라서 코카콜라 광고를 집행하려면 코카콜라 본사, 전체 광고를 총괄하는 외국의 광고대행사, 그리고 국내 4개 지역 회사의 동의를 얻어야 해서 매우 복잡했으며 합동으로 프레젠테이션을 해서 결정했다.

코카콜라 광고를 대행하면서 김석년은 외국의 제작 환경에 대해서도 깊은 관심을 가지고 어떻게 하면 우리도 외국과 같은 제작환경을 조성할 수 있을

까에 고민을 하게 되고, 광고제작사가 몰려 있는 이른바 충무로 시스템에 관심을 갖게 된다. 또 코카콜라와 맥켄에릭슨이 오랫동안 대행 관계를 유지하는 것을 보고 바람직한 대행사와 광고주 관계에 대해서도 생각하게 된다. 그리하여 코카콜라 클리이언트를 통해 광고주와 광고대행사 사이의 대등한 파트너십을 한국에 적용하려 노력한다.

A *사실 맥켄 하쿠호도는 일본 사람이 사장인데 그 사람들이 한국과의 관계에서 자료를 잘 주지 않아 내가 그걸 깨뜨리느라고 상당히 애를 먹었어요. 그 다음에 에이전시 커미션을 나누는데, 비공식으로 상당히 많은 액수를 가져가더라고요. 맥켄은 전 세계적으로 코카콜라가 가면 그걸 취급하는 회사를 계열사로 만들어 놓고, 에이전시 커미션을 셰어(share) 해가요. 자기네가 광고하는 폴리시(policy)와 노하우를 다 연구해서 제공하니까요. 처음에 코카콜라가 한국에서 대행사를 하나 고르기로 했는데 코카콜라가 만보사로 갔고, 나중에 오리콤으로 넘어왔고요.

Q 코카콜라 광고를 하면서 현지화 문제는 어떻게 조정했는지요?

A 한국이 로컬라이즈(localize)를 한다고 해서 모델만 바꾸는 게 아니라 카피도 바꿔야 되겠고, 여러 가지를 한국 실정에 맞게 바꿔야 했죠. 또 한국에서는 코카콜라가 서양이나 미국에서 나오는 코카콜라하고 맛이나 이런 게 조금씩 다 차이가 나요. 사실 모든 시장에 맞게 하기 때문에 시장에서 모든 게 차이가 나요. 그리고 영업수단도 판매방식도 조금씩 차이가 나니까 마케팅 폴리시가 지역에 따라서 조금씩 차이가 날 수 있어요. 그러면 그런 거에 맞게 한국에서 바꾸었죠.

Q 그러면 당시 실질적으로 코카콜라의 광고를 집행하고 광고 전략을 짜는데 있어서 비율이 어느 정도였던 것 같으세요?

A 글쎄 몇 프로라고 얘기할 수는 없지만, 코카콜라의 소위 코퍼레이트 폴리시(corporate policy)나 애드버타이징 폴리시(advertising policy)는 맥켄하고 코카콜라가 다 개발해 놓은 거죠. 그 방향에 100% 맞춰야죠. 100% 맞추면서도 이것이 로컬에서 정말 잘 소화가 되도록 우리가 여기서 코리아 버전을 만들었어요.**

Q 코카콜라와 관련해서 광고의 표준화 혹은 지역화에 대한 논쟁이 있었죠?

A 전 세계적으로 1970년대에 광고에서의 유명한 논쟁이, 미국에서 나온 이야기인데, 소위 글로벌 또는 로컬에 관한 것이 상당히 오랫동안 있었어요. 그리고 그것이 소위 글로벌리제이션에 있어서의 정말 키 오브 석세스(key of success)라고 했어요. 로컬이냐 글로벌이냐, 뭐 이런 식으로 했는데. 그것은 처음서부터 내가 보기에 문제가 잘못 설정이 된 거고. 글로벌 브랜드인 이상 결국은 폴리시나 모든 것은 글로벌리제이션 되고 그러면서 임플리맨테이션(implementation)은 로컬 컨디션에 맞춰야 되는 것이고, 로컬하고 글로벌이 서로가 대칭적인 것이 아니라 서로가 보완적인 거예요. 세계 브랜드를 글로벌 관점에서 운영하는 데에 필요했던 방향은 그거예요. 그래서 서로가 보완을 해야지, 서로가 대치된다고 생각하면 끝이 없어요.

Q 외국의 제작환경에도 관심이 많으셨죠?

A 작업하는 것뿐만이 아니라 일본의 충무로는 어떻게 생겼나? 일본 충무로의 수준은 뭔가? 이거에 대해서는 내가 상당히 그 전부터 관심을 가지고 있었어요. 내가 미학과 출신이지만 미술 쪽에도 관심이 많았기 때문에, 그냥 에이전시 출신들하고 많이 다르게 그런 거에 대해서 관심이 많았어요. 그래서 쫓아다니면서 그걸 보고, 심지어 뉴욕, 할리우드, 런던, 홍콩, 싱가포르, 동경 쫓아다니면서 거기에 충무로들을 구경하고 다니는 거죠. '어떻게 하면 한국도 충무로를 발전시키느냐, 이게 우리가 앞장서지 않으면 안 되겠다'이런 생각이 들기 시작했죠. 정말 우리와는 여러 가지로 차원이 달라요.

Q *코카콜라 광고를 할 때 대행사와 광고주의 관계는 어땠나요? 지금과 같은 형태였나요?

A 1970년대 중반부터 클라이언트-에이전시 관계를 인식하고 오리콤이 점점 발전적인 에이전시의 형태를 갖춰갔어요. 에이전시와의 관계만이 아니라 실제로 광고의 내용을 어떻게 업그레이드 시키느냐, 파이널 프로덕트를 어떻게 업그레이드 시키느냐, 이런 문제가 참 어려운 문제였죠. 당시에 맥켄에릭슨이나 코카콜라는 상

당히 오래된 회사다 보니까 매뉴얼이 많았어요. 그런데 이쪽에서 달라고 하지 않으면 그쪽에서 다 내주질 않아요. 옛날부터 쌓여있는 거 덮어놓고 내줄 수도 없었고요. 그러니까 우리가 가서 자꾸만 관계되는 무슨 자료 있느냐며 긁어와야죠. 그 사람들이 주는 건 지금 당장 진행하고 있는 캠페인의 패키지일 뿐, 그 이상은 우리한테 주지 않아요. 우리가 거기 가서 자꾸만 요구를 하고 캐 와야 했죠.

Q 광고주인 코카콜라의 조직은 어땠나요? 원래 광고주로서 코카콜라는 단일한 조직이 아닌 것으로 알려졌는데요.

A 1970년대 중반부터 내가 코카콜라를 핸들링 했는데 그때 코카콜라 조직이 상당히 컸어요. 다시 말해서 코카콜라가 두산계열이었던 한양식품 하나만이 아니라는 말입니다. 보틀러(bottler) 컴퍼니가 한국의 네 지역으로 쪼개져서 세워졌어요. 전라도, 부산, 대구, 서울 네 개 지역으로 쪼개져요. 그래서 코카콜라 광고에 대해서는 네 개 회사가 합의를 봐야 돼요. 딴 회사들이 생기기 전까지는 한양식품에서 코카콜라를 하다가 나중에 그런 체제가 변경되니까 합동으로 연간 프레젠테이션을 했죠.**

코카콜라 광고의 영향

코카콜라 광고는 한국 광고에 많은 영향을 미쳤다. 신인섭과 서범석(2011)에 따르면, 1968년에 들어온 코카콜라와 그 다음 해 들어온 펩시콜라가 한국의 광고표현에 커다란 영향을 미친 이유는 광고를 전문가에게 맡긴다는 인식 때문에 그 당시 최고의 실력파들을 동원했기 때문이다. 즉, 사진에는 한국 최초의 상업사진 작가로 꼽히는 김한용, 광고노래의 편곡은 뮤지컬 「살짜기 옵소예」를 작곡한 최창권, 노래는 인기가수 조영남을 등용했다. 뿐만 아니라 초창기 현대기획에서 코카콜라 기획업무를 담당했던 이병인은 당시로는 드물게 미국 미주리대학으로 유학을 가서 방송 다큐멘터리 등을 공부한 전직 방송국 PD출신의 엘리트였고, 1969년에 맥켄에릭슨 본사에 가서 3개

코카콜라 광고ⓑ

월 간 직장 내 연수교육(OJT)도 받은 적이 있다고 밝혔다(김병희 · 윤태일, 2011).

오리콤에서는 코카콜라 광고의 차별점을 여러 가지 캠페인 테마를 개발한 후 철저히 소비자 조사에 기초해서 콘셉트를 잡고, 막대한 제작비를 투입하여 당대 최대의 크리에이터에게 표현을 맡기고, 그렇게 해서 결정된 콘셉트를 모든 매체에 일관되게 끌고 나가는 캠페인으로 전개했기 때문이라고 자평했다(오리콤, 1997).

김석년은 특히 카피라이팅이나 시각적 표현뿐 아니라 계절별로 광고를 달리하는 방식이 영향을 미쳤고, 각 나라마다 조금씩 다르게 표현하는 코카콜라 광고에서 한국은 특히 광고조사를 바탕으로 했다는 점에서 다른 나라 코카콜라 광고와 차별화되었다고 평가했다. 한국 코카콜라 광고에서 당시 김벌래가 '펑'소리의 음향효과로 백지수표를 받는 일화는 잘 알려진 이야기다. 또 '산뜻한 그 맛'이라는 코카콜라 슬로건에서 산뜻하다는 표현은 원래 눈으로 보아서 좋다는 뜻으로 쓰이던 말이었는데 코카콜라 광고에서 맛을 표현하는 말로 처음 사용했다고 기억했다. '산뜻한 그 맛'이란 번역카피에 대해서 이병인은 그것을 군 복무 중이던 소설가 최인호에게 보여줬더니 '괜찮다 특이하다'고 평한 편지를 받은 적이 있고, 일반 소비자들은 그런 표현이 익숙지 않아서인지 촌스럽다고 흉보는 말을 들었던 기억을 끄집어냈다(김병희 · 윤태일, 2011).

초창기 코카콜라의 광고 캠페인 슬로건 및 그 한글 번역은 계속 바뀌었는데, 1968녀부터 1969년까지 '마시자 코카콜라(Let's drink Coca-Cola)', 1970년부터 1977년까지 '오직 그것 뿐(It's the real thing)', 1978년부터 1980년까지 '즐거움을 더해주는 코카콜라(Coke adds life to….)', 1981년부터 1982년까지는 '코카콜라와 함께 웃어요(Have a Coke and a Smile)', 그리고 1983년부터 1987년까지는 '코카콜라 그것 뿐(Coke is it)'이었다(오리콤, 1997).

Q 코카콜라가 우리나라 광고에 어떤 영향을 미친 거 같으세요?

A 많은 영향을 미친것은 다른 회사들이 코카콜라 광고시스템의 운영방법이라든지 그런 거를 많이 흉내 냈어요. 그것보다 중요한 것은 제작측면에서 보면 그때만 하더라도 카피라이팅이나 표현을 계절적으로 바꿔간다든지 그런 게 별로 없었죠. 1980년대 들어서는 코카콜라 광고가 칼라 광고에 있어서는 제일 화려했어요. 1970년대 광고에도 코카콜라 칼라 광고가 제일 유명했어요. 근데 그때는 텔레비전 광고가 아니라 영화 광고였어요. 영화 광고로서는 칼라광고로 최고였어요.

A *당시에 그 나라마다 실제로 다시 찍는 나라가 많았어요. 전 세계적으로 미국식 커머셜이 각국에 그대로 받아들여지지 않았으니까요. 캐나다나 일부 남미국가에서는 받아들이겠지만 동양 각국에 커머셜이 어떻게 가고 있는지 서로 비교 검토하는 기회로 아시아 지역회의가 있어서 거기에 참석해서 볼 수도 있었어요. 제작에서는 우리가 단연 앞섰는데 특히 코카콜라 병이 팍~하고 튀어나가는 특수효과가 뛰어났죠.**

Q 전설적인 이야기인지 사실인지 모르겠지만 김벌래 씨가 정말 코카콜라 펑~하

는 음향효과로 코카콜라에서 백지수표 받았나요?

A 김벌래 씨하고 우리가 일했어요. 아마 그랬을 거예요. 김벌래 씨가 그런 거 많이 했어요.

Q *코카콜라의 '산뜻한 그 맛'이라는 카피에서 '산뜻한'은 당시에 어떤 뉘앙스를 지니고 있었나요?

A 코카콜라 초창기의 이야기인데 일본말로 '스카토 사와야카'라는 슬로건을 한국에서 번역해야 되는데 그게 어떤 거냐면 리프레시(refresh)예요. 일본말로 '스카토 사와야카'는 '날쌔다'는 거죠. 그걸 한국말 슬로건으로 만들어낸 것이 '산뜻한 그 맛'이었어요. 맛이 산뜻하다는 뜻으로는 일절 쓰지 않았어요. 그걸 맛이 산뜻하다는 어휘로 만들어낸 것이 코카콜라예요.**

Q 코카콜라가 전 세계적인 슬로건이 있잖아요. 그거를 한국말로 바꿀 때 일본에서 만든 슬로건을 많이 참고했나요?

A 일본에서 어떻게 바꿨나 하는 건 우리도 참고사항이에요. 일본말하고 한국말하고 비슷하니까요.

코카콜라 광고의 현지화

코카콜라 제국주의(Coca Cola Imperialism)는 전 세계의 맥도날드화(McDonaldization)라는 말과 함께 미국식 소비문화에 대해 비판할 때 흔히 쓰이는 말이다. 광고가 제품의 특성을 소구하는 1차적 메시지뿐 아니라 생활양식이나 가치를 유포시키는 2차적 메시지 때문에 전세계 소비문화가 동질화되고 가치가 표준화된다는 것이 국제 마케팅커뮤니케이션 분야의 일반적 견해이다(윤태일, 2012).

김석년은 코카콜라가 미국식 소비문화를 나타낸다는 것은 인정하지만 그것을 제국주의로 보는 견해에 대해서는 거부감을 표현했다. 코카콜라 광고의 전략과 제작 시스템은 엄격한 내부의 리뷰 시스템을 통해서 이루어졌고, 원래의 광고가 현지 사정에 맞게 변경될 때는 코카콜라 본사나 코카콜라 광고를 대행하던 맥켄에릭슨에게 프레젠테이션을 했는데 그러한 프로세스는 한국 최초일 것으로 기억했다. 코카콜라의 여러 가지 표현 중에는 스키를 타거나 요트를 타는 모습 등 새로운 소비문화를 보여주는 것이 많았고, 그것이 한국의 젊은 소비자들에게 신선한 충격을 주었다. 하지만 모든 구체적인 표현까지 본사에서 제시하는 것은 아니고, 상당 부분은 지역에서 제안하기도 했다고 김석년은 구술했다.

그 당시는 한국 광고의 시장개방이 이루어지기 전이어서 외국 광고대행사가 직접 한국에 들어올 수 없었기 때문에 일본의 하쿠호토와 제휴한 맥켄에릭슨을 통해 간접적으로 관리했다. 하지만 일본보다는 뉴욕의 본사에서 직접 한국 코카콜라 광고를 관리했다고 김석년은 주장했다. 이 부분은 현대기획에서부터 코카콜라를 담당했던 이병인이나 만보사 시절부터 오랫동안 코카콜라 광고를 제작했던 윤석태와도 비슷한 의견이다. 비록 일본에 맥켄에릭슨이 합작회사로 있었지만 거기를 통하기보다는 홍콩이나 미국 본사와 직접 접촉하여 업무를 진행했다고 기억했다(김병희 · 윤태일, 2011).

Q *흔히 코카콜라 광고를 미국식 소비문화나 제국주의 문화의 첨병으로 비판하는 시각도 있었는데요.

A 코카콜라 마시게 됐다는 사실이 문화적인 변화의 하나지, 그것이 무슨 제국주의 제품을 마시는 거라고 생각하지 않아요. 미국식으로 그냥 춤이나 추며 코카콜라를 마신다던지 그런 분위기가 그렇지 않느냐, 보수적인 입장에서 젊은 애들한테 유해한 이런 것이 규제에서 상당히 고려가 됐죠. 원래의 오리지널 코카콜라 광고 표현이 한국 문화에 안 맞는다고 해서 약간 바꾸려고 할 때 본사나 맥켄에릭슨하고 협의를 하죠. 그래서 프레젠테이션을 통해 모든 결정을 한 것이 코카콜라 광고가 한국에서는 최초일 거예요. 그게 일반적으로 내가 이야기하는 소위 광고 시스템인데

제일 큰 패턴을 이룬 것이 코카콜라였죠.**

Q 1970년대와 1980년대 맥켄에릭슨이 본격적으로 들어오기 전에 한국에서 맥켄에릭슨의 역할이 뭐였어요?

A 맥켄에릭슨 사람들은 상주를 하지 않고 동경에 있으면서 가끔 와서 한국과 간담회를 해요. 이쪽에서 하는 걸 지도하고 그래요. 세계적인 패턴이나 캠페인이나 이런 거에 대해서 충분히 설명을 하고, 이번엔 이런 걸로 간다, 금년 캠페인은 코카콜라가 이렇다, 그런 거에 대해서 패턴을 가지고 와요. 어떤 거는 남미에서 썼는데 상당히 평가가 좋았다, 그런 것도 가져와서 보여줘요. 그러면 한국에서는 우리가 이렇게 생각한다고 설명하는 거죠.

Q 클라이언트측이 맥켄에릭슨하고도 굉장히 긴밀하게 이야기가 됐을 것 같아요.

A 어떤 의미에서 보면 상전이 둘이에요. 광고주하고 또 하나는 맥켄에릭슨.

Q 광고 분야에 있어서는 맥켄에릭슨의 그 관리가 상당히 강하게 먹혔겠네요?

A 물론이죠. 한국에서 발생되는 수입의 몇 프로를 맥켄에릭슨한테 줘요. 로열티 같이.

Q 맥켄에릭슨과의 관계는 어땠나요?

A 맥켄에릭슨 사람들은 동경에서 가끔 와서 세계적인 패턴이나 그해 캠페인의 콘셉트에 대해 설명하고 어떤 패턴을 가지고 오기도 했죠. 그런 자문을 해주고 오리콤의 로열티를 받아갔죠. 나는 '많이 못 주겠다'고 하고 그쪽에서는 '조금 더 올려라'뭐 그거 때문에 맥켄에릭슨 애들하고 많이 싸웠어요. 인쇄매체에서 우리에게 들어오는 코카콜라 인컴(income)이라는 게 매체비의 10~12%밖에 되지 않았고 전파매체에는 8%밖에 되지 않았을 때인데, 대강 수입의 4~5% 정도의 로열티를 줬어요.

Q *코카콜라 광고대행을 할 때 우리와 일본이 다른 점이 있었나요?

A 맥켄에릭슨 월드와이드(McCann-Erickson Worldwide)하고 코카콜라 컴퍼

니는 수십 년 동안 아주 단단한 유착관계였죠. 그래서 코카콜라를 우리가 맡아서 하게 되는데 일본에서는 코카콜라 광고를 하쿠호도에다 줬어요, 덴츠가 아니고. 일본에서는 코카콜라 광고가 많으니까 맥켄하고 하쿠호도가 합작해서 맥켄 하쿠호도(McCann Hakuhodo)라는 걸 만들어서 하고 있었어요. 코카콜라가 한국에 들어온다고 하니까 맥켄 하쿠호도가 한국에 좇아 나와 대행사를 자기네 계열로 만들려고 했죠. 그러다가 결국 서로 링크되고 만보사가 합동으로 합병되니까 우리도 코카콜라 광고에 관여하게 되었죠. 한국 코카콜라는 두산 쪽이니까 우리가 아주 적격이었죠. 일본에서는 벌써 1950년대 말에 외국 광고회사의 오퍼레이션(operation)이 허가를 얻었어요.

Q 그러면 일본이나 미국과의 관계에서 볼 때, 우리나라 코카콜라 광고대행은 좀 복잡했겠네요? 맥켄에릭슨에서 직접적으로 관여한 게 아니라 맥켄 하쿠호도에서 주로 관여를 한건가요?

A 그러니까 우리나라의 코카콜라 광고는 법적으로 맥켄 하쿠호도를 통했다고 봐야죠. 그렇지만 맥켄 뉴욕에서 모든 것을 다 핸들링(handling) 했어요.**

국제광고를 통한 경험과 인연

코카콜라 같은 외국 광고주나 맥켄에릭슨 같은 외국 광고대행사와 함께 일하면서 그쪽의 간섭 때문에 불편한 측면도 있었지만 그보다는 오히려 외국 선진적인 광고 기법을 배울 수 있는 좋은 기회였다고 김석년은 평가했다. 특히 1970년대나 80년대와 같이 한국 광고의 초창기에는 외국의 선진적인 광고기법을 습득하는 것이 필요했기 때문에 코카콜라나 맥켄에릭슨과의 업무는 한국 광고산업의 발전에 매우 중요한 자극제가 되었다고 보았다. 또 오랜 기간 다방면에서 국제적인 교류를 하면서 그에게 가장 큰 자산이 된 것은 외국의 광고인과 교우관계를 형성하면서 좋은 친구를 많이 만난 것이라고 했다.

1988년 서울올림픽 코카콜라 방송광고ⓐ

Q 코카콜라나 맥켄에릭슨에는 전 세계적으로 표준화된 전략이 있잖아요. 거기에 너무 맞춰야 된다든지, 너무 간섭을 하는 것 같아 불편하신 적은 없으셨어요?

A 그런 측면도 있죠. 물론. 서로가 남한테서 배울 적에 하나부터 열까지 수긍되고 이렇게 되는 건 아니죠. 그중에서도 기우뚱하기도 하고 코디네이션하는 방법에서도 좀 우리가 자격지심도 있었죠. 한쪽으로는 그래서 우리가 당하는 거 아니냐, 저 사람들이 우리 무시하는 거 아니냐, 이런 얘기가 있어가지고 필요이상의 반발을 한 적도 좀 있었어요.

Q 그쪽에서 누가 오나요?

A 그쪽에서 코디네이터가 있죠. 그 사람이 너무 자주 온 적도 있고 또 어떨 때엔 너무 적당주의로 코디네이션하는 놈도 있고요. 그때의 코디네이션하던 사람들이 지금 다 나이 먹었지만 오늘날까지도 나하고 친구로 서로가 연락을 하고 있는 사람들도 있어요.

A 내가 국제관계 일을 하면서 해피했던 거는 그런 좋은 친구들을 만났다는 거예요. 나중에 이야기를 하겠지만 국제관계하면서 무엇이 수확이었느냐, 참 좋은 사

람들을 많이 만나고, 친구들 많이 만들고, 그리고 서로가 직업적으로, 인간적으로 인커리지(encourage)해 나가면서 세상 살아나간다는 거죠. 국제관계하면서 생긴 친구들 국적들이 다양해요. 불란서니 미국이니 영국이니 레바논이다 터키다 별의별 나라의 사람들하고 다 친구예요. 지금이라도 그냥 전화 들고서 야 잘 있냐, 뭐 이러면서요.

A 말하자면 외국 광고회사, 외국 광고주가 나한테 정말 좋은 발전의 계기가 됐어요.

Q 1970년대 특히 외국계 광고주라든지 외국 광고대행사와 일한 경험이 큰 영향을 준 거예요?

A 대행사하면 외국 광고대행사를 배워야 되는 거니까요. 우리한텐 절실했던 거죠. 적어도 나한테는 아주 절실했어요.

Q 그게 많이 도움이 되셨어요?

A 그럼요. 엄청나게 도움이 됐죠. 한국 광고산업의 발전을 위해서 하나의 좌표를 설정하는데 있어서 정말 나한테 아주 좋은 보충이었어요.

2. 아시아 광고계의 주역으로 : AFAA / Ad Asia 활동

아시아 광고대회(Ad Asia)와 아시아 광고연맹(AFAA)

한국 광고인들은 1960년대 후반부터 광고관련 국제회의에 참석하기 시작한다. 김석년은 1978년 필리핀 마닐라에서 열린 아시아 광고대회에 참가하면서 국제 광고업계에 본격적으로 발을 들여놓기 시작한다. 김석년은 아시아 광고회의(Asia Advertising Congress)가 1958년 일본 덴츠의 제4대 사장을 역임했던 요시다 히데오의 제창으로 시작되어 2년마다 아시아 여러 나라에서 돌아가면서 개최되었지만 그 뒤 일본이 그다지 적극적으로 주도하지 않아서 다소 지지부진한 측면이 있었다고 평했다.

특히 1976년 호주 시드니에서 개최된 아시아 광고대회가 준비 부족 등으로 질타를 받는다. 그러자 필리핀 광고인들이 그 다음의 1978년 광고대회를 유치하면서 아시아 광고인의 국제교류를 다시 활성화하겠다는 포부를 밝힌 바 있어, 그 어느 때보다도 참석을 권유받았다고 김석년은 기억했다. 필리핀 아시아 광고대회를 계기로 안토니오 드 호야(Antonio de Joya)를 비롯하여 거기 참석한 아시아 광고인들을 중심으로 아시아 광고연맹(AFAA; Asian Federation of Advertising Associations)을 조직하기로 한다. 그 초안을 필리핀 광고인들이 준비하고 김석년도 아시아 광고연맹의 발기인으로 참여하게 된다.

1958년 동경에서 처음 열린 아시아 광고대회ⓓ

아시아 광고대회(Ad Asia) 50주년 및 아시아 광고연맹(AFAA) 30주년을 기념하여 아시아 광고연맹에서 펴낸 〈Asian Advertising 2007〉(AFAA, 2007)의 기록 역시 김석년의 기억을 세부적으로 뒷받침해주고 있다. 그 책에 의하면, 아시아 광고회의 출범의 주역은 한 사람이 아니고 두 사람이다. 즉 일본 최대 광고대행사 덴츠 사장인 요시다 히데오, 그리고 일본 식품회사 아지노모토 사장이자 그 당시 국제광고협회(IAA) 일본지부 회장이었던 도맨 토요노부(Domen Toyonobu)였다. 제1회 아시아 광고대회에 참가한 나라로 특이하게 이집트가 있었고 그밖에 인도, 태국, 홍콩, 대만에서 8명의 대표가 참가했으며 일본 광고인은 100명 정도 참가했다.

그 후 20년이 흘러 필리핀 광고인 안토니오 드 호야의 제창으로 아시아 광고연맹이 발족을 했는데, 그 아이디어는 이미 동경에서 열린 제1차 아시아 광고회의 때 인도 광고인 자이니(Jaini)가 제안한 바 있다. 1958년 아시아 광고회의가 발족될 때 한국은 참여하지 않았지만, 1978년 아시아 광고연맹이 발족될 때는 호주 홍콩 이스라엘 말레이시아 인도 인도네시아 파키스탄 싱가포르 필리핀과 함께 한국도 창립 맴버로 참여했다(AFAA, 2007).

A 1978년 여름에 홍콩 출장을 가려고 그러는데 홍콩에서 만나고 있는 외국친구들이 '아시아 광고인들이 모여서 회의를 한다, 그러니 너도 좀 같이 가자.' 이런 이야기를 하더라고요. 언제냐 그랬더니 내 홍콩회의가 있는 그 다음이에요. 그러면 어디서 하느냐 했더니 마닐라에서 한대요. 국내의 어떤 광고하는 사람들이 '외국에서 광고협의회에 이런 연락이 왔다. 한국에서 누굴 좀 보내 달라 그런다.'고 해요. 근데 당시에 한국의 광고협의회에서는 외국회의에 사람을 보낼 입장도 아니고 그래서 '그러지 않아도 내 친구들이 마닐라의 회의에 가자고 하던데 그게 같은 회의인 모양이다.' 그랬더니 '당신 거기까지 가면 좀 갔다 와줄 수 없느냐?' 그래서 '그러지 않아도 나도 지금 생각중이다, 내가 한번 가보겠다.' 그러고서 간 거예요. 그래서 홍콩서 광고회의를 끝내고 거기 회의에서 만난 친구들도 각국에서 왔는데 마침 마닐라 간다고 그래서 마닐라를 같이 간 거예요. 그게 1978년도 8월 초예요. 마닐라에 가보니까 아시아 지역의 광고인들이 모여서 회의를 했어요.

A (아시아 광고회의는) 일본에서 요시다 사장이 제창을 해서 만들었어요. 그때에 참가했던 나라는 몇 개국 안돼요. 참가자도 외국에서 몇이 안 나오고요. 조그만 규모로 대회가 있었어요. 2년 후에 동경서 두 번했어요. 다음에 아시아 광고회의가 대만으로 갔어요. 그 후부터는 여기저기 돌아다니면서 2년마다 하게 돼 있었는데 30년 정도 됐는데 그 후에는 잘 안 되더라고요.

Q 초장기에 반해서요? 요시다 사장 이후에는 좀 일이 없었나 봐요.

A 네. 초창기만큼. 아시아 광고계가 각국에서 돌아가며 주최를 할 정도로 기초가 덜 잡혔고, 또 아시아인들이 각국의 광고산업을 주도하는 이러한 단계까지 오르지 못하고 아직 요람기에 있었으니까요. 일본이 그렇게 출범을 시켜놨지만 적극적으로 주도권을 가지고 추진하지 않고 하나의 참가국으로만 활동했어요. 1976년에 호주 시드니에서 하게 됐는데 아주 디제스터(disaster)했어요. 대회를 소집은 해놨는데 준비도 소홀했고 참석도 그렇고 해서 거기에 참석했던 아시아 광고인들이 흥분해서 '이래가지고 되겠느냐. 그럼 다음해에는 누가 할 거냐?' 그러니까 필리핀 사람들이 우리들이 하겠다고 하면서 '알았다. 1978년에 우리들이 할 뿐만이 아니라 아시아 대회가 부흥해서 중흥을 일으키도록 우리가 주도적인 역할을 하겠

AFAA 설립을 주도한
필리핀 광고인 안토니오 드 호야ⓓ

아시아 광고회의를 처음 제창한
일본 광고인 요시다 히데오

다.' 이런 결심을 피력했어요. 그 사람들이 그걸 준비를 하면서 아시아 사람들한테 어필을 한 거예요. 한 10개국 정도가 모였나? 그래서 거기서 아시아 광고대회를 활성화 시키며 동시에 대회만 있으니까 안 되겠다. 아시아 대회를 주최하는 세력으로서 아시아광고연맹이라는 걸 만들어야 되겠다. 그래서 그것의 초안을 그 사람들이 만들게 된 거죠.

A 필리핀 사람들이 '우리가 회의만 할 게 아니다. 이게 아니라 이번 기회에 아시아 광고회의를 부흥을 시켜야 되겠다. 부흥을 시키면서 동시에 2년마다 회의만 할 게 아니라 관장하는 어떤 조직을 하나 만들어야 되겠다.' 이런 열정을 가지고 움직이기 시작했어요. 그런 걸 논의하기 위해서 모이자. 이렇게 됐던 거예요. 가서 보니까 한국에서는 내가 갔고 일본에서도 세 사람이 오고 인도네시아, 파키스탄, 인도, 타일랜드, 싱가포르, 말레이시아 8개국인가 9개국이 모여서 아시아광고연맹이라는 걸 발족시키자, 그래서 발족 의정서를 만들고 그랬어요. 그게 4개월 동안 회의를 하면서 말레이시아 필리핀 사람들이 열심히 일을 해서 발족취지서라 그럴까 의정서라 그럴까 그걸 만들어가지고 다 사인을 하고 그랬죠. 그때에 내가 무슨 어떤 신념을 가지고 참석한 것도 아니었는데 결국 아시아 광고연맹의 발기인이 됐어요.

A 아시아적인 국수주의라 그럴까? 내셔널리스틱(Nationalistic)한 연설을 많이

하더라고요.

Q 누가요?

A 안토니오 드 호야(Antonio de Joya)라는 사람이. 서양 사람들한테 대해서 반감이 많구나, 이런 정도로 알았는데, 아시아 사람의 인격을 상당히 주장도 하고, 점점 과격해졌어요. 그 사람들이 준비하고 진행하고 노력한 것에 대해서 광고계에서도 '아시아에서 이런 정도까지 준비가 될 수가 있구나.' 그랬어요. 상당히 인상적이었어요. 아시아 사람들이 그렇게 열심히 한단 말이죠. '그거 참 좋은 일이다. 한국도 그런 거에서 많이 배워야 되겠다, 참여해서 우리한테 얻는 것뿐인지, 잃을 게 아무것도 없다. 아시아 사람들이 한국 광고계도 인정을 해서 빨리 적극적으로 참여를 하자.' 이랬어요. 그전에 아시아 광고회의에 한국 사람들이 몇 번 참여한 일이 있어요.

아태지역 광고제(Ad Fest)와 아태지역 미디어포럼(APMF)

1990년대 후반 아시아 광고인들이 모여 아시아 광고축제를 열기로 뜻을 모은다. 김석년의 기억에 따르면 아시아 광고연맹에서 봉사를 많이 하던 광고인이 중심이 되어 일을 추진했는데, 마침 태국의 한 벤처회사가 자금을 후원하겠다고 해서 추진을 하게 된다. 칸느 국제광고제에 대한 일종의 대안으로 주로 젊은 크리에이터를 육성하기 위한 광고제로 시작하려 했다. 그런데 아시아에 국제금융위기가 오면서 추진을 하는데 주저하게 되었지만, 좋을 때 시작해서 실패하는 것보다는 어려울 때 시작해서 성공하는 것이 더 값진 일이라 여기고 김석년이 창립운영위원장을 맡아 추진하게 되었다고 구술했다.

이 부분에 대한 좀 더 정확한 기록은 〈Asian Advertising 2007〉(AFAA, 2007)에 나와 있다. 애드 페스트 창립에 깊이 관여했던 인도네시아의 원로 광고인 인디라 아비딘(Indira Abidin)은 1997년 방콕에서 대회를 처음 발의할 때 그 대

AFAA Service Award 수상자들(오른쪽이 인디라 아비딘 그 다음이 김석년)ⓓ

회를 기초한 4명의 창립자(founders)로 슈조 이시카와(Shuzo Ishikawa), 비니트 수라퐁차이(Vinit Suraphongchai), 그리고 김석년(Senyon Kim)과 자신을 꼽았다. 그 당시 김석년이 이사회 의장(Founding Chairman Steering Committee)을 맡았고, 비니트 수라퐁차이가 조직위원회 의장(Founding Chairman Working Committee)을 맡았다.

1998년 3월 처음 애드 페스트가 시작되었을 때는 출품작이 200여 편에 불과한 작은 광고제로 시작했다. 지금은 5,000편에 1,500명 이상이 참가하는 대규모 광고제로 성장하여 김석년은 애드 페스트가 칸느 · 뉴욕 · 클리오 광고제와 함께 세계 4대 국제광고제로 발돋움했다고 설명했다. 애드 페스트가 이렇게 성장한 이유에 대해서 김석년은 애드 페스트 10주년이 되던 2007년 4월 국내 광고전문지〈광고정보〉의 송은아 기자와 한 인터뷰에서 이렇게 설명한 바 있다.

무엇보다도 심사의 권위를 지키려고 애썼던 게 주효했다고 생각합니다. 우리가 아시아 지역 광고제를 표방하지만 평가는 세계적 수준에서 이루어져야 한다고 믿었어요. 그래서 심사위원단에는 물론 아시아 사람들이 포함되지만 심사위원장만은 전 세계 최고수준의 크리에이터를 모셔왔어요. … 그렇게 하면서 이 광고제가 아시아 광고회사들이 대충 상을 나눠먹는 그런 곳이 아니다. 정말 엄격하게 크리에이티브를 평가한다는 이미지가 만들어졌다고 봐요(송은아, 2007.4, 27쪽).

또 인도네시아가 주축이 되어서 만든 아시아 태평양지역 미디어 포럼(Asia Pacific Media Forum)이 2005년에 창립되어 김석년이 회장을 맡은 바 있다. 김석년이 맡은 회장의 정식명칭은 이사회 의장(Chairman Steering Committee)이고 구성원(Member)은 인디라 아비딘, 비니트 수라퐁차이, 카주오 미야카와(Kazuo Miyakawa), 가우탐 락시트(Gautam Rakshit)라고 『Asian Advertising 2007』(AFAA, 2007)은 기록하고 있다. 한편 서구에서는 광고관련 단체나 행사가 대부분 영리단체가 운영한다는 점을 감안하면, 아시아의 광고관련 단체나 행사를 대부분 비영리로 운영하는 것은 아시아적 사고방식의 결과라고 김석년은 평

아시아 태평양 광고제(Ad Fest) 참가 모습ⓓ

2006년 발리에서 열린 아시아 태평양 미디어포럼(APMF)

했다.

A 서로가 그렇게 얘기 돼서 그때부터 아이디어가 나와서 결국 구체적으로 우리가 추진을 시작한 게 아시아 태평양 광고축제(Asia Pacific Advertising Festival) 오늘날의 애드 페스트(Ad Fest)예요. 애드 페스트(Ad Fest)에 대해 이야기는 했는데 돈도 없지, 자본도 없지, 준비된 것도 없지, 정말 아무런 토대 없이 시작을 하는데 이런 페스티발을 만들었으면 좋겠다, 하는 여러 가지 이야기를 교환하고 그랬죠. 그래서 아시아에서 AFAA 속에서 1990년대부터 슬슬 형성이 됐어요. 실질적으로 아시아에서, AFAA에 대해서 봉사를 많이 하는 6명이 있었어요.

A 마침 태국에서 밴처회사가 있어요. 그 회사가 '아 그거 좋은 프로젝트다. 우리들이 맡아서 하겠다.' 그러면서 거기서 자금도 대겠다고 해서 우린 좋죠. 그런 자금 댄다는 회사가 어디 있어요? 그 회사는 왕실에서 투자를 해서 태국의 좋은 점을 프로모션할 수 있는 회사예요. 자금도 있으니까 국제적인 페스티벌을 태국에 한다고 그러니까 그럼 같이 하자, 이렇게 해서 시작이 된 거예요. 칸느는 젊은 크리에

이터보다 시니어 크리에이터들이 가는 데니까요. 젊은 크리에이터들이 아시아 지역에서 경기도 없고 기회도 없으니까 우리가 젊은 사람들 주니어 크리에이터를 상대로 하는 페스티벌을 하자.

A 1997년 IMF가 터졌어요. 우리가 계획을 봄으로 하자, 전 세계에 유명한 페스티벌이 있지만 제일 앞에서 해야 된다. 뒤에 하면 괜히 반복하는 걸로 보인다. 그래서 날짜도 3월 달로 했어요. 근데 IMF가 6월 달에 터지기 시작했어요. 그래서 우리가 8월 달에 긴급히 방콕에서 모였어요. '어떻게 할 거냐? 형편이 이런 데 어떻게 하느냐? 그렇지만 우리가 이왕 시작하는 거 스크래치(scratch)에서 시작하는 게 더 좋을 것이다. 좋을 때 시작해서 실패하는 것보다 어려울 때 시작해서 우리가 밀고 나가자!' 그래서 강행하기로 했어요. 3월 달에 시작을 했어요. 제일 처음에 창립운영위원장을 내가 맡고 조직위원장은 태국의 비니트가 맡아서 치앙마이에서 제1회를 했어요. 당시 100여 명이 참여를 했고 출품작이 불과 200점 됐을 거예요. 조촐하게 시작을 한 거죠. 정말 조그맣게. 그렇지만 우리가 정열을 가지고 했죠. 그래서 사이엄 랜드마크(Siam Landmark)라고 하는 회사에서 몇 년 동안 적자하더라도 밀어주겠다 그랬어요. 물론 나중에 흑자면 거기서 까는 거지만. 오늘까지 현재에는 엔트리(entry)가 5천 개, 참가인원이 1,500명, 그리고 아시아에서 성공한 페

아시아태평양 미디어포럼(APMF)의 설립자들ⓓ

스티벌이에요. 지금 전 세계적으로 4대 페스티벌이라고 칸느, 런던, 클리오, 애드페스트 이렇게 쳐줘요. 그만큼 인정을 받는 거죠.

A 인도네시아에서 미디어 포럼을 하나 하겠다. 그래서 아시아 태평양 미디어 포럼(Asia Pacific Media Forum)이라는 걸 론칭을 하겠다. 인도네시아에서 자기가 스폰서를 조직해서 문제없다, 다 한다. 그리고 저보고 파운딩 체어(Founding Chair) 하나 해줘야겠다고 해서 6년을 해줬어요. 아시아 퍼시픽 미디어 포럼(Asia Pacific Media Forum). 그것도 매 2년마다 해요. 그거는 발리 섬에서 해요.

Q 지난번에 가셨다는 게 그건가요?

A 그거죠. 회장으로서 오프닝하고 클로징만 내가 봐주는 거죠. 아시아인 광고인으로서 시니어(senior)니까 회장을 맡아 달라. 그래서 하고 있고요. 각국 친구들 손에서 만들어지고 있죠. 그거 또한 비영리로 하고 있어요. 세계에서 그런 걸 하면서 비영리로 하고 있는 건 아시아밖에 없어요.

Q 칸느는 영리고요?

A 그거 다 영리죠.

Q 영리라는 게 뭐예요? 그걸로 돈을 많이 번다는 건가요?

A 네. 개인사업체가 운영을 하고 있는 거죠. 클리오도 마찬가지고. 다 그래요. 서양 사람들 생각에서는 비영리를 생각할 수 없는 거야 그래서 다 영리사업이죠. 비즈니슨데 왜 비영리를 하냐는, 비영리는 아시아 사고방식이죠.

아시아의 광고기구와 그 활동

아시아 광고회의(Ad Asia; Asian Advertising Congress), 아시아 광고연맹(AFAA; Asian Federation of Advertising Associations), 아시아 태평양 광고제(Ad Fest; Asia Pacific Advertising Festival), 아시아 태평양 미디어포럼(APMF; Asia Pacific Media Forum) 등 여러 이름이 나와 혼란스러운 측면이 있다. 크게 보면 아시

아 광고연맹(AFAA)의 여러 활동이 아시아 광고대회(Ad Asia), 아시아 태평양 광고제(Ad Fest), 아시아 태평양 미디어포럼(APFMF)이다. (사)한국광고총연합회(Korean Federation of Advertising Associations; KFAA)는 아시아광고연맹(AFAA)의 창립멤버이며 현재 아시아 광고연맹의 한국대표이다. 아시아 광고연맹 및 그 활동에 대해서 한국광고총연합회는 이렇게 정리하고 있다.

AFAA(Asian Federation of Advertising Associations, 아시아 광고연맹)

아시아 광고연맹은 1976년 호주 시드니 아시아 광고대회에서 처음 설립을 발기하여 1978년 7월 아시아 10개국의 광고단체들이 모여 발족한 아시아의 대표적인 국제 광고단체다. 오늘날은 16개 국가대표 단체와 1개 기업을 회원으로 구성되어 있다. 아시아 국가별 대표 광고단체들의 모임이기도 한 아시아 광고연맹은 아시아 광고산업의 발전을 위한 인적/정보 교류는 물론, 자율규제 등 광고의 도덕적 기준과 지역/사회적/문화적 측면의 기여 등 상호 발전적 관계 형성을 목적으로 하는 비영리 국제기구다. 이러한 아시아광고연맹의 비전을 전달하기 위하여 아시아태평양 광고페스티벌(AP Ad Fest), 아시아 광고대회(Ad Asia), 아시아태평양 미디어포럼(AP Media Forum) 등 다양한 국제광고행사를 개최하고 있다.

Ad Asia(Asian Advertising Congress, 아시아 광고대회)

1958년 일본 동경에서 처음으로 개최된 아시아 광고대회는 아시아지역 최고 최대의 국제적인 광고행사이자 아시아 광고연맹(AFAA)을 창설하게 한 의미 있는 국제행사 중 하나이다. 격년제로 개최되는 아시아 광고대회는 16개 아시아 광고연맹 회원국들이 돌아가면서 개최하고 있다. 광고/마케팅/미디어 등 광고관련 산업은 물론 광고의 사회/문화적 측면에 이르는 폭넓은 주제를 가지고 토론을 함으로써, 아시아광고계에 최신 트랜드/정보를 전파하고 아시아 광고계 네트워킹의 중심으로 자리매김해왔다. 매회 40여명의 세계적인 스타급 연사들이 참여하고 아시아지역 1500여명의 광고인들이 참가하는 아시아 광고대회는 아시아 광고연맹의 대표적인 행사로서 그 명성을 이어가고 있다. 한국은 1984년 서울과 2007년 제주에서 아시아 광고대회를 개최한 바 있다.

Ad Fest(Asia Pacific Advertising Festival, 아시아 태평양 광고제)

아시아 태평양 광고제는 1998년 광고, 크리에이티브 인력의 수준을 향상시키고 광고 크리에이터들을 위한 만남의 장, 배움의 장, 교환의 장 역할을 다하기 위해 발족했다. 태국 파타야에서 매년 3월에 3일간의 일정으로 진행되는 아태광고제(亞太廣告祭, Ad Fest)는 아시아 광고 크리에이티브의 경연, 세계적인 크리에이터/연사들과 소통할 수 있는 세미나/포럼, 그리고 광고인들이 자유롭게 교류 할 수 있는 네트워킹 이벤트 등으로 꾸며진다. 이외에도 젊은 크리에이터들이 견문을 넓히고 경연함으로써 세계와 교류할 수 있는 영 로터스 워크숍 등 다양한 교육프로그램도 함께 진행된다. 아태광고제는 아시아지역 광고단체들의 참여로 이루어지는 비영리 행사이며, 국가/지역별 대표로 구성되는 집행위원회(Steering Committee)를 통해 운영된다.

APMF(Asia Pacific Media Forum, 아시아 태평양 미디어포럼)

아시아 광고연맹(AFAA)과 국제광고협회(IAA)의 후원으로 개최되는 아시아 태평양 미디어포럼은 2005년을 시작으로 인도네시아 발리에서 2년에 한 번씩 개최되는 광고 미디어분야에 특화된 국제 컨퍼런스 행사다. 광고매체의 기술발전, 새로운 비즈니스 모델, 미디어 효과 측정과 소비자 수용측면의 연구 등 다양한 주제를 다루는 APMF는 아시아 태평양 지역은 물론 북미, 유럽 지역의 세계적인 연사들이 참여하고 있고 800여명의 광고 미디어 전문가들이 참가하는 행사이다.

출처: 한국광고총연합회 홈페이지(www.kfaa.org) 내용과
〈Asian Advertising 2007〉(AFAA, 2007)의 내용을 바탕으로 재구성

'84 서울 아시아 광고대회(Ad Asia) 개최

1978년 필리핀의 아시아 광고대회에 참가했을 때 한국대표단은 다음 대회를 한국에서 개최하겠다는 의지를 밝혀 1982년 아시아 광고회의는 한국

1984년 서울 애드아시아에 참석한 필리핀 광고인 안토니오 드 호야와 각국 대표단

에서 하기로 승인을 받는다. 그런데 1980년 전두환 신군부에 의한 권력 찬탈이 발생하면서 부득이 하게 연기하게 되어 결국 1982년 아시아 광고대회는 인도 뉴델리에서 개최되었다. 인도 뉴델리 광고대회에서 1984년 대회를 파키스탄에서 유치하려고 했으나 한국에서 1982년 대회를 개최하기로 했던 우선권을 주장하여 한국에서 개최하기로 한다.

1984년 6월 18일부터 21일까지 서울 힐튼호텔에서 열린 제14차 아시아 광고대회(Asian Advertising Congress)의 조직위원장은 김석년이었고 사무총장은 신인섭이었다. 이 대회에 대해서는 신인섭과 윤석태가 비교적 자세하게 이야기를 남겼다. 신인섭은 그 당시 국제회의에 필수불가결한 국제회의 전문서비스 업체인 PCO(Professional Convention Organization)도 없는 상황이라 어려움이 많았고, 광고계 인사들이 분과위원장 구성으로 미묘한 신경전을 벌여서 조직을 꾸려나가는 데 어려움이 많았다고 토로했다. 또 서울의 아시아 광고대회를 판촉하고 홍보하기 위해서 1984년 2월에 파키스탄의 카라카치에서 열린 전국광고대회에 가서 서울대회를 홍보하는 판촉용 프레젠테이션을 직접 하여 그 당시 파키스탄 언론에서 대대적으로 보도했던 일을 기록으로 남겼다(신인섭, 2005).

한편, 그 당시 세종문화 사장이던 윤석태는 코카콜라 컨벤션 같은 국제

1984년 서울에서 열린 아시아 광고대회(Ad Asia) 모습

회의를 오랫동안 주관했던 경험을 살려 행사장의 모든 진행상황을 큐시트(Q-sheet)로 정확하게 만들어서 나흘 동안 거의 10분 정도밖에 차이가 나지 않을 정도로 완벽하게 행사를 진행하였다며 뿌듯해 했다(김병희 · 윤태일, 2011). 김석년은 그 당시 IAA 세계회장인 클로드 쇼베(Claude Chauvet)를 프랑스에서 만나 같은 해에 도쿄에서 열린 IAA세계대회뿐 아니라 한국의 아시아 광고대회에 참석해줄 것을 요청하여 IAA 집행부가 공식적으로 아시아 광고대회에 참석함으로서 대회의 위상을 높였다.

많은 이들의 노력으로 아시아 광고대회는 성공적이었다. 기록에 의하면 당시의 등록비는 대표 400불과 동반자 170불로 비교적 고가였으나 참석자는 20여 개국에서 온 820명(대표 764명, 동반 56명)이었고, 국적별로는 외국인 504명에 한국인 316명이었다. 또 하나 특기할 만한 일은 이때부터 아시아 광고대회를 애드 아시아(Ad Asia)라고 줄여서 부르기 시작했다(AFAA, 2007). 〈표 5-1〉은 역대 아시아 광고대회를 정리한 것이다.

표 5-1. 역대 아시아 광고대회

No.	Dates	Venue	Theme
1	Apr. 22-24, 1958	Tokyo, Japan	To determine and discuss common problems and to pave the way to mutual development
2	Oct. 24-29, 1960	Tokyo, Japan	More Advertising, More Trade, More Prosperity
3	Oct. 15-19, 1962	Manila, Philippines	-
4	Nov. 2-6, 1964	Hong Kong	Be4 you 4get.
5	Nov. 4-9, 1966	Taiwan	Advertising and Asian Economic Growth
6	Jun. 26-29, 1968	Kuala Lumpur, Malaysia	Towards More Effective Communication in Asia
7	Nov. 18-20, 1970	New Delhi, India	Advertising and the Emerging Market of Asia
8	Nov. 6-9, 1972	Bangkok, Thailand	The Constructive Role of Advertising in Asia

9	Nov. 3-8, 1974	Jakarta, Indonesia	Modern Advertising and Its Social Responsibilities of Change in Asia
10	Nov. 1-5, 1976	Sydney, Australia	-
11	Nov. 15-18, 1978	Manila, Philippines	Responding to the Imperatives on Change in Asia
12	Sep. 15-19, 1980	Singapore	Communications towards Asia's 21st Century
13	Sep. 27-Oct. 1, 1982	New Delhi, India	Advertising - An Essential Input for Economic Growth
14	Jun. 18-21, 1984	Seoul, Korea	Advertising - Helping Asia Grow
15	Jul. 7-11, 1986	Bangkok, Thailand	Ad-venture in the Asian Economy
16	Feb. 18-22, 1989	Pakistan	Together Towards Tomorrow
17	Nov. 5-8, 1990	Kuala Lumpur, Malaysia	ADVERTISING, to Power Tomorrow's Powerhouse: Asia
18	Nov. 7-10, 1993	Tokyo, Japan	The Winds of Change from Asia
19	Nov. 6-9, 1995	Bali, Indonesia	Uptrend in Asia
20	Nov. 12-15, 1997	Manila Philippines	IMGINASIA
21	Nov. 17-20, 1999	Pattaya, Thailand	INNOVASIA
22	Nov. 19-21, 2001	Taipei Taiwan	From Evolution to Revolution
23	Nov. 11-14, 2003	Jaipur, India	Break the Rules
24	Nov. 20-23, 2005	Singapore	Winning in Asia
25	Oct. 21-24, 2007	Jeju Island, Korea	Beyond "___" Ad Asia 2007 Jeju
26	Oct. 22-24, 2009	Kuala Lumpur Malaysia	Redefining the future
27	Oct. 31-Nov. 3, 2011	New Delhi India	Uncertainty: the new certainty
28	Nov. 11 - 14, 2013	Hanoi Vietnam	Re-engineering advertising
29	Nov. 23- 25, 2015	Taipei Taiwan	Clouidea (Cloud + Idea)

출처: AFAA (2007), pp. 20-21에 자료 추가.

A 1978년에 회의에 갔던 사람 중에 한 사람이 한국도 이 대회를 개최하겠다, 이런 발언을 했어요.

Q 아 한국 대표단 중에 한 사람이요? 어느 분이요?

A 그때 유한킴벌리의 광고부장하던 사람이 그런 얘기를 했어요. 그랬더니 좋습니다, 박수가 나와서 다음에 한국에서 하는 거다, 뭐 이렇게 그러니까 1978년에 마닐라에서 하고 1980년에 싱가포르에서 하고 1982년에 한국에서 하게 된 거예요.

Q 그런데 한국의 아시아 광고대회는 1984년에 하지 않았나요?

A 돌아와서 우리도 아시아 광고회의를 준비를 해야 되는데 어떻게 준비할지 구체적으로 아무것도 이루어 지지 않았어요. 그런데 알다시피 1979년도 말부터 시작해서 한국 광고계에는 엄청난 변화가 왔던 말이예요. 그게 뭐냐 하면 군사혁명, 쿠데타, 12 · 12 다음에 5 · 18, 전두환 정권이 들어섰어요. 한국에서 가을되니까 미디어의 변화가 오고 말이죠. 따라서 광고계에 엄청난 변화가 생기기 시작했단 말이에요. 그래서 모여가지고 우리가 얘기를 하는데 1980년대 싱가포르 대회에 가야 되는데 큰일 났더라고요. 안 되겠다, 앞으로 광고계가 어떻게 변할지도 모르는데 1982년에 우리가 할 수 없으니 이번에 가서 1982년에 못하겠다고 물러야겠다고 했어요.

A 1982년에 인도 뉴델리에서 했어요. 그러면 1984년 대회를 어디서 할 거냐, 파키스탄은 자기들이 한다고 그랬어요. 결국은 우리는 1980년대에 우리가 프라이어리티(Priority)가 있지 않느냐 우겨가지고 결국 한국에서 1984년 하는 게 확정이 됐어요. 결국 파키스탄이 지고 우리가 이긴 거죠. 그래서 한국에서 하기로 된 거죠. 1984년에 한국에서 아시아 광고회의를 하는데. 아마 아시아 광고계 역사상 제일 멋있는 회의를 했을 거예요. 돌아와서 내가 광고대행협의회 회장이고 조직위원회 위원장을 내가 하고 당시에 신인섭씨가 사무국장을 했어요. 우리 회의에 명예회장으로서는 남덕우 씨를 섭외 했죠.

Q 남덕우 총리요?

A 네. 총리 지내시던 분인데 당시에 무역협회 회장을 했어요. 그 양반을 회장으

로 모시고 내가 프레지던트(President)로 그 양반이 이제 체어맨(Chairman)이고 이렇게 했는데 대성공을 거뒀어요. 아시아 광고계에서 처음으로 한국이 부각이 되는 거죠. 한국에 대한 인식이 달라지고. 한국에 이렇게 멋있게 잘하느냐, 국내에서도 참여했던 사람들이 한국에서 참 잘한다, 코바코에서도 그러고 말이죠. 국내외로 파장이 상당히 컸어요.

아시아 광고대회의 여파

1984년 아시아 광고대회를 성공적으로 마무리하자 뜻하지 않은 여파가 한국 광고계에 미쳤는데, 한국의 광고가 상당 수준에 올라왔다는 것을 국제적으로 인정받음에 따라 세계는 한국 광고시장을 주목하기 시작했다. 그래서 한국광고 시장개방에 대한 압력이 생기기 시작했고 특히 미국에서는 한국의 광고시장에 대한 기초적인 조사를 시작했다. 광고시장에 대한 개방 압력이 시작되면서 정부에서도 광고산업의 규모나 수준 등을 고려하여 광고를 전담하는 부서인 광고과를 신설하게 된다. 김석년은 정부에 광고를 전담하는 부서가 생긴 것이 한국사회에서 광고가 하나의 산업으로 인정받은 것으로 그 의미를 부여하고 있다. 하지만 그 후 정부 광고부서는 여러 번의 부침을 겪는데, 이수범(2014)의 글은 이를 잘 정리했다.

그에 따르면, 1987년 문화공보부 광고과는 1990년 공보처 내에서 광고정책과, 광고진흥과, 지도과로 구성된 광고진흥국으로 격상된다. 하지만 1998년부터 2012년까지 다시 문화관광부 방송영상광고과로 격하되었다. 2015년 광고에 대한 정책을 집행하는 정부부처는 미래창조과학부와 방송통신위원회, 문화체육관광부, 안전행정부로 분산되어 있다. 2013년 박근혜 정부 들어 신설된 미래창조과학부의 방송진흥정책과에서 주로 뉴미디어 관련 방송광고 업무를 담당하고 있고, 방송통신위원회는 방송광고정책과가 방송광고

서울 애드 아시아를 계기로 김석년을 표지인물로 보도한 잡지 〈직장인〉

관련 업무를 관장하고 있다. 문화체육관광부는 미디어정책국 내에 방송영상광고과에서 광고산업 전반을 담당하고 있고, 안전행정부는 지역공동체과에서 옥외광고 관련 업무를 담당하고 있다. 이처럼 현재는 광고를 총괄적으로 담당하는 부서가 없어 광고에 대한 컨트롤 타워가 없다는 지적을 받고 있다.

한편, 광고산업의 핵심 주체는 광고대행사이기 때문에 향후에는 광고대행사가 중요해질 것이라는 공감대가 형성되면서 1986년 한국광고대행사협회를 창립하고 김석년이 1988년까지 초대 회장을 맡는다. 아시아 광고대회가 수익 측면에서도 성공적이어서 대회를 끝마치고 많은 흑자를 보게 됨에 따라 적선동에 광고대행사협회 전용 사무실을 마련하여 광고대행사의 권익을 대변하기 시작했다. 한국대행사협회는 2012년 12월 현재의 한국광고산업협회로 이름을 바꾸었다(www.kaaa.co.kr).

A 나는 하나의 부작용이라고 그러는데. 예기치 못한 부작용이 뭐냐 하면요.

Q 국제광고 대회를 하고 나서요?

A 외국 사람들이 한국시장에 대해서 눈독을 들이기 시작했어요. 외국 광고계에서 한국광고시장의 개방을 논의하기 시작했어요. 미국의 소위 USTR(United States Trade Representative)의 트레이드 미션(Trade Mission)인 거죠. 미국 대표가 와있는데 그 사람이 한국광고시장에 대해서 조사를 하기 시작했어요. 한국광고시장은 왜 개방을 하지 않느냐, 그때까진 개방을 안했으니까요. 그때부터 개방 압력이 들어오기 시작하는 거예요. 하나의 부작용이죠. 생각하지 못했던 부작용이에요.

A 그래서 외국 대사관에서 한국광고시장에 대해서 문의가 들어오기 시작하고 '개방을 왜 안하느냐? 이 카테고리는 어떻게 된 거냐?' 이런 걸로 공보처에서도 '광고시장이라는 게 외국에서도 개방 압력이 들어오는 분야구나.' 이렇게 알게 된 거죠. 그래서 광고전담부서라고 그럴까, 광고문제에 대해서 외국하고 얘기를 할 수 있는 그런 부서가 있어야지 되지 않겠느냐, 광고를 어떻게 하면 좋겠느냐 했고, 결국은 우리하고 의논을 하게 되었죠. 내가 협의회 회장을 하니까 개방문제에 대해서 저랑 공보처하고 얘기를 자꾸만 하게 되는 거예요. 공보처는 거기에 대해서 아무것도 모르고 매체국장 그 사람이 광고 시장문제를 그때까지 인정 하지 않았어요. 한국의 정부에서 인정해주질 않으면 존재가 없는 거예요. 그러다가 광고시장이 있고 광고산업이 있다, 이거를 정부에서 알면 그 다음부터 인정이 되는 거죠.

Q 그러면 그 이후 공보처에 광고 담당이 생긴 거예요?

A 그렇죠. 거기에 광고과가 이제 처음으로 생겼어요. 광고 담당이 생기고 다음에 그것이 광고과가 됐죠.

Q 정부에서 국가 내에 의미 있는 단위로 인정을 했다는 거죠?

A 네. 그렇게 되는 거죠.

A 서울에서 애드 아시아(Ad Asia) 그러니까 아시아 광고대회가 끝나자마자 착수한 것이 광고대행사협회를 만들어야 되겠다는 거였어요. 왜냐하면 광고대행사들

이 광고계에 있어서의 실제로 일꾼들이죠. 핵심인데 광고대행사끼리의 협동이 당시엔 잘 됐어요. 애드 아시아도 성공적으로 이루어졌고요. 당시에 내가 생각하기에도 애드 아시아를 끝내고 나니까 국제회의에 수익금이 2억4천만 원인가 남았어요.

Q 그런 회의를 하면 수익이 남아요? 오히려 돈이 많이 들어가는 거 아닌가요?

A 들어가는 게 아니라 수익이 남았어요. 아주 열심히 잘했죠. 마케팅적으로 성공을 했고요.

Q 어디서 수익이 남는가요? 스폰서를 받은 데서 남는 거예요?

A 네. 스폰서십 마케팅을 많이 했죠. 펜 하나도 스폰서 붙이고. 티 타임(tea time)의 차 한 잔도 스폰서 붙이고 우리가 능력껏 해서 그만큼 남았어요. 그래서 그 돈을 가지고 적선동 현대 빌딩에다가 사무실을 샀죠. 그래서 연합회 사무실을 만들었어요. 우리 연합회가 주인이죠. 내가 거기다가 투자를 해야겠다고 생각한 것이 앞으로 대행사협회가 생겨야 하고 발전을 하려면 먼저 모체가 단단하게 돼 있어야 하니까요. 사무실 임대료도 내면서 살 수가 없어요. 그러니까 우선 사무실을 확보 한다는 것. 자산가치도 좋고 앞으로 하나의 투자로서도 좋고 그래서 만들 생각을 했지요. 그러고 대행사협회를 만들었어요, 대행사협회를 출범을 시키면서 내가 창립 초대 회장을 하면서요.

국제관계의 비화(祕話)

아시아 광고관련 단체의 이사회나 집행위원회에 참석을 하면서 김석년은 서로 대립하는 나라들끼리의 정치적인 문제가 국제광고업계에 연루되는 것을 목격한다. 대표적인 사례가 인도와 파키스탄 사이의 카슈미르(Kashmir) 분쟁이다. 카슈미르 분쟁은 1947년 인도와 파키스탄의 분리 독립 이후 두 나라의 접경지역인 카슈미르지역 영유권을 둘러싸고 오랫동안 벌여온 갈등을 말하는데, 그 불똥이 광고회의에까지 튀게 되었다. 파키스탄은 인도가 카슈미르 분쟁을 광고회의 때 주장하는 것에 대해서 항의하며 인도와 알력이 있

1989년 파키스탄에서 열린 아시아 광고대회(Ad Asia)에 참석한 무스타파 아싸드와 함께

어 1984년 개최되는 한국의 아시아 광고대회에 참석하지 않으려 했다. 김석년은 두 나라 대표 사이를 중재하여 서울대회에 모두 참석하도록 했다는 일화를 전한다.

1984년 개최문제로 한국과 경쟁했던 파키스탄은 결국 다음 대회인 1988년의 제 16차 광고대회를 유치한다. 그런데 역시 짝수 해마다 격년으로 열리는 국제광고협회(IAA) 세계대회와의 충돌을 피하기 위해서 아시아 광고회의는 홀수 해에 열기로 하여 1989년에 열린다. 하지만 말레이시아 쿠알라 룸푸르에서 열기로 한 제17차 광고대회는 1990년이 말레이시아 방문의 해이기 때문에 1991년 대신에 당겨서 1990년에 열고 그 뒤 1993년부터는 매 홀수 해에 격년으로 개최하고 있다(AFAA, 2007).

1984년 서울에서 아시아 광고대회가 열릴 때 일본 도쿄에서는 국제광고협회(IAA) 세계대회가 열렸다. 중요한 두 국제광고 회의의 성공적 개최를 위해 두 나라는 서로 협조하여 일본도 아시아 광고회의 때 대거 참석했고, 한국도 도쿄의 IAA 세계대회에 많이 참석함으로써 이를 통해 한국과 일본 광고계 사이의 협력을 긴밀하게 다져나갔다. 뿐만 아니라, 아시아 지역(regional)

수준의 광고기구인 AFFA와 세계(global) 수준의 광고기구인 IAA 사이에 그동안 묘한 알력이 있었는데, 이를 계기로 상호보완적인 협력관계가 자리를 잡게 되었다고 평가를 했다.

A 1978년부터 1984년까지 6년 동안에 이사회나 집행위원회를 내가 참석하면서 보니까 당시에 어떤 큰 문제가 있었냐면, 인도하고 파키스탄의 사이가 나빴다는 거예요. 카슈미르가 인도 영토같이 돼 있는 지도를 돌려댔더니 파키스탄이 항의를 하고 그랬어요.

Q 우리나라의 예를 들면 독도군요.

A '순수한 프로페셔널한 모임에도 언제든지 정치적인 문제가 있구나.' 그러면서 국제관계를 배워가는 거죠. 인도하고 파키스탄 사이에서 일어나는 문제를 집행위원회에서 잘 중재를 했어요.

A 이거에 대해서 파키스탄이 상당히 항의를 했어요. 파키스탄 이야기는 광고전문회의에서 정치적인 이슈를 인도가 왜 주장을 하냐고 했어요.

Q 다른 거를 하는 자료 중 하나로 우연히 들어간 게 아니라 인도인들이 이슈로 삼아 주장을 한 거예요?

A 그렇죠. 그런 자료를 배포했다고 파키스탄은 '용서를 못하겠다.' 해서 서로가 알력이 심한 거죠. AFAA 회장이나 집행위원회에 항의를 계속해서 문제가 많았어요. 그래서 참가를 하느니 안하느니 말이 많으니까 AFAA 회장이 골치가 아파했지요. 아무리 서로 이야기를 해도 말을 안 들으니까요. 서울대회 때 안 오려고 했어요. 내가 대회 하는 전날 밤 양측대표를 불러서 무마했지요. 결국 양쪽이 서울대회에 참석하는 걸로 했어요. '그 문제는 전문적인 문제가 아니고 정치적인 문제니까 나중에 따로 이야기하자.' 했어요. 문제가 잘 중재돼서 서울대회가 잘 치러졌죠.

A 1986년이 파키스탄으로 결정이 됐죠. 그것도 투표를 했는데 딱 한 표 차이가 나더라고요. 그래서 내가 감격적으로 발표를 했죠. '다음 대회는 어떤 나라가 주최를

도쿄에서 열린 아시아 광고대회에서 코구레 고헤이 부부(왼쪽)와 함께

하게 됐다. 투표를 해서 이긴 나라가 되는 건데' 여기서 한참을 끊었다가 '파키스탄!' 하고 발표를 하니까 전체 박수가 나오고 회의도 재밌게 마쳤어요. 잘 됐죠. 그때 신인섭 씨가 사무총장 했는데 고생을 많이 했어요. 그때부터 아시아 광고회의나 AFAA나 모든 것이 제대로 자리가 잡혀갔어요. 1978년부터 6년이나 걸린 거예요.

A 그해 가을에 IAA 세계대회를 동경에서 하고 내가 IAA 한국지부장이고 이사회도 해서 서울하고 동경에서 하니까 한국에서도 몇십 명의 참가단이 일본에 가고 일본에서도 대거 참가단이 와줬어요. 일본에 가서 내가 '덴츠 같은 큰 회사들이 참석해줘야 겠다'이런 뜻으로 설득하고 특히 '이때까지 아시아 광고대회를 창설한 일본이 아시아 광고대회에서 멀어지면 안 된다.'이렇게 역설했어요. 그랬더니 일본에서 덴츠 사장이 단장이 돼서 참가단으로 와줬어요. 한국에 상당히 스폰서도 많이 서주고 여러 가지로 적극적으로 지원해줬어요. 그래서 이번에 우리도 일본에 지원을 가야 된다. 그래서 많이 가자고 해서 수십 명의 참가단이 갔어요.

아시아 광고회의 회장임기제를 바꾸다

카슈미르 분쟁으로 서로 사이가 좋지 않던 인도와 파키스탄의 문제를 중재한 일을 계기로 김석년은 그 당시 아시아 광고회의 회장을 오랫동안 했던 필리핀 광고인 안토니오 드 호야 회장으로부터 차기 회장으로 일해 볼 것을 제안 받는다. 김석년은 그동안 특별한 임기가 없었던 회장을 2년 임기 동안 회장직을 수행하는 것으로 제도개선을 제안한다. 이 제안을 아시아 광고회의에서 수락하여 그때부터 아시아 광고회의 의장은 돌아가면서 하는 것으로 바뀌었다.

김석년은 〈Asian Advertising 2007〉에 실린 기고문에서 이에 대해서 좀 더 정확하게 기술한 바가 있다. 카슈미르 분쟁에 얽힌 인도와 파키스탄이 1984~1986년 사이에 광고계에서도 갈등을 일으켜 AFAA에 위기를 가져왔

※ 아시아 광고연맹(AFAA) 역대 회장

1978~1986	1대 회장	Antonio de Joya(Philippines)
1986~1989	2대 회장	Wajid Mirza(Pakistan)
1989~1990	3대 회장	Jaffar Bin Mohammed Ali(Malaysia)
1990~1993	4대 회장	Saburosuke Suzuki(Japan)
1993~1995	5대 회장	Yusca Ismail(Indonesia)
1995~1997	6대 회장	Divino M. Villanueva, JR(Philippines)
1997~1999	7대 회장	Vinit Suraphongchai(Thailand)
1999~2001	8대 회장	Longmen Hu(Taiwan)
2001~2003	9대 회장	Goutam Rakshit(India)
2003~3005	10대 회장	Yong poh shin(Singapore)
2005~2007	11대 회장	Sang Jo Nahm(Korea)
2007-2009	12대 회장	Peter Anthony Das (Malaysia)
2009 - 현재	13대 회장	Pradeep Guha (India)

출처: AFAA(2007), pp. 168-169에 자료 추가

다는 것이다. 정치적인 문제가 국제 광고기구에 연루됨에 따라 위기를 가져왔고 결국 8년 동안 회장을 했던 안토니오 드 호야가 사임을 하게 된다. 그 후부터 2년씩만 회장을 하는데, IAA 세계회장처럼 회장 임기 2년은 물론 차기 회장으로 2년, 전임회장으로 2년을 더 해서 총 6년을 집행부에서 복무하도록 제도를 바꾸었다. 회장 임기제로의 변경은 1986년 방콕에서 열린 제15차 아시아 광고대회 때 결정된 것으로 〈Asian Advertising 2007〉는 서술하고 있다(AFAA, 2007).

A 당시 인도 파키스탄간의 카슈미르 분쟁이 재연 돼서 해결이 안 됐어요. 그걸 중재역할 하느라고 회의에 밤잠을 못자고 양쪽 대표가 우리 방을 드나들었어요. 인도 쪽 대표가 〈타임스 오브 인디아(Times of India)〉의 회장이었어요. 〈타임스 오브 인디아〉는 〈런던 타임스〉하고 맞먹는 인도에서 최고 권위 있는 신문이에요. 그 회사 사장이에요. 내가 또 중재를 해서 우리 직무 외의 문제이다. 앞으로 카슈미르 이슈를 여기서 문제 삼지 말자. 잘 화해가 됐어요.

A 회장 노릇을 당시 8년 동안 했던 사람이 안토니오 드 호야라고 비율빈 사람이었는데 그 양반이 사표를 냈어요.

Q 그 사람이 원래 아시아연맹 회장이었나요?

A 네. 아시아연맹 회장이었는데 8년 만에 이제 그 사람이 사표를 냈어요.

Q 따로 임기는 없었나 보죠?

A 당시에 임기는 없었어요. 새로운 회장을 선출해야 하는데 내가 카슈미르 이슈를 잘 무마하고 중재역할을 잘했다고 나한테 아시아의 회장을 하라고 했어요. 그래서 그때 내가 안을 냈어요. '회의가 2년마다 각국에 돌아가니까 아시아 광고회의의 회장도 같이 돌아가는 거다.'라고요.

Q 2년 임기제로요.

A 네. 2년 임기제로 회장이 돌아가는 거죠. 그래야 아시아 광고회의의 열성을 낼

수 있으니까요. 그래서 결국 그 안이 채택이 됐어요.

Q 회장을 하신 거예요?

A 아시아 광고회의의 실질적인 회장은 내가 안했어요. 그냥 하라는걸 안했어요. 그 대신에 내가 제도를 바꿨죠. 아시아 광고회의가 그때부터 회의하고 의장하고 같이 돌아갔어요.

Q 회의를 주최하는 나라에서 자동적으로 의장을 맡는 걸로요?

A 네. 그리고 그 전에 회장을 했던 사람이 다음에 부회장을 맡는 걸로 시스템을 만들었죠. 그 사람들한테 상당히 신선한 안으로 받아들여져서 채택된 거죠.

3. 한국 광고산업의 시장개방

한국 광고시장 개방 압력과 한국광고계의 대응

한국 광고의 국제화 측면뿐 아니라 한국 광고산업의 전체적인 구조 자체를 뒤흔든 중요한 사건은 광고시장의 개방이다. 한국 광고산업이 어느 정도 성장을 하고 국제 광고계에도 한국의 광고가 소개되면서 미국을 비롯한 서구의 광고 선진국들은 다국적 광고회사를 앞세워 1980년대부터 한국 광고시장의 개방을 집요하게 요구하기 시작했다. 김석년은 그 당시 한국광고협회 회장으로서 광고시장 개방 문제의 핵심에 있어서 그 누구보다도 그 당시의 분위기와 변화를 정확하게 알고 있는 몇 안 되는 광고인이다.

당시 김석년이 한국광고협의회 회장 자격으로 〈광고정보〉지에 발표한 '광고시장개방에 관한 우리의 자세'라는 글(김석년, 1985.10)은 김석년 개인의 글이라기보다는 그 당시 정부와 조율된 상태에서 광고회사의 입장을 대변한 글이라고 간주해야 할 것이다. 따라서 광고시장 개방기 한국 광고회사의 입장과 논리가 무엇이었는가를 살펴볼 수 있는 중요한 문건이라 할 수 있다.

미국 무역대표부는 한국 광고시장의 개방을 요구하면서 그 당시 한국광고협회 회장이던 김석년을 겨냥하여 시장개방에 응할 것을 설득하고, 그들의 요구에 응하지 않자 이중인격자라며 비난까지 가했다고 김석년은 기억했다.

1980년대 외신기자와 인터뷰하는 김석년

한국 광고계는 전면적이고 일시적인 개방보다는 단계적이고 점진적인 개방을 원해서 관계기관에 호소를 했다.

결국 1991년 광고대행사에 대한 100% 외국자본의 투자가 허용되었고, 1997년까지 광고제작 분야까지 완전히 개방되었다. 광고시장이 개방되면서 외국계 광고대행사들이 속속 국내로 진입했는데 그 방식이 광고 선진국의 프로페셔널한 대행사답지 못하게 편법적이고 위법적인 행태를 보인 것에 대해서 김석년은 불쾌하게 여기고 못마땅해 했다.

광고시장개방에 관한 우리의 자세

김석년(한국광고협의회 회장)

최근 활발해진 광고시장 개방논의는 우리에게 가장 큰 관심거리입니다.

미국 하원에서는 제킨스 법안이 통과되는 등 보호무역의 기치가 어느 때보다 드높고, 우리 광고계 안에서도 '어떻게 해서라도 저지해야 한다'라든가 '구한말처럼 개방은 어쩔 수 없는 일이다'라는 의견도 있으며, 또 일각에서는 '개방은 국내광고계의 질적 향상과 광고인의 지위향상을 위해서 빠를수록 좋다'는 주장까지 들립니다.

그러나 보다 많은 광고인들이 우려하는 바는 요즘의 광고시장 개방논의가 광고의 중요성이 깊이 인식되지 않고, 개방했을 때의 난점들이 간과된 채 무역통상협상 테이블의 희생물이 되고 있지는 않은가 하는 것입니다.

개방에 대해서 각자간의 이견은 있을지라도 그 개방이 국가·사회적으로나 광고산업의 발전을 위해 보다 유리한 방향으로 이끌어져야 한다는 원칙은 다름이 없을 줄 압니다.

여기서 저는 광고인 여러분과 함께 광고산업의 중요성을 재인식 해보고, 개방시 야기될 문제점을 분석하면서 과연 이대로 개방되어도 괜찮은지, 광고산업 종사자로서 우리가 해야 할 일은 어떤 것이며 지금 우리에게 필요한 것은 무엇인지를 확인해보고자 합니다.

광고산업, 그 중요한 역할

광고는 시장기능을 촉진할 뿐 아니라 물적 유통과 병행되는 정보유통의 경제·사회적 기능을 수행하는 정보산업입니다. 또한 문화와 전통을 보존하고 규범을 확립하는 데도 깊은 관련을 갖고 있는 광고산업은 국민의식이나 생활방식에 커다란 영향을 끼치는 문화·지식산업인 것입니다.

광고산업은 적은 자본의 투자로써 부가가치를 극대화시키는 산업이기도 합니다. 자원이 빈약한 우리나라에서 이 같은 지적 산업이야말로 적극 장려되어야 할 부문이며, 정책적으로 보호·육성되어야 하는 가치 있는 산업인 것입니다.

그러나 이처럼 중요한 광고산업은 그동안 정책적 배려에서 소외된 채 그늘에 있었으며 사회적 인식도 아직까지 매우 후진적입니다.

우리 광고산업이 연간 1조원 규모로 성장했다고는 하지만 전문지식산업으로서의 내용을 제대로 갖추지 못했으며, 이제 겨우 발돋움 하는 단계인 셈입니다.

최근, 개방을 요구하는 미국 광고대행사들은 국내 대행사보다 역사가 100년이나 앞서 있으며, 자본은 물론 인력, 취급고, 수익 등 모든 면에서 훨씬 우위에 있다는 것은 주지의 사실입니다.

하지만 무관심 속에서 우리는 이만큼이나마 발전시켰고 그 큰 차이를 많은 노력으로 채워가고 있는 것입니다.

개방한다면 어떤 문제가 있나

1. 국내여건과의 심한 마찰 : 우리 광고산업은 그대로는 개방할 수 없는 독특한 상황에 있습니다. 그 하나가 매체의 광고단가를 정하는 데 기본인 공사제도의 부재입니다. 국제적 관례에 따르는 정상적인 거래는 합리적이고 과학적으로 광고단가가 책정되는 데서 출발해야 할 것인바, 공사제도가 없는 개방논의는 무의미하며 개방하더라도 많은 문제가 야기될 것입니다. 또한 한국방송광고공사의 운영 역시 쌍방적이고 광고산업 발전을 위한 형태로 개선되어야 막강한 외국대행사들과 심한 마찰을 피할 수 있을 것입니다.

2. 국내 광고산업에 타격 : 국내 광고산업은 그동안 그릇된 인식과 많은 제도적 어려움에도 스스로 발전해온 자생산업입니다. 정책적 배려가 없고 제도적인 개선이 이루어지지 않은 채 개방한다면 이제야 피어나는 국내 자생산업이 설 자리를 잃을 것이며, 우리나라 정보산업을 외국에게 손쉽게 넘겨주는 결과가 될 것입니다.

3. 국내 다른 산업에까지 여파 : 아직 소비문화가 제대로 정착되지 않은 우리나라에는 외국상품의 선호도가 매우 높습니다. 여기에 상품판매의 첨병인 광고가 개방된다면 비단 광고업계뿐 아니라 다른 산업에까지 심각한 여파가 미칠 것입니다. 더구나 외국상품의 광고자금이 국내판매 분에서 충당되는 것이고 보면 국내자금으로 외국상품을 뿌리내리게 하는 일이며, 우리 상품의 국제경쟁기반까지 약화시키는 결과를 초래할 것입니다. 따라서 광고시장의 개방은 국내소비자의 인식이 건전하게 자리 잡고 무역이 완전히 자유화된 후, 가장 나중에 거론될 성질입니다.

4. 문화와 매스컴에 큰 영향 : 광고는 문화를 창조하고 변화시키며 유지하는 문화적 상품입니다. 우리 광고가 국제경쟁력을 못 갖춘 이때 개방한다는 것은 문화적 상품을 외국에 양도하고, 문화의 생산수단과 자원을 내놓는 것과 다름이 없습니다. 즉 문화종속의 사태도 우려되는 것입니다. 또한 광고는 매체의 수입원으로서 언론경영과 직결됩니다. 이 재원의 많은 부분이 세계적 대행사에게 장악된다면 동남아 몇 나라의 선례처럼 언론에 미치는 영향도 간과될 수 없습니다.

5. 오히려 가중될 외채부담 : 광고산업에 대한 외국인 투자는 자본조달이라는 목적과는 먼 분야입니다. 광고대행업은 많은 자본이 필요치 않으므로 기술과 인력을 위주로

진출할 것이며 이익을 소중한 외화로 송금할 것이어서 현재 심각한 외채부담을 보다 가중시킬 뿐입니다. 또한 우리나라의 수출산업은 광고지원이 절실한 단계는 아니었지만 해외광고의 필요시에는 언제라도 불편 없이 외국대행사를 이용해 왔습니다, 따라서 시장개방으로 수출광고를 전적으로 맡기더라도 광고의 질은 크게 달라질 것이 없으며 오히려 모든 커미션이 그대로 외화부담이 될 것입니다. 더구나 그들의 목적이 국내시장 점유에 있는 이상 무역장벽 해소에 기여하는 바도 매우 단기적일 것입니다.

6. 별로 기대할 것 없는 KNOW-HOW : 현재 모든 국내대행사들은 일찍부터 세계 굴지의 대행사들과 호혜평등하게 업무를 제휴하고 있습니다. 그들의 KNOW-HOW는 국내환경이나 문화와는 이질적인 것이며, 기대할 것도 그다지 새로운 것이 아닌 것입니다.

지금 광고계엔 무엇이 필요한가

이상의 몇 가지 분석만으로도 다음과 같은 결론에 다다를 수 있겠습니다.

1. 개방 이전에 우리 광고산업이 국제수준의 경쟁력을 갖출 수 있도록 해야 겠습니다. 이를 위해 국내대행사, 제작사 등 전문용역업체들은 스스로 기술개발, 인재육성 및 경쟁력 제고에 최선을 다해야 할 것입니다.

2. 제도적인 개선이 이 노력과 함께 이루어져야 합니다. 광고산업의 체계구축에 있어 합리화의 바탕이 되는 매체의 효율측정 즉, 공사제도의 도입이 꼭 필요하며, 방송광고공사는 그 수입원인 광고산업에 대한 진흥에 많은 배려를 기울이는 방향으로 영업기조를 전환해야 할 것입니다.

3. 광고시장 개방은 아직은 시기상조이며, 세계 각국에서 광고산업에 대한 재평가가 이루어지고 있고 자국의 광고산업 육성과 병행되는 단계적 개방이 세계적 추세이므로 한국만이 개방을 서두를 필요는 없다고 생각합니다. 즉, 광고시장 개방은 무역이 완전히 자유화된 후에나 거론될 성질입니다.

4. 국가 · 사회적으로 중요한 광고산업을 우리가 이끌고 있다는 책임감으로 광고인들은 개인의 이익이 아닌, 전체의 이익을 추구하는 방향으로 시야를 넓혀 개방논의에 임해야 하겠습니다.

광고시장 개방에 관한 논의가 광고산업 발전을 위한 우리의 의지를 확인하고,

광고산업에 대한 재평가와 제도적 정립을 위한 필요성 인식의 계기가 되기를 모든 광고인들과 함께 희망하는 바입니다.

출처: 김석년 (1985. 11), 4-7면

Q 근데 어떻게 회장님이?

A 당시에 내가 광고협의회하고 광고업협회 회장이니까 그래서 (미국 쪽에서) 나를 타깃으로 했더라고요. 돌려놓아야 된다고 해서 나에 대해서 많이 알았고 USTR(United States Trade Representative) 쪽에 자문위원들한테 한국광고계에 대한 정보를 한국에서 가지고 갔더라고요. 한국 사람들 중에서도 정보 보내고 하는 사람들이 또 있었어요. 어떤 사람인지는 그때는 몰랐고 나중에 다 알았지만…. 그래서 긴밀하게 그쪽하고 연락하고 이야기가 거기로 다 들어간 거지.

Q 미국 측에서 회장님을 타깃으로 했으면 혹시 직접 만나 설득하거나 회유하려 하지 않았나요?

A 당시에 USTR하고 딜(deal)이 오고 가는데 미국대사관이나 USTR에 나와 있는 사람들이 만나자 했어요. 그 사람들 이야기가 '당신은 외국 광고에 대해서 이해도 하고, 외국 광고대행사들 하고도 친하고, 외국 광고대행사나 외국 프로덕션들 핸들링도 많이 하는데 왜 반대를 하냐?'고 했어요. 단도직입적으로 나한테 물어보고 그러더라고요. 나중에 누굴 통해서 들으니까 '저 사람이 국제적으로 교제가 많은 사람인데 지금은 맨 오브 투 페이스(man of two faces)다.'라고 말하는 소리를 들었어요.

Q 회장님 보고요?

A 네. 이중 안면을 가진 사람이라고요. 내 입장이 그렇게 된 거예요. 전 이중적으로 플레이를 하려고 한 것보다도 지연시키려고 한 거였는데.

Q 시장개방에 대한 한국 광고계의 입장은 어땠어요?

A 우리는 당시에 문공부 광고과하고 공동 작업을 해서 건의를 한 것이 개방을 늦

줘달라고 했어요. 우리 한국 광고산업이 조금 더 전문화되고 발전을 하고 기초를 다지기 위해서는 시간이 필요하다고 말이죠. 하루아침에 개방한다면 외국 광고대행사가 다 뛰어 들어올 테니까 시간을 벌자고요. 결국은 단계적인 방향으로 가는 게 좋지 않겠냐. 우선 일차적으로 소수투자를 하게 하는 거죠. 다음에는 다수 투자까지도 하게 하고, 광고대행사만이 아니라 관계있는 인더스트리, 그러니까 광고 프로덕션이라든지 그런 데까지 확산시키는 방향으로 가는 거죠. 단 미디어 쪽은 틀려요. 미디어는 정부의 언론정책하고 관련되는 거니까요. 한 10년에 걸쳐서 (시장개방) 시행을 안 시켰어요.

A 하여간에 지금 한국 광고계의 외국대행사들이 자리를 잡았는데 들어오는 방식이 대행사 비즈니스의 원리에 어긋나는 일이었어요. 광고주한테 어떤 브랜드의 광고비를 몇 년 동안 보장하겠느냐 뭐 이런 식의 딜(deal)을 했다는 게 못마땅해요.

Q 글로벌 기준에 맞지 않게 그런 식으로 한국으로 들어왔군요.

A 그거 외에는 한국에 들어올 방법이 없으니까 그 사람들이 그랬죠.

Q 외국 광고대행사의 국내 진입방식이 못마땅하다고 하셨는데….

A 1990년대부터 시작해서 한국 광고대행사가 몇 개 없고 합작회사들만 우후죽순 같이 생기는 시대가 됐어요. 난 사실 상당히 불만이었죠. 2000년대 후반에 들어서 외국과의 합작 형태가 상당히 이상한 형태였어요. 순수하게 프로페셔널 와이즈(professional-wise)하게 합작들이 추진된 게 아니라 외국계 광고대행사가 한국시장에 들어올 때 편법적인 방법으로 많이 들어왔어요. 크리에이티브 컴피티션(competition)을 한다든지 프로페셔널 컴피티션을 해서 정말 한국에 와서 장사를 하는 게 아니라 '어떤 그룹의 광고량이 얼마냐? 그러면 우리가 합작을 하는 대신 얼마나 주고 합작을 할 거냐?' 이런 딜(deal)을 외국광고대행사들이 많이 했어요. 세계적으로 유명한 큰 광고대행사들이라도 딜을 하고 여기 들어 온 것에 대해서 전 아주 불쾌하게 생각을 하고 좋게 안 보는 거죠. 그런 식으로 한국 광고시장에 진출하는 방법밖에 없다, 제일 빠른 방법이다, 이렇게 되니까 외국광고대행사들이 급속하게 빨리 배우더라고요. 외국광고대행사가 프로페셔널하지 못한 방법으로서 한국진출을 많이 했어요.

외국계 대행사 레오 버넷과의 합작 경험

한국광고 시장이 개방되자 독립광고대행사 선연을 경영하던 김석년 역시 이에 대응하지 않을 수 없다고 판단했다. 외국계 광고대행사가 단독으로 회사를 설립할 수 있을 정도로 한국 광고산업이 완전히 시장을 개방하기 전에 외국계 광고대행사는 한국의 광고대행사와 합작투자 형식으로 업무제휴를 하는 경우가 많았다. 단계적으로 광고시장이 개방되면서 한국 광고대행사들도 여러 가지 이유에서 외국 광고대행사와 합작을 시도했다. 김석년이 경영하던 선연도 레오 버넷과 합작을 추진한다. 한국의 광고시장이 단계적으로 개방되는 상황에서 장기적인 회사발전을 위해서 필요하고, 다른 대행사도 다 업무제휴를 하는 상황에서 뒤떨어지지 않기 위해서도 필요하며, 외국기업의 한국진출이 가속화되는 상황에서 외국계 회사를 광고주로 포섭하기 위해서도 필요하다고 보았기 때문이다.

김석년은 미국 대행사 중에서도 레오 버넷(Leo Burnett)을 좋아했다고 말했

외국계 회사인 필립스 서울 지사장과 업무협의 하는 모습

다. 그 이유는 레오 버넷이 다른 미국회사와 달리 너무 이익만 추구하지 않아 인간적이라고 느꼈고, 재정도 튼튼하고 전문적인 회사라고 판단했기 때문이다. 그리고 평소 친분이 있던 일본 레오 버넷과 홍콩 레오 버넷 최고경영자의 권유도 있고 해서 선연과 레오 버넷의 합작투자가 이루어져 1991년 레오 버넷 선연이 출범한다. 〈표 5-2〉와 〈표 5-3〉은 1996년과 2006년 외국계 광고회사의 한국진출 현황을 나타낸 것이다.

하지만 레오 버넷과의 업무 제휴는 기대에 미치지 못해서 결국은 1999년 결별하게 된다. 레오 버넷 본사의 조직에 변화가 있었던 측면도 있고, 외국계 광고대행사 입장에서는 한국의 합작회사가 별로 중요하지 않기 때문에 아무래도 우선순위에서 밀리게 되고, 한국 대행사의 입장에서도 기대만큼 그들의 선진적인 업무를 습득하는 측면이 부족했고, 어느 정도 지나자 외국계 클라이언트를 관리할 수 있는 능력도 향상되었다고 판단했기 때문이다. 하지만 실제로 한국 광고시장의 개방화 과정을 되짚어 볼 때, 한국 광고대행사의

표 5-2. 1996년도 다국적 광고대행사(합작회사 포함) 한국 진출 현황

광고회사(설립연도)	외국지분(%)	96년취급액(순위)	사원수
코래드 오길비 앤 매더(1989)	30	2,060억 원(5)	314
덴츠, 영 앤 루비컴(1989)	49	170억 원(34)	41
제일보젤(1989)	30	636억 원(13)	90
J. 월터 톰슨(1989)	100	263억 원(28)	47
맥켄에릭슨(1990)	51	409억 원(18)	71
DDB Needham DIK 코리아(1990)	49	220억 원(31)	45
서울 DMB&B(1990)	20	690억 원(11)	129
레오 버넷 선연(1991)	50	168억 원(35)	46
다이아몬드 베이츠(1996)	40	-	-
휘닉스 커뮤니케이션즈(1996)	50	-	-
EURO RSCG(1997)	60	-	-
오길비 앤 매더 서울(1997)	-	-	-
계(12개 사)	1683*	4,616억 원	

주 : *1683억 원은 주식지분에 의한 취급액.

출처: 신인섭 · 서범석 (2011), 419쪽

입장과 상관없이 광고시장이 완전개방이 되어 100% 외국계 광고대행사 설립이 가능해진 것이다. 외국계 광고대행사의 입장에서는 굳이 한국 대행사와 합작회사를 설립할 필요가 없어지자 합작회사를 해소하고 단독으로 자회사를 설립하게 된 것이 실제적인 이유일 수 있다. 실제로 레오 버넷은 레오 버넷 선연에서 선연이 가지고 있던 지분 50%를 매입하여 자사가 100%지분을 확보한 레오 버넷을 설립한다.

표 5-3. 2006년도 다국적 광고대행사(합작회사 포함) 한국 진출 현황

국내 진입 주요 다국적 광고회사 및 합작기업 현황(2006년 말 현재)						
투자 형태	광고회사명	합작회사		투자비율		등록일 (지분변동)
		국내사	외국회사			
합작 투자 (Joint Venere) (12개사)	하쿠호도 제일	제일기획	Hakuhodo Inc.	Hakuhodo Inc. 제일기획	51.0% 49.0%	1990.01.01
	리앤디디비	이용찬 外 대홍기획	DDB Worldwide Inc.	DDB 이용찬 外 5 대홍기획	54.0% 40.0% 6.0%	1991.01.01
	피디에스미디어	휘닉스컴	덴츠 The Leo Group	휘닉스컴 덴츠 The Leo Group	33.3% 33.3% 33.3%	1999.07.28
	유로넥스트	홍성욱 ㈜신성	Havas International	Havas International 홍성욱 ㈜신성	60.0% 20.0% 20.0%	1997.06.26
	비비디오코리아	아모레퍼시픽	BBDO Worldwide	BBDO Worldwide 아모레퍼시픽	70.0% 30.0%	1989.01.01
	에프씨비코리아	조관성	True North Holdings	True North Holdings 조관성	71.0% 29.0%	1990.01.01
	JWT 애드밴처	기타 개인	JWT	JWT 기타 개인	77.0% 23.0%	1997.04.23
	휘닉스 커뮤니케이션즈	홍석규	덴츠	홍석규 덴츠 기타	45.6% 45.6% 8.8%	1996.11.15

합작 투자 (Joint Venere) (12개사)	코래드	대우자판	GMH Ogilvy & Mather	대우자판 GMH O&M Worldwide	51.0% 48.0% 1.0%	1989.01.01
	웰콤퍼블리시스 월드와이드	박우덕	Publicis	Publicis 박우덕	70.0% 30.0%	1989.01.01
	에이블리	이주석	World Product Promotion	WPP 이주석	50.0% 50.0%	2003.01.14
	엠허브	구본용	GIIR	구본용 外 GIIR	49.4% 50.6%	2002.02.14
	알키미디어	정찬우 조선국	GIIR	정창우, 조선국 GIIR	49.0% 51.0%	2005.06.29
100% 외국자본 출자 (8개사)	레오버넷	-	Leo Burnett Worldwide	Leo Burnett	100%	1993.05.27
	엘지애드	-	GIIR	GIIR	100%	1989.01.01
	한국오길비앤매더	-	World Product Promotion	WPP	100%	1998.04.22
	그레이월드와이드코리아	-	Grey Advertising	Grey Advertising	100%	2000.08.16
	유니버셜 맥켄코리아	-	McCann Erickson	McCann Erikson	100%	1999.12.23
	금강오길비	-	(미)World Product Promotion	WPP	100%	1989.01.01
	옵티멈미디어 코리아	-	리앤디디비	리앤디디비	100%	2004.03.26
	TBWA코리아	-	TBWA Worldwide	TBWA	100%	1997.09.12

출처: 이명훈 (2008), 85-86쪽

Q 우리나라 광고회사들이 외국계 대행사와 합작을 하는 것이 얻는 것이 있으니까 하는 거잖아요. 어떤 것을 기대하는 건가요?

A 합작을 하는 첫째 이유는 뭐니 뭐니 해도 장기적으로 봤을 때 회사가 발전하기 위해서 외국 광고대행사하고 손을 잡아야 한다고 생각하기 때문이에요. 그렇지 않으면 순수 한국 광고회사가 되고 국제적인 문이 열리지 않는다고 생각하는 거죠. 그래서 국제적인 문을 열기 위해서 개방을 적극적으로 받아들이고 이점을 배우고

소비자 발전을 기하기 위해서 결국은 국제파트너를 구해야 한다는 거죠.

Q 그러면 예를 들어 레오 버넷이 원래 가지고 있던 글로벌 클라이언트들이 어카운트(account)가 되는 거죠?

A 네. 두 번째 이유는 큰 대행사가 다들 미국 광고대행사들 하고 손을 잡고 있으니 나도 손을 안 잡으면 시기를 놓치니까 나도 뭘 하나 잡아야 되겠다는 이유죠. 그래서 그냥 열심히 쫓아다니면서 하나 잡는 시기적인 필요성. 광고 대행사로서 프로페셔널 니즈(needs)도 있고 시기적인 타임으로 니즈가 있고요. 세 번째 이유는 어카운트를 늘려가는 데 한국시장이 국제화가 돼서 글로벌 마켓이 되가는데 외국 광고주도 취급을 해야 하니까요. 외국 광고회사하고 제휴를 해야 외국광고주들이 우리한테 올 수가 있죠. 그렇지 않고는 국제적인 에이전시가 많은데 우리한테 오겠어요? 그러니까 한국시장이 글로벌화 되니까 그중에서 하나를 잡자는 이유죠.

Q 특히 레오 버넷과 손잡은 이유가 있으세요?

A 레오 버넷은 시카고회사예요. 중부 그쪽에 미국의 단단한 미국 회사예요. 근데 거기 사람들이 스마트하고 상당히 좋아요. 나한테 레오 버넷을 소개시켜준 사람이 레오 버넷 재팬(Leo Burnett Japan)의 스키네지라는 회장이 있어요. 그 양반이 레오 버넷이 한국에 진출하고 싶어 하는데 어떻게 생각하느냐, 그러더라고요.

Q 일본은 레오 버넷 재팬으로 단독으로 진출해 있는 거죠?

A 합작회사로 들어갔죠.

Q 합작회사요? 레오 버넷이 그러면 어디랑 합작인가요?

A 교토하고요. 그 일본 회장이 나한테 만나자 그러더니 '레오 버넷이 한국에 진출하고 싶어 하는데 생각 없느냐?'하며 나한테 그걸 타진하더라고요. 그러면서 레오 버넷의 좋은 점을 이야기하고요. 미국회사 중에서 맥켄에릭슨(McCann-Erikson)이나 그런 회사들을 잘 알아요. 근데 맥켄에릭슨이나 이런 쪽에서는 성과만 따져요. 오리콤에서 일할 적에도 나하고 맥켄에릭슨하고도 보통 싸우지 않았어요. 총수입의 거의 반을 자기들이 꼭 가져가야 되는 걸로 알죠. 우리는 일 다 하는데 우리가 반을 받아야 하는 건데 말이죠. 처음에 계약이 잘못 되가지고 우리가 많이 주

고 그랬는데 그 다음에 그렇게 안줬더니 맥켄에릭슨에서 와 가지고 왜 돈 안내놓느냐 그랬어요. 맥켄에릭슨이라든지 미국회사는 움직임이 좋지 않아요. 근데 레오 버넷은 인간적이더라고요. 그 회사가 좋더라고. 그래서 내가 한번 레오 버넷을 구경을 갔어요. 회장하고 사람들도 좀 만나보고. 그런데 마침 아는 친구가 레오 버넷의 홍콩 지점장이었어요.

Q 홍콩 사람이에요?

A 아니요. 호주사람인데 미국으로 귀화해서 미국 사람이었지만 그 친구도 나를 알고 있었기 때문에 나한테 레오 버넷하고 한번 해보지 않겠느냐, 바짝 달려들더라고요. 사람들도 좋고 내가 생각하고 있었던 레오 버넷 이미지에 딱 맞고 그래서 합작하게 됐죠.

Q 레오 버넷과 결국은 결별하셨죠?

A 내가 얘기했지만 레오 버넷을 좋아했고 그래서 모든 게 잘됐는데 결정적인 것은 레오버넷이 변질됐다는 거죠. 1997년에 우리가 새롭게 출범을 해가지고 얼마 안 있다가 레오 버넷 내부에 쿠데타 같은 게 일어나서 레오 버넷을 장악하고 있었던 주역들이 완전히 바뀌었어요. 회사체제가 바뀌어서 아시아에 대한 정책이 분명치가 않았어요. 그래서 아시아에서 레오 버넷이 성공적으로 가질 못했어요. 내가 기대했던 만큼 국제적인 성과를 내질 못했어요. 결국 내가 레오 버넷한테 솔직히 헤어지는 게 낫겠다, 그랬죠. 그래서 해소를 시켜버렸어요. 그 다음에 선연에서 내가 손을 떼기 시작한 거예요.

Q 합작에 대해서 어떻게 평가하세요?

A 얼마 안 가서는 한국에서도 외국 시장을 다룰 줄 아는 실력이 늘어 가면 점점 케이스가 늘고 빠른 시일 내에 글로벌 브랜드를 쫓아서 제대로 역할을 하는 에이전시가 빨리 나오기를 바라죠. 근데 그것도 여러 가지의 조건이 구비돼 있으니까 시간이 좀 걸리겠지만 지금 벌써 한국 대행사들이 그렇게 움직이기 시작했어요.

Q 근데 회장님이 봤을 때 합작했을 때 생각보다 기대에 좀 못 미쳤어요?

A 난 합작했을 때 오히려 실망을 했어요. 광고 산업을 키워간다는 측면에서 우리가 가진 관점하고 우리야 현실적으로 로컬리티에서 여러 가지 그 프라이어티(priority)가 있는데 미국에 본사를 두고 있는 회사에서는 전 세계를 보는 입장에서 그런 거에 대한 이해가 부족해요. 그리고 뭐니뭐니해도 그쪽에 제일가는 프라이어티는 자기들의 글로벌 어카운트를 어떻게 핸들링 하느냐 이것이 첫째죠. 로컬 에이전시를 어떻게 키워 가느냐 이런 거는 그렇게 문제가 안 돼요.

Q 실무적인 걸로 했을 때 외국 대행사랑 합작하는 거는 프로패셔널한 업무처리라든지 크리에이티브라든지 선진적인 광고기법을 좀 배우자 이런 거였는데 그런 측면에선 어땠던 것 같으세요?

A 그런 측면에서 사실상 그렇게 성공적으로 하질 못했어요. 한국 에이전시들이 2006년 후까지 앞으로 조금 더 계속 될 텐데 많은 대행사들이 기존 합작선하고 다 이혼 상태예요. 그게 늘어가요. 외국대행사하고 합작해서 성과에 대해서 만족하는 것이 아니고 일시적으로 합작했다가 합작을 해소하고 별도로 다시 새롭게 방향을 정하고 있는 곳이 많아요. 외국대행사들도 한국대행사와의 합작에 대해서 자기 맘대로 되지 않으니까 그렇게 만족하지 않았고요. 한국대행사들도 외국대행사와 합작해서 그렇게 만족한데가 많지 않아요.

광고시장의 단계적 개방에 대한 소회

돌이켜 보건대 한국의 광고시장을 단계적으로 개방한 것이 과연 옳은 일이었는지에 대해서 의문을 갖게 되었다는 말을 김석년은 여러 차례 했다. 일시에 전면적으로 광고시장을 개방한 대만이나 동남아 광고와 비교할 때 오히려 광고 크리에이티브가 뒤처지는 것이 아닌가 하는 의구심이 든다는 것이다. 이런 생각은 현업에 있을 때도 피력한 적이 있다. 2004년 〈광고정보〉와의 인터뷰에서 대만이나 동남아와 비교해서 한국광고의 크리에이티비티가 떨어진다고 평가하면서 "외국계 대행사의 한국 진출이 크리에이티브 발

외국광고주 초청행사ⓐ

전에 자극이 되리라는 기대가 완전히 부서져 버렸어요."(지우학, 2004, 43쪽)라고 말했다.

하지만 대만이나 동남아 광고업계에는 토착 광고대행사가 광고산업의 주류로서 제대로 자리를 잡지 못하고 거의 몰락한 현실도 지적했다. 실제로 일찌감치 광고시장이 개방된 라틴아메리카는 1970년대 말에 이미 전체 광고대행사 중 60%가 다국적 광고대행사가 점유하고 있어 문화종속에 대한 우려의 목소리가 높았다(Tansey & Hyman, 1994).

1990년대 시작된 한국 광고시장 개방이 한국 광고산업에 미치는 영향은 아직도 진행 중이고 가변적이기 때문에 좀 더 지켜보아야 할 것이다. 한국 광고시장 개방에 대해서 전면적인 개방을 주장하는 논리적 근거는 이미 한국의 광고산업이 상당한 수준에 올라와서 경쟁력을 가지고 있고, 무엇보다도 재벌기업에 묶여 있는 계열 대행사(in-house agency)가 한국 광고산업을 주도하기 때문에 외국계 광고회사가 들어와도 별로 영향을 받지 않을 것이라는 낙관론이었다.

하지만 1990년대 말 한국경제를 강타한 IMF 외환위기는 그야말로 한국광고대행사의 전략적 변곡점을 이루었다. 전략적 변곡점(strategic inflection point)이란 사업 영역에서 거대한 변화가 일어나는 순간, 혹은 기존의 모든 규칙들이 급격히 그리고 영원히 바뀌는 순간을 말한다. 이명훈은 〈한국의 광고 2〉(2008)에 실린 '광고회사 : 전략적 변곡점을 넘어서'라는 글에서 한국광고 산업이 1990년대 말 IMF 외환위기를 겪으면서 바로 그러한 전략적 변곡점에 이르렀다고 진단했다.

함성원과 서상호(2011)는 광고시장이 개방된 1990년부터 2009년까지 20년 동안 다국적 광고대행사의 한국시장 진출 과정을 3단계로 정리했다. 1단계는 시장 개방되던 1990년부터 IMF 외환위기가 터지기 직전인 1997년까지이다. 이 시기에 다국적 광고대행사는 국내 대행사와의 업무제휴, 지분참여, 합작 광고회사 설립, 독자적인 광고회사 설립 등 여러 가지 방법으로 한국진출을 탐색하던 시기이다.

2단계는 외환위기가 발생한 1998년부터 대략 대기업과의 이면 계약이 끝나가던 2004년까지이다. 이 시기는 재벌그룹이 국내 대행사 지분을 다국적

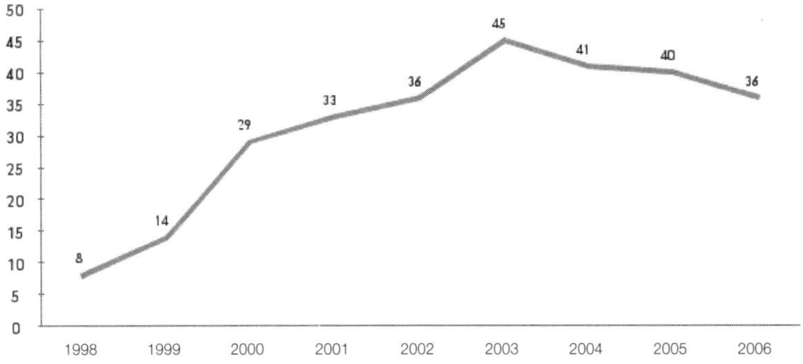

다국적 광고회사의 방송광고 신탁 점유율(1998-2006)

출처: 이명훈 (2008), 84쪽

대행사에 양도하는 현상이 심화되어 WPP그룹 등이 국내 광고대행사를 다수 인수하면서 광고회사가 대형화하고 집중화하던 시기이다. 2000년에는 46개 다국적 대행사가 국내 광고대행사와 업무제휴를 맺었고, 앞 〈그래프〉에서 보듯 2003년에는 국내 광고시장에서 다국적 광고회사의 시장점유율이 50%에 육박하기도 했다.

3단계는 2005년 전후부터로 대기업들이 계열 광고대행사를 다시 설립하기 시작하면서 다국적 광고대행사의 매출 순위가 10위 안에서 밀렸고 BTL 뉴미디어 전문회사의 국내 진출을 시도했다.

광고시장 개방은 1980년대 중반 이후 자유무역협정(FTA)으로 대표되는 시장개방 압력이 한국경제 전반을 강타한 현상의 일부분이다. 또 이미 1980년대부터 대규모 초국적 광고대행사가 국제적으로 팽창했던 세계화 현상의 일부분이다. 1980~90년대 대규모 다국적 광고대행사의 세계화 과정을 분석한 연구(Kim, 1995)에 의하면 아시아/태평양 지역과 동부 유럽 라틴아메리카에 가해진 시장개방 압력은 자국 내에서 실시하던 합병전략을 전 세계로 확장한 것이다.

따라서 광고시장 개방이 한국 광고산업에 미친 영향은 좀 더 거시적 차원에서 볼 필요가 있다. 더구나 다국적 광고대행사의 국내 광고시장 공략은 아직도 진행 중이기 때문에 단계적 개방이 옳았는지 전면적 개방이 옳았는지를 선불리 주장하기는 어렵다.

A 대만은 한 번에 손을 들었어요. 대만이 그냥 개방을 했어요. 1987년도 정도에 개방을 했어요.

Q 전면 개방을 했어요?

A 네. 그래서 외국대행사들이 다 들어오고요. 어떤 의미에서 대만 광고계에서 크레이티비티(creativity)가 많이 발전을 했어요. 그전에 우리보다 나을 게 없었는데

발전 많이 했어요. 한국 쪽에는 이런 발전을 좀 못한 거 아닌가 말이죠.

Q 그런 생각들 드셨다고요.

A 네. 그런 생각이 들어요. 특히 2000년대에 들어서 동남아들의 광고산업이 상당히 발전을 하고 크리에이티비티 쪽에서 태국이나 싱가포르가 발전을 하고요. 우리는 거기에 비해서 영 발전을 못하고 있는 거 아닌가…. 개방정책을 지연시킨 것이 오히려 늦지 않았나 생각돼요. 득과 실이 있는 거겠지만요. 한국 메이저 광고대행사들이 다 자리를 잡은 거는 득이죠. 대만에 가보면 메이저 대만 광고대행사는 없어요. 다 외국계 합작회사로 변해 버렸죠. 대만은 없지만 한국에는 있죠.

Q 동남아라든지 대만 예를 들으셨는데 돌이켜보니까 지연시킨 게 좋았던 것만은 아니지 않을까 이런 생각이 좀 드셨다는 거잖아요.

A 글쎄요. 아직은 해답이 덜 나왔다고 봐요, 지금 현재로서는. 크리에이티브 측면에서는 지연시킨 것이 좋진 않았죠.

Q 산업측면으로는 어떤 것 같으세요?

A 산업이라는 측면에서 한국 광고산업이 상당히 발전을 했죠. 그 사이에 외국 광고대행사의 셰어(share)가 늘어났지만 점점 외국 광고대행사나 외국 프로덕트를 맡고 있는 외국 광고대행사들이 있는가 하면 한국광고를 맡고 있는 포션(portion)은 일부에 한정돼 있고 대그룹은 한국 에이전시들을 재정비 해나가고 있고요. 에이전시 인더스트리의 구조로 봐서는 아직도 재평가 중이라고 봐요. 동남아 대만까지 포함해서 순수한 국내 에이전시들이 제대로 자리 잡은 데가 거의 없어요. 외국하고 합작 계통 아니면 외국 대행사들이에요. 그런데 일본하고 한국, 중국은 아직 인더스트리가 제대로 굴러가기에는 이르니까요. 한국대행사들이 요새는 거꾸로 글로벌화하려는 경향이 있어요.

Q 일본의 예를 들면 덴츠라든지가 일본 토착자본이잖아요. 덴츠가 지금 굉장히 글로벌해요.

A 아직 한국은 그 정도까지 아니죠, 미안한 말이지만…. 현대, 제일기획, 이노션, LG 같은 회사들이 외국광고의 글로벌 오퍼레이션까지 자기들이 맡아서 하는 경향

으로 가고 있죠.

Q 기본적으로 같이 가야될 것 같아요. 예를 들면 삼성그룹이나 현대그룹이 국제화가 돼야죠.

A 그럼 물론이죠. 그게 없으면 안 되죠.

A 사실 당시엔 말이죠. 광고산업이 규모면에서는 1980년대부터 급성장을 하기 시작하지만은 동남아시아에서는 말이죠, 광고들이 미국계 영국계의 에이전시와 미국식 영국식 패턴에 의한 로컬 미디어들이 있지만 매니지먼트나 패턴은 구라파 방식이에요.

Q 외국계 광고회사가 진출해 있어서요?

A 그런 시스템들이 벌써 움직이고 있었어요. 큰 회사들이 작은 지점들을 가지고 움직이고 있고, 침투돼 있었고, 개방돼 있었어요. 거기는 그전부터 독립해서 시장을 크로스 한 적이 없는 나라들이니까요. 외국의 영향권 안에 있는 나라들이니까요. 중국, 한국, 일본, 대만이 동북아적인 쇄국주의였잖아요. 그중에서 일본만 개방이 됐죠. 우리가 크리에이티브 면을 보더라도 동남아나 이런 데 비한다면 떨어지지 않아요. 그런데 거기서 외국광고 대행사들이 외국제품 광고하는 패턴은 우리보다 물론 앞섰죠. 그쪽 나라의 로컬 광고계 하고 우리 로컬 광고계를 비교했을 때 우리가 그렇게 떨어지진 않아요. 그쪽은 개방된 덕택에 빨리빨리 발전을 하죠.

Q 동남아 광고들 보면 주로 외국계가 많아서 서양식의 광고들이 많잖아요?

A 우리보다 먼저 터득을 했죠. 그럼요. 거기는 그랬으니까요. 거기는 경제계가 영국경제 패턴이죠. 싱가포르, 홍콩, 말레이시아, 인도 쪽은 영국 연방이니까요. 쉬운 이야기로 아시아에서 자동차 운전대가 왼쪽에 있는 나라가 몇 나라 안 돼요.

Q 하긴 영국식은 운전석이 오른쪽에 있죠? 일본은 영연방도 아니면서 오른쪽에 있고….

한국광고 시장개방 일지

1984.9 주한 미 상공회의소에서 "Opening the Korea Advertising Industry"라는 테마로 한국광고시장 개방 요구서 공표

1984.12 리차드 워커 주한 미 대사, 한미경제협의회와 한국무역협회 공동주최 오찬에서 "Trade Dispute In Perspective"라는 제목의 연설을 하고, 광고산업 개방과 관련된 문제 언급.

1985.2 한미통산장관 회의에서 미국 측 보험, 금융 등 서비스 분야 개방 요구

1985.3 경제기획원 해외협력위원회 기획단장 미국 방문 시, 미국 측에서 광고업, 회계, 운송 분야 한국시장 개방 추가 요구 및 외자도입법상 광고업에 관련된 법적 규제 조치 완화 요구.

1985.5 한미통상장관회의에서 미국은 보험, 금융 등 서비스 분야의 국내시장 개방 요구. 또한, 다국적 광고회사인 Leo Burnett과 J. Walter Thompson 등 2개사의 한국 내 지사 설치를 요구했으나 기각됨.

1985.6 미국에서 열린 GSP(일반 특혜관세 제도)공청회에서 JWT가 한국 내 지사 설치를 요청하고, 한국에서 광고업을 투자금지 업종에서 제외시켜야 한다고 주장.

1985.7 한국광고협의회 대정부 건의서 배포.

1985.9 주한 미국상공회의소「미국광고회사에 대한 한국 광고 시장 개방에 관한 건의서」제출.(국 · 영문 21페이지).

1985.10 한국광고협의회, 한국 광고시장 개방을 1990년 이후로 연기해야 한다는(시기상조이유)「한국광고시장 개방에 관한 건의서」제출.

1985.10 미국무역 대표부(USTR)는 통상관세법 301조에 의거하여 미국의 대외수출을 막고 있는 200여 가지 미국무역장벽 사례를 담은「무역추세보고서」를 작성하여 상원 재무위원회 제출, 동 보고서 중 한국관련 부분은 12페이지로 서비스 부문(광고업, 보험업, 영화업 등)장벽, 지적 소유권 미비 등 포함. 한국이 광고시장을 제한 없이 개방할 경우, 미국광고

업체가 20%시장 점유할 것으로 예상.

1986.1 한미무역실무회의 개최(워싱턴)

1986.5 서울에서 열린 「한미 GSP 회의」에서, 미국은 한국의 광고시장 개방 시기를 1987년 1월로 요구. 또한, 개방형태 면에서 지사 설치를 비롯한 합장투자, 적립투자 중 모든 형태의 투자 허용 요구.

1986.8 「한미 GSP 회의」에서, 미국은 광고시장을 개방하지 않으면 GSP 수혜폭을 그만큼 줄이겠다고 압력.

1986.11 미국광고 전문지 〈Ad Age〉 사설을 통해 한국 광고시장 개방 요구와 함께 미 통상 관세법 301조 제소문제 거론.

1987.1 한미무역실무회의에서 미국은 광고업, 화물운송업 등 서비스 시장 개방 요구

1987.4 한-미 상공장관 회의에서 미국은 88년 서울올림픽 이전에 광고시장 개방을 요구. 또한 미국광고업협회(AAAA; American Association of Advertising Agencies)가 자국 정부에 대해 '한국에 대한 슈퍼 301조의 발동'을 요구.

1987.4 한국광고협의회 제2차 건의서 제출.

1987.5 한국광고업협회 한국광고시장 개방 현안에 관한 건의서 제출

1987.6 워싱턴에서 개최된 한미경제협의회에서 개방시기 및 형태를 논의. 한국 재무부는 광고대행업을 네거티브 리스트에서 해제하고 1987년 10월부터 외국인 지분 49%의 허용 및 1990년 1월부터 과반수 주식투자를 허용하기로 합의.

1987.7 재무부는 광고 대행업을 외자도입 금지업종(Negative Item)에서 외자도입 제한업종(Restricted Item)으로 변경

1987. 7 광고시장 개방에 대한 부처간 이견 노출로 정책 결정에 진통(경제기획원, 재무부: 외국광고회사의 국내지사 설치허용, 문공부: 투자비율 49%로 제한하는 투자만 허용).

1987.10 외국 광고회사에 대한 투자 상한 비율을 49%로 허용하고 광고시장 부

분개방. 이에 대해 한국광고업협회는 〈한국광고시장 개방에 관한 건의서〉를 정부 및 관계 기관에 제출.

1988.1 재무부는 외자도입 인가지침에서 전문 종합광고회사의 국내 합작 비율은 50% 미만으로 허용

1988.4 광고시장 개방으로 합작회사 설립 붐이 일어나고 합작계획 추진이 됨
- 거손 Foote, Cone, & Belding
- 나라 JWT, DMB&B, HR&B, Ball Partnership
- 코래드 오길비&매더

1988.4 금강기획 국내 최초로 BSBW사와 90:10의 자본금 비율로 합작사를 설립하는데 합의.

1988.7 합작회사 및 자회사 설립계획 구체화
- 거손 FCB와 자본금 비율 70:30으로 계획
- 오리콤 HDM과 합작투자 합의
- 코래드 오길비&매더와 70:30으로 계획
- 제일기획 BJK & E와 합작 모색

1988.10 코래드, 오길비&매더와 합작회사설립(70:30)

1988.10 1990년 1월부터 외국인 투자비율을 50% ~99%까지 허용하고 1991년 1월부터 다국적 광고회사의 지사 및 자회사 설립을 허용하는데 미국측과 합의하고, 1991년부터 광고시장의 완전개방 발표.

1988.11 오리콤, HDM과 합작, HDM코리아 설립(오리콤 51% , HDM 49%)

1989.12 제일기획, 미국 보젤(BJK & E)합작으로 제일보젤 설립(제일기획 70%, 보젤 30%).

1990.1 광고 대행업에 99%까지 외국인 투자 허용.

1990.2 서울광고기획, 미국 DMB & B와 합작체결(DMB & B의 자본 20% 참여).

1990.5 크리월드, 미국 맥켄에릭슨과 합작, 맥켄에릭슨 코리아설립(크리월드 49%, 맥켄 51%)

1990.7 비즈니스월드 서비스, 미국 JWT와 합작, JWT코리아 설립(JWT93%, 비

즈니스월드 서비스 7%)

1990.12 정부, 광고 대행업을 투자제한 업종에서 자유업으로 변경.

1991.1 광고 대행업에 100% 외국인 투자 허용, 외국 광고회사의 자회사 및 지사 설립 허용

1993.2 한국CF제작사협의회는 "외국에서 제작된 외국 상품의 CF를 국내에서 방영할 경우에 발생하게 될 여러 가지 부정적 효과에 대하여 심히 우려된다"는 내용의 의견서를 공보처, 방송위원회, 한국광고업협회, 한국광고단체연합회 등에 제출.

1993.4 외국에서 완전 제작한 TV광고가 국내에서 처음으로 방영되기 시작(TV 광고제작 시장의 개방 효과)

1993.7 산업분류상 '옥외 광고업'과 '달리 분리되지 않은 광고업'에 대한 외국인 투자 허용 및 완전 개방

1994.6 '광고사진 촬영업'에 대한 외국인투자 허용

1994.7 한국CF제작사협의회는 〈광고 영화 시장 개방에 따른 문제점과 대처 방안〉이라는 건의문을 공보처에 제출.

1995.1 '광고물 제작업'과 '광고영화(TV-CM)제작업'에 대한 외국인 투자를 허용하여 광고제작 시장까지 개방함으로써 광고시장 개방 원년을 맞음.

1997.1 위성방송 개방으로 인해 광고시장의 완전 개방.

출처: 한국광고업협회 (2001), 64-70쪽

6장

세계를 무대로 누비다:
국제광고협회(IAA) 활동

1. 국제광고협회 활동의 시작

IAA에 대한 소개 및 IAA세계회장과의 만남

김석년이 동양인 최초로 국제광고협회(IAA) 세계 회장을 하던 시기는 그가 국제 광고계에서 눈부시게 활약하던 전성기이다. 국제광고협회(IAA)와 한국 광고인들의 인연이 깊은데, 한국광고사에서 세계광고협회가 차지하는 비중과 그 역할에 대해서는 신인섭과 윤태일(2011)의 논문 '국제광고협회(IAA) 한국지부 역사에 관한 탐색적 고찰'에 잘 정리되어 있다.

이 논문에 따르면, 국제광고협회 한국지부(IAA Korea Chapter)는 1968년 7월 결성되어 정부기관에 등록됨으로써, 한국 최초로 정부기관에 등록된 광고관련 단체이다. 오늘날 한국의 대표적인 광고단체인 한국광고총협의회의 전신 한국광고연구협의회가 1971년에 발족했으니, 1968년 당시 국제광고협회 한국지부 외에 다른 광고단체는 없었다. 따라서 한국에서 현존하는 가장 오래된 광고단체이다.

국제광고협회 한국지부는 50년 가까운 세월 동안 한국과 세계광고계 사이의 가교(架橋) 노릇을 톡톡히 수행해왔다. 특히 한국광고 산업이 본격적으로 도약하던 시기에 국제광고협회는 한국 광고인들이 세계광고계의 흐름을 엿볼 수 있는 창이었고, 세계광고계로 한국의 광고를 알리는 통로이기도 했

IAA 한국지부 확인증을 받았던 제6차 아시아 광고회의(1968년)©

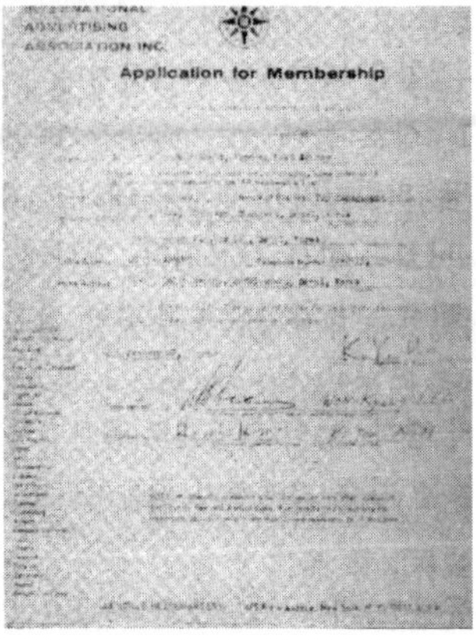

INTERNATIONAL ADVERTISING ASSOCIATION INC.

Application for Membership

오리콤의 IAA가입증ⓐ

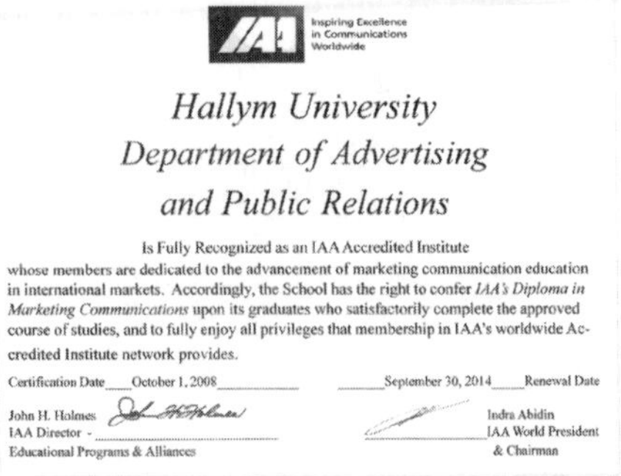

IAA Inspiring Excellence in Communications Worldwide

Hallym University
Department of Advertising
and Public Relations

Is Fully Recognized as an IAA Accredited Institute whose members are dedicated to the advancement of marketing communication education in international markets. Accordingly, the School has the right to confer *IAA's Diploma in Marketing Communications* upon its graduates who satisfactorily complete the approved course of studies, and to fully enjoy all privileges that membership in IAA's worldwide Accredited Institute network provides.

Certification Date October 1, 2008 　 September 30, 2014 Renewal Date

John H. Holmes, IAA Director - Educational Programs & Alliances 　 Indra Abidin, IAA World President & Chairman

국내 대학 최초로 IAA인증을 받은 한림대학교의 인증서

다. 동양인으로는 처음으로 김석년이 국제광고협회 세계회장을 역임하고 공로상과 명예회원을 받았을 뿐 아니라, 1996년 아시아에서는 두 번째로 IAA 세계대회를 서울에서 개최했다. 전 세계 57개뿐인 IAA 인증교육기관(IAA-Accredited Institute) 중 2개가 한국의 교육기관(KOBACO 광고교육원과 한림대학교)으로서, 코바코 광고교육원과 한림대학교는 지금도 IAA가 인증한 교육과정을 충실히 이수한 졸업생들에게는 IAA Diploma를 수여하고 있다.

국제광고협회는 1938년 10월 미국 뉴욕에서 창설되었는데, 그 당시의 원래 이름은 수출광고협회(Export Advertising Association)였고 현재의 이름으로 바뀐 것은 1954년이다. 2015년 현재 전 세계 76개국에 국제적 네트워크를 가지고 있으며 개인회원 및 단체회원을 포함해서 3,000여 회원을 보유한 광고계의 대표적인 국제기구이다.

한국에서 처음으로 IAA 회원에 가입한 광고인은 한국일보 광고국장 윤동현으로, 그는 1959년 회원으로 가입했고 1960년 9월에 한국최초의 광고 전문지 월간 〈새광고〉를 창간했는데 창간호에 IAA를 소개하는 글을 실었다. 1968년 IAA 한국지부 창설을 주도한 광고인은 서울신문 광고국장으로 초대

지부장을 했던 이윤수, 광고회사 S/K Associates 대표였던 미국인 스티클러(John C. Stickler)와 그 회사에 있던 최칠봉이었다(신인섭 · 윤태일, 2011). 1969년 1월 합동통신 광고기획실이 IAA의 정식회원으로 가입하고 그해 9월에는 도쿄에서 열린 제21차 IAA 세계광고대회에 대표단을 파견한 것으로 오리콤 사사는 기록하고 있다(두산그룹 사사편찬실, 1989).

본격적인 광고대행사도 변변한 것이 없고 광고의 산업적 기반도 채 닦이지 않았던 1960년대에 한국의 광고인들이 IAA에 가입하고 국제광고계의 행사에 참여하게 된 계기는 윤석태의 구술을 통해 잘 드러난다. 윤석태에 따르면 그가 대만에서 열린 아시아 광고대회에 참석했을 때 한국대표로 스티클러가 온 것을 보고 그 당시 대만 총통이었던 장개석이 왜 한국대표로 서양인이 왔느냐고 물어 심한 자괴감을 느꼈다고 한다(김병희 · 윤태일, 2011). 그때부터 한국 광고인들은 국제광고협회(IAA) 및 아시아 광고연맹(AFAA) 등을 통해 국제광고 행사에 적극 참여하면서 점차 세계 광고에 눈을 뜨기 시작했다.

IAA 한국지부는 창설 이후 광고관련 국제행사에 참여하거나 국제행사를 유치하고 주관하는 활동을 했고 그밖에도 세미나 개최나 보고서 발간 등 광고산업 발전을 위해 다양한 활동을 벌여왔다. 1968년 IAA 한국지부를 통해서 한국 광고비에 관한 자료를 뉴욕 본부에 보내서 IAA에서 출판한 세계광고비 자료에 실리게 되어 바깥세계에 처음으로 한국 광고계 현황이 알려지게 되었다(신인섭 · 서범석, 2011).

또 1970년대에는 IAA한국지부 월례회를 통해 광고 세미나를 개최하고, 외국의 광고인을 불러 초청 강연을 들었으며, 클리오(CLIO) 광고영화제 수상작을 상영하기도 했다. IAA가 발간한 광고관련 책자를 번역하여 소개하고, 외국에 한국광고에 대해 소개하는 일도 주로 한국지부를 통해 이루어졌다(신인섭 · 윤태일, 2011). IAA 한국지부의 가장 큰 사업은 광고관련 국제행사 참석과 개최였다. IAA 한국지부는 창설하던 해인 1968년에 말레이시아 쿠알라룸푸

oricom

컴퓨터 애니메이션과 비디오 특수효과 설명회 성료

L.A올림픽 기간중 방영된 CF하이라이트 시사회도

동경 IAA세계대회(1984년) 참가를 보도한 오리콤 사보

르에서 개최된 제6차 아시아 광고회의에 처음으로 참석했는데 그 당시 회의에 참석했던 신인섭은 부수상이 나와서 연설을 하는 것을 보고 영국 식민지를 겪은 동남아시아에서 광고인의 위상이 상당히 높다고 느꼈음을 토로했다(신인섭, 2005).

IAA 세계대회에 참석한 것은 1969년에 도쿄에서 열린 제21차 세계대회에서부터이고 1973년 더블린에서 열린 세계대회에서는 그 당시 오재경 지부회장이 참석하여 한국을 소개하는데 큰 역할을 했으며, 그 뒤로는 꾸준히 세계대회에 참석했다. 단순히 광고관련 국제행사에 참석하는 것에서 더 나아가 국제대회를 유치하고 개최했는데, 1984년 한국이 처음으로 주최하는 국제 광고행사인 아시아 광고회의(Ad Asia)를 개최했다.

아시아 광고대회가 열리던 1984년은 마침 IAA 세계대회가 일본 도쿄에서 열렸다. 김석년은 IAA 한국지부 회장으로서 아시아 광고회의를 홍보할 겸 프랑스 파리에서 열리던 IAA 지역회의에 참석했다. 그 당시 IAA세계 회장이 프랑스의 원로광고인 클로드 쇼베(Claude Chauvet)였는데, 오랫동안 프랑스에서 유학생활을 했던 김석년은 유창한 프랑스어 실력으로 그들과 쉽게 친해지게 된다. 그 결과 아시아 광고회의에 연사로 참석해줄 것을 요청하여 마침내 서울에서 열린 아시아 광고대회 때 IAA 세계회장이 참석을 했다. IAA 세계회장의 참석으로 사무총장도 같이 참석함으로써 아시아 광고대회에 처음으로 IAA가 공식적으로 참여하게 되었다.

IAA 회장단의 참석으로 서울 아시아 광고대회의 격이 높아지고, 한국 광고산업의 발전상을 세계 광고계 인사들에게 각인시키는 계기가 되었다. 무엇보다도 그동안 소원했던 아시아의 지역적(regional) 광고기구인 아시아 광고연맹(AFAA)과 세계적(global) 광고기구인 국제광고협회(IAA)가 상호보완적인 공존관계로 정립되는 계기가 되었다고 김석년은 의미를 부여했다.

A 1984년 봄에 아시아 광고대회를 열면서 재미있었던 것이 똑같은 해 가을에 IAA 세계대회를 일본서 유치를 했어요.

Q 국제광고협회 세계대회 말씀하시는 거죠?

A 네. 1984년도에 서울에서 아시아 광고대회를 하고 동경에서 몇 개월 차이로 대회가 열렸어요. 그래서 내가 IAA 쪽하고 구라파 쪽에 강사들도 유치할 겸 구라파 쪽 광고계 사람들에게 한국에서도 광고대회 한다는 것을 알리고 좋은 스피커를 끌어오기 위해서 구라파를 방문했어요. 그때 마침 IAA 지역회의가 불란서에서 열렸어요. 그래서 내가 거기 갔어요. 나로서는 IAA 세계 집행위원회에 IAA 한국 지부장으로 처음 참석 하는 거였어요.

A 그래서 거기를 가서 서로 인사 하고 보니까 당시 IAA회장이 불란서 사람이더

라고요.

Q 누구였는지 기억나세요?

A 세계회장이 미스터 클로드 쇼베(Claude Chauvet)라고 불란서에서는 아주 유명한 원로 광고인이었어요. 불란서에서 광고전문대학을 처음으로 만든 창설자예요. 그 양반하고 재미있게 이야기를 하고 급격하게 친해졌어요. 불어를 한다는 걸 제대로 써먹을 수 있는 기회였지요.

Q 당시 광고인 중에서 불어로 이야기할 수 있는 사람이 거의 없었죠?

A 한국 광고인들이 불어로 이야기할 수 있는 게 쉽지 않단 말이에요. 여행도 마누라하고 같이 갔었어요, 불란서에.

Q 전에는 같이 안 가셨어요? 사모님이랑?

A 그전까지는 같이 안다녔어요. 국제회의에 처음으로 같이 간 거예요. 온 사람들이 다 부인들하고 같이 오고 같이 얘기하고 그래서 한국 사람인데 부인은 영어하고 나는 영어, 불어 할 수 있었으니까요. 그 사람들 하고 옛날부터 친하게 지낸 것같이 친해질 수 있었고 그 사람들한테는 '오호, 한국 사람에도 이런 사람이 있었네.' 이렇게 된 거죠. 그래서 마침 세계회장한테 '지금 아시아 광고계하고 IAA가 서로 소통이 잘 안 된다. 이번 우리 대회에 당신을 게스트 스피커로 초대를 하고 싶은데 한국에 올 수 있느냐?' 그래서 그 사람한테 승인을 받았어요.

A 아침에 개회식하고 다음에 축사를 같이 제대로 해주는 걸로 해서 아시아 광고회의의 격도 높이고 외교적으로 좋은 제스처가 됐죠. 양 기관이 포지셔닝(positioning)을 하는 데 있어서 기초를 만들었고…. 세계 회장이 오니까 뉴욕에서 사무총장도 왔어요. 그 사람들이 처음으로 아시아 광고대회가 움직이는 걸 봤어요.

Q 이전에는 아시아 광고회의를 할 때 IAA쪽 사람들이 온 적은 없었어요?

A 없었죠. 세계회장이 오고 무슨 사무총장이 쫓아오고 그런 건 아니지요. 그래도 광고회의 그쪽 IAA 멤버 집행위원들이 한두 명 참여를 했지만 오피셜(official)하게 참여를 하는 건 처음이지요. 그래서 왔을 적에 우리가 상당히 예우도 했어요. 그 사람들이 볼 때 아시아 광고회의를 진행하는 거나 규모나 내용이나 이런 걸로 봐서

대단하단 말이죠. 이 사람들이 '한국 정말 놀랄 정도로 잘한다.' 이렇게 된 거예요. 그런 움직임 속에서 아시아 광고회의 속에서 한국이 포지셔닝을 해나가는 거예요.

IAA '올해의 인물'에 선정되다

김석년은 1984년 아시아 광고대회를 성공적으로 개최하면서 그해 국제광고협회로부터 아시아 광고발전에 기여한 공을 인정받아 '올해의 인물(Man of the Year)'로 선정되어 상을 받게 된다. 국제 광고분야에서 큰 역할을 수행한 광고인들에게 수여하는 '올해의 인물' 상은 1951년부터 시작해서 김석년이 수상한 1984년까지는 그 이름처럼 매년 수여했다. 그 뒤부터는 2년에 한 번씩 시상하면서 그 이름도 국제광고협회상(IAA Award)으로 바꾸었다.

아시아 광고인으로는 일본 광고인들이 3번 수상한 적이 있는데, 1961년 수상한 일본 광고대행사 덴츠 사장인 요시다 히데오, 1977년 역시 덴츠 사장을 역임한 바 있는 히비노 츠네지, 그리고 1982년 하토리 회사의 부사장인 하토리 레이지로이다. 따라서 아시아 광고인 중에는 4번째 수상인 셈이다. 김석년은 매우 영광스럽게 생각하면서 동시에 IAA에 마음의 빚을 갖게 되어 그

1984년 IAA '올해의 인물'로 선정되어 수상소감을 말하는 김석년

IAA 올해의 인물 수상식

후 IAA 활동을 열심히 하게 되었다고 말했다.

A 클로드 쇼베는 몇 년 전 작고할 때까지도 나하고 친하게 교류했어요. 가족끼리도 그렇고요. 동경 회의에서 그가 IAA 세계회장 자리를 영국 사람한테 넘겼어요. 그 영국 사람하고 회장하고 나하고 셋이서 보자고 그러더라고요. 그랬더니 대뜸 나보고 축하한다고 했어요. 그래서 뭐냐고 그랬더니, 참 좋은 소식이 있다고 그러면서 IAA는 당신을 올해의 인물(Man of the Year)로 하게 됐다고 그랬어요. 그래서 내가 한 일이 뭐가 있냐고 했더니, '당신이 아시아 광고회의에서 그만큼 역할을 했고 한국 광고에서도 그만큼 역할을 했으니 아시아에 세계대회가 열리는 것을 기회로 해서 아시아 사람을 뽑자고 해서 당신이 된 거다.' 이렇게 이야기를 하더라고요. 나로서는 어찌된 건지 몰라서 깜짝 놀랐죠.

Q 상을 받으시니까 어떠셨어요?

A 아마 광고계에서는 모스트 디스팅귀시드 어워드(Most Distinguished Awards)일 거예요. 사실 나한테는 엄청난 영광이기도 하지만 한국 광고계에서도 하나의 이벤트, 터닝포인트였죠. 사실은 그렇게 상을 받고 내가 IAA에 빚을 진 거예요. 그때부터 IAA에 진 빚을 갚기 위해서 IAA 일을 열심히 하게 된 거죠. IAA에

점점 끌려 들어가게 됐어요. IAA에 계속해서 빚을 갚다보니까 결국 내 일생에서 IAA가 상당히 중요해졌어요.

※ 국제광고협회상(IAA AWARD) 역대 수상자 명단

1951 Goar Mestre, Director General, Circuito CMQ, S.A., Havana Cuba

1952 Joshua B. Powers, President, joshua B. Powers Inc, New York

1953 Fitzhugh Granger, Manager, Merchandising Services Foreign Operations. International Harvester Co., Chicago

1954 Paul R. Kruming, President, National Export Advertising Service, Inc., New York

1955 W.B.B. Fergusson, Vice President, Colgate-Palmolive International, New Jersey

1956 Walter Sauer, Advertising Manager, Home Products International, Ltd., New York

1957 James L. Gilbert, Executive Vice President, International Advertising Association, New York

1958 Arthur A. Kron, President, Gotham-Vladimir Advertising, Inc., New York

1959 Sies W. Numann, Advertising Manager, Philips Gloeilampenfabrieken, N.V., Eindhoven, Holland

1960 Shirley F. Woodell, Vice President, J. Walter Thompson Company, New York

1961 Hideo Yoshida, President, Dentsu Advertising Ltd., Tokyo

1962 Braxton Pollard, Manager, International Advertisng Monsanto Chemical Co., St. Louis Missouri

1963 Dr. Rudolf Farner, Owner, Dr. Rudolf Farner Marketing and Advertising Agency, Zurich

1964 Armando Sarmento, President, McCann-Erickson, Inc., New York

1965 Dr. Francis Elvinger, President, Elvinger Advertising Agency Paris

1966 Arthur C. Nielsen, Sr., President, A.C. Neilsen Company, Chicago

1967 Samuel C. Johnson, president, S.C. Johnson & Son, Inc., Racine, Wisconsin

1968 J. Paul Austin, President, The Coca-Cola Company, Atlanta, Georgia

1969 R. David L. Dutton, Chairman, Leo Burnett-LPE International, London

1970 Tom Sutton, Executive Vice President-International, J. Walter Thompson Company, New York

1971 James O' Connor, Director, Institute of Practitioners in Advertising, London

1972 Dieter Volker, Director of Product Management, Henkel & Cie., GmbH, Dusseldorf

1973 A.J. F. O' Reilly, President, H.J. Heinz Company, Pittsburgh, Pennsylvania

1974 John W. Hobson, Chairman, Bates International-Europe, London

1975 Edward N. Ney, President, Young & Rubicam International Inc., New York

1976 Jacques B. Maisonrouge, Chairman, IBM World Trade Europe/Middle East/Africa Corp., Paris

1977 Tsuneji Hibino, Senior Counselor and Former President, Dentsu Advertising Ltd., Tokyo

1978 David Ogilvy, Founder & Creative Head, Ogilvy & Mather International, New York

1979 Dr. Max Gloor, Director, Nestle, Vevey, Switzerland

1980 Don Johnston, Chairman, JWT Group, Inc., New York

1981 Raymond F. Farley, President, S.C. Johnson & Son, Inc., Racine, Wisconsin

1982 Reijiro Hattori, Executive Vice President, K. Hattori & Co. Ltd., Tokyo

1983 Robert Keim, President, The Advertising Council, New York

1984 **Senyon Kim(김석년), Chairman, Oricom, Inc. Seosul**

1986 Rupert Murdoch, Chairman, The News Corporation, Ltd., Australia

1988 Helmut Sihler, President and CEO, Henkel KGaA, Dusseldorf

1990 Helmut Maucher, Chairman and CEO, Nestle S.A., Vevey, Switzerland

1992 Philip H. Geier, Jr., Chairman and CEO, The Interpublic Group of Companies, Inc., New York

1994 Sir Michael Perry, Chairman, Unilever Plc., UK

1996 Ted Turner, Chairman and President, Turner Broadcasting System, Atlanta

1998 Founders of IAA

2000 Sir Martin Sorrell, Group Chief Executive, WPP, London

2002 Carlos Ghosn, President and CEO, Nissan Motor Co., Ltd., Tokyo

2004 Sir Richard Branson, Chairman, Virgin Atlantic Airways, Ltd., London

2006 Maurice Levy, CEO, Publicis Group, Paris

2008 Tateo Mataki, Chairman and CEO, Dentsu Inc., Tokyo

2010 Simon Clift, CMO, Unilever Plc., London

2012 Indra K. Nooyi, Chairman and CEO, Pepsi Co., New York

2014 John Wren, President and CEO, Omnicom Group, New York

출처: 국제광고협회 (IAA) For the Record (www.iaaglobal.org/For-The-Record.aspx)를 바탕으로 자료추가

IAA에서 두각을 나타내다

IAA 한국지부의 역대 회장으로는 김석년 이전에 오재경과 이재항이 있었다고 기억했다. 그런데 신인섭과 윤태일의 논문(2011)에 따르면 IAA 한국지부 초대 회장은 1968년부터 1971년까지 이윤수가 맡았고 그 뒤를 이어서 오재경, 김석년, 이기홍, 김명하, 김판곤, 홍우식이 역임했고 2011년부터 2015년 현재까지 한국광고총연합회 회장인 이순동 회장이 IAA한국지부 회장을 겸임하고 있다.

김석년은 IAA 한국지부 회장으로 IAA에 적극 참여하게 되면서 IAA 회장 지명위원회의 위원으로 선임되어 일하게 되었다. 회장 지명위원회의 일원으로 IAA 차기 회장을 선출하는 회의에 참석을 했는데, 이때 지명위원회에 알리지도 않고 본부의 사무총장이 다음 회장을 이미 내정한 상태로 일을 진행하려 한 것을 알게 되었다. 이에 김석년이 업무 처리의 부당함을 지적하고 강력하게 항의하자 다른 IAA 위원들도 동조를 하게 되고 그러한 일이 IAA에서 화제가 되면서 자연스럽게 주목을 받기 시작했다고 전했다.

Q 그전에는 어떤 분이 IAA 한국지부 회장을 하셨죠?

A IAA 한국지부의 회장을 기독교방송 사장으로 계시던 오재경 씨가 해주시고 다음에는 오리콤 초대 사장하던 이재항 씨가 했어요. 그러다 이재항 씨가 그만두니

까 내가 회장을 맡게 됐었죠. 광고인으로서 국제적인 교류를 활발하게 하는 사람이 별로 없어서 자연히 내가 맡게 됐죠. IAA 본부이사가 돼서 여기저기에서 회의를 했어요.

A 다음 차차기 회장 지명위원회라는게 만들어져요. 내가 아시아 대표로 지명위원장이 되었어요. 근데 지명위원회가 부실하더라고요. 나한테 연락도 잘 안하고 말이에요. 1992년 스페인 바르셀로나 세계대회 때 가보니까 멕시코 사람을 지명한다고 하더라고요.

Q 차기회장을요?

A 네. 그래서 '내가 지명위원장인데 내가 모를 수가 있느냐 어떻게 된 일이냐?' 난 그거에 대해서 투표를 한 일도 없고 알지도 못하는 사람인데 말이죠. 그래서 정말 순진하게 항의를 했죠. 그 당시 사무총장이 일을 꾸민 것이라 사무총장하고 나하고 정면충돌을 하게 됐어요. 아시아 사람으로 지명위원장까지 만들어 놓고 일은 아무것도 안 시키고 현장에 가니까 벌써 누구 지명한다고 그러고. '니들 나한테 뭐 시킬 거냐고, 여기가 이렇게 운영되는지 몰랐다.' 말이에요. 항의를 막 했어요. 그때 뉴욕에 유명한 회사의 광고 담당 이사가 나하고 개인적으로 알던 친군데 그 친구가 '미스터 김이 이야기하는 게 맞다!' 그랬어요. 미국 사람 다음으로 차기 회장할 중동에서 온 사람 있었는데 그 친구도 옆에서 '미스터 김 이야기가 맞다!' 그렇게 이야기 했어요. 결국은 긴급이사회를 열어서 다시 선거를 했어요. 그런 소동이 한번 벌어졌어요. 그게 IAA 속에서는 상당히 화제가 된 거죠. 그래서 사람들이 나를 그때 주목하기 시작했던 거예요.

Q 일방적으로 하니까 거기에 딱 제동을 거신 거네요.

A 나하고 커뮤니케이션이 잘 안 됐던 거죠. 날 무시하고 자기들끼리 커뮤니케이션 하다가 내가 강력하게 항의를 했죠. '법은 법대로, 룰(rule)은 룰대로 지켜야 될 거 아니냐?' 구라파에 살아보고 그랬으니까 서양 사람들 사회도 좀 아니까요. '너희가 그런 거는 동양사람 경시풍조 아니냐?' 그러니까 내가 분명하게 항의도 해놓고 시정할 건 시정해야지 되겠다. 내가 이렇게 생각하니까 항의를 했죠. 웬만하면 사람들은 그대로 따라갔을 텐데 내가 그런 거 보고 못 참고 야단을 했죠. 그건 그

쪽이 잘못을 했죠.

중국과 대만 사이의 갈등을 조정하다

국제 광고 분야는 비즈니스와 관련된 비정치적인 영역이지만 정치적인 문제가 개입되는 경우가 많다. 아시아 광고회의에서 인도와 파키스탄이 카슈미르 분쟁 때문에 서로 갈등을 노정하여 국제회의에서 파열음을 내는 것처럼 중국과 대만도 국제 관계에서 갈등을 노정하여 주변을 당황하게 만드는 경우가 종종 있다.

대만이 점점 국제사회에서 그 입지를 잃고 중국이 대만을 대체하면서 중국대륙을 대표하는 유일한 국가임을 주장함에 따라 국제광고업계도 갈등을 겪게 된다. 김석년이 전하는 바에 따르면 1994년 멕시코 칸쿤에서 열린 IAA 세계대회에서 대만과 중국의 국기가 나란히 걸려있는 것을 보고, 중국 광고계 대표단이 대만의 국가자격을 문제 삼으며 대만 국기를 내릴 것을 요구했다. 요구를 들어주지 않자 중국 대표단이 세계대회에서 철수하는 사태가 벌어졌다.

이에 김석년이 세계회장으로 취임하는 서울 IAA 세계대회에서 이 문제가 다시 불거졌다. 대만과 중국이 모두 참석했는데 그 두 나라의 호칭을 어떻게 부를 것인가를 가지고 고민을 하게 된 것이다. 김석년은 올림픽 해결방식에 따라 중국은 People's Republic of China(중화인민공화국)이라는 정식 국호로 불러주고 대만은 Chinese Taipei로 호명하는 방안을 제시했다.

이에 대만 측 광고인들이 김석년에 대해서 매우 섭섭하게 여기게 되었고, 김석년도 오랫동안 친분관계를 유지하던 대만 광고인들에게 미안한 마음을 갖게 되었다. 국제광고대회에서 대만 대신에 중국을 선택할 수밖에 없었던 것은 중국의 경제나 국력이 아무래도 대만을 앞도하고 중국 광고산업이 성

중국에서 열린 국제광고대회에서 중국광고인과 함께

장함에 따라 IAA에서 중국을 포용해야 했기에 불가피한 선택이었다고 설명했다.

대만 광고인에 대한 김석년의 미안함은 나중에 대만에서 열린 광고대회에 참석했다가 총통을 만나면서 어느 정도는 갚게 된다.

한편 중국에서 열린 광고관련 대회에 참석했을 때 자신의 직책인 Chairman을 번역하여 김석년 주석(主席)이라 표시한 것이 매우 인상적이었다고 기억했다.

Q 인도와 파키스탄 못지않게 중국과 대만도 갈등이 많지 않았나요?

A 1996년 세계회장 취임을 서울의 IAA 세계대회 때 하는데 다 와야 했어요. 그래서 대만 대표단도 100여 명, 중국대표단도 100여 명, 한국에 다 들어왔어요. 근데 중국대표단 회장이 중국광고협회 회장이고 중국 정부의 상공부 부부장이에요. 여자인데 양 여사라고 유명한 분이었어요. 중국 리펑(李鵬) 총리하고 같이 젊었을

적에 모스크바 유학생이었어요. 그런 분으로 아주 뭐 대단한 여자예요. 근데 그 부인이 멕시코 칸쿤의 세계광고대회에서 퇴장을 한 적이 있어요.

Q 그건 언제 일이예요?

A 1994년 멕시코 칸쿤에서 열린 IAA 세계대회 때였죠. 그때에 멕시코 사람들이 회의장에 대만 국기를 붙여놨었어요. 마담 양이 들어오다가 그걸 보더니 '저런 국기가 어떻게 여기 있을 수 있느냐?' 그러더니 퇴장해버렸어요. 멕시코한테 이야기를 해서 밤사이에 그 국기를 내려버렸어요. 근데 결국은 중국대표단이 회의장이 안 나타났어요. 이게 국제회의 하는데 이런 골칫거리가 있어요.

Q 서울의 IAA 세계대회 때는 어떻게 하셨어요?

A 서울대회가 시작하기 전 날 이사회가 열렸는데 결론을 내렸어요. IAA가 대만을 참여시키는데 이름은 차이니스 타이페이(Chinese Taipei)라고 하기로.

Q 중국은요?

A 중국은 PRC, 그러니까 피플스 리퍼블릭 오브 차이나(People's Republic of China)라는 정식국호로 참여시킨다고 결정을 했어요. 대만 쪽에서 반대하는 사람도 있고 일본대표가 대만 쪽에 서서 반대하기도 하고요. 리즈너블(reasonable)하게 한다고 했는데 나중에는 그런 문제가 생기더라고요. 재미있는 거는 이번에는 중국에서 온 대표단은 다 참석을 했고 대만에서 온 대표단은 서울까지 왔지만 몇 명만 참석을 하고 나머지는 제주도 관광을 떠나버렸어요. 하여간 그런 뒷이야기도 있죠. 그러면서 중국문제가 해결이 돼서 그 후로는 중국은 PRC 대만은 차이니스 타이페이, 이렇게 하는 것이 국제관계에서 올림픽 솔루션(Olympic Solution)인데 오늘까지 통용되고 있어요.

Q 그때 대만 대신에 중국을 끌어안은 이유는 뭐죠?

A 중국의 광고산업은 점점 커지고 있고 '중국을 IAA 쪽에서 꼭 끌어안아야 되겠다.' 그렇게 생각한 거는 개인적인 의지보다도 전 세계의 광고계가 특히 미국, 영국 그런 구라파의 전체 광고계가, 그리고 아시아 지역의 광고계가 중국시장에 대해서 너무나 큰 관심을 가지고 있어요. '대만문제를 그렇게 해결하더라고 어떻게

든 중국을 포용해야겠다!' 이런 게 당시 세계적인 추세였어요. 그러기 때문에 내가 그런 결정을 할 수 있었고, 또 그렇게 한 것이 옳았다고 생각하죠. 그렇지 않고 세계적인 추세가 형성되지 않았는데 내가 독불장군으로 해결한 건 아니에요. 다 전체의 흐름이 있는 거죠.

Q 대만 광고인들이 상당히 섭섭하게 생각했다고 하셨는데, 나중에 어떻게 푸셨다고 했던가요?

A (대만 총통관저 오찬에 초대받아) 총통과 이야기를 하는 중간에 말했어요. '총통각하, 내가 한 마디 이야기할 게 있습니다. 기억하시겠지만 1960년대, 70년대를 거쳐 대만이 여러 가지 국제회의에서 거부도 당하고 참석하기도 힘들었고 아주 어려운 시기가 있었지 않았습니까? 아시아 광고회의가 1958년에 동경에서 주관을 했고 대만도 왔다가 쭉 돌았는데, 그 기간 중에 대만 깃대가 하나도 올라가지도 못하고 참석조차도 어려웠습니다. 그때 대만 광고인 한 명이 힘들게 관광 비자를 받아가면서 대회에 빠짐없이 참석했었습니다. 대단한 이야기 아닙니까? 여기 바로 총통 옆에 앉은 대만의 후 회장 이야기입니다.' 이러고 이야기를 했어요.

Q 그게 누구였어요?

A 대만의 후 회장이에요. 사람들 앞에서 내가 이야기를 했지요.

Q 총통에게요?

A 네. 총통한데. 후 회장이 옆에 앉았는데 어깨를 치면서 이야기를 했어요. 후 회장도 눈물이 글썽했어요. 이야기를 해주고 나는 그렇게 대만 광고인들한테 빚을 갚은 거죠.

Q 나중에 뭐라고 이야기 안했어요? 고맙다고?

A 나중에 후 회장이나 그런 사람들이 그런 이야기 할 사람은 당신밖에 없다고. 그 후로는 관계가 좋아졌어요. 그렇게 해서 대만정부에서 후 회장한테 훈장도 갔다는 이야기를 들었어요.

A 중국에서 국제 광고대회를 한다고 하면서 나를 초대했어요. 공동의장으로 초대

를 했더라고요. 체어맨(Chairman)이라고. 중국 사람들 몇 명이 의장석에 앉고 그러더라고요. IAA를 통해서 내가 대회에서 중국 사람들하고 발언권이 같이 있고 이야기가 되고 동양 사람으로서 이런 것도 이야기를 했어요.

Q 그때는 어떤 자격으로 가신 거예요?

A 거기서는 IAA 한국 대표로 갔는데 그때만 하더라도 중국광고계가 막 정립이 될 때였어요. 광고제를 했는데 대회 팸플릿을 보니까 대한민국 김석년 주석(主席)이라고 쓰여 있어요.

Q 주석이요?

A 네. 주석이라는 게 중국말로 의장이라는 뜻이더라고요. 주석이 여러 명이 있는데 김석년 주석은 대한민국이라고 적혀있었어요. 그때는 1992년 한중 수교 이전이라 중국에서 아직 대한민국이라고 호칭을 안 할 때예요. 정부에서 나오는 부총리가 나오더라고요.

2. 국제광고협회 세계회장 활동

IAA 세계회장으로 선출되다

활발한 IAA 활동으로 두각을 나타내던 김석년은 조금씩 회원들과 집행부로부터 주목을 받기 시작했다. 1990년 IAA 사무총장으로부터 아시아 태평양 지역 담당 부회장을 맡아 달라는 제의를 받고 부회장으로 집행위원회에 들어가 IAA 일을 하게 된다. 그 당시 중동 출신 광고인 무스타파 아싸드(Mustapha Assad)가 처음으로 차기 IAA 세계회장으로 선출되면서, 이제는 아시아 광고인 중에 세계회장을 할 때가 되었다는 공감대가 IAA 회원들 사이에 형성되기 시작했다.

그때 일본 광고회사 덴츠 회장인 코구레 고헤이(小慕剛平)가 유력한 경쟁자이면서 후원자이기도 했다. 김석년은 영어는 물론 프랑스어 일본어까지 구사할 줄 아는 유창한 외국어 실력과 여러 나라에 걸친 풍부한 인맥으로 경쟁자 없이 단독으로 지명되어 1996년부터 2년 임기의 세계회장으로 선출되었다.

실제로 IAA 회장을 하면 회장하기 2년 전에 수석 부회장으로 일을 하고, 회장에서 물러난 후에도 다시 2년을 전임 회장으로 봉사를 해야 하기 때문에 총 6년간 운영위원회에서 일을 해야 한다. 1994년 칸쿤에서 열린 IAA 세

1994년 멕시코 IAA 세계대회 때 차기 서울대회를 홍보하는 모습.
중앙에 한복을 입고 있는 이는 당시 IAA 세계회장과 부인

계대회 차기 회장으로 선출되어 수석 부회장으로 취임하면서 김석년은 국제 광고계에서 본격적으로 리더십을 발휘하기 시작했다.

그는 1996년 한국에서 열리는 제35차 IAA 세계대회를 앞두고, 세계회장으로서 재임기간 중에 역점을 두는 사업에 대해서 국내의 한 광고전문지와 인터뷰한 바 있다(오규숙, 1996). 즉, 내부적으로 광고의 자율성을 제고하여 책임을 다할 수 있도록 교육훈련에 역점을 두고, 외부적으로는 광고에 대한 이해를 증진시키며, 그러한 사업의 일환으로 '광고의 경제적 효과'나 '상업적 발언의 자유' 등을 주제로 국제적인 캠페인이나 심포지움을 개최하고, IAA 자원봉사자의 수를 늘리고, 상호간의 커뮤니케이션이 원활해질 수 있도록 IAA 관련 데이터베이스와 인터넷을 구축하겠다고 포부를 밝혔다.

그 당시 IAA 세계회장으로서 국제광고업계에 제대로 리더십을 발휘하겠다는 그의 포부와 기개가 결코 만만치 않았음을 짐작하게 한다. 실제로 1990년대 IAA 역사를 기술한 부분(www.iaaglobal.org/History.aspx)에 따르면, 광고의 경제적 효과에 대한 조사연구와 상업적 발언의 자유 및 소비자 선택에 관한 심포

※ 역대 IAA 세계회장

WORLD PRESIDENTS

1938~1940	Shirley F. Woodell	1940~1941	Peter S. Christie
1941~1942	J.J. Clarey, Jr	1942~1943	Frederick Moeller
1943~1944	J.J. Clarey, Jr	1944~1945	Robert H. Otto
1945~1946	Harley Lewis	1946~1948	Joshua B. Powers
1948~1949	Arthur A. Kron	1949~1951	William S. Honneus
1951~1953	Charles F. Rork	1953~1954	George H. Giese
1954~1956	Jere Patterson	1956~1958	George E. Kendall
1958~1960	Vincent Tutching	1960~1962	Elmo C. Wilson
1962~1964	C.R. Devine	1964~1968	Dr. Rudolf Farner
1968~1972	Jere Patterson	1972~1974	Goran Tamm
1974~1976	Joseph Novas, Jr	1976~1980	Hugh I. Holker
1980~1982	Mauro B.D. Salles	1982~1984	Claude Chauvet
1984~1986	A.E. Pitcher	1986~1988	Alexander Brody
1988~1990	Clay S. Timon	1990~1992	Roger Neill
1992~1994	Mustapha Assad	1994~1996	Luis Carlos Mendiola Codina
1996~1998	**Senyon Kim (김석년)**	1998~2000	Joe Cappo
2000~2002	David Hanger	2002~2004	Jean Claude Boulos
2004~2006	Michael Lee	2006~2008	Joseph Ghossoub
2008~2010	Indra Abidin	2010~2012	Alan Rutherford
2012~ 현재	Faris Abouhamad		

CHAIRMEN

1972~1976	Alfred L. Hollender	1976~1980	C. Robert Devine
1980~1984	Russell J. Melvin		

출처: 국제광고협회 (IAA) For the Record (www.iaaglobal.org/For-The-Record.aspx)를 바탕으로 자료추가

지움이 수행된 것으로 나와 있다.

A 그때부터 IAA 사무총장에게서 연락도 자주 오고 그랬는데, IAA쪽 아시아 지역 담당 부회장을 맡아 달라고 그랬어요.

Q IAA가 회장 말고 지역별 부회장이 있어요?

A 그렇죠. 아시아 태평양지역, 호주, 뉴질랜드, 거기부터 아시아 지역 전체. 그리고 인도 파키스탄까지.

Q 유럽지역도 부회장이 있나요?

A 네. IAA는 지역 부회장이 아시아태평양지역, 북미, 남미, 구라파, 중동 이렇게 5개 지역별 부회장이 있어요. 그 외에 무슨 담당 무슨 담당하고 다음에 선임 부회장이 있죠. 수석 부회장.

Q 부회장이 많네요.

A 그 위는 차기 회장이죠. 그래서 아시아 지역을 좀 맡아 달라고. 이야기도 오고 그러더라고요. 자연히 당시에 중국문제가 대두가 되고 이러니까 아무래도 내 의견을 많이 듣게 됐어요. 그래서 참여도 하고. 당시에 일본 덴츠 사장이 국제 감각이 있는 CEO였어요. 그 양반이 먼저 아시아 태평양담당 부회장을 했죠. 하여간에 집행위원회가 있어요. 부회장단하고 회장하고 집행위원으로 일을 하는데, 내가 1990년대부터 집행위원이 됐어요.

A 그래서 내가 주목을 받게 되고, 차기회장으로 지명된 사람이 있는데 처음으로 중동에서 나왔어요. 그 사람이 파리에서도 한번 자기가 저녁을 사더라고요. 그때 나한테 차차기 회장이 누가 지명 될지 안다고 그러더라고요. 그래서 나는 무슨 이야긴가 그랬죠. 그때 아시아에서 회장이 나온다는 건 아직 생각을 못했으니까요. 중동에서도 그때 처음 나온 거고요.

A 그땐 나도 모르게 자기들끼리 '아시아도 한번 해야 된다!' 이런 이야기가 나온 모양이에요. 사실은 그 당시에 내가 덴츠 사장한테 '당신이 먼저 하셔야지 될 게 아니냐? 회사도 크고, IAA하고 일본하고의 관계도 크고….'

Q 관계도 오래되고요.

A 네. 그 양반도 아시아 지역 부회장도 지냈고 상당히 열심히 한 분이고 인간적으로 훌륭해요. 그 양반이 그러더라고 나한테 '우선 첫째로 당신이 IAA와의 인연이 더 길었고, 일도 많이 했고, 국제문제에 대해서 아시아 지역에서 리더 역할을 했고,

불어도 하고 일본말도 하고 영어도 하고, 그러니까 당신이 해야 된다.' 그리고 '덴츠 사장이라는 게 보통 바쁜 일이 아닌데 내가 그걸 어떻게 하느냐.' 그러더라고요.

Q 외국어는 능통했나요? 덴츠 사장은 영어라든지 다른 외국어는 어땠어요?

A 통역하지만 그렇게 잘하진 못했어요.

Q 아무래도 언어가 굉장히 중요하겠어요.

A 그럼요, 중요하죠. 영어랑 불어를 한다는 거 일본말을 한다는 거 때문에 일본도 나를 적극적으로 밀었고 아시아는 내 친구들이 많으니까 그 친구들이 다 밀고 중동에서도 나를 밀어줬어요.

Q 그 회장이 또 이렇게 밀어준 셈이네요.

A 그 다음에 중요한 게 구라파가 불란서 사람들이 물론 날 밀었지만은 그거보다도 영국 친구들이 날 밀었어요. 내가 좋은 영국 친구들이 많았어요. 또 동구라파 친구들도 있었어요. 그때는 소련이 망하면서 개방되는 시기였어요. 폴란드 친구는 언제든지 불어만 하더라고요. 미국 친구들도 좀 있었고요. 그래서 회장이 됐어요.

IAA 세계대회의 서울 개최

김석년이 IAA 회장 임기가 시작되던 1996년에 '한국 광고역사상 가장 중요한 국제행사'(김병희, 2011, 150쪽)인 제35차 IAA 세계대회가 서울에서 개최된다. 대회 자체에 대해 김석년이 세세하게 언급하지는 않았지만, 그 당시 언론보도와 대회유치 비화와 대회 기간의 업무에 대해서는 그동안 그 일에 관계했던 사람들의 구술이나 기록을 통해 어느 정도는 파악할 수 있다.

신인섭과 윤태일(2011) 논문에 따르면, IAA 세계대회의 한국유치는 1993년 6월 파리에서 결정되었다. 당시 김명하 코래드 부사장, 김석년 선연 회장, 그리고 윤석태 세종문화 사장이 파리로 가서 프레젠테이션을 했다. 윤석태는 한국을 소개하는 영상물을 만들고 김명하는 프레젠테이션 자료를 60부 복

1996년 서울에서 열린 IAA 세계대회 모습

사하여 준비해서, 덴마크를 포함하여 4개국이 경합하는 경쟁 프레젠테이션에서 승리하여 한국으로 유치하게 되었다.

또 1996년 한국에서 열리는 IAA 세계대회를 홍보하기 위해 바로 직전 대회인 1994년 멕시코 칸쿤의 제34차 IAA 세계대회 마지막 날 밤에 '한국의 밤' 행사를 열고 초청 연설을 했다. 이때 김명하 IAA 세계대회 조직위원장이 짧지만 강렬한 60초 연설로 박수갈채를 받았고, 미스코리아 후보 40여 명이 무대에 나와 한국으로 초대하는 춤을 추면서 분위기를 달궈 모두가 삼바 춤을 추는 멋진 파티를 연출하였다(김병희, 2011).

1996년 6월 9일부터 12일까지 '비전: 멀티미디어 세계에서의 소비자들과의 접촉'이라는 주제로 서울 삼성동 코엑스 행사장에서 열린 제35차 IAA 세계대회는 성공적이었다. 한국을 포함해서 49개국에서 2,386명이 참가하여 IAA 역사상 최대 규모였고, 처음으로 일체의 발표를 VTR테이프로 남겼다. 김석년이 아시아 최초로 세계회장으로 업무를 관장하게 되었고, 대통령이 광고대회에 축하 메시지를 보내고 광고인이 청와대를 방문하여 대통령을 예방했다. 이는 한국광고사상 처음 있는 일로, 한국광고계의 위상이 국내외적으로 그만큼 높아졌음을 웅변했다(신인섭 · 윤태일, 2011).

IAA 세계대회와 관련한 김석년의 직접적인 언급은 IAA 세계회장으로 연설했던 대회사나 그 당시 언론과의 인터뷰를 보면 어느 정도 알 수 있다. 그는 대회사에서 IAA 세계대회가 일본에 이어 이제 아시아에서는 두 번째로 한국에서 열리게 된 것은 세계광고 산업에서 아시아 태평양 지역의 기운이 상승하고 있음을 모두가 인정한다는 의미라고 해석했다. 특히 멀티미디어와 관련된 이 대회의 주제는 이제 멀티미디어가 광고인이 섭렵해야 할 매체의 형태가 매우 다양해질 것임을 암시한다고 주장했다. 또 광고전문지와의 인터뷰에서 세계광고대회 개최로 한국에서 광고에 대한 인식을 개선하는 계기가

※ 역대 IAA 세계대회

1~13회	1945~1961	New York	14회	1962	Chicago
15회	1963	Stockholm (first in Europe)	16회	1964	New York
17회	1965	Paris	18회	1966	Mexico City (first in Latin America)
19회	1967	London	20회	1968	Berlin
21회	1969	Tokyo (first in Asia)	22회	1971.6.16~18	Estoril
23회	1973.6.6~8	Dublin	24회	1974.5.23~25	Tehran
25회	1976.5.18~22	Buenos Aires	26회	1978.5.16~19	Copenhagen
27회	1980.5.19~23	Durban	28회	1982.5.24~28	Sao Paulo
29회	1984.10.2~5	Tokyo	30회	1986.5.26~30	Chicago
31회	1988.5.1~5	Sydney	32회	1990.6.10~14	Hamburg
33회	1992.9.28~30	Barcelona	34회	1994.5.15~18	Cancun
35회	**1996.6.9~12**	**Seoul**	36회	1998.5.10~13	Cairo
37회	2000.6.6~9	London	38회	2002.5.19~24	Beirut
39회	2004.9.7~10	Beijing	40회	2006.3.21~23	Dubai
41회	2008.4.7~9	Washington, DC	42회	2010.5.12~14	Moscow
43회	2014. 5.8 - 10	Bejing			

출처: 국제광고협회 (IAA) For the Record (www.iaaglobal.org/For-The-Record.aspx)를 바탕으로 자료추가

되고 광고계가 모두 힘을 합쳐 한국 광고산업의 합리화와 과학화를 이루는 획기적인 발전의 계기가 될 수 있으리라 기대했다(오규숙, 1996).

그런데 그로부터 꽤 시간이 흐른 이후 세계광고대회 개최 후의 한국광고계에 대해 성찰하면서 그는 세계광고대회가 한국 광고계에 미친 영향이 기대에 미치지 못했음을 아쉬워했다. 한국 광고계가 IAA 세계대회 개최를 계기로 더욱 발전하고 IAA 활동이 더 활발해질 것으로 기대했으나 오히려 그 활기를 잃어갔다고 평가했다. 이것은 한국뿐 아니라 다른 나라에서도 큰 대회를 치루고 나서 겪는 일종의 '대회 후 증후군'과 비슷하다고 보았다. 대회를 하면서 한국의 광고 활동이 더 체계화되기를 기대했으나, 코바코(KOBACO) 교육 이상의 수확을 얻진 못했다고 아쉬움을 표했다.

Q 1996년에 서울에서 치러진 IAA 세계대회는 성공적이라고 했는데요?

A IAA 세계대회나 이런 큰 대회 끝나면 포스트 콩그레스 심톰(Post Congress Symptom)이라 그러죠.

Q 대회 후 증후군인가요?

A 그렇죠. 그게 뭐냐 하면 콩그레스를 할 때까지는 지부가 커져가지고 지부에 연속적으로 돕고 참여하고 다해요. 그게 끝나고 나면 점점 줄어들어요. 그래서 회원 수도 줄어들고. 대회를 통해서 더 커져야 되는데 그렇지가 않아요. 그걸 통해서 IAA가 이제 많이 알려지면 광고인들이 더 덤벼들고 IAA 활동이 체계화되고 이런 게 되야 하는데, 그거 끝나니까 IAA가 점점 힘이 없어지는 거예요.

Q 오히려 그때 이후로 흐트러진 것 같으세요? 왜 그럴까요?

A 소위 후기증상이라 그래요. IAA를 한국에서 인식하고 IAA를 통해서 배운 한국광고산업이 가야 할 길 모색을 위한 하나의 도구로 생각을 하는 거죠. '광고산업의 위상을 향상한다, 광고에 대한 인식을 개선한다, 한국 광고계가 보다 전문적으로 스텝 업(step-up)한다, 광고계가 사회적 책임을 다하기 위해서 의식을 새롭게 하고 기여를 하고 자율심의기구를 강화해야만 한다, 교육을 체계화한다 등' 이

런 후속 작업들이 있어야 되는데, 그 후에 된 거라고는 결국 코바코의 교육 하나 된 거밖에 없어요.

Q 그게 그때 이후에 된 거예요?

A 네. 결국은 그 후에 그런 것이 안 됐어요. 그게 제일 섭섭하고 가슴 아픈 일이에요. 도약을 위해서 우리가 받아드릴 스텝을 준비한 것인데….

1996년 서울 IAA 세계광고대회 개황

1996년 6월에는 서울 코엑스에서 제35차 국제광고협회(IAA) 세계광고대회가 개최되었다. 한국에서 처음으로 개최된 이 대회에는 49개국에서 2,385명이 참가해서 IAA 역사상 최대 참가기록을 세웠다. 아울러 대회 기록을 모두 녹화해서 VTR 테이프로 보존하는 첫 대회가 되었다. 제35차인 이 대회는 성공리에 끝났다. 4일에 걸친 대회의 개황은 다음과 같다.

대회개관

1. 대회명칭
- 국문 : 제35차 IAA 세계광고대회
- 영문 : 35th IAA World Advertising Congress
- 통칭 : 서울세계광고대회 · Seoul Congress

2. 대회 목적
- 국내 광고산업의 위상 제고
- 동 · 서양 마케팅 커뮤니케이션 전문가의 토론을 통한 지식 및 경험 교류
- 한국 광고산업의 세계화 기반 조성 및 국제 경쟁력 강화
- 정보고속화 시대에 대비하여 멀티미디어 및 하이테크의 Demonstration 실현

3. 개최 시기 및 장소
- 개최 시기 : 1996.6.9(일)~12(수)

• 개최 장소 : 서울 삼성동 한국종합전시장(KOEX)

4. 대회 특징

1) 등록인원 및 행사규모 면에서 역대 IAA 광고대회 사상 최대의 행사였다.

• 등록인원 : 2,358(49개국)
• 부대행사 : 광고 4개 단체 전시회 및 세미나
• 국제 매체 전시회
• 멀티미디어 시범 룸
• CLIO 수상작 시사회

2) 세계 광고업계 저명연사 및 VIP가 대거 참여하였다. 김영삼 대통령의 축하메시지가 있었고 대표들의 청와대 방문이 있었다.

■ 주요 연사 · 참석자 : Martin Sorrell WPP 회장(영국), Bill Lynch Leo Burnett 회장(미국), Michael Bungy Bates 회장(미국), Keith Reinhard DDB Needham 회장(미국), 코구레 고헤이(小慕剛平) 덴츠 회장(일본), 이소베(磯部) 리츠오 하꾸호도 회장(일본), Urban Lehner Asian Wall Street Journal 편집국장, Zhu Xinmin 인민일보 논설위원 겸 비서장(중국), Joe Cappo IAA 차기 회장

3) 뉴미디어, 멀티미디어에 대해 집중 조명하였다. 대회주제, Sub-title 및 프로그램의 성격이 뉴미디어, 멀티미디어에 초점을 두었으며 참가자들이 직접 참여할 수 있는 멀티미디어 데몬스트레이션 룸을 운영하였다.

4) 학생 및 교수가 대거 참여하였다. 학생 548명, 교수 111명 등 총 659명이 참석하여 산학협동의 기회가 되었다.

5) 범한국 광고업계가 동참하여 대회를 준비, 진행하였다. 광고 관련 13개 단체장이 참여하여 운영협의회를 구성하였으며 광고주, 매체사, 광고회사 중역들로 구성된 14개 분과위원회가 운영되었다. 광고업계에서 행사 진행요원을 수급하여 광고회사, IAA 주니어 회사, 광고 전공 대학생 등이 자원봉사자로 참여하였다.

운영은 14개 분과위원회로 조직 된 조직위원회가 했다. 조직위원장은 김명하 코래드 사장이었고, 사무총장은 신인섭이었다.

출처: 신인섭 · 서범석(2011) 433-434쪽 내용 일부 수정

IAA 세계회장의 국제 업무

국제광고 기구로서 IAA의 업무가 많기 때문에 김석년은 회장 재임기간 중에 열정적으로 세계를 돌아다니며 세계의 광고산업을 육성하기 노력했다. 재임기간 중에 70개국 이상을 방문했고 그 결과 항공 마일리지가 100만 마일에 육박할 정도였다고 한다. 이미 광고산업이 상당히 발전한 서유럽 등의 광고 선진국보다는, 특히 광고산업이 이제 막 정착되고 성장하기 시작하는 광고 신생국을 지원하기 위해 애썼다. 1990년대 공산주의가 붕괴되고 새로운 자본주의 경제체제를 받아들이기 시작한 동유럽이 그 당시 IAA의 지원을 절실하게 원했기 때문이다.

실재로 그가 부회장 · 회장 · 전임 회장으로 6년간 IAA 세계본부의 집행부로 일했던 1990년대 IAA 역사에 대해서 IAA 홈페이지(www.iaaglobal.org/History.aspx)에서는 IAA가 '진정으로 국제적 확장이 일어난 1990년대(1990s: A truly international reach)'로 평가했다. 이때 세계회장의 출신국이 그동안 미국 일변도에서 호주, 중동, 남미, 아시아로 다변화되었고 회원 수도 훨씬 많아졌다. 1990년대 말에 IAA 회원은 전 세계 93개국에 걸쳐 개인회원 4,600여명, 지부(Chapters) 64개, 기업회원(Corporate members) 98개, 조직회원(Organizational members) 64개에 달했다.

이는 2015년 현재 76개국에 개인 및 단체 회원 포함해서 3,300개 수준에

불과한 것과 비교하면 훨씬 그 규모가 크고 활동이 왕성했다는 것을 알 수 있다. 김석년이 회장단에 속해서 왕성하게 관여하던 1990년대가 IAA로서도 가장 전성기였다고 할 수 있다. 이것은 그도 지적하는 바와 같이 1990년대에 소련을 비롯하여 동구 공산주의 국가가 붕괴하고 새로운 자본주의 경제체제가 전세계적으로 확산되면서, IAA에 대한 관심도 높아졌기 때문이라고 해석할 수 있다.

1990년대 세계회장으로 일하던 당시 김석년은 IAA가 진정한 국제기구로 제 역할을 다 하려면, 뉴욕본부 중심이 아니라 각 나라의 지부가 활발해야 한다고 믿어서 운영 시스템을 바꾸려고 노력을 많이 했다고 구술했다. 비서구인이 IAA 세계회장 업무를 수행함에 따라 기존 세력으로부터 견제를 받는 측면도 없지 않았다. 하지만 그는 이것을 서구 대 비서구의 대립이라기보다는 기존 시스템에 도전하여 개혁하려는 그의 노력에 대한 견제라고 이해했다. 따라서 세계회장으로서 열정적으로 일을 추진하다보면 어느 정도의 비

IAA 세계회장 재임 당시 세계 순방 중인 김석년

판과 견제는 감수해야 한다는 것이 그의 지론이다.

Q IAA 회장이면 상당히 바쁘셨겠어요?

A 내가 그때 지역에서 교육관계 전문 분야별 대회나 여러 가지 세미나, 포럼에 초대받아서 많이 갔어요.

Q 중요한 회의나 행사 때 IAA 회장으로 가서 오프닝을 하나요?

A 그럼요. 주로 가서 개회사 해주고 그러죠. 당시도 6년 동안 세계 각국을 돌아다녔는데 그땐 다 대한항공이니까 대한항공 마일리지가 100만 마일이 넘어요.

A IAA 세계회장 임기가 2년이긴 한데 앞뒤로 2년씩 더 하기 때문에 근 6년 동안 서비스를 해요. 일련의 자원봉사를 하는 거예요. 사실 엄청난 시간을 뺐기죠. 회의 말고도 여기저기 지역에 얼굴 내밀어야 될 일들이 많고 그래서 여행을 많이 하게 되요. 내가 아마 세계 돌아다닌 것만 해도 육천마일은 뛰었을 거예요. 그전까지 합치면 백만 마일 가깝게 뛰었어요. 나의 기록 중에 세계 각국에 있는 지부를 제일 많이 방문한 회장이라는 것도 있어요.

Q 방문하신 나라가 40~50개 되던가요?

A 지부가 73개 74개 됐었어요. 회원국이 칠십 몇 개 됐었고 챕터는 한 80~90개 이렇게 됐었죠. '뉴욕만 해가지고는 IAA가 아니다. 뉴욕에서 아무리 떠들어도 IAA가 국제기구로서 제대로 되려면 각 지부가 제대로 돼야 된다. 정말 IAA의 필요성을 단단히 인식하는 지부들이 많아야 된다. 그렇지 않고 뉴욕만 혼자서 이야기하는 그런 국제기구는 구실을 못하다.' 이걸 강조했죠. 어떤 지부는 세계회장의 방문이라는 게 한 번도 없었던 지부도 많아요. 뉴욕, 런던, 파리, 동경은 유명한 광고인들이 많이 가니까 갈 필요가 없어요. 그러나 그렇지 않은데 많이 가야 돼요. 내가 많이 가야 되겠다 생각한 거는 당시 동구라파가 해방이 됐단 말이죠.

Q 그렇죠. 그때 소련이 붕괴된 후니까….

A 그쪽에서 상당히 광고에 대해서 관심이 많아요. 그쪽에서는 IAA에서 와서 광고

가 뭐다, 광고 산업이 꼭 필요한 거다, 이런 거를 새로운 위정자들 그리고 사회지도층에 이야기를 해주길 바라고 있어요, 그쪽의 광고인들이, 그 사람들은 빠르게 발전하고 싶은데 공산주의 시스템 속에서 살던 사회지도자라는 사람들이 광고가 뭐냐, 자본주의도 익숙하지 않은데, 이렇게 생각해요. 그때 동구라파 나라들은 꼭 좀 와달라고 그래요. 동구라파 그렇게 멀지도 않은데 구라파 가는 길에도 들리고 그래야 해요. 여기저기 샅샅이 들러야죠.

Q 예를 들어 어디요?

A 폴란드, 헝가리, 체코슬로바키아, 유고슬라비아, 루마니아 이런 데죠.

Q 거기가 좀 활발한 편이었나요?

A 아 그럼요.

Q IAA 뉴스레터 온 거 보면 유럽이나 미국보다 동유럽이나 중앙아시아나 이런 데에서 많이 활용하는 것 같더라고요.

A 그런 사람들이 오히려 소위 이머징 인더스트리(emerging industry) 그런 나라들이기 때문에 거기 광고인들이 오히려 활발하고 많이 하려고 하고 광고산업을 빨리 업그레이드 하려고 국제적으로 협조를 얻고 싶어 하죠.

Q 회장님 같은 경우도 IAA에서 아시아인으로 처음 회장 하셨잖아요. 그 과정에서 미국이라든지 서구 중심이었을 텐데 고충이 있으셨나요? 그쪽에서 견제를 한다든지 하는 것을 느끼신 적 있으세요?

A 어떤 의미에서 많았죠. 그런 견제가 많이 들어왔고 또 알다시피 그동안의 IAA가 쭉 운영되어오던 시스템에 대해서 내가 상당히 도전을 했기 때문이에요. 그런 시스템을 부수려고 노력을 많이 했기 때문에 상당히 문제도 많았어요. 그렇지만 그것이 비서구인이기 때문에 그런 거는 아니에요. 한국 사람이기 때문에 그렇다고 해석하는 경향이 있는데 그런 게 아니에요. 어느 정도 비판이 나와야 해요. 사방에서 칭찬만 할 수 있는 건 아니니까요.

Q 어느 정도 그런 거는 다 감수를 하는 거네요.

A 네. 나도 그거 할 적에 나에 대해서 비판 있을 수 있고요. 유수한 광고 종주국들, 구라파의 큰 회사들이 전적으로 날 또 지원하는 케이스도 있었어요.

Q 비서구라서 그런 것 보다는 기존의 질서라든지 체제에 대해서 개혁적으로 바꾸려고 하는 것 때문에 반발이 있었다는 거군요.

A 뉴욕에서 IAA를 주물러 왔는데 그런 걸 부수기 위해서 내가 노력을 했어요. 그것이 결과적으로는 옳은 방향으로 정착이 됐어요.

Q IAA가 너무 서구 중심이었다는 것 말고도 바꿔야겠다고 생각하신 것이 있나요?

A 당시의 사무총장이 너무 개인적으로 좌지우지 하는 거요. '그러지 말고 합의체로 가야 한다, 너무 정치적이니까 그런 정치색을 없애야겠다, 너무 미국적이다.' 이런 것이 있었어요. 아시아, 아프리카, 중동지역은 비중이 없는 것도 그렇죠. 오늘날 와서는 아시아, 중동 사람들이 번갈아가면서 회장을 하게 됐지만요. 지금은 구라파 지역의 세력이 미국보다 훨씬 강해졌어요.

IAA의 체계 확립을 위한 노력

각 나라마다 광고산업의 발달 정도가 다르기 때문에 나라별로 직면하고 있는 광고 이슈가 다르다고 김석년은 보았다. 가장 광고가 발달한 미국 뉴욕의 광고업계가 직면한 이슈와 아시아나 중동에서 씨름하는 광고관련 문제가 다른 것이다. 따라서 국제기구라면 모름지기 그러한 다양한 상황과 이슈를 이해해서 지역별로 협조할 것은 서로 협조하게 하고 본부에서 지원할 수 있는 것은 지원해주는 방향으로 나가야 한다고 보았다. 그리고 각 지역별 광고관련 기구, 예를 들어 아시아 같은 경우는 아시아 광고연맹(AFAA)과 IAA가 긴밀하게 협조를 해서 상호보완적인 관계가 되어야지 서로 적대저이거나 경쟁적인 관계로 빠질 필요는 없다는 걸 강조한다.

국제 광고산업을 지원하는 국제기구로서 IAA가 특히 중점을 두는 것은 광고관련 교육과 광고규제에 관한 것이다. IAA체계 확립을 위해서 광고교육 관련 회의 등을 많이 개최했는데 이는 전 세계 광고인을 대상으로 한꺼번에 하는 교육 프로그램보다는 각 지역별로 실시하는 것이 더 효과적이라고 보았다. 아시아나 중동 등 지역마다 처한 상황이 다르기 때문이다.

세계 광고산업의 발전에 있어서 광고규제 문제도 심각한 문제다. 각 나라에서 요청하는 강연 주제 중 가장 많은 것이 광고규제에 관한 것일 정도로 이 문제에 대해 각 지부가 많은 도움을 필요로 했다. 나라마다 종교, 정치 등 색체가 다르기 때문에 그에 관련한 케이스를 수집하고 적용할 수 있는 방법을 모색하는 등 지원을 아끼지 않았다고 김석년은 구술했다.

Q AFAA와 같은 지역의 광고기구와 IAA 사이에 관계는 어땠나요?

A 아시아에서도 아시아 사람들이 협조하고 일을 해나가면서 국제적으로 필요한 거는 국제적인 기구에서 받아야 해요. 아시아끼리 상호 협조해야 될 건 아시아 연맹을 통해서 하면 되는 거예요. 그러니까 아시아 연맹하고 국제기구가 서로가 상호 보완적이어야지 서로가 적대시하면 안 된다는 얘기죠. 아시아의 IAA 활동을 IAA 각 지부끼리 또 아시아 연맹을 통해서 같이 협조하는 시스템이 강화돼야 해요. 중동도 그래요. 중동의 광고계를 리드하고 있는 레바논 출신 사람들. 그 사람들이 열심히 해서 두바이, 바레인, 쿠웨이트, 요르단, 이집트가 협조를 해서 지역별로 자기들이 문제를 이야기하고 국제회의 속에서 자기들의 위상을 점점 알려야 해요. 그래서 국제화되는 것이고 내용 있는 국제기구가 되가는 거죠. 그래서 내가 있을 때부터 시작해서 회장이 각 지역별로 돌아가는 체제가 정립이 됐어요. 그게 내가 시작 한 거예요.

Q IAA 인증 대학처럼 IAA가 광고교육을 중시하잖아요?

A IAA에서 중요한 게 교육문제예요. 내가 제일 먼저 기획해서 론칭을 한 것이 제1차 세계 광고교육 컨퍼런스예요. 쿠알라룸푸르에서 했어요. 쿠알라룸푸르에서 20

개국의 광고교육자들이 모인 교육관계 회의가 그 후에도 계속 되고 있었는데, 전 세계적인 규모보다 지역적으로 하는 것이 맞는다고 생각해요. 전 세계적으로 하니까 차원이 다르더라고요. 회의를 통해서 특히 중동지역 아시아 지역 교육관계에 대한 내용이 많이 향상이 됐어요.

A 그래서 광고계에서도 어떤 나라에서 새로운 법이 나온다 또 저런 법이 나온다 그렇게 되면 IAA로서 거기에 대해서 대항할 수 있는 방법이 뭐가 있겠느냐. 힘이 될 수 있는 방법이 뭐가 있겠느냐. 이런 거를 IAA가 연구를 많이 합니다. 그런 측면에서 상호협조가 많아요. 그것을 백분 활용하는 나라가 있고 등한시 하고 독자적으로 해나가는 나라가 있어요. 예를 들어서 내게 중동이나 아시아 국가에서 강연을 해달라고 그랬을 적에 제일 많은 주제가 규제문제예요.

광고산업의 개발도상국 지원하기

광고가 이미 발달한 서유럽 등의 선진국보다 후진국 및 신흥 산업국가에서 IAA에 대한 관심이 많고 지원해주기를 바란다. 실제로 IAA는 이제 광고가 막 성장하는 개발도상국에 많은 도움을 줄 수 있는데, 오히려 IAA를 제대로 활용하지 못하는 측면이 있다고 김석년은 보았다.

사회주의 체제가 붕괴되고 난 후 동유럽 국가들이 광고를 받아들이는 속도는 매우 빨랐고 이미 다국적 광고대행사가 발 빠르게 진출해 있었다. 그 나라에서 어떤 사람들은 자본주의에 대한 막연한 동경과 기대감을 가지고 있었다. 광고계 내부 인사 중에는 미리 광고를 잡아야 된다는 것을 알고 IAA에 조언을 요청하기도 했다. 그래서 김석년 IAA 회장은 폴란드 헝가리 등 동유럽을 방문해서 국회의원 등 고위 정치인들을 많이 만나 광고산업에 대해서 열심히 설명했다. 그리고 한국에서 겪었던 자신의 경험을 바탕으로 광고의 역할, 필요성, 대행사 인정 및 수수료 제도 등에 대해 강연했던 경험을 기억했다.

하지만 오래 전부터 자본주의 체제에 살던 사람들은 경쟁과 같은 자본주의의 이념을 자연스럽게 받아들이는 데 비해, 사회주의 경제 속에서 살던 사람들은 이해도 안 될 뿐더러 그 당시 스트레스를 많이 받은 것으로 보였다. 1990년대 중반 김석년이 보기에 그들은 자본주의가 되면 그들의 생활이 향상될 것이라고 막연한 기대를 하면서 자본주의에 대해 오해를 하고 있었다. 물론 어느 정도 시간이 지나 동유럽에서도 자본주의 체제가 자리 잡으면서 뛰어난 광고 크리에이터가 늘고, 광고 회사의 움직임도 활발해졌다고 평했다.

A 신흥 산업국가 그런 쪽에서는 IAA대해서 관심이 많죠. 'IAA를 열심히 활용하자!' 이런 나라들이 많고 선진국들 중에는 IAA 대해서 형식적으로 생각하는 나라들이 많아요. 동구라파 같은 데에서는 IAA에 대해서 관심이 많아요. '빨리 배워야 되겠다, 빨리 산업을 발전시켜야 되겠다, 그래서 국제적인 케이스를 많이 공부하고 협조를 받아야 되겠다.' 이런 게 많은 거죠. 사실은 IAA가 개발도상국들한테 힘이 될 수 있는 거죠. 그렇게 하지 않으면 국제기구가 뭐 때문에 필요하겠어요. 그런데 현실은 그렇지가 않고 오히려 발전한 나라들이 IAA를 잘 활용하지, 개발도상국들이 잘하질 못해요. 필요하긴 한데 어떻게 활용할지를 몰라요.

A 재미있는 문제가 뭐냐 하면 폴란드에서도 헝가리에서도 광고계의 지도자들이 상당히 정치적으로 움직이려고 하더라고요. 벌써 광고계 내부에서는 상당히 빨리 광고를 할 준비들을 진행하고 있는 거예요.

Q 그걸 잡아야 한다는 걸 미리 알고 있었다는 거죠?

A 네. 알고 있었고 그렇게 벌써 준비들을 하고 있었어요. 외국광고대행사들도 많이 몰려들어오고요. 그러려면 '매체와 정부에서 인정을 받아야 되겠다!'라고 생각했던 거죠. 아직도 정부의 파워가 있었기 때문이죠. 근데 정부의 광고 정책이라는

게 그 나라에 아직도 없어요. 그러니까 정부나 국회위원들 사이에서는 '광고가 뭐다, 광고가 왜 필요하다.'라는 인식이 잘 안 돼 있어요. 그런 문제는 한국에서 경험한 문제들이에요. 그래서 그 친구들이 나한테 의회에 광고의 필요성, 광고가 왜 나라에 필요하고, 발전을 해야 하고, 경제에 어떤 역할을 하느냐, 정부가 어떻게 지원을 해야 하느냐, 이런 문제를 이야기해 달라고 했어요. 스스로 경험을 해봐서 그거에 대해서 이야기할 수 있는 준비가 돼 있었기 때문에 가능했어요. 그래서 폴란드나 헝가리에 있는 국회의원들한테 갔죠.

A 젊었을 적에 서양에 가서 제일 재미있게 느낀 게 뭐냐 하면 영화관 같은데 가면 광고가 많아요. 근데 영화관 광고가 그렇게 재미있더라고요. 그와 마찬가지로 그 친구들도 광고가 상당히 흥미의 대상이 된 거죠. 동시에 자본주의에 대한 동경이 컸지만 그 속에는 많은 오해도 있었어요.

Q 오해요? 구체적으로 어떤?

A 자본주의 교육을 받거나 또는 자본주의를 생활 속에서 경험한 사람들이 아니니까요. 그러니까 자본주의 체제가 되면 하여간에 지금보단 나아지겠지 하는 막연한 기대와 오해도 많았어요. 사실 개개인한테 중요한 거는 체제가 어떻게 변하는

2015년 아시아 광고연맹(AFAA) '명예의 전당'에 헌액되며 트로피를 받는 김석년

것보다 자기들 생활에 있어서 경쟁력이 중요한 거 아니겠어요? 그게 문제가 되더라고요. 동구라파가 해방된 지 20년이 되니까 지금은 내가 보기에 많이 자본주의 체제로 된 거 같아요.

Q 벌써 한 세대가 됐겠네요. 20년이면 그때 태어난 사람들이 성인이 되니까요.

A 네. 그렇게 되니까요. 그래서 그런 나라들은 지금은 이제 광고가 20년 전에 비해 체계가 잡혔겠죠. 동구라파의 그런 현상, 중동 또 아시아 이런 데가 점점 두각도 나타내고 요새에 와서는 동구라파 출신의 크리에이터들도 많이 생겼어요.

차기회장 추천과 은퇴, 그리고 이어지는 공로상

김석년은 자신이 운영하는 광고대행사 선연의 합작 파트너를 시카고의 다국적 광고대행사인 레오 버넷(Leo Burnett)과 정할 정도로 뉴욕보다는 시카고의 광고인들과 더 친분이 있었다. 그래서 시카고에 본사를 둔 미국의 광고전문지 〈에드버타이징 에이지(Advertising Age)〉의 조 카포(Joe Cappo)를 자신의 후임 IAA 세계회장으로 생각하여 그를 추천했고, 그 결과 그가 밀던 조 카포가 투표에서 후임 회장으로 선출되었다.

2005년 선연을 정리하고 현업에서 물러난 이후에는 세계 광고계에서 그의 업적을 인정받아 국제기구로부터 명예로운 상을 몇 차례 받게 된다. 2000년 런던에서 개최된 제37차 IAA 세계대회에서 사미르 파레스 상(Samir Fares Award)을 수상하고, 2006년 북경에서 열린 세계대회 때는 명예종신회원(Honorary Life Member)이 되었고, 2013년에 IAA 창립 75주년 기념으로 IAA 공로상을 받았다. 2013년 공로상을 받은 후 〈광고계동향〉 김정은과의 인터뷰에서 국제 광고계의 오랜 지기들을 수상식에서 만났을 때, 마치 동창회에 온 것 같다며 그때의 소감을 이렇게 피력했다.

범세계적인 기관으로 가장 오래된 IAA가 벌써 75주년이 되었습니다. 그런 IAA에서 공로상을 받게 되어 영광입니다. 시상식이 런던에서 열려 멀긴 했지만 20년 전 한창 일할 때 만났던 세계 각국의 친구들을 만날 수 있는 기회라 반가운 마음에 참석했습니다. 기대했던 대로 옛날 친구들을 많이 만날 수 있었지요. 그 당시에는 일을 계기로 만났지만 시상식 분위기는 동창회모임과 다를 바 없었습니다. 이미 세상을 떠난 사람도 있었고, 가장 나이 많은 참석자는 89세로 저도 원로 중의 하나였습니다(김정은, 2013. 11, 17쪽).

그리고 2015년 11월 10일에는 한국광고대회에서 한국광고총연합회로부터 특별 공로상을 받고, 같은 해 11월 23일 아시아 광고연맹(AFAA)에서 명예의 전당(Hall of Fame)에 헌액되었다.

Q IAA 후임 회장은 원래 아시는 분이세요?

A 〈애드버타이징 에이지(Advertising Age)〉 발행기관으로 크레인 커뮤니케이션즈(Crain Communications)라고 있는데, 거기에 조 카포라는 사람이 보니까 괜찮았어요. 하루는 시카고를 찾아갔어요.

Q 〈애드버타이징 에이지〉 사무실 본사로요?

A 네. '내가 당신하고 사귄 지가 오래되진 않았지만 내가 당신이 주최하는 세미나

※ 사미르 파레스상(Samir Fares Award) 역대 수상자

1990	Claude Chauvet	1992	Archie E. Pitcher
1994	Heather Leembruggen	1996	Gohei Kogure
1998	Loula Zaklama	2000	**Senyon Kim(김석년)**
2002	Peter Combaz	2004	David Hanger
2006	Michael Lee	2008	Jean-Claude Boulos
2010	Herve de Clerck	2014	Pradeep Guha

출처: 국제광고협회 (IAA) For the Record (www.iaaglobal.org/For-The-Record.aspx)를 바탕으로 자료추가

도 가보니까 상당히 임프레시브(impressive)했는데 난 당신이 제일 적절한 차기 회장이라고 생각한다. 넌 어떻게 생각을 하느냐?' 그랬더니 그제야 여러 가지 질문을 했어요. '지금 상황이 어떠냐?' 그러면서…. 결국은 설득을 했어요. 그러면 자기가 회사 보스한테 말해보겠다고 하면서 '얘기를 해서 보스의 OK가 나와야 내가 움직이지 않겠냐? 또 세계적으로 여기저기 다니려면 그것도 자원봉사라는 게 경비가 드는 것이고 내가 회사에서 지원을 받아야 되는데 그럼 이사회의 승인을 받아야 된다.' 그래서 '그럼 그렇게 한번 해보자.' 그렇게 된 거죠.

Q 회장 후보 두 명이 올라가서 투표를 한 거예요?

A 네. 이사회에서 지명위원회하고 집행위원회에서 결국은 조 카포 쪽으로 밀었죠. 그래서 뉴욕 쪽은 안 됐고 시카고 사람이 됐어요. 이 사람이 수석 부회장이고 차기회장이고 그렇게 됐죠.

Q 결국에는 전임 회장의 입김이 꽤 작용하는 모양이네요. 회장님 때도 그랬으니까요.

A 나는 전임 회장이 아니라 전전임 회장이었죠.

※ IAA 명예 종신회원(Honorary Life Members) 명단

C. Manuel Acuna	David Hanger	Ricahard H. Morgan
Joergen O. Bagger	John H. Holmes	Rogelio J. Pianezza
Sylvan M. Barnet, Jr.	Shuzo Ishikawa	Archie Pitcher
Pinar Kilic	Saburosuke Suzuki	**Senyon Kim(김석년)**
Ildiko Takacs	Erich Buxbaum	Gohei Kogure
Ghassan Tueini	Joe Cappo	Heather Leembruggen
Norman Vale	Caroline Stella Demy	Mario Ludwig
Adrian Vickers	David Dodd	Wajid A. Mirza
Eli S. Warshavsky	Robin A. Hammond	Kazuo Miyakawa
DIno Betti van der Noot	Pheroza Bilimoria	Nabil Kazan
Arthur Jesurun	Les Margulis	David Roscoe
Urs Beer	Noriyuki Shutto	Gohei Kogure
Ghassan Tueini		

출처: 국제광고협회 (IAA) For the Record (www.iaaglobal.org/For-The-Record.aspx)를 바탕으로 자료추가

Q 전전임 회장이었나요?

A 전임회장은 나하고 그렇게 사이가 좋지가 않았어요.

Q 수석 부회장하실 때 그 멕시코 사람이요?

A 네. 그 사람은 완전히 사무총장이 지명한 사람이었어요. 사무총장이 데려다 논 사람이죠.

Q 안에서도 묘한 알력이 있나봐요. 사무총장은 한번 하면 한 5년씩 하는 거예요?

A 네. 5년씩인데 자꾸 갱신을 해요. 그 사무총장의 계약갱신도 내가 회장되기 전에 멕시코 회장이 빨리 해버렸어요. 그래서 그 친구도 십년을 했죠.

Q 10년 동안 사무총장을요? 막강하겠네요. 회장은 2년하고 그만두잖아요.

A 그럼요. 10년씩 하면 전체를 다 움직일 수 있죠. 운영하는 실체가 될 수가 있어요. 근데 너무 설치고 그러니까 반발이 생기고 그러는 거죠.

A 2000년에 런던에서 세계대회를 하는데 오랜만에 갔어요. 상훈위원회가 있어요. 상을 이번에 누굴 주느냐. IAA 내부에서 IAA의 발전을 위해서 공헌한 사람한테 주는 상. 그 상을 나한테 주더라고요. IAA에서 현재는 명예회원 이지만 IAA 조직에서 주는 큰 상이라는 건 다 받았어요.

Q 처음에 뭐 받으셨었죠?

A Man of the year(올해의 인물). 지금 IAA 대상(IAA Award)이에요. 그 다음에 사미르 파레스상(SAMIR FARES AWARD)을 받았죠. 다음에 IAA의 종신 명예회원.

Q 종신명예회원이요? 그러면은 그 뒤로 IAA 활동에 참여를 하셨나요?

A IAA 선거에서부터 조금씩 원로로서 빼기 시작하는 거죠. 스텝다운하고.

Q 그럼 2000년 이후에 IAA 위원회 활동 중에 하신 거 있으세요?

A 2000년 이후에 IAA 활동을 계속해서 2006년 IAA 세계대회 할 적에 명예종신회원이 됐어요. 그리고 이제 은퇴를 선언하고.

3. 국제광고협회 활동에 대한 평가 및 조언

IAA 내부의 복잡한 역학관계

김석년이 집행위원으로 들어가서 IAA내부의 운영을 직접 보니까 사무총장의 힘이 막강하다는 사실을 알게 되었다고 한다. 당시에도 IAA가 국제기구였지만 본부가 뉴욕에 있다보니 그 내부에서 파벌과 반목이 심해서 갈등이 꽤 있다는 것을 알게 된다. 바르셀로나에서 IAA 세계회장을 선출할 때 사무총장이 회장지명위원회를 유명무실하게 만들어 김석년이 그에 대해서 강력하게 항의하여 긴급 이사회가 소집된 적이 있다.

대체로 미국 중심의 운영에 불만을 가진 반미국파가 미국파와 대립했고, 미국 내에서도 뉴욕파 중심에 반발하는 반뉴욕파가 묘하게 대립해 있었다. 아시아 광고계에서도 글로벌한 조직인 IAA와 지역적인(regional) 조직인 아시아 광고연맹(AFFA) 사이에 묘한 대립과 견제가 있었는데, 김석년은 두 조직이 상호보완적인 협력관계를 유지해야지 서로 경쟁관계일 필요가 없다는 것을 지속적으로 강조해왔다고 말한다.

IAA 세계회장 업무를 수행하면서 가장 힘들었던 일도 내부의 정치적인 문제로 서로 간에 대립과 알력이 있어서 이를 무마하고 수습하는 일이었다고 김석년은 구술했다. 그는 아시아 출신 세계회장으로서 아무래도 비주류이다

최초로 중동출신 IAA 세계회장을 역임한 무스타파 아싸드와 함께

보니 기존 IAA 시스템을 비판하면서 바꾸려고 했던 개혁파였고, 사무총장은 전임 회장이 채용한 사람으로 기존 시스템을 옹호하는 주류파여서 자신을 은근히 견제했던 것으로 기억했다.

A 집행위원회에 들어가서 실제로 IAA 운영을 보니까 사무총장이라는 사람이 막강하더라고요. 실질적으로. 어떤 국제회의기구에서든지 사무총장이 막강해요.

Q 사무총장이 실제적인 힘을 갖는 거잖아요?

A 그럼 다하죠. 사무총장이 실질적인 CEO 역할을 하더라고요. 보면 당시만 해도 상황이 너무 미국 위주예요. 구라파한테 비중을 안 줄 수 없지만, 기타 남미랑 아시아, 중동 이쪽은 좋지가 않았어요. 비중이 없었어요. 명목상인 거였죠. 그래서 아시아 각국의 광고계에서 자기 나름대로의 해석을 하고 막후에서 개입도 하고 그랬죠.

Q IAA 하시면서 좀 어려운 건 뭐였어요?

A 제일 어려운거는 뭐니뭐니해도 IAA 내부의 정치적인 문제라 그럴까. 그런 게 있죠. IAA는 큰 조직이다 보니까 정치적인 문제가 있고, 나는 고질적인 문제에 비판적이고 말하자면 개혁파였어요. 사무총장은 기존의 세력이고요.

Q 일종의 주류가 있고 비주류가 있었던 건가요?

A 말하자면 그렇죠.

Q 주류가 미국이라든지 유럽이고요?

A 그렇죠, 미국이 중심이죠.

A 서로 대화하지만 싸움도 많이 하고 충돌이 많았어요. 그래서 내가 1990년대 중반에 무마를 많이 했어요. 그런 것을 통해 자꾸만 IAA 속에서 자리를 만들어 나갔죠. IAA가 상당히 미국중심으로, 특히 뉴욕중심으로 운영이 되고 있다는 것도 알았어요. 조직의 운영에 있어서도 사무총장이 완전히 막강하게 전체를 움직이고 있었고요. 어느 단체든지 조금씩 정칙적인 거는 있는 거 아니에요? 그런 정치도 좀 있고. 사람 사는 사회니까 다 그렇지만 뉴욕 패거리들하고 다른 지역, 그리고 미국패하고 반(反)미국하고 그런 움직임이 있었어요.

A 아시아 사람의 주장들이 IAA를 적대시 하는 게 많더라고요. 그래서 IAA에 사사건건 부딪히는 것도 많았어요. 내가 그 사이에서 꾸준히 주장했어요. IAA는 세계적인 조직이고 아시아는 지역적인 조직 아니냐고. 그러니까 서로 싸울 일이 없고 상호보완적으로 문제를 풀어나가야 한다. IAA쪽 지부장 하고 있으면서 또 AFAA 쪽 집행위원도 하고 이래서 각 국의 광고계에서 열심히 일하는 양반들은 모자를 두 개를 가지고 있었는데 대립을 하면 안 된단 말이죠. 그래서 그걸 강력하게 주장했어요.

Q AFFA에서는 왜 IAA랑 대립하는 건가요?

A IAA 쪽하고 아시아 쪽에서 주장해도 서로 커뮤니케이션이 안 됐던 거죠. 내가 보기에는 정책적인 잘못이 있었다는 것보다 서로가 커뮤니케이션 부족에서 오는 거예요. 우리가 전체 흐름을 볼 때 세계적인 조직하고 지역적인 조직하고 충돌하고 갈등을 빚어봤자 서로한테 이득 될 것이 없어요. 우리로서는 양쪽이 다 필요했고, 지역적인 협력도 필요하지만은 세계적인 조직의 정보도 우리가 가져야 되겠고…. 지극히 상식에서 그런 주장을 했는데, 다른 사람들이 많이 동조를 해줬어요. 물론 아시아주의를 과도하게 주장하는 사람도 있었지만요.

IAA에서의 업무처리 커뮤니케이션

예전과 달리 전화나 팩스 등 커뮤니케이션 수단이 발달해서 IAA 본부가 미국 뉴욕에 있어도 회장 업무를 추진함에 있어서 커뮤니케이션의 장애나 문제는 없었다고 김석년은 말했다. 오늘날에는 인터넷이나 이메일 등 커뮤니케이션 기술이 더 발달해서 이제 더욱 더 국제 업무에서 기술적인 문제로 커뮤니케이션에 문제가 생기지는 않는다.

또 기술적인 문제뿐 아니라 문화적인 차이나 언어의 문제로 커뮤니케이션에 어려움은 있을 수 있으나 크게 문제되지는 않았다고 김석년은 평했다. 물론 언어가 커뮤니케이션에서는 매우 중요한데, 영어나 프랑스어를 유창하게 한 것이 그가 국제무대에서 활약하게 된 결정적 이유이기도 하다. 그는 자신의 영어가 원어민처럼 유창할 수는 없지만 그래서 어렵고 완곡하게 표현하지 않고 직설적으로 표현하는데 그것이 오히려 상대방의 신뢰를 얻은 것 같다고 보았다.

또 IAA 업무를 하면서 국제적으로 좋은 친구들을 많이 사귄 것이 가장 큰 소득이라고 항상 이야기하면서 이러한 글로벌 네트워크가 회장 업무를 수행하는 데 큰 힘이 되었다고 회고했다.

Q IAA 일을 하시면서 커뮤니케이션 상의 문제나 이런 거는 없었어요? 그러니까 기술상의 문제라든가?

A 기술상의 문제나 커뮤니케이션의 문제는 없었어요. 우리 시대에는 말이죠. 커뮤니케이션이 정비가 돼서 전화기, 팩스, 편지 등으로 중요한 일이 있으면 편지로 보낼 수도 있고요.

Q 기술적인 거 말고 문화적인 차이로 각국의 사람들이 의사소통의 오해가 있다든지 커뮤니케이션 상에 미스가 있다든지 그런 거는요?

A 글쎄요. 미스 커뮤니케이션도 있고 인간 사회니까 서로의 대립이라 그럴까 갈등도 좀 있었죠. 그런 거는 어디든지 다 있는 거죠. 그렇지만은 커뮤니케이션에 있어서의 문제는 하나도 없었어요.

A 내가 미국사람은 아니니까 영어를 네이티브같이 하는 건 아니거든요. 나쁜 이야기를 좋은 얘기로 못해요. 성격도 그렇고요. 모든 거에 대해서 스트레이트(straight)예요. 스트레이트하다 하는 거 하고 정직한 거랑 겹쳐지면 사람들이 믿어주는 거예요. 세 번 돌려서 이야기를 한다든지 이렇지 않고 문제 제기를 하는데 탁 탁 집어내서 얘기를 하는 사람이 별로 없죠.

Q 그렇죠. 특히 일본사람들이나 한국 사람들. 동양 사람들은 그렇죠.

A 표현을 잘 안하잖아요. 미국인들이 그 사람 겉으로만 볼 때 뒤통수 때릴 수 있다 이런 게 있어서 오히려 솔직하게 이야기해야 그 사람들도 후련하다고 한단 말이죠. 그러니까 예스 노가 빨라요.

Q 영어 원어민이 아니니까 오히려 직설적으로 말하는 것이 좋다는 거네요.

A '그 속에 들어가서 눈치 보고 헤엄쳐야 되겠다.' 하는 생각 같은 건 가져본 적이 없어요. 느끼는 대로 또 옳다고 생각하는 것대로 일을 팍팍팍 추진했죠.

Q 외국어가 중요하네요. 한국 광고인 중에서 불어를 하시는 분은 드물었으니까요.

A 언어가 좋은 커뮤니케이션 비히클(vehicle)이에요. 언어가 단연코 제일가는 비히클이죠. 국제인이 되는 데는 참 중요한 요소죠. IAA 속에서 내가 회장될 적에도 전 세계에는 아직도 불어를 쓰는 나라들이 좀 있어요.

Q 아프리카는 아직도 쓰잖아요.

A 아프리카, 중동, 동유럽의 헝가리, 체코슬로바키아, 폴란드 이런 나라에서는 아직도 지식사회의 용어는 불어예요. 그런 곳 출신의 IAA 회원들이 내가 회장 될 때 도움이 많이 됐어요. 다른 사람들은 기대할 수 없었던 도움이죠. 내가 유일하게 불란서 말을 해서 도움을 받은 케이스죠.

국제 관계에서 부인의 역할

국제관계에서 외국인으로부터 동료로 인정받으려면 능력이 있어야 하지만 무엇보다 인간적이어야 한다고 김석년은 말한다. 그러기 위해선 커뮤니케이션을 잘 해야 하고 그것을 통해 신뢰가 쌓여야 한다. 노력하지 않으면 교감을 얻을 수 없다.

김석년은 2015년 11월 아시아 광고연맹(AFAA)으로부터 '명예의 전당'에 헌액되었다. 그는 국제 광고기구가 전문지식의 포럼을 넘어 우정의 포럼으로 확장되기를 희망하는 수상소감을 통해서 국제 광고계에서 인간관계의 중요성을 이렇게 강조했다.

> 사실상 지난 세월은 예상하지 못한 수많은 투쟁과 지속적인 도전에 대처하려는 능력을 키우고자 노력해 온 세월이었습니다. 따라서 서로를 다시 확인하고 미래의 비전을 논의하기 위해 오늘 여기 모인, 진실함과 용기를 가진 진짜 프로페셔널을 위해 우리의 아시아 광고연맹은 헌신해 왔습니다. … 더 나은 내일을 위한 선한 의지와 헌신의 정신이 오늘날과 같이 영광스러운 광고의 역사를 만들었습니다. 전 지구적 차원의 경쟁과 테크놀로지의 진화 속에서 새로운 시대를 맞이하여 우리 아시아의 광고인들은 우리의 모임이 귀중하고 꼭 필요한 포럼이 되도록 하기 위해서 계속적인 노력을 기울일 것입니다. … 우리의 모임이 지식의 포럼으로 확장될 뿐 아니라, 우리 이웃의 경쟁자가 이웃의 동반자로 함께 나아가는 우정의 포럼으로 확장되기를 희망합니다.

그는 또한 국제 비즈니스에서 서로 사업상 동료 이상의 친구가 되는 데는 부인의 역할이 컸다고 회고한다. 한국인이나 일본인과 달리 서양인들은 부부동반 모임을 많이 한다. 따라서 비즈니스 미팅에서 혼자만 가는 것보다는

서울 애드아시아에 참석한 IAA 세계회장 클로드 쇼베(오른쪽) 부부와 함께

비즈니스 미팅 이후의 비공식적인 사교 모임 때 부부 동반으로 만나면 훨씬 자연스럽게 인간적으로 친해질 수 있다.

여성의 역할은 매우 중요한데 우리나라와 일본에서는 경제적 발전은 빨랐지만 여성의 사회진출 면에서는 아직 미흡하다고 보았다. 김석년의 부인은 외교관 집안의 자녀로 디자이너였는데 그녀의 짧지 않은 외국 생활과 집안의 특성상 외국 사람과의 교제가 쉬웠다. 그래서 김석년이 선연의 오너 사장 위치에 올랐을 때 국제관계 모임에는 가급적 부인과 함께 다녔고 부인으로부터 아낌없는 내조를 받은 것에 대한 감사의 마음을 여러 번 피력했다.

A 그 후 IAA에서 아무래도 모임에 나가면 내가 누군지 알아줬어요. 내가 모임에 자주 나가게 되니까 사람도 많이 사귀고 좋은 친구들을 많이 사귀었어요. IAA를 그때부터 시작해가지고 지금까지 30년이 넘는 IAA에 대한 봉사죠.

Q 그러네요. 1979년부터.

A 네. 그때부터니까요. IAA의 이사가 된 게 1980년이니까 1980년부터 30년이

넘었네요. IAA의 30년 동안 봉사에 대한 소득이 여러 가지 영예도 많았지만은 나한테 제일 큰 소득은 참 좋은 사람들을 많이 만났다는 거예요. 광고계를 통해서. 세계 각국의 좋은 사람들을 만났죠.

Q 한국 사람들이 한국 사람들하고도 친구 되기도 어려운데 어떻게 외국인 하고 친구가 되셨어요?

A 서로가 적당한 프랜드십(friendship)을 유지하는 사람도 있지만 형제 같이 친밀한 프랜드십이 여기저기서 많이 생기더라고요.

Q 크리스마스라든지 연말이면 카드같은 거 꼬박꼬박 잘 보내세요?

A 네, 그럼요. 한국 사람들 의례적으로 그냥 카드에다 싸인 하나해서 보내는데, 전 그런 거 안 했으면 좋겠어요. 연말에 카드 속에 장문의 편지를 써서 너희 가족은 요새 어떠냐 친밀하게 보내야 성의가 있는 거죠. 그렇지 않고 인쇄된 카드에 싸인이나 하나 해서 보내는 건 예의가 아니에요.

Q 외국 사람들과의 관계에 있어서 크리스마스나 생일 때 연말에 카드가 중요한 것 같으세요?

A 중요하죠. 그러려면 제대로 된 카드를 보내야 해요. 제대로 된 카드라는 건 인쇄된 카드에 싸인 하나 해서 보내는 게 제대로 된 카드가 아니라 정말 한마디를 적어 넣더라도 정성이 가는 이야기를 넣어야 해요. 싸인 하나 보내는 건 인간적이지 않아요.

Q 오히려 더 불쾌하다는 거죠?

A 네. 받아도 아무런 교감이 안 돼요.

Q 회장님, 국제적인 인맥도 많이 있는데, 외국 사람들과 친근한 관계를 유지하려할 때 주의할 점이 있나요?

A 그런 질문을 많이 받아요. 내가 생각하기에는 그래요. 그 사람들이 자기들의 동료로서 받아줘야 돼요. 그게 제일가는 조건이에요.

Q 그 사람들이 자기의 동료로 받아들이게 하려면 어떻게 하나요?

A 아주 좋은 질문이에요. 어떻게 하면 그 사람들이 동료로서 날 받아들일 수 있겠느냐. 능력도 있어야 돼요. 물론 첫 번째가 같은 인간으로 느껴져야 그게 동료의식이죠. 그리고 커뮤니케이션이 돼야겠지요. 인간적인 신뢰가 쌓여야 되겠지요. 인간적인 신뢰가 어떻게 해서 쌓이게 되느냐. 비즈니스를 통해서 쌓여질 수도 있죠. 그 사람이 일하는 거 보고 생활하는 거나 생각하는 거나 행동하는 거나 이런 것이 자기들하고 비슷하다. 이해할만한 범주 내에서의 행동과 생각이요. 어떤 의미에서 철학이 같다는 거죠. 이런 거를 그 사람들이 느껴야 되겠죠. 직업의식이 같다, 프로페셔널하고 광고에 대해서 열정이 있다, 이런 것들을 인정받아야 돼요.

A 내가 국제회의니 뭐니 어디든 다니면서 보면 한국 사람하고 일본 사람은 의례 혼자 다녀요. 오늘까지도 좀 그런 것 같아요. 외국 사람들 보통 회의에 내외들이 다 와서 남자는 비즈니스하고 여자는 쉬고 그래요. 또는 꼭 같이 나와서 얘기하고 그러는데 한국 사람하고 일본 사람은 외톨박이예요. 그게 오늘까지도 그런 것 같아요, 대부분의 경우. 그전 같으면 난리 나겠지만. 요새는 그렇지 않은 모임도 많은 것 같은데 그때는 우리 마누라가 영어도 잘하고 또 외국에서 생활한 일도 있어서 같이 다녔어요.

Q 한국 사람과 비교해 보면 서양인들은 모임에 부부동반으로 가는 경우가 많죠?

A 난 모든 회의에 될 수 있으면 우리 집 사람을 데리고 다녔어요. 우리 집 사람이 여행하는데 도움이 되는 것도 많이 챙겨줬어요. 회의에 들어가 있으면 일은 우리 집 사람이 다 처리해줬어요. 그런 도움도 있었지만 다른 사람들 부인들하고 친구가 되고 서로 가족같이 되고 그 사람들하고 대등하게 됐죠. 상당히 친숙하게 이뤄져서 거기서 움직이는 사람들의 일원이 되는 거죠.

Q 그럼 부인들끼리도 서로 친밀해지는 군요.

A 그렇죠. 서로가 소식들도 전하고 만나면 친구같이 임브레이스(embrace)하는 것부터 시작했죠. 그러고 다 서로 안부 묻고.… 아시아 사람 중에는 그런 사람이 드물죠.

A 풍토가 그렇지만 선연 사장이었기 때문에 가능했죠. 오너(owner) 사장이었기 때문에 우리 마누라를 데리고 가고 같이 이야기하다 보면 충분히 이야기가 되고 또 저녁때 되면 소셜(social) 모임이 있어서 마누라끼리 친구가 되고 남자끼리 친구가 되는 거죠. 남자끼리 저녁에 같이 앉아서 이런저런 이야기, 마누라들도 옆에서 어떻게 돌아가는지 좀 알고 서로가 그러면 마누라끼리도 남자들 서포트 하는 거예요. 이런 것이 결국 그 사람들하고 금방 동료같다는 의식을 해요. 남자 혼자 다니면 비즈니스 파트너는 될 수 있어도 인간적인 파트너는 되지 못해요.

Q 외국에선 그런 게 굉장히 중요한가보죠?

A 굉장히 중요하죠.

Q 여자의 역할이 굉장히 중요한 거네요.

A 아 그럼 상당히 중요하지. 거기에서는. 일본하고 한국이 경제적으로 많이 발전했다고 그러는데, 사실 여성의 사회진출은 동남아에 비해 훨씬 뒤떨어져요. 동남아에서 여성 사회진출은 대단하거든요.

7장

광고에 대한 견해

1. 광고인생의 주제어, 프로페셔널리즘

한국 광고 산업과 프로페셔널리즘

광고에 대한 김석년의 여러 가지 견해를 한 마디로 요약하면 '프로페셔널리즘'이라고 할 수 있다. 국제적인 광고관련 기구에서도 진작하려고 하는 것이 바로 이러한 광고의 전문성이다. 광고가 전문성을 인정받을 때 비로소 한 사회의 제도로 정착되고, 광고산업이 형성될 수 있다고 보았다. 이러한 프로페셔널리즘은 광고라는 직업의 근거가 될 뿐 아니라, 한 사회에서 존경받는 광고인으로서 갖게 되는 프라이드의 원천이 되기도 하다. 전문성을 인정받기 위해서는 광고인 스스로 프로페셔널해야 하는데, 과연 어떻게 해야 광고인이 전문성을 확보할 것인가 하는 것이 김석년을 비롯한 초창기 광고인의 문제의식이었다.

A 내 일생 광고인으로서 생활을 하면서, 아직까지 머리에 두고 있고, 그것을 위해서 계속해서 정열을 바쳤다고 그럴까 하는 것은 이 광고라는 직업에 전문성을 확립하는 일, 소위 프로페셔널리즘의 확립이에요. 이것이 나한테는 큰 과제였다고 생각해요. … 사회적으로 역할을 다하는 전문직으로 제대로 인정받고 싶은 거죠. 이것이 광고인으로 사는데 기본적인 하나의 프라이드라고 생각해요. 그거 없이는 무

엇 때문에 내가 이걸 열심히 하는 건가, 무엇 때문에 내가 여기에다 인생을 걸다시피 하는 것인가라는 생각이 들겠죠. 결국은 자기 프라이드의 기반은 전문성에 있다고 생각해요.

A 에이전시를 운영할 때 여러 역경 속에서 비지니스의 정도만 부르짖는 것이 있었는데 국제관계에 있어서도 마찬가지고…. 프로페셔널하지 않은 것은 언제든지 반대해왔죠.

Q 회장님의 광고 인생에 있어서 프로페셔널리즘이 가장 중요한 화두였고 일종의 키워드였네요.

A 그렇죠.

Q 광고산업의 형성에서 전문성을 인정받느냐가 굉장히 중요한 과제였던 것 같아요. 하나의 산업으로서 직업인으로서 초창기 광고인들이 그런 것에 대해서 복잡한 생각을 했군요.

A 트러블을 많이 겪었죠. 네.

Q 심리적으로 말이죠?

A 다들 생활이 바빠서. 지금 현재 각사 사장 급들은 오히려 자기들 일에 바빠 가지고 그런 문제들은 뭐 생각할 시간들이 없지 않았나…. 이런 생각이 들어요. 물론 자기들도 다 그런 문제 생각은 했겠죠.

A 철저한 프로페셔널리즘으로서의 정신도 있어야 되겠고, 프로페셔널 이름으로서의 소위 프라이드도 있어야 되겠고, 그리고 그런 행동이 있어야 되겠죠. 그리고 레코그니션(recognition)도 받아야죠. 프로페셔널리즘을 둘러싸고 있는 여러 가지 요소를 다 정립을 해나가야죠. 그것도 상당히 늦는 거예요. 존경하는 프로페셔널이다 하는 의식들이 아직도 한국 광고쟁이들 사이에 단단치가 못한 것 같아요.

광고 전문성과 광고인에 대한 사회적 인식

초창기에는 광고 전문성에 대해 광고인 스스로도 확신이 없었고 광고라는 직업에 대한 자부심도 부족했다고 김석년은 보았다. 그러다 보니 광고인이 사회적으로 존중 혹은 인정을 받지 못해서 광고 프로페셔널리즘이 확고하게 정착하지 못했다고 보았다. 사회적으로도 광고의 전문성을 제대로 인식하지 않았는데 김석년은 1980년대 초반 광고에 대한 사회적 인식을 보여주는 사례를 기억해냈다. 코바코(KOBACO) 설립 등으로 시끄러울 때 국회에 출석해서 광고의 전문성에 대해서 열정적으로 의견을 피력했지만 그 당시 국회의원들은 오히려 그런 김석년의 생각을 낯설어 했다는 것이다.

국회의원뿐 아니라 광고와 밀접한 언론인들도 광고에 대한 인식이 낮다고 아쉬워했다. 예를 들어 신문의 상단을 차지하는 것이 기사이고 광고는 대부분 신문 하단에 실리는 것을 빗대어 언론은 형이상학적(形而上學的)이고 광고는 형이하학적(形而下學的)이라고 광고인들은 자조적으로 표현한다. 언론인들이 언론은 공익적인 것으로 높이 평가하지만 그러한 언론의 물질적 토대가 되는 광고에 대해서는 무지하고 무시하는 것이 한국 언론인의 병폐라고 꼬집었다.

1970~80년대 광고 전문성에 대해 제대로 인정을 받지 못하여 광고인에 대한 처우나 사회적 인식이 낮았다는 것은 여러 광고인들의 회고를 통해서도 확인된다. 〈오리콤 30년 광고 이야기〉에 의하면, 윤보선 대통령의 비서실장을 역임한 전직 고위관리 출신 이재항이 1969년 광고대행사 만보사에 취임을 하자 '전직 고관, 광고복덕방을 차리다'라는 제목의 기사가 실렸는데, 전직 고위관리가 광고회사 사장을 한다는 것이 화제가 될 정도로 광고에 대한 사회적 인식이 낮았다 (오리콤, 1997). 또 신인섭이 지금의 〈한국경제신문〉 전신인 〈현대경제일보〉 광고부장으로 일을 하자 대학을 나온 사람이 광고업

1996년 서울 IAA 세계대회 때 청와대를 예방하는 각국 대표. 광고대회에 대통령 축전을 받고 광고인이 청와대를 예방한 것은 이때가 처음이었다.©

무를 한다는 것에 다들 의아하게 여겨 마음이 편치 않았다고 회고했다(김병희, 2010). 광고산업 초창기에 광고인에 대한 사회적 인식이 좋지 않았던 것은 외국도 마찬가지였다. 이를테면 전보통신(電報通信)의 줄임말을 회사이름으로 쓰는 덴츠(電通)의 예에서 보듯이, 일본 광고회사 중에 OO통신이라는 이름이 많아 통신사에서 광고회사를 겸업한 것처럼 꾸몄다. 이는 마치 통신사 직원인 것처럼 위장해서 광고를 수주하는 영업을 해야 할 정도로 광고인에 대한 사회적 인식이 낮고 잡상인 취급을 했기 때문이다(신인섭, 1993).

A 우리 스스로도 전문성에 대한 확신이 없었고, 그것을 인정받지 못하고, 그런 상황 속에서 프로페셔널리즘이 정착되기가 힘든 거예요. 한국에선 시간이 많이 걸리는 거죠. 그 전에는 프로페셔널리즘 하면 말하자면 '전문변호사, 의사 이런 사람들이 전문직종이다.' 이렇게 이야기를 했죠. '그런 것하고 광고쟁이하고 똑같다.' 그런 이야기가 이해가 안 되는 거죠. 그래서 나는 우리직업이 우리 스스로가 프라이

드를 갖는 직업, 이것을 충분히 만들고 리스펙트(respect)하는 직업, 이걸로 자리매김할 수 있도록 만들고 싶었어요. 사람들이 인정을 못하고 확신이 없는 거예요. '전문 직종으로서, 하나의 산업으로서 우리가 그 속에서 광고쟁이 한다, 변호사 한다, 의사 한다 하고 뭐가 틀리느냐?' 이거죠. 그런 걸로 존경도 받고 싶었어요. 공부도 서양에서 한 사람이 광고쟁이라고 움츠리고 조그만 구멍가게 직원 같이 그렇게 살아야 될 이유가 없지 않느냐 말이에요. 사회적으로 우리 터전이 있는 거란 말이에요. 우리가 그걸 제대로 확고하게 정립을 해야 되는 거란 말이죠. 이런 생각으로 우리는 일을 했는데 우리 스스로가 정립을 하고 다른 사람이 인정을 하는 것이 그렇게 쉽지는 않았어요.

A 광고공사(KOBACO)가 생긴다 뭐 어쩌고 해가지고 1980년대 초에 국회에서 법에 대해서 청문회 같은 것도 있고, 그래서 나와 달라고 이야기를 했어요. 광고도 하나의 전문직종이고, 이게 이렇게 됩니다, 이런 식으로 내가 쭉 풀어가니까 국회의원들이 정말 콧방귀를 뀌듯이 웃더라고요. 그런데 내가 지금도 잊어버리지 않는 국회의원들이 몇이 있어요. 상당히 개화된 국회의원 같이 이름이 알려진 국회의원들인데 그러더라고요. 어떤 사람은 '직업에 대해서 아주 정열적으로 얘기를 하네요.' 이런 사람이 있고, '뭐 광고쟁이가 그렇게 정열적으로 얘기해.' 이랬어요. 그래서 나는 '한국에서 이런 문제가 해결되려면 상당히 멀었구나.'라고 생각을 했죠.

A 광고쟁이지. 지금도 각 방송사나 매체사에서 편성국하고 기자들하고 광고국하고는 거리가 아주 멀지 않아요? 우리가 얘기하기로 그쪽은 너무 형이상학이고, 광고 쪽은 너무 형이하학이고, 그렇죠. 외국에서는 한국의 매체들은 너무 형이상학적인 매체들이 되서 형이하학적인 거에 대해서 너무나 무시한단 말이죠. 다시 얘기해서 신문지에 아래쪽은 완전히 무시한단 말이에요, 기자들이. 아무것도 모른단 말이죠. 그 형이하학적인 걸 아무것도 모르는 형이상학 되는 게 공중에 뜬 거죠. 자기들 먹고사는 문제는 모르고. 언론계가 그래가지고 다들 어떻게 됐건 간에 지들이 하는 건 소위 공공 서비스, 공익을 위한 직업이라고 생각해요. 저희들이 어떻게 먹고사는지, 상업방송이 뭔지, 상업적인 구조가 어떻게 된 게 매체인지, 이런 거에 대해서

하나도 몰라요. 현재 한국 언론인들의 큰 병폐라고.

프로페셔널한 광고인의 자질 : 인간관계, 열정, 근성

프로페셔널한 광고인이 되려면 광고주와 인간관계를 잘 맺어야 하는데 비즈니스적인 측면과 인간적인 측면이 잘 조화를 이루는 것이 필요하다. 그런데 국제 광고업계에서 외국의 광고인과 다양한 교우관계를 맺어 온 김석년이 보기에 한국의 광고인은 외국의 광고인과 비교해서 오히려 이런 측면이 부족하다고 보았다. 또 업무를 추진할 때 너무 흥분하여 붕 떠서 일하는 것도 좋지 않지만 너무 흥분하지 않고 냉철하기만 한 것, 즉 뜨거운 열정 없이 일하는 것을 경계했다. 일에 대한 이러한 열정과 고민과 근성 없이 대충 형식적으로만 일하는 적당주의를 광고 전문성의 가장 큰 적으로 간주했다.

그는 일찍이 〈Asian Advertising 2007〉에 기고한 글에서도 광고가 '사람의 비즈니스(business of people)'라고 할 정도로 좋은 광고인의 자질을 갖추는 것

1992년 국민훈장 목련장 수상 당시 모습

이 매우 중요하며, 좋은 사람을 만나는 것이야말로 일하면서 얻을 수 있는 기쁨이고 보상이라며 다음과 같이 말했다. "가끔 광고는 사람의 비즈니스라는 말을 합니다. 아시아 광고연맹(AFAA)과 같은 조직은 사람들의 조직(people's organization)이고 좋은 사람을 만나는 것은 그러한 조직에 대한 우리의 헌신에 가장 커다란 보상이라고 우리는 믿습니다."(AFAA, 2007, 273쪽).

또 광고인의 자세로 그가 언급한 덴츠의 열 가지 원칙이라는 것은 덴츠의 4대 사장을 역임하고 일본광고의 아버지라 불리는 요시다 히데오(吉田秀雄)가 제시한 '덴츠 용맹(勇猛) 10원칙'을 말한다.

A 서비스 산업에 특성이 많지만 그중 하나가 인간관계가 좋아야 돼요. 광고주하고 인간관계가 좋아야 하는데 그게 쉬운 게 아니에요. 사실은 인간관계에서 한국 사람들이 능숙하지가 못해요. 한국 사람들이 안 그렇다고 생각해요? 미국사람들의 프로페셔널한 관계라는 게 상당히 인간관계를 바탕에 깔아가지고 잘 조화를 이뤄요.

덴츠의 용맹 10원칙

1. 일은 스스로 만든다. 결코 주어지는 것이 아니다.
2. 선수를 쳐라. 결코 수동적으로 일하지 말라.
3. 큰일을 하라. 작은 일은 자신을 작게 만든다.
4. 어려운 일을 하라. 그것을 해내야만 진보가 있다.
5. 시작하면 물러서지 말라. 완수하기까지 결코 포기해서는 안 된다.
6. 사람을 이끌어라. 이끄는 것과 이끌리는 것은 엄청난 차이가 있다.
7. 계획을 세우라. 계획은 인내와 지혜, 노력과 희망을 낳는다.
8. 자신을 가져라. 자신 없이는 박력도 끈기도 깊이도 없다.
9. 항상 다양한 면에 관심을 갖고 빈틈을 보이지 말라.
10. 마찰을 두려워 말라. 마찰은 진보의 어머니요, 적극성의 비료이다. 이를 이기지 못할 때 비굴하고 미련한 사람이 된다.

근데 한국 사람들은 인간관계하고 적극적인 관계하고 조화가 잘 안 되가지고 그것 때문에 갈등을 일으키는 광고인을 내가 많이 봤어요.

Q 인간관계가 어떤 의미인지 모르겠지만 보통 한국 사람들이 '정'이라든지 그래서 더 잘할 것처럼 보이는데요.

A 그런 것도 있죠. 근데 그렇게 되면 프로페셔널 측면이 결여될 수도 있어요. 두 가지가 잘 조화가 되가지고 관계를 유지해줘야죠. 서비스 산업에서 그게 상당히 중요하다고요. 그런 거에서 조금이라도 실패하면 비즈니스에서 자기임무를 실패하는 거죠. 한 가지 측면에서· 괜찮은 친구인데 언제든지 실패를 한다 말이에요. 이런 친구들도 많아 그게 참 안타까운 거죠. 그런 사람들은 능력도 있고 괜찮은데, 일에 대해서 앞장서질 못해서 언제든지 뒤에서 끌려와요. 또 일에 대해서 흥분을 잘하는 사람들이 있는가 하면, 너무나 흥분이 없는 사람들도 있어요. 어느 정도의 흥분은 다 필요한 거예요. 근데 일하는 데 보면 흥분이 없는 사람이 있어요.

Q 일종의 열정 같은 게 없다는 말씀이시네요.

A 어려웠던 건 뭐냐면 적당주의가 제일 어려웠어요. 언제나 그런 거 아니겠어요? 그냥 적당히 넘어가려고 하는 사람, 진지하지 못한 사람, 고민이 없는 사람들 나는 이런 사람들을 용납을 못해요. 회사에서 찍혔다고 해놓고 그냥 넘어가면 다음에 그런 실수를 또 저지르고 그냥 또 넘어가는 사람들 도저히 용납을 못해요. 어떤 의미에서 보면 나의 한계예요. 내 성격에 그런 걸 포용을 못해요. 그래서 점점 직원들한테 어려움을 주지 않았나, 이런 생각을 해봤어요. 지금도 겨울철에 연말이나 신년이 되면 옛날에 같이 일하던 사람들하고 저녁을 먹어요. 그럼 그때 이야기를 해요. 대부분 행복했던 걸 이야기를 하는데 간혹 내 뜻을 이해 못하고 섭섭함이 앞선 사람도 있겠죠, 왜 없겠어요?

A 무슨 일이든지 자기 직업에 대해서 진지한 자세를 기본적으로 가지고 있어야 돼요. 그것도 없이 그냥 다 적당 적당하면 되겠어요? 어떤 계기건 사람에게는 거츠(guts, 내장, 근성, 용기, 배짱)가 있어야 돼요. 거기에서 크리에이티브가 나오는 거란 말이죠. 어려울 적에 그냥 콱 밀어붙이는 어떤 박력이 있어야 된다는 거죠. 어떤 모멘텀(momentum)이 있어야 된다는 거예요.

Q 그런 게 좀 부족했던 광고캠페인이 있었나요?

A 많죠. 그런 건 기억은 못하지만. 그야말로 밋밋하기 짝이 없는 광고가 많죠.

Q 하긴 많은 광고가 그렇게 흘러가죠, 밋밋하게요.

A 그럼요, 많은 광고가 그렇죠. 내가 진행해온 것 중에서 10% 정도가 좋은 거고 70% 정도가 그저 그런 거고 20% 정도는 정말 형편없는 그런 거죠. 무슨 개시도 없고 반전이나 반짝이는 것도 없고 성격이 없는 광고가 우글우글 하죠. 우리들이 그런 걸 많이 만들어 왔고요.

A 광고에서 성공한 사람들이 이야기한 게 많아요. 그리고 그런 것만 모아놓은 책들도 있어요. 그중에 하나 유명한 게 덴츠의 광고인이 단단하게 지켜야지 되는 열 가지의 원칙이라는 게 있어요. 언제든지 항상 앞서가라. 항상 적극적이어라. 그리고 광고주한테 충실하고 이렇게 해서 열 가지가 있어요. 다 들었던 얘기예요. 그중에서 제일 중요한 것이 광고주를 잘 알고 시장을 잘 알고 거기에 대한 공부를 많이 해서 자기의 정보를 충분하게 가지고 있어야 한다는 그게 첫째 조건이에요. 둘째는 그 다음에 앉아서 새로운 방정식을 풀어내야 해요. 다른 사람이 다 풀었던 방식으론 안 되고요. 경쟁력이 있어야 한다는 이야기예요.

2. 광고의 창의성과 과학성

광고의 창의성과 광고제작

광고에서 흔히 크리에이티브라고 부르는 창의성에 대해서 일찍이 김석년은 〈광고정보〉와 했던 인터뷰를 통해서 비교적 소상하게 자신의 견해를 피력한 바 있다(지우학, 2004.11). 그는 광고 창의성이야말로 광고산업의 핵심이라고 보았다. 그럼에도 "광고란 휴먼 크리에이티비티를 발휘하는 산업이란 의미에서 우리가 거기에 미쳐야 하고 정말 올인하는 전문 직업인 되어야 하는데 그러지 못해요."(39쪽)라고 하면서 "광고라는 것은 사고의 반전이 있어야 하고 크리에이티브 콘셉트가 뒤에서 작용을 해야 되고, 한 마디로 말해서 마케팅 커뮤니케이션의 차원을 만들어줘야 하는데 우리의 소프트웨어 콘텐츠가 상당히 미미해요."(40쪽)라고 평했다.

그는 특히 한국 광고가 인쇄기술이나 디지털 기술 등 하드웨어적인 측면에서는 그동안 상당히 투자한 결과 좋아졌지만 소프트웨어 측면에서는 그에 미치지 못한다고 보고 한국광고의 크리에이티비티 수준이 세계적 수준과 비교해서 많이 부족하다고 보았다. 광고에서 창의성을 모방과는 완전히 반대적인 개념으로 흔히 생각하고 외국의 광고를 자꾸 모방한다고 비난하지만 모방하는 것이 또 하나의 발전 방안이기 때문에 자꾸 선진 광고를 보고 배울

오리콤의 크리에이티브를 대표하는 OB맥주광고ⓑ

필요가 있다고 주장했다. 한국 광고계에 광고상을 주는 곳은 매체사를 비롯해서 많이 있지만, 정말 크리에이티비티 중심으로 평가하는 권위 있는 페스티벌이 없다는 게 한국 광고산업의 아쉬운 점이라고 했다.

초창기 한국광고계는 광고 창의성에 대한 이해가 깊지 않았다고 보고 광고에서 크리에이티브 개념이 부족했고 특히 한국의 크리에이티브는 카피라이팅과 같은 표현의 문제나 프로덕션 개념과 혼재되어 있다고 평했다. 앞서의 인터뷰에서 김석년은 광고 창의성의 핵심은 메시지를 만들어 내는 생생한 어휘의 발견이라고 보고 그것을 광고에서 가장 중요한 과업으로 생각했다. 영상시대가 되면서 광고에서 카피가 차지하는 비중이 점점 줄어드는 것이 아닌가하는 의견에서 대해서 그는 광고에서 카피가 약해진다는 것이 문제가 아니라 카피에 새로운 영상적인 표현을 만들어내는 것이 중요하다고 보았다. 더 나아가서 영상시대에는 카피를 좀 더 넓게 보아야 하는데 카피라이터란 문장 하나하나를 만들어내는 문장가가 아니라 콘셉트를 만들어내고 새로운 어휘를 만들어내는 그런 사람이라고 주장했다.

A 크리에이티브에 대한 인식, 크리에이티브에 대한 우리의 능력, 이런 것이 상당히 제일 중요한데도, 우리가 외국에 비해서 지금 뒤떨어져 있고, 우리 스스로도 거

기에 대해서 확신을 못 갖고, 아직 인식도 제대로 못하고 있어요. 막연하게는 사람들이 광고가 어마어마한 히트를 친다고 하죠. 광고주들한테도 가끔씩 우리가 쓰는 얘기지만 '광고 하나 잘 하면 제품하나가 어마어마하게 살 수가 있고, 어마어마하게 죽을 수도 있고, 이것을 광고가 해낼 수가 있는 거다, 이게 광고의 크리에이비티이다.'라고 설명을 하죠. 크리에이티비티(creativity)를 백분 발휘하기 위해서 우리가 구체화시킨다고 그럴까, 포장을 한다고 그럴까, 그것이 프로덕션이에요. 광고의 생명은 거기에 있음에도 아직 그쪽에 대해서 인식도 부족하고 실적도 부족하고 광고산업의 어떤 코어 에어리어(Core area)인데 그것을 우리가 소중히 할 줄을 몰라요.

A 크리에이티비티인데 요즘 크리에이티비티라는 어휘가 정말 너무 광범위하게 여기저기서 쓰고 있어요. 그런데 사실은 크리에이티비티라는 말을 우리가 잘 이해를 못하고 있었어요, 그때까지만 해도. 광고산업에서 크리에이티브라는 말을 지금 현재 여러 가지로 틀리게 쓰는 측면이 있어요. 한국말에 크리에이티브라는 어휘가 없었어요. 제작, 프로덕션은 있어도 크리에이티브는 없는 그런 상황 속에서 광고작업을 해왔어요. 오늘날까지도 크리에이티비티 또 크리에이티브에 대한 적절한 번역이 안 돼 있어요.

Q 뭐 그냥 그대로 하면 창의성이긴 한데요.

A 그런데 그거를 광고작업에서 어떤 단계를 표현한다든지 이런 거를 우리가 제대로 할 줄 모르죠. 아직도 익숙하지가 않아요.

A 근데 왜 우리말로 번역을 제대로 할 수가 없느냐, 이게 난 아직도 하나의 큰 의문이에요. 우리 재래식의 생활 개념이나 작업 개념 같은 측면에서 우리의 헤리티지(heritage)에 문제가 있는 것 아닌지….

Q 광고가 아무래도 현대적인 산업이고 그게 미국에서 시작해서 일본을 거쳐서 오고 하니까 우리 나름의 전통과는 거리가 있고, 그래서 그런 것을 해석하고 번역하려는 노력이 부족했겠죠?

1970년 매체부(좌)와 제작부(우)ⓐ

A 네. 없었어요. 다시 말해서 순수예술한테는 있었는데 우리같이 응용하는 산업예술 분야에서는 그런 문제들이 잘 소화가 되지 않았죠.

A 우리가 광고물을 평가할 때 '아! 그 크리에이티브 아이디어가 좋았어.', 근데 프로덕션이 좀 못 따라가는 것 같아.' 이렇게 크리에이티브하고 프로덕션하고 구분을 하질 않나요?

Q 네. 그렇죠.

A 우리가 방송광고나 이런 거에 대해서 이야기를 할 적에 프로덕션 퀄리티와 크리에이티브 퀄리티, 또는 똑같은 프로덕션 퀄리티 중에서도 프로덕션 퀄리티와 포스트 프로덕션 퀄리티(post-production quality)를 구분해서 지금 얘기를 할 수 있단 말이에요. 근데 그때는 없었어요. 그 개념이 정립이 안 됐던 거예요. 그래서 프로덕션은 있어도 크리에이티브라고 하지 않고 그냥 아이디어라고만 표현을 했어요.

A 카피라이터한데 이야기를 하는 데, 카피는 표현전략의 열쇠이다. 표현전략에서 카피는 그럼 뭐냐, 카피는 한마디로 이야기해서 서치 오브 워딩(search of wording)이란 말이죠. '어떻게 최적의 단어를 찾아내느냐, 이것이 카피이다.' 이런 이야기를 하는데 잘 알아듣지 못하는 사람이 많아요. 왜 워딩(wording)이 돼야 하는가. 그 워딩이 어딘가에 걸리는 단어를 찾아내는 거란 말이죠. 그래픽의 전개라든지, 방송광고의 전개라든지, 스토리의 전개라든지가 카피 하나의 맛을 제대로

표현 하느냐, 이거거든요. 그럼 카피는 뭐의 산물이냐? 광고 전략이죠. 그럼 광고 전략은 뭐의 산물이냐? 마케팅 전략의 산물이란 말이죠. 마케팅 상황에서 지금 광고가 할 역할이 있어요. 그 역할을 어떻게 몰아가느냐가 중요하죠.

광고 과학성의 기초 : 마케팅, 커뮤니케이션, 리서치

광고는 창의성과 함께 창의성을 뒷받침할 과학성이 담보되어야 한다. 그러기 위해서는 광고하는 상품 및 기업에 대한 정보를 정통해야 한다는 것을 강조하면서 김석년은 정보가 없으면 상황에 맞는 아이디어를 낼 수 없다고 보았다. 크리에이티브한 아이디어는 제품 및 시장상황에 대한 정보가 충분해야 나올 수 있고 크리에이티브한 아이디어에 대한 모든 교육이 이 관점에서 시작됐으면 좋겠다고 제안했다.

광고의 크리에이티브한 아이디어는 제품 및 시장 소비자에 대한 정보에서 시작된다는 그의 주장은 미국 원로광고인 제임스 웹 영(James Webb Young)의 아이디어 발상법과 일맥상통한다. 영(Young)은 풀을 뜯어 먹지 않으면 우유가 없다는 의미에서 "no browsing, no milk"이란 말을 했는데, 우유라는 아이디어를 내기 위해서는 우선 정보에 해당하는 풀을 많이 섭취해야 한다는 것이다(Young, 2003). 광고주와 시장에 대한 정보를 바탕으로 광고주의 문제를 해결할 수 있는 해법인 방정식을 잘 제시하고 풀어야 하는데, 이때 다른 사람과 차별화된 방정식과 해법을 제시해야 한다. 그것이 바로 광고 커뮤니케이션의 기본이다.

1970~80년대 한국광고계는 마케팅에 대한 개념도 부족했고 마케팅에서 특히 광고가 수행하는 설득커뮤니케이션으로서의 역할에 대한 인식이 확립되어 있지 않았다고 보았다. 또 광고 산업을 뒷받침하는 조사가 제대로 이루어지지 않아 과학적인 마케팅 조사도 대체로 부족했다고 회고했다.

철저한 마케팅전략에 근거하여 성공한 나이키 광고ⓑ

실제로 그가 왕성하게 활동하던 1996년 〈한국경제신문〉 김시행 유통부장과의 인터뷰에서 한국광고가 시장 규모에 비해 질적인 발전이 더딘 이유를 광고효과 측정에 대한 효과적인 데이터가 축적되지 않았기 때문이라고 지적하면서, 그 당시 한국 광고시장이 5조 원 규모인데도 이 돈이 합리적으로 쓰였는지 계량적인 측정방법이 없다는 것은 부끄러운 일이라고 꼬집은 바 있다(김시행, 1996. 8.10).

A 광고주한테 얼마나 충성을 해야 하느냐도 중요하지만 언제든지 광고주보다는 앞서가는 자세가 있어야 해요. 다시 얘기해서 광고주에 대한 정보에 정통해야 돼요. 정보가 없이는 앞서갈 수 없는 것이거든요. 그리고 언제든지 준비가 돼 있는 태세가 돼야 해요. 앞서간다는 것, 언제든지 준비돼 있는 태세가 된다는 것은 정보가 많아야 돼요. 정보가 많으려면 캐야 돼요. 광고주 쪽을 캐야 되고, 광고주가 생각하는 걸 캐야 되고, 시장이 어떻게 돌아가는지를 캐야 되고, 그렇게 많은 정보를 가지고 있어야 어떠한 새로운 전환점이 오든지 어떤 국면이 전개되든지 필요로 하는 광고가 뭐냐 하는 걸 정확하게 짜낼 수가 있어요. 정보가 없이 어떻게 히트하는 광고를 만들 수 있어요? 없죠. 그러니까 마케팅이라는 게 공상의 창의성 하나만 가지고 마케팅하는 게 아니에요. 바탕에는 마케팅을 위한 여러 가지 정보를 축

적하고 정리하고 캐고 연구하는 이런 것이 밑에 깔려 있어야 크리에이티비티가 나오는 거죠. 밑바닥 없이는 크리에이티비티는 절대 나올 수 없는 거예요. 이것이 광고에서 말하는 아이디어예요. 아이디어는 덮어놓고 나오는 게 아니에요. 그래서 아이디어 하면 머리 좋은 사람이 무에서 창조해서 튀어나오는 것이라고 생각하는데 그것이 아니에요. 아이디어라는 거는 여러 가지 조건에 맞는 정리된 방향이 제시될 수 있는 것입니다.

Q 아이디어는 어디서 나온다고 보세요?

A 아이디어라는 건 덮어놓고 그냥 큐피드의 화살같이 날라 오는 게 아니에요. 상황에 맞고 필요로 하는 조건에 맞는 방정식이 아이디어예요. 그 방정식을 언제든지 만들어낼 수 있는 능력을 평소에 가지고 있어야죠. 그러니까 광고대행사의 크리에이티비티에 대한 모든 교육이 바로 그런 점에서 시작이 됐으면 좋겠어요. 정보의 발견, 정보의 정리, 그리고 정보를 캐고 정보를 어떻게 운영하고 관리해나가느냐가 중요하죠. 이게 커뮤니케이션의 기본이라고 봐요. 그것이 잘 되는 사람이 광고주하고 얘기가 되는 사람이 되는 거죠. 광고주가 얘기를 들어주는 사람이 되는 거예요. 광고주가 이야기를 들어주는 사람이 돼야 서로가 대화가 되죠. '방정식을 풀어낼 수 있는 사람이구나.' 이런 믿음까지 가지면 나중에 광고주가 '그 사람 오면 모든 게 해결이 된다, 이거 좀 해결해주시오.' 그렇게 얘길 꺼낼 수 있는 이런 광고인이 돼야 되는 거죠. 이게 보통 어려운 과정이 아니에요.

Q 흔히 광고를 마케팅 커뮤니케이션이라고 하잖아요?

A 그러니까 1960년대 이후 한국에서 새로운 광고라는 거는 사실 마케팅 이론에 근거한 어프로치거든요. 그러면서도 기업도 그냥 물건을 만들어서 파는데, 한국 사람들은 유교 문화가 오랫동안 몸에 젖어 있어서 사실은 자기 것을 자랑하면서 물건을 파는 것이 아니었단 말이죠. 그런 거에 익숙하지 않은 게 우리의 생활습관이에요. 근데 광고가 나와서 물건을 알리기 위해서 물건의 장점을 커머셜 커뮤니케이션(commercial communication)한다는 게 어떤 의미에서 보면, 정치 커뮤니케이션도 있고 다 있지만, 하여간에 설득 커뮤니케이션이란 말이죠. 이게 설득 커뮤니케이션이에요. 저쪽으로부터 '아, 그렇구나!' 하는 수긍을 받아 내기 위해서 우리

대행사에서 시행하던 초창기 초점집단면접(FGI) 모습ⓐ

가 작업을 하는 거죠. 그거를 우리가 광고라고 그러는 거죠. 그래서 (상대방이) 수긍하게 하도록 하기 위해서 어떻게 하면 라이트 워드(right word)를 우리가 찾아내느냐, 말하자면 그것이 크리에이티비티 작업이란 말이에요. '이게 어째서 당신에게 필요한 거며 이것이 왜 좋은 거냐.' 하는 걸 설득해줘야 사람들이 설득을 당하고 인식을 할 텐데, 그거를 해나가는 작업이죠. 마케팅을 해나가는 데 있어서 우리의 역할이라는 건 설득커뮤니케이션을 해야 된다는 거죠. 제품으로서 좋은 장점이 뭐며 단점이 뭐며 왜 소비자한테 필요한 건지, 이런 측면을 우리가 다 조사를 해서 어프로치를 해야 되는 것이 마케팅에서 우리의 작업이죠. 이걸 상당히 빠르게 발전을 못 시켰어요. 하여간에 잘 만들어 팔리면 좋은 거고, 괜찮은 제품인데도 안 팔린다, 그거는 왜 안 팔리냐, 소비자가 인식을 못해서 안 팔리는 거죠. 어떻게든지 인식을 시켜야 된다 말이에요.

Q *당시 조사회사의 형편은 어땠나요?

A 지금 생각해보면 말이죠. 당시에 광고하는 사람들에게 아주 중요한 건데도 없는 게 있어요. 모든 마케팅 활동이 조사를 기반으로 해서 어떤 합리적인 방안이 있어야 하는데 우리에게는 그게 없었어요. 조사회사도 있긴 있었죠. 하지만 조사회사라는 게 1970년대엔 별로 없었고, 1980년대 들어 제대로 생기기 시작하고 그랬

는데, 광고는 조사를 기반으로 해야 된다고 했죠. 다시 이야기해서, 실증적으로 가야 된다, 우리 직업이 하나의 새로운 직업이지만 합리적인 직업이다, 그러니까 과학적으로 목표를 달성할 수 있는 직업이다, 그런 의미에서의 전문성이다, 하는 소위 합리주의를 기반으로 하는 전문영역이었죠. 하지만 이런 것을 개념적으로 알고 있으면서도 사실상 합리성이라 그럴까 조사를 기반으로 하는 움직임 같은 게 거의 없었어요. 뭐, 그냥 선호도 조사, 사람들이 이렇게 이야기하면 좋아하네, 이런 조사 정도는 해봤지만 실제로 소비자의 모든 것을 통계로 파악한다든가, 하는 어프로치가 없었어요. 여러 가지 인프라스트럭처(infrastructure)가 되어 있지 않은 상태에서 우리가 모든 작업들을 했어요.

Q 1970년대까지요?

A 네. 1970년대까지요. 그래서 우리가 그렇게 광고의 과학성을 주장하면서도 그런 기반이 전혀 없었다는 거, 그런 것이 우리한테 있었어야 될 건 데 없었다는 거죠.**

3. 광고주와 대행사 관계

한국에서 광고주-대행사 관계의 현실

광고주와 광고대행사의 관계에서 한국의 광고대행사들은 세계와 겨눌 수 있는 규준을 아직 정립하지 못했다고 김석년은 평했다. 특히 대기업 계열 광고대행사(In-house agency)들은 모기업인 재벌 광고주를 안정적으로 확보하다 보니 프로페셔널한 치열함이 부족해서 현실에 안주하는 경향이 있는데, 그렇게 해서는 경쟁력 있는 대행사로 생존하기 어렵다고 보았다. 한국의 광고대행사는 광고주와의 관계에서 특히 이른바 갑을(甲乙) 관계라는 종속적 관계 때문에 어려움이 많다고 토로했다.

김석년은 일찍이 다른 인터뷰에서도 한국의 에이전시 비즈니스가 광고창의성을 중심에 놓고 경쟁을 해야 하는데 그렇지 못했다고 여러 번 아쉬움을 토로했다(지우학, 2004.11). 1996년 한 광고전문지와의 인터뷰에서도 광고인의 기본은 무엇이라고 생각하느냐는 질문에 계속적으로 '커뮤니케이션 크리에이티브'를 연마하는 것이라고 대답한 있다(오규숙, 1996.7) 그만큼 광고주-대행사의 관계에서 대행사가 제대로 인정받기 위해서는 창의성을 갖추어야 함을 강조했다.

광고주 초청 등산대회 및 낚시대회ⓐ

Q 한국에서는 광고대행사가 광고주를 같이 따라가지 못하는 것 같아요. 예를 들면 코카콜라 갈 때 맥켄에릭슨이 거의 같이 하는 거잖아요. 그런데 삼성이 외국에 진출할 때 제일기획이 같이 가느냐 하면 그렇지 못하는 것 같거든요.

A 근본적인 문제가 한국은 현재 재벌그룹의 대행사잖아요. 그들이 한국 광고산업 전체의 큰 부분을 차지하고 있고 독립 대행사는 조그만 광고주들만 하고 있으니까요. 그룹 내에서 광고대행사에 대한 인식과 평가가 아직도 저조한 거예요. 각 대행사가 프로페셔널로 대접받지 못하는 거예요. 아직 경험으로도 입증이 안 됐고 실력으로도 입증이 안 됐고 그러니까요.

Q 우리나라 광고산업도 세계 10위권으로 꽤 되잖아요?

A 양적으로는 그렇죠.

Q 우리나라 경제규모는 비슷한 거 같은데 아직 그 실력이 광고주를 제대로 못 쫓아가는 측면이 있은 것 같아요.

A 한국에 광고대행사를 경영하는 사람들이 전문적인 경제에서 세계와 겨눌 수 있는 스탠더드를 아직도 못 만들고 있는 거예요. 큰 그룹 대행사들의 최고 경영진은 누구냐. 그거는 그룹에서 나와 있는 사람들이지 광고 전문가가 아니에요. 광고 전문가들이 회사의 경영진으로 완전히 자리 잡고 실력을 인정받고 전문성을 인정받는 세상이 돼야 갖출 게 갖춰지는 거예요. 제일기획도 광고인 출신 사장이 나온 지 얼마 되지 않아요. 큰 광고대행사일수록 사장이 광고인이 아니에요.

Q 인하우스 에이전시라는 게 대행사들로 하여금 편하게 안주하게 하는 측면이 있는 것 같으세요?

A 아, 있죠. 많죠. '우리 광고주가 설마 떨어져 나가랴?' 하는 생각을 갖게 만들기 때문에 인하우스 에이전시가 프로페셔널하게 앞으로 뚫고 나가지 못하는 거 아니에요? 주는 게 있으면 받는 게 있는 것과 마찬가지로 이런 측면이 있으면 저런 측면이 있는 거예요. 그래서 인하우스 에이전시는 경쟁력 있는 에이전시가 될 수 없는 거예요.

A 광고쟁이로서 여러 가지 애로와 슬픈 점도 있어요. 그중에서 제일 뼈저리게 느끼는 것은 한국에서 일반적으로 광고쟁이의 입장이랑 대행사의 입장이라는 게 누구하고 계약서를 맺을 적에 우리는 을(乙)의 입장이야. 소위 갑(甲)이 우리를 써주는 입장이에요.

Q 한국사회에서 갑과 을 관계요?

A 한국에 있어서만 그런 게 아니라 전 세계적으로 다 그래요. 갑을 관계가 말이죠. 그래도 을의 입장이 어느 정도로 안전하게 보존되느냐? 이것은 한마디로 얘기해서 을의 프로페셔널리즘이 완전히 인정을 받을 적에 을도 갑하고 대등할 수 있어요. 그런데 그것을 만든다는 게 보통 어려운 게 아니에요. 한 개인 수준에서는 나올 수 있지만, 하나의 회사가 그렇게 된다는 건 상당히 힘든 일이에요. 더군다나 한국같이 광고역사가 얼마 되지도 않고 교육시스템부터 모든 것이 새롭게 조성되는 이런 시기에 그렇게 되는 게 어려운 거예요. 쉬운 게 아니죠. 광고주하고의 관계가 인정을 받지 못하는 관계예요. 물론 전적으로 그걸 뒤집어서 '우리의 전문적 서비스 능력과 크리에이티비티가 광고주를 만족시켜주지 못하는 수준이다. 그래서 결국은 우리 스스로에게 책임지고 물러나겠다.'는 경우도 물론 있어요. 그러나 근본적으로 한국에서는 갑의 횡포가 심해요. 갑이 순순하게 프로페셔널리즘을 평가해서 우리를 대접해주는 것보다는 막무가내로 갑의 입장을 주장하는 거예요.

바람직한 광고주-대행사 관계를 위하여

광고대행사가 광고주로부터 진정 전문가 집단으로 인정받으려면 무엇보다도 창의성을 길러야 한다는 것이 김석년의 주장이다. 광고대행사는 창의성을 생명으로 하는 회사인데 한국광고계의 현실은 그렇지 않다고 보았다. 그는 이전의 인터뷰에서도 비슷한 주장을 편 적이 있다(지우학, 2004). 한국광고회사의 전반적인 매니지먼트 트레이닝이 창의성에 초점을 두어야 하며, 창의성 경쟁이 광고대행사의 생명이고 광고산업의 생명이라 생각해서 밀어줘야 한다는 것이다. 또 그러한 창의적 대행사를 만들어 광고주로부터 전문성을 인정받는 것은 누가 대신 해줄 수 없는 것이고 광고인 스스로 해야 할 일이라고 주장한 바 있다

한국의 광고주-대행사 관계가 여전히 갑을 관계의 수준을 벗어나지 못하지만 창의성을 전면에 내세우는 광고대행사에 창의적인 인재들이 많아지고 있다고 보았다. 광고에서 창의성의 본질에 대한 인식이 변하고 있으며 사회가 변화함에 따라 창의적인 사람들이 광고계에 많이 들어오고 있는 것은 향후 대등한 광고주-대행사 관계의 정립을 위해서도 고무적인 일이라고 구술했다.

바람직한 광고주 광고대행사의 관계로 흔히 꼽는 사례가 오랫동안 대행관계를 유지하고 있는 코카콜라 광고주와 광고대행사 맥켄에릭슨의 관계인데, 그런 신뢰의 오랜 관계를 유지하려면 무엇보다도 광고대행사가 전문적인 실력을 보유하고 있어야 한다.

실제로 코카콜라와 맥켄에릭슨의 관계를 보면 1950년대 코카콜라가 아직 본격적으로 국제화하기 전까지는 다시(D'Arcy)가 코카콜라의 광고대행사였다. 하지만 코카콜라가 전 세계로 진출하면서 국제화를 강화하자 다시가 코카콜라에 국제적인 광고대행 서비스를 제공하는 데는 한계가 있었다. 이에 코카콜라는 해외 사업만을 처음에 맥켄에릭슨에 맡겼고 나중에는 아예 국내 및 해외 사업 전체의 광고 업무를 맥켄에릭슨에 일임하여 오늘날까지 그 대행관계가 지속되어 온 것이다(Mueller, 2004). 이런 사례를 보아도 광고주와 대

합동통신사 광고기획실과 맥켄에릭슨의 업무제휴 조인식ⓐ

행사의 관계가 오래 지속되려면 광고대행사가 실력을 갖추고 광고주가 원하는 서비스를 충분히 제공할 수 있어야 한다.

A 광고대행사가 좋은 점, 광고 비즈니스가 사람을 미치게 하는 거 이게 뭐냐. 내가 보기에는 광고대행사라는 게 크리에이티비티를 생명으로 하는 회사예요.

Q 요즘 왜 크리에이티브 인더스트리(Creative Industry), 그러니까 창의산업이라는 말을 많이 하는데 광고가 대표적인 거죠?

A 그런 크리에이티비티를 좋아하는 사람들이 많아요. 물론 예술분야의 전공을 하는 사람들도 그런 사람 중에 하나죠. 음악이다 미술이다 뭐다해서, 예를 들어 장치미술이다 그런 새로운 거를 엮어서 만드는 거 좋아하는 사람들이 광고하는 사람들이에요. 크리에이티브한 생각에 먼저 크리에이티브한 컬렉션들을 만들어가고, 그래서 새로운 걸 만든다는 사실 자체에 아주 큰 가치를 느끼는 사람들이 광고인들이에요. 지금 젊은 사람들 중에 그게 많아요. 전통 사회가 확확 변할 적에 그런 기회가 많고 새로운 형태의 크리에이터들이 많이 나오는 거거든요. 그것이 고정되고 안정되는 타이밍에는 그렇게 많이 나오지 않아요. 변동 타이밍에 그런 게 많이 나오는 법이에요. 내가 중학교 다닐 때 6 · 25가 나가지고 고생도 많이 했지만 환도(還都)하면서 연극을 했어요. 대학 때, 젊었을 적에 연극에 미쳐 다녔어요. 나한

텐 그런 게 좀 있는 모양이에요. 새로운 작품을 만들었을 적에, 또 성공 사례를 하나 만들었을 적에 그때의 기쁨이라는 건 이루 말할 수가 없죠. 하여간에 그거를 추구하다 보니까 광고쟁이들이 되는 거예요. 광고쟁이의 희열 중에 하나가 그거죠.

A 광고주들의 마케팅 전략이 아직도 상당히 초보적인 거예요. 고도의 마케팅까지 가지 못하고 있고 전문성이 부족해요. 광고주 쪽도 그렇고요. 그러니까 대행사와 광고주가 서로 능력이 부족하다면서 사이가 좋은 관계가 많지 않아요. 그걸 보호하려는 게 현재 대한민국은 그룹 내에서의 인간관계예요. 그래서 인하우스 에이전시로 유지되는 거죠. 난 코카콜라 광고를 15년 동안 핸들링 하면서 배운 게 많아요. 코카콜라 회사하고 맥켄에릭슨이라는 광고회사하고 어떤 관계가 성립해서 어떻게 가고 있느냐. 이런 걸 옆에서 많이 보면서 공부를 했죠.

A 코카콜라 어카운트에 대해서 참 100% 정말 에이전시의 자세가 있어야 해요. 그러고 거기에 대해서는 앞서가요.

Q 거기도 갑과 을이네요. 경쟁 프레젠테이션으로 광고주 변동이 많은데 미국 같은 나라는 어떤가요?

A 내가 15년 동안 일을 하면서 맥켄에릭슨하고 코카콜라의 경영자들과 자리도 같이 해보고, 조그만 시장이지만 한국 시장의 광고에이전시 책임자로서 그런 데까지도 쫓아가 보고, 또 코카콜라 본사나 여러 지역 본부도 구경 가고, 비즈니스 라인 속에 아는 사람도 많아졌고, 거기에 대한 지식도 많이 갖게 되었어요. 그러니까 맥켄에릭슨에서 코카콜라 하는 사람들은 완전히 코카콜라 마니아예요. 말하자면 우리 집 애들이 코카콜라 아니면 안 먹어요. 못 먹었죠. 코카콜라 아니면 주질 않으니까요. 내가 OB맥주 아니면 안 먹는 거나 마찬가지죠. 오늘까지도 내가 OB맥주 아니면 안 먹는 건 OB맥주하고 내가 몇십 년 살아온 사람인데 나가서 다른 맥주 먹으면 사람들이 뭐라고 그러겠어요. '저 친구 OB맥주 이야기하더니 나가서 다른 거 먹네' 이런 이야기를 할 거 아니에요? 보기도 싫고요. 내가 오리콤에서 나와 선연을 새로 시작하니까 우리 아들이 하는 이야기가 '이제 펩시 맛도 볼 수 있겠구나.' 그런 이야기를 하더라고요. 하하.

4. 광고의 사회적 책임과 규제

프로페셔널리즘과 광고의 사회적 책임

어떤 사람이 자기분야에서 성공하고 사회적으로 전문성을 인정받으려면 사회적 책임과 도덕적 윤리, 직업적 윤리가 확립되어야 하지만 한국은 외국의 광고인들에 비해 광고에 대한 윤리의식이 아직 확고하지 못하다고 김석년은 보았다. 이는 광고라는 업무 자체가 윤리적으로 취약한 분야이기 때문에 사회로부터 공격받기 쉬운 광고의 본질적 속성에서 기인하는 측면도 있다. 따라서 국제광고협회(IAA)의 중요한 일 중 하나는 광고의 사회적 책임을 강화하여 광고산업의 사회적 지위를 높이는 것이라고 그는 강조했다.

〈제일기획 15년사〉에서도 1970년대 한국광고가 산업으로 발전하는 계기를 만들어 준 것은 4대 광고매체에 대한 규제가 두드러졌던 1976년 전후라고 보았다. 컨슈머리즘 운동이 서서히 대두되고 그 결과 광고표현에 대한 규제요인이 등장하면서, 광고의 사회적 책임에 대한 비판적 압력이 오히려 광고에 대한 정부당국과 사회일반의 관심을 높이는 데 일조했다고 평가하였다(제일기획 15년사 편찬위원회, 1988).

광고인이 프로페셔널한 직업인으로 인정을 받고 광고산업이 한 사회의 경제를 담당하는 분야로 당당히 형성되기 위해서는 광고가 사회적 책임을 다

기업의 사회적 책임(CSR) 마케팅의 대표적 사례인 유한킴벌리 광고ⓑ

해야 한다는 김석년의 주장은 전문직업화 과정과 윤리강령에 대한 학계의 논의와 일치하는 측면이 있다. 기존의 논의 따르면 어떤 직업이 전문직으로 사회에서 인정을 받으려면 우선 1)비자격자를 배제하기 위해 한정된 회원을 대상으로 전문 직업협회를 구성하고, 2)이름을 변화시켜 이전의 직업적 위상과의 동일시를 최소화시키고, 3)그 직업의 사회적 효용을 강조하는 윤리강령을 제정하여 비자격자와 비양심자를 배제하고, 4)진입장벽을 유지할 수 있도록 정치활동을 전개하는 순서로 진행된다고 보았다(한정호, 2002).

따라서 어떤 직업이든 한 사회에서 전문직업으로 인정받으려면 사회적 책임을 다하고 그에 걸맞은 윤리강령을 제정하여 공포한다. 실제로 광고도 이미 1911년 미국의 광고전문잡지 〈프린터스 잉크(Printer's Ink)〉가 광고윤리강령을 제정한 이후 대부분의 나라에서 광고윤리강령을 선포하고 있다. 한국도 1959년 〈한국일보〉가 윤리강령을 선포한 이후 오늘날 광고단체총연합회를 비롯하여 여러 기관에서 광고윤리강령을 제정했다.

Q 프로페셔널리즘의 중요한 요소 중 하나가 기술적인 면이나 지식의 측면도 있지

만 도덕적 윤리적인 것도 굉장히 중요한 요소라는 거죠?

A 그럼요. 모럴 스탠더드(moral standard)라 그럴까 그런 측면도 대단히 중요하다고 봐요.

Q 한국의 광고인들이나 광고업계가 그 부분에서도 상당히 부족하다고 생각하세요?

A 그렇죠. 아직도 부족한 거죠. 더 채워지고 광고인 스스로가 의식을 갖고 그런 측면을 개발해나가야 인정도 더 받게 되는 거죠. 우리가 하나의 산업으로서 사회에서 인정을 받으려면 그것이 사회적인 공헌, 사회적인 책임(social responsibility) 이것도 중요한 거란 말이죠. '그 산업이 도덕적 측면에서도 건실하게 다져졌다.' 이런 이야기를 들어야 인정을 받는 거란 말이죠. 광고업계가 좀 난장판이에요? 그러니까 이왕 우리가 몸담고 있는 광고업계가 인정을 받으려면 우리 스스로 사회적 책임과 모럴 스탠더드를 최대한 높여가도록 노력해야 돼요. 광고인들의 의식도 상당히 무장이 되어야 우리 산업에 애착도 더 가고 노력도 더 하게 되는 거죠. 이렇게 생각을 하고 평소에도 사원들이나 후배들한테 이야기를 많이 합니다.

A 우리가 젊은 산업이라서 덜 갖춰지지 않았느냐, 이런 측면도 있어요. 앞섰다, 뒤쳐졌다, 높다, 낮다 상대적으로 이렇게 얘기할 것이 아니라 우리가 보는 척도는 우리 스스로 형성해야 합니다.

Q 외국에도 광고업계가 다른 직종에 비해서 사회적으로 덜 인정받는다는 생각이 드세요?

A 사실은 현재 그런 거죠. 우리가 인정을 못 받을 정도로 우리 스스로도 아직 무장이 덜 돼 있는 거죠. 그런 얘기도 있잖아요. 도덕 재무장이라는 이야기. 우리 스스로가 무장을 해야 되는 거죠. 무장이 덜 돼 있으면 허점이 많아지는 거고…. 어떤 산업에서도 다 마찬가지지만 부패된 요소들도 있는 거고요. 그렇지만은 광고계에서 부패해봤자 다른 큰 산업에서 부패하는 거 하고 비교는 안 되겠지만 여러 가지로 이지고잉(easy-going)하는 측면이 많이 있어요.

Q 광고인 자체가 도덕적으로 부패하고 광고라는 업무랄까 그 일 자체가 비난을

쉽게 받잖아요?

A 한국 사람들은 유교적인 사회에서 살았기 때문에 광고하고 선전하는 거에 대해서 기본적으로 거부감이 있어요. 사회적으로 우리가 새롭게 하나의 산업을 일으키면서 새로운 사회 구조 속에서 우리의 위치를 굳혀 나가고 있는 거예요. 그래서 외국 사람들이 동양의 광고는 철학적인 기반부터 인간 사상에 있어서 서양광고와 기본적으로 다른 것 아니냐는 이야기를 많이 합니다. … 우리 광고산업이 발전하려면 정말 프로페셔널한 경쟁이 제대로 이루어져야 합니다. 그렇지 않은 것으로 산업이 돌아가기 시작하면 모럴 업(moral up)하기 점점 힘들어져요. 결과적으로는 우리 스스로가 확신을 갖기도 힘들어진다는 거죠. 유혹이 많고 허점이 많은 것이 우리 젊은 광고 산업이에요. 광고주의 인정이라든지, 매체 관계라든지 대행사 입장에서 보면 이지고잉(easy-going)하는 현상이 많아졌어요. 우리가 광고업계를 움직인다는 착각을 하게 되면 조직도 여러 가지로 발전을 못하고 광고인들도 결국 오염되는 거예요. 스스로 프로페셔널 프라이드를 갖는 거에서 점점 멀어지게 되는 거죠. 유혹을 이겨내야 합니다.

A IAA의 중요한 사업 중 하나가 광고업계에 대한 사회적 인식을 높이는 거예요. 그래서 IAA 사업 목표 중 하나가 사회적 책임을 우리가 어떻게 이해할 것인가인데, 이것도 참 중요한 문제예요. 광고에 대한 부정적인 인식을 전환시키는 우리의 역할이 있어야 돼요. 사회적으로 그런 역할이 어디에서 나오느냐? 사실 우리 스스로의 윤리적인 재무장이나 직업의식에 없다면 그걸 전환시킬 방법이 없어요. 누가 하겠어요 그런 걸, 우리가 해야 되는 건데…. 내가 IAA 일에 열심히 참여하고 그 이상을 신봉하는 이유 중 하나가 IAA의 그런 역할입니다. 국제적인 조직이 백업(backup) 해주면 한국에서도 뭐가 되지 않겠느냐. 또 우리 스스로가 깨닫는 게 많지 않느냐. 직업적으로 정도를 걷는 거예요. 어떤 산업치고 그런 걸 지향하지 않는 게 어디 있겠어요? 생각해보면 다 그래요. 그러나 현실은 여러 가지로 달라요, 사실 같지가 않아요. 지향점은 궁극적으로는 다 같다 하더라도 실제로 목표를 향해 가고 있는 속도나 방법이 다 달라요. 어떤 사람은 이렇게 가고 있고, 어떤 사람은 저렇게 가고 있고 다 틀리는 거죠. 우리가 젊은 산업으로서, 더군다나 부정적인 인식이 우리

주변에 산재해 있는 이런 상황 속에서는 어려운 일입니다. 프로페셔널리즘이란 게 말이죠. 프로를 만든다는 게 프로페셔널한 스킬 하나 가지고 되는 게 아니에요. 왜냐하면 우리의 직업을 이야기하고 하나의 산업을 이야기하기 때문에 스킬만 이야기하는 게 아니란 말이죠.

광고산업 현장의 비윤리적 관행

광고가 전문가로서 인정받기 위해 직업에 대한 윤리의식이 확립되어야 하며, 광고산업에 대한 사회적 인식이 높아져야 하는데 한국 광고산업의 현장에서는 비윤리적 관행들이 많이 횡행했다. 초창기 광고계에도 접대문화나 경쟁 프레젠테이션에서 대행사 선정과 관련한 리베이트 등이 많았다. 오리콤 사사에 따르면 초창기 합동통신 광고기획실 시절 이재항 사장은 이러한 비윤리적 관행에 그 누구보다도 엄격했다. 그는 돈으로 산 광고주는 돈 때문에 끊기지만 실력으로 얻은 광고주는 끊어지지 않는다는 소신을 직원들에게 강조했고, 그래서 합동통신 광고기획실 사람들은 광고주를 접대하는 일이 드물었다고 기술했다(오리콤, 1997).

따라서 접대나 뇌물성 리베이트에 대한 거부는 초창기부터 일종의 오리콤 기업문화라고 할 수 있는데, 김석년 역시 이 부분에 대해서는 스스로 너무 지나치지 않았나 하는 생각이 들 정도로 강경했다고 회고했다. 김석년이 접대나 뇌물성 리베이트 같은 것에 대해 엄격하고자 했던 것은 프로페셔널리즘에 대한 자부심이 강했기 때문이다. 그는 프로페셔널을 주장하면서 접대와 뇌물을 주고 받는다는 것은 있을 수 없다고 생각했고, 접대와 뇌물로 일을 하면서까지 직업생활을 영위하고 싶지 않았다고 잘라 말했다.

Q 큰 클라이언트의 경쟁 프레젠테이션은 대행사 사장들이 많이 관여를 하잖아요.

오리콤이나 선연에 재직하실 때 경쟁 프레젠테이션에서 광고전략이나 크리에이티브가 어느 정도 영향을 미치는 것 같으세요? 혹은 정치적인 게 어느 정도나 작용하는 것 같으세요?

A 글쎄요. 한국사회에서 좋게 얘기해서 반반이죠.

Q 상당히 많은 건가요?

A 나쁘게 이야기하자면 한국사회니까 다 그렇게 돌아가는 게 아니냐하는 사람도 있겠지요. 솔직하게 말해서 광고계가 100%가 그렇게 돌아가는 산업이면 난 이 직업 안 해요. 그래도 적어도 50%는 그렇지 않다고 믿기 때문에 직업으로 한 거죠. 100% 돌아간다고 생각했으면 일찌감치 포기했죠. 스스로 반성을 해보 건데 외국에서 살다가 들어와서 상당히 내가 나이브했단 말이죠. 정도만 주장을 하고 뒷거래를 언제든지 거부하고 그래서 직원들을 상당히 힘들게 만든 거에 대해서 반성을 해요. '내가 좀 더 폭 넓게 수용할 수 없었을까?'지금도 그런 생각을 해요.

A 사회적으로 인식이 좋지 않고 아직 성숙되지 못하고 인정을 못 받는 산업이기 때문에 그런 문제에 대해서 우리가 많이 생각을 하게 됐었어요. 우리가 어떤 이유 때문에 인정을 제대로 못 받는 거냐? 우리세대에서 어떻게 하면 인정받겠느냐? 우리의 프로페셔널리즘과 책임도 있겠지만 다른 여러 가지 요소들은 뭘까? 이런 생각들을 많이 하게 된 거예요. 그거에 대해서 상당히 의식을 가졌어요. 지금 보면 많이 변했어야 될 측면이 발전을 못한 것도 지적할 만해요.

Q 광고주를 접대하는 거 없었어요?

A 광고주 접대하는 건 있었지만 그렇게 심하지 않았어요. 점점 경쟁이 심해지면서 타락현상이 많이 일어났어요.

Q 초창기 때는 경쟁이 심하지 않아서 접대가 심하지 않았나 보네요.

A 그럼 경쟁이 심하지 않으니까 접대도 순수했어요. 의도가 숨어있는 접대가 아니고 순수하게 '수고했다, 고생했다, 프로젝트 끝나면 같이 식사나 한번 하자.' 이런 정도였어요. 외국 유학생활이 길었다는 것도 있겠지만 나는 그런 것에 대해서 유난히 결벽증이 있어요. 그래서 접대 해야겠다 이런 생각에 대해서 거부감이 많아요.

내가 조금 높아져서 사람들 거느리게 될 적에도 접대에 대해서 일절 안 했어요. 스스로 프로페셔널을 주장하는 사람이 뇌물이나 접대를 하면 안 되죠. 직원들이 힘겨웠겠죠. 1980년대 이야기인데 내가 워낙 깐깐하니까 직원들이 상당히 힘들었어요. 지금은 이해가 가요. 그렇지만 당시도 그렇고 지금도 그렇고 나의 주장이 옳다고 생각해요. 접대와 뇌물로 일을 하면서 직업생활을 하고 싶지 않았어요. 물론 한국에 그런 풍토가 많지만 아랍 같은 곳 가보면 비슷해요. 사회적인 관행이라면 그렇게 하는 거라는 사람들도 있죠. 한국도 그런 식이 됐지만 나는 용납을 못하겠더라고요. 그래서 직원들이 그런 문제에 대해서 힘들었을 거예요.

Q 광고 쪽에서 경쟁 프레젠테이션을 언제부터 했어요?

A 1980년대 후반부터 시작했어요. 경쟁 프레젠테이션을 그전에도 한두 번 했지만 드문 일이었어요.

Q 1980년대 들어오면서 그런 것들이 심해졌나요?

A '에이전시 커미션에 우리 수입의 몇%를 주겠습니다, 제작비는 거저 해드리겠습니다.' 이런 식으로 경쟁하는 건 난 절대 용납을 안 했어요. 프로페셔널을 주장하는 나에게 자존심을 깎아 먹는 일인데 그런 건 할 수 없다고 했죠. 그것 때문에 직원들이 힘들었을 거예요.

한국광고에서 규제의 문제

광고규제 문제에 대해서 미국이나 유럽은 많지 않은데 중동이나 아시아의 경우 이 문제가 심각한 편이라고 김석년은 보았다. 그에 따르면, 광고가 하나의 산업으로서 제대로 체계를 갖추기 위해서는 사회적 책임이 있어야 하고 광고계 스스로가 자율규제 능력이 있어야 한다.

그는 일찍이 한 광고 전문지와의 인터뷰에서 광고의 사회적 책임에 있어서 특히 소비자의 선택권을 강조한 바 있다(오규숙, 1996.7). 그는 광고인의 기본은 "소비자 선택권을 향상시키기 위한 마케팅 커뮤니케이션에 대해 지속적으로 관심을 갖고 이를 향상시키기 위해 끊임없이 노력하는 모습이라고 생각"한다고 하면서 모든 광고행위는 소비자 선택권의 향상이라는 것을 염두에 두어야 할 것이라고 강조했다. 더 나아가서 "좋은 광고냐 아니냐의 판단도 결국은 소비자의 권익을 향상시켰느냐에 달려있습니다. 이제는 소비자의 권익을 밑바탕으로 하지 않는 광고는 존재가치가 희석된다고 생각합니다."(56쪽)라며 소비자 지향성이야말로 좋은 광고, 사회적으로 책임을 다하는 광고의 요체임을 주장한 바 있다.

그리고 광고산업의 핵심은 자유로운 공정 경쟁인데, 매체에 대해서 '광고를 받지 마라'는 식의 방식은 자유 경쟁체제에 어긋난다고 보았다. 또 광고 표현의 자유가 보장되어야 하지만 광고 크리에이티브의 기준이 분명하지 않다는 문제가 있음도 지적했다.

A 규제문제에 대해서 미국이나 구라파 사람들은 예민하지를 않아요. 그 사람들은 생활화돼 있고 특별한 규제가 없으니까요. 특별한 규제라는 게 여러 가지 일반적인 사회 규제죠. 이것이 광고 산업에도 준용되는 거예요. 그런데 후진국, 특히 규제가 많았던 중동이나 아시아 사람들한테는 광고에 대한 규제문제가 상당히 심각했어요. 동양의 정부들은 규제를 위한 정부예요. 정부의 역할은 규제하는 것이거든요. 예를 들어 한국은 광고산업이 존재 하느냐 안하느냐가 정부에서 인정을 하느냐 안 하느냐에 따른 거죠. 실제로 광고 일을 하느냐 안 하느냐는 아무 문제가 안 돼요. 정부에서 산업으로 인정한다면서 어느 정도의 규제 틀에 광고 산업이 들어가 있어야 정부에서 인정하는 존재의 가치가 있는 거예요.

A 광고가 하나의 산업으로서 제대로 되려면 광고의 사회성이라 그럴까, 하나의 산업으로서 사회적 책임을 제대로 질 수 있는 체제가 되어야 정말 인정받는 산업이 돼요. 광고 규제는 광고계 스스로가 자율규제 능력이 있어야 해요. 자율규제 능력이 없으면 규제를 받기 마련이죠. 광고계에서 내놓을 수 있는 카드는 뭐냐. 한마

디로 얘기해서 셀프 레귤레이션(self regulation)이에요. 광고계가 자율규제의 능력을 키워가고 카드로서 내놓을 수 있어야죠. 그렇지 않으면 언제든지 타의적인 규제를 받기 마련이에요. 정부 규제라는 게 있으면 당연히 예속되는 게 현실이에요.

A 자유경쟁 체제에서 제일 강력한 시스템은 페어 트레이드(fair trade) 시스템이거든요. 공정거래 시스템이라고…. '거래가 공정하냐? 거래가 어떤 정부 압력에 의해서 왜곡되는 건 아니냐?' 이게 제일 중요한 거란 말이에요. 그래서 자유경쟁 경제체제에서 제일 중요한 거는 공정거래의 원칙이죠. 그게 제일 중요한 거에요. 한국에서 기업들을 규제한다는 데 있어서 다른 방법의 규제들은 다 과도한 규제들(over regulation)이에요. 진정한 규제는 공정거래입니다.

A 한국은 크리에이티브 스탠다드(creative standard)가 정돈이 안 돼 있어요. 안 되는 게 뭐냐면 제일 먼저 꼽는 게 교육이에요. 광고인의 전문교육. 광고인의 전문교육이 결국 그 나라의 광고의 수준을 결정하는 거란 말이에요. 후진국에 갈수록 모든 게 말이야, 그냥 덮어놓고 '이거가 최고입니다.' 그러니까 장기적으로 소비자가 꾸준히 선택하는 광고가 아니에요. 광고 스타일들이 각국에 따라서 다른 게 있고 제품에 따라서 다른 게 있는 거죠. 그런데 일반적으로 후진국의 광고라는 건 외치는 광고가 많아요.

A 광고인이 자유경쟁 자본주의 경제에 있어서 경쟁적인 시스템의 가장 큰 신봉자가 되어야 해요. 광고쟁이들이 제일 대표적인 신봉자고 대표적인 주창자여야 해요. 왜냐하면 광고라는 게 근본적으로 경쟁적인 표현의 자유거든요. 광고는 한마디로 얘기해서 표현의 자유인데 정부에서 이야기하는 표현의 자유가 아니라 실제로 살아있는 표현의 자유예요. 하나씩 하나씩 케이스가 중요한 거죠. 그래서 자본주의 시스템의 꽃은 광고죠. 경쟁이 바로 광고예요.

5. 광고, 어떻게 배우고 가르쳐야 하나?

선진 광고시스템 배우기

광고를 일하면서 배운다고 하는데 초창기 한국광고계는 특히 외국의 선진 광고기업을 배우기 위해 노력을 많이 했다. 김석년은 국제 광고인들과의 잦은 접촉을 통해 그들의 선진기법뿐 아니라 전문가적인 태도까지를 포함한 프로페셔널리즘을 배웠다고 회고했다. 광고인은 끊임없이 공부하고 자기계발을 함으로써 전문가로 발전하고 사회적으로 인정받을 수 있는데, 한국의 광고인들은 그런 측면에서 부족하다고 안타까워했다.

그는 광고의 창의성에 관한 이전의 인터뷰에서도 한국 광고계가 발전을 하기 위해서는 광고산업 전체가 크리에이티브 트레이닝(creative training)을 하고 교육을 해야 하며 교육 이외에는 방법이 없다고 강조했다. 한국 광고산업의 전반적인 크리에이티브 트레이닝을 위해서는 국제광고협회 광고 교육훈련 프로그램(IAA Advertising Education and Training Program)과 같은 국제적인 광고교육 프로그램과 연계하여 광고교육 시스템을 구축해야 한다고 주장한 바 있다.

국제기구와 연계하는 교육 프로그램 개발이 창의성 개발을 위한 효과적인 방법이라고 제안하면서, 동시에 평소에도 외국의 선진 광고물을 보고 배워서 그 기법이나 시스템을 배워야 한다고 강조했다. 칸느 국제광고제나 가

코카콜라 회장 도널드 키오(오른쪽)와 함께(1976년 경)

까운 아시아의 애드 페스트(Ad Fest) 같은 국제 광고제에 광고의 실무자들이 직접 가서 보고 감각을 키워야 하는데, 한국은 관리자층의 윗사람들이 마치 위로 출장처럼 그러한 국제 광고제나 국제행사에 참가하는 행태에 대해서 꼬집었다.

A 특히 광고 같은 거는 물론 일하면서 배운다고는 하지만 일하면서 경험으로만 배우는 것이 아니라, 실제로 학습을 해야 합니다. 한국에서는 아직 광고의 각 분야가 외국에 비해서 전문성을 분명히 나타낼 정도로 발전하지 못했으니까, 결국 공부한다는 건 외국의 광고를 공부해야 돼요. 외국의 사례도 공부하고, 일본에선 어떻게 하느냐, 미국에선 어떻게 하느냐, 구라파에서는 어떻게 됐느냐를 공부해야 해요. 내 입장에서는 어려서 국민학교를 일본시대에 다녔으니까 일본어도 하고, 구라파에 가서도 살아보고, 서구문명에 대해서도 나름대로 접촉이 있었고, 언어 면에 있어서 100% 활용을 해서 나가게 된 거죠. 한국에서만이 아니라 외국 사람들한테 여러 가지로 배워야지 되겠지만 전문적인 영역이나 인간적인 영역에서 외국 사람

들한테 조금도 꿀릴 게 없다는 생각을 해요.

A 근래에 와서 젊은 층에서는 심해진 경향도 있지만 민족주의, 내셔널리즘(nationalism)이라 그럴까, 그걸 넘어서서 쇼비니즘(Chauvinism)으로 가는 정도가, 쇼비니즘이란 게 우리나라만 잘났다는 거죠.

Q 국수주의요?

A 쇼비니즘 국수주의죠. 이런 경향들이 많은 것도 문제예요. 외국에서 보고 와야지 알게 되는 거예요. 국내에서 우리끼리 우리가 제일이다 그러면서 외국에 대한 스터디를 해야 한다는 생각이 전혀 없는 사람들도 문제예요. 물론 다른 쪽으로 보면 외국이라고 덮어놓고 떠받드는 것도 문제예요. 우리가 해방돼서 뭘 할 것 같으면 외국 사람들한테 굽실굽실 대면서 외국 것만 덮어놓고 제일이다 그러는데 이런 건 안 돼요. 외국생활도 있었지만은 한국에 들어와서 외국 광고계와 접촉을 하면서 균형감각을 유지하려고 스스로 무척 노력을 했어요. 외국 사람들과 진지한 인간적인 커뮤니케이션이 가능한 인간관계를 만들어가려고요.

Q 광고인들 자신이 프로페셔널 인지가 부족하다고요?

A 네. 그런 거에 대해서 덜 무장되어 있단 말이죠. 프로페셔널 스탠더드는 어떻게 형성되어야 되느냐? 우선 한국에서 교육 시스템이 안 되어 있어요. 광고회사에서 업무에 시달리면서 그 속에서 프로페셔널 스탠더드가 자연적으로 올라간다는 건 기대하기 어려운 거거든요. 그러니까 스스로 자기 계발하는 교육을 철저하게 해야 하죠. 외국 것을 배우고 외국에 대해서 이해를 해서 '아, 이게 이렇게 되는구나.', '우리의 시스템이 아직 모자라는구나.'라는 것은 외국 것을 보지 않고 깨달을 수가 없어요.

A 우리 산업에 대해 인정받는 것에 대해서는 광고인 스스로가 반성해야 되는 문제예요. 광고관계 각 분야에 있는 사람들 스스로가 전문 영역에서 어느 정도 인정을 받고, 사회적으로 어느 정도의 인정을 받느냐 말이죠. 우리가 하고 있는 현재의

광고가 그전처럼 간단하게 '어떤 제품 파는데 필요한 광고, 매스컴을 활용하여 대량 생산을 유지하기 위해서 대중광고로 마케팅을 한다.'는 정도의 초보적인 상식에서 끝나면 안 된다 이거죠. 요새 마케팅이라는 게 전문화돼 각 분야로 퍼져나가기 때문에 광고도 거기에 따라서 여러 가지 이론적인 근거나 모든 것이 따라가야 됩니다. 우리 산업 내부에서도 광고주나 매체나 대행사 사람들이 서로 각자의 프로페셔널리즘을 인정을 하는 게 중요해요. 이것도 우리가 반성을 해야 될 문제예요. 인정을 받는 데는 우리 스스로의 반성도 있어야 돼요.

대학에서의 광고교육

광고는 여러 가지가 요구되기 때문에 전문성 향상을 위해서는 다양한 교양교육이 기초가 되어야 한다. 그는 현재 대학 광고교육이 학생들을 한 분야의 광고전문인으로 양성시키기 위해 세분화시키지만 광고인들은 예술적, 과학적, 기능적 모든 면을 복합적으로 지녀야 한다고 보았다. 전문성 함양은 꼭 세분화는 아니며, 한국의 예술 교육이 너무 실기의 테크닉 위주인 것처럼 광고교육도 너무 세부적인 기술함양에 중점을 두는 것은 지양해야 한다. 광고전문가를 대학에서 기르기 위해서는 광고의 기술적 수준뿐 아니라 윤리적 수준도 높일 수 있도록 해야 한다고 주장했다.

이와 관련해서 이미 1996년 한국경제신문과의 인터뷰에서도 광고의 윤리적 측면에 대해서 의견을 피력한 바 있다. 그는 좋은 광고란 어떤 것이냐는 물음에 "생활에 필요한 정보를 제공해주면서도 새로운 깨달음을 주는 것입니다. 인생은 얼마나 일상적입니까. 이미 알고 있다고 생각했지만 어느 날 광고를 보고나서 아 그게 그래서 좋았던 거구나라고 깨달음을 주는 것 그게 좋은 광고입니다"라고 대답했다(김시행, 1996.8.10.). 카피라이터 김태형은 크리에이티브한 광고는 생활의 제안이 되어야 한다고 주장한 바 있는데(김병희, 2004),

좋은 광고란 생활에 필요한 정보를 주고 새로운 깨달음을 주는 광고라는 김석년의 견해와 일맥상통하는 점이 있다. 또 좋은 광고에 대한 김석년의 이러한 정의는 광고인의 기능적 수준뿐 아니라 윤리적 수준도 높아야 한다는 견해와도 동전의 앞뒷면을 이룬다고 할 수 있다.

Q 저도 학생들한테 가르칠 때 광고 전문가로서 갖추어야 할 자질에 대해서 얘기를 많이 하는데요. 대학에서 광고홍보전공하는 학생들한테 이런 게 좀 부족하다고 느끼신 적이 있으신지?

A 지금 현재의 광고 교육을 보면 전문화된 대학에서의 광고교육이 물론 좋은 방법이고 제일 빨리 가는 방법이죠. 그런데 광고산업이라는 게 상당히 복합적인 산업 아니에요? 그러다 보면 여러 가지 갖추어야지 될 것이 너무나 많아요. 광고인으로서 예술적인 교양이 있어야 되고, 커뮤니케이션 산업으로서 사회심리학적인 교양도 갖춰야 되겠고, 인문학적인 교양도 갖춰야지 되겠고요. 요새 커뮤니케이션 산업이라는 게 얼마나 첨단산업하고 연결이 긴밀합니까? 그러니까 과학적인 측면의 지식과 교양이 필요하죠. 이런 걸 다 갖춰져야 광고인이 될 수 있는 거죠. 이 직업으로서 리콰이어먼트(requirement)는 엄청나게 커요. 그러니까 젊은 대학과정에서부터 완전히 광고인으로서 전문화해나가야 하죠.

Q 전문적인 기량에 포커스를 둬야 하느냐? 아니면 좀 더 광범위한 인문학적 교양이라든지 보편적인 지식을 연마하는데 치중해야 하느냐? 꼭 서로 대조되는 것은 아니지만 어떻게 생각하세요?

A 아주 잘 지적을 했어요. 그것이 대비가 된다는 게 아니라 사실은 상호 보완적이 되는 거죠. 대비를 시켜서 문제를 설정하고 다루다 보면 풀리질 않죠. 그러나 상호 보완적으로 생각을 하면 얼마든지 풀릴 수 있는 문제예요. 광고가 하나의 산업으로서 순수한 예술적인 소양이 풍부한 사람, 과학적인 소양이 풍부한 사람, 인문학적인 소양이 풍부한 사람들이 모여서 협동을 하면서 산업을 움직여야 해요. 그러나 한 개인이 모든 것을 완벽하게 가지는 거는 불가능한 이야기죠. 그러니까 개인으로서는 메인 오리엔테이션(main orientation)이 있는 것이고, 산업 전체를 놓고

볼 때는 서로의 협동이 잘 돼야죠.

A 광고인들이 가능하다면 각자가 노력을 많이 해야 되요. 외국 광고인들 중에서 크리에이티브 사람들 만나보면 백그라운드가 아주 여러 가지예요. 어떤 친구는 대학에 가기 전부터 광고계에 뛰어들어든 사람도 있고, 대학 가서도 카피라이팅으로만 간 사람도 있는데, 그러면서도 하나의 경지를 개척을 해나가고 있어요. 노력들이 대단한 거죠. 그래서 대학의 저학년 때부터 전문화 교육만을 하는 것보다 교양을 넓힐 수 있는 교육이 보완이 됐으면 좋겠어요. 대학졸업 때 전문화를 위해서 나갈 수 있도록 준비까지 해주는 게 대학교육에서 필요하죠. 정말 전문화된다는 건 사회 들어가서 된다고 봅니다.

A 한국에서 예술 쪽 대학교육들은 대부분이 전문학교 이상으로 너무 일변도로 가고 있어요.

Q 실기라든지 뭐 이런 거요?

A 네. 실기 일변도로 가고 있어요. 우리가 일반적으로 이야기하는 고등교육이라는 것이 인간 감성에 중요한 기초 교육인데, 예술분야에서는 그것보다 너무 실기 교육에만 치우쳐 있어요. 참 이런 얘기하면 뭐하지만 한국의 작가들은 너무 실기 위주예요. 가끔 보면 테크니션(technician)이 너무 많아요. 광고 쪽도 마찬가지란 말이죠. 그렇게 전문화 교육을 주장하다 보면 결국은 테크니션만 길러내는 것 같아요. 그것보다도 우리한테 중요한 게 더 풍요한 인간성, 풍부한 창의성에 대한 교육이죠. 사실은 외국에서 대학교육이라는 게 우리보다 훨씬 더 입문과정에 가까워요.

Q 대학교육이 대중교육이 됐죠.

A 한국에선 너무 심하다는 생각이 자꾸 들어요. 사회생활을 하면서 노력에 의해서 보완이 되면 다행인데 보완이 되지 않고 잠재능력의 계발이라는 면에서 조금 뒤떨어지는 게 아니냐 말이죠. 아쉬운 생각이 들어요. 오리콤에 있을 적에도 꼭 광고학과 출신, 몇 개 대학밖에 없었지만, 거기 사람들한테 물론 광고에 대해서 이야기하라면 잘 하지만 그러나 다른 학과에서 오는 사람들도 다 환영했어요. 광고계의

인재란 말이에요. 엉뚱한 학과에서 온 사람들도 많았어요. 사람 봐서 괜찮으면 일일이 인터뷰를 하고 그랬으니까요. 아주 대환영했어요. 광고인이 전문성을 배양하는 데 있어서 우리의 테크닉컬 스탠더드(technical standard)도 있는가 하면 모럴 스탠더드(moral standard)라는 것도 있는 거죠. 우리 같은 새로운 산업에서는 모럴 스탠더드의 형성이 아직 덜 돼 있는 게 사실이에요.

8장

마무리: 신명의 세월

1. 주목할 만한 대목 10가지

김석년의 구술을 한국광고사에 대한 여러 문헌자료는 물론 동시대의 구술 증언과 교차대조하면서 한국광고사 40년을 재구성해보았다. 한국 광고산업의 발전 주체인 광고인들이 그 당시 어떠한 문제의식을 가지고 광고업무를 수행했으며, 그 과정에서 그들이 절박하게 느낀 것은 무엇이고, 광고계의 변화를 어떻게 인식했는가를 증언하는 김석년의 이야기는 문헌중심의 광고사 연구가 포착하지 못하는 그 당시 광고계의 분위기와 광고인의 내면풍경을 생생한 목소리로 전하고 있다.

이 책 첫 장에서 인용한 아시아 광고연맹(AFAA)의 김석년 소개글에서 보는 것처럼, 그는 한국광고의 선도자이며 광고라는 직업의 개척자이고 광고 비즈니스의 관리자이며 젊은 광고인을 길러내는 교육자였고, 국제광고계에서 궂은일도 마다하지 않고 기꺼이 책임을 다하는 기획자이며 투쟁가이며 조정자였다. 이 책은 이러한 김석년의 개인사와 한국광고의 산업사를 씨줄과 날줄로 엮으면서 그가 헤쳐 온 한국광고 40년의 역사를 촘촘하게 기술해 보았다. 김석년의 이야기에서 주목할 만한 대목 10군데를 정리해 보면 다음과 같다.

첫째, 현존하는 가장 오래된 광고대행사 오리콤의 전신인 합동통신 광고기획실 시절의 이야기는 한국광고가 산업으로 발돋움하던 시기에 대해서 생생하게 알려준다. 그가 광고계에 첫 발을 내딛던 합동통신 광고기획실의 사무실 분위기, 그 당시 통신사 내에서 기자들과 광고인의 위상에 대한 비교, 1970년대 초반 합동통신 광고기획실과 함께 광고회사 쌍두마차 체제의 한 축을 담당했던 만보사에 대한 소회, 그리고 만보사를 합병한 합동통신 광고기획실이 제일기획 및 연합광고와 함께 광고회사 트로이카 체제를 이루던 시절에 선발 주자 광고회사 임원급으로서 지켜보았던 그 당시 상황 등은 한국광고사의 흥미 있는 대목이다.

둘째, 합동통신 광고기획실 시절 광고 기획 및 제작 업무와 관련된 이러저러한 이야기들은 1970년대 한국광고계 풍경을 잘 포착하고 있다. 김석년뿐 아니라 동시대 광고인들의 구술증언을 종합해보면, 광고산업 형성의 물적 토대라 할 수 있는 광고대행 수수료 인정문제에 대해서 광고산업 초창기 광고인들이 얼마나 절박하게 여겼는지 느낄 수 있다. 또 광고주보다 매체사가, 그리고 매체사 중에서도 신문사보다는 방송사에서 광고대행 수수료의 성격을 더 잘 이해하고 먼저 인정했는데, 그것은 신문사 특유의 권위주의적 태도와 전적으로 광고에 의존해야 하는 상업방송의 비즈니스 모델 때문에 기인한 것으로 해석했다. 대학교수가 주변의 비난 때문에 돌연 광고모델 출연을 취소했던 일화는 그 당시 광고에 대한 사회적 인식 수준을 보여주지만, 그럼에도 그 당시 문화예술인들이 생계를 위해서 광고업에 투신함으로써 한국광고의 크리에이티브가 많이 향상되기도 했다. 코카콜라 광고 카피를 통해 그때까지 주로 겉모습을 묘사하는 '산뜻한'이란 말이 맛을 표현하는 형용사로도 쓰이기 시작했다는 이야기는 광고가 우리의 언어문화에 어떻게 영향을 미치는가를 잘 보여준다. 1970년대 한국 미디어 사회문화사의 큰 사건인 동아일보 광고사태와 대마초 파동 때 광고대행사의 분위기 또한 짐작할 수 있다.

셋째, 코바코(KOBACO) 설립을 둘러싼 이야기는 1980년대 광고계의 전반적인 변화를 그 당시 광고인들은 어떻게 받아들였는가에 대해서 촘촘하게 기록하고 있다. 컬러TV의 도입과 함께 재벌그룹을 중심으로 한 광고대행사의 설립 붐으로 한국 광고산업이 일대 도약을 준비하던 1980년대에 코바코의 출현은 한국광고산업의 지각변동을 일으켰다. 코바코의 설립을 앞두고 언론사가 강제로 통폐합되는 것을 목도한 광고인들 사이에 광고대행사도 통폐합된다는 소문이 돌았다는 것, 대행사 수수료를 둘러싸고 매체사의 횡포에 대한 대행사의 반감이 있었다는 것, 코바코의 개입을 일종의 광고세로 여기는 견해 등이 김석년의 이야기를 통해서 새롭게 드러났다. 코바코가 외국에도 그 유례가 없을 정도로 매우 독특한 기관이며 광고대행사를 광고주나 매체사로부터 보호하는 긍정적인 측면이 없는 것은 아니지만, 코바코를 통해 조성된 공익자금이 광고계로 충분히 환류되지 않는 것을 비롯해서 여러 가지 면에서 아쉬움이 많다는 이야기를 통해서 코바코에 대한 광고인들의 복잡한 속내를 엿볼 수 있다.

넷째, 오리콤뿐 아니라 퇴사 후에 선연을 설립한 이야기는 한국광고계에서 계열사 광고대행사(in-house agency)와 독립 광고대행사 양쪽을 모두 경영해본 사람만이 밝힐 수 있는 흔치 않은 경험이다. 그 당시 대부분의 광고회사 이름이 OO기획이던 그 시절에 오리콤이란 이름으로 변경하여 그 이후 OO콤이란 이름의 효시가 되었지만 그 당시는 싱크대 만드는 주방용품 회사로 오해를 받았다는 이야기, 그리고 오리콤이 원래는 광고뿐 아니라 컴퓨터 분야도 총괄하는 회사였다는 이야기, 1년만 독립이 늦었다면 언론통폐합으로 합동통신과 함께 공중분해 될 뻔했다는 이야기는 합동통신 광고기획실에서 오리콤으로 전환할 당시의 이면사(behind history)를 전해준다. 또 오리콤 사내교육, 오리콤 신서 발간, 사내 리뷰제도, 서울올림픽 때의 눈부신 광고홍보 활동 등은 오리콤이 왜 한국의 광고사관학교로 불리게 되었는가를 짐작하게 한다. 오리콤 퇴사 후 정말 실력 있고 알찬 독립광고대행사의 꿈을 이루기 위해 선연을 창립하고 레오 버넷과 합작을 도모하기도 했지만 김석년 개인적으로는 점차 국제관계에 몰입하게 되는 등의 이유로 결국에는 경영에서 손을 떼게 되는 과정 등은 한국에서 독립광고대행사 경영이 결코 쉽지 않음을 극명하게 보여준다. 칸느 국제광고제 내부 심사과정에 대한 세밀한 묘사도 국제광고제 참가가 점점 늘어나는 한국광고계가 귀담아 들은 만한 대목이다.

다섯째, 한국 광고계가 점차 산업적 형태를 갖추어 나가면서 어떻게 아시아 광고계를 비롯하여 국제 광고계로 뻗어나갔는가에 대한 이야기는 주목할 만하다. 김석년이 전하는 바에 따르면, 아시아 광고회의는 1958년 일본 요시다 히데오의 제창으로 처음 시작되었지만 호주 대회(1976) 등을 통해서 그 지지부진함이 노출된다. 이에 필리핀 대회를 계기로 필리핀 광고인 안토니오 드 호야를 중심으로 아시아 광고연맹(AFAA)을 창설하게 되어 김석년도 그 발기인으로 참석하게 된다. 한국에서 개최된 최초의 국제 광고행사인 1984년 아시아 광고대회(Ad Asia)는 원래 1982년으로 예정되었으나 1980년 전두환 신군부의 등장으로 연기된 것이며 그 과정에서 파키스탄이 반발한 이야기, 대만과 중국의 AFAA 가입을 둘러싼 기나긴 갈등, 인도와 파키스탄의 갈등 및 그 해결에 대한 이야기는 실무자 수준에서는 알기 어렵고 아시아 광고계의 의사결정권자 수준에서나 전할 수 있는 아시아 광고계의 풍경이다.

여섯째, 글로벌 브랜드와 함께 일한 경험 및 다국적 광고대행사의 국내시장 개방과 관련된 이야기는 광고시장 개방 과정의 한 복판에서 직접 겪어야 했던 한국 광고인의 고뇌와 아쉬움이 진하게 묻어나오는 대목이다. 경인에너지 등 정유회사, 케세이 퍼시픽, 그리고 무엇보다도 코카콜라 등 외국계 광고주와 일을 하면서 그들의 선진적인 광고관리 체계, 서로 대등한 사업 동반자로 일하는 광고주-대행사 관계, 조사를 바탕으로 하는 광고 크리에이티브, 일관된 광고캠페인 전략 등 많은 선진적 광고기법을 배울 수 있었다고 구술했다. 외국 광고대행사들은 미국 무역대표부를 앞세워 한국광고시장의 개방을 거세게 압박했는데, 김석년은 그 당시 한국광고협의회 회장으로서 광고시장개방에 대한 광고계와 정부의 입장을 대변했다. 그는 미국 통상부로부터 이중인격자라는 비난까지 들어가며 한국광고시장의 단계적 개방을 주장했는데, 광고시장의 완전개방 이후 외국계 광고대행사의 업무추진방식이나 한국의 광고크리에이티브에 미친 자극 등을 되돌아 볼 때 기대에 미치지 못했다고 평가했다.

일곱째, 동양인 최초로 국제광고협회(IAA) 세계회장으로 활약한 이야기는 한국광고계가 산업적 도약을 이루면서 국제적으로도 그 역량을 과시하던 시절을 흥미진진하게 증언한다. 한국광고계가 IAA를 통해서 세계광고계와 교류하기 시작하던 이야기, 아시아 광고대회에 IAA세계회장을 초청하여 IAA와의 관계설정을 재정립한 이야기, 세계회장 선출과 관련하여 클로드 쇼베, 무스타파 아싸드 등 전임회장 및 조 카포 후임회장과 얽힌 이야기, 올해의 광고인상 및 사미르 파레스상(Samir Fares Award) 수상과 명예 평생회원(Honorary Life Members)으로 선임된 이야기, 1996년 서울에서 개최된 제35차 IAA 세계대회에 관한 이야기, 그리고 대회 후 증후군에 대한 성찰 등은 김석년 개인의 전성기일 뿐 아니라 한국광고계의 전성기를 화려하게 보여준다.

여덟째, 국제광고협회(IAA)가 어떻게 움직이고 그 내부의 미묘한 역학관계는 무엇인가에 대한 이야기는 세계회장이 아니면 전할 수 없는 국제광고계의 민낯을 가감 없이 드러낸다. IAA 업무진행 방식과 내부의 미묘한 역학관계, IAA의 목표 및 철학과 문제의식, 광고의 경제적 효과조사 등 IAA가 역점을 두었던 사업, 광고신흥국 중에서도 특히 공산주의 체제의 붕괴로 자본주의 시장경제를 왕성하게 도입하던 1990년대 동유럽의 광고산업 지원 등 IAA 세계회장으로서 그가 직접 겪었던 경험담은 아직도 IAA가 세계광고계에서 차지하는 위상을 감안할 때 한국광고계가 활용할 가치가 있는 소중한 자산이다.

아홉째, 광고에 대해 밝힌 김석년의 여러 가지 견해는 40년 광고인생이 농축된 그의 광고철학으로서 향후 한국의 광고사상을 기술할 때 귀중한 자료로 활용될 것으로 기대된다. 그의 광고인생을 관통하는 주제어는 프로페셔널리즘이라 할 수 있을 정도로 그는 한국 광고산업의 토대이자 광고인이라는 전문직의 존립근거로 프로페셔널리즘을 반복해서 강조했다. 프로페셔널리즘을 구현하기 위한 광고인의 자질, 광고에서의 창의성과 과학성, 광고대행사의 프로페셔널리즘을 인정하는 광고주와 대행사의 동반자적인 관계설정, 프로페셔널리즘을 바탕으로 광고에 대한 사회적 인식의 향상, 진정한 전문가로 인정받기 위해 필요한 광고의 사회적 책임과 자율규제, 이 모든 것을 실현하기 위해 광고를 어떻게 배우고 가르쳐야 하는가 등에 대해서 그는 비교적 분명하게 자신의 견해를 피력했다. 김병희(2004)가 갈파했던 것처럼, 로저 리브스의 USP(unique selling proposition), 윌리엄 번박의 솜씨(execution), 레오 버넷의 내재적 드라마(inherent drama), 데이비드 오길비의 브랜드 이미지(brand image) 등 미국 광고인의 크리에이티브 철학에 대해서는 한국의 광고인들이 줄줄이 꿰면서 우리 광고인의 광고철학에 대해서는 무관심하고 무시하는 경향이 많다. 한국 언론인의 언론사상을 발굴하고 정리하는 작업이 필요한 것처럼 이제는 우리 광고인의 광고사상을 비판적으로 정리하는 작업이 필요하다.

마지막으로, 광고계 입문 이전 그의 개인사적 이야기도 1940년대에서 60년대까지 한국인의 생활사와 문화사의 단면을 보여주는 주목할 만한 대목이다. 일제강점기와 해방직후 서울토박이의 어린 시절과 학창시절 이야기는 그 당시의 놀이문화와 매체환경, 골목길 풍경, 학교생활 등을 증언한다. 한국전쟁 및 그 직후 경기고등학교와 서울대학교 시절 연극에 매진했던 그의 추억담은 1950년대 한국연극사의 풍경을 간접적으로 보여주는 귀중한 자료이다. 프랑스 유학에 얽힌 그의 회고는 전쟁 후의 폐허 속에서 탈출을 열망했던 그 당시 지식인층의 내면풍경, 그리고 1960년대 동백림 사건을 비롯한 유럽 유학생의 분위기를 생생하게 전하고 있다. 계몽적 선전영화를 제작했던 현대문화공사에 대한 그의 이야기는 1960년대 전 세계적으로 왕성했던 발전커뮤니케이션(development communication) 활동의 일면을 잘 보여준다.

2. 프로페셔널리즘, 인정투쟁, 그리고 신명

프로페셔널리즘과 인정투쟁

〈이광수와 그의 시대〉라는 방대한 저술에서 김윤식은 춘원 이광수의 일생을 관통하는 주제로 그의 '고아 의식'을 들었다. 이광수는 열한 살 때(1902년) 아버지와 어머니를 돌림병인 콜레라로 아흐레 간격으로 잃고 졸지에 고아가 된다. 개인사적으로도 고아였지만 시야를 넓혀 보면 이광수의 시대는 일제에 의해 조선의 왕이 졸지에 없어지고 국권을 상실하여 한민족 전체가 아비 없는 고아로 전락한 시대였다. 따라서 이광수의 문학인생은 아비 찾기의 고단한 여정이었다며 김윤식은 다음과 같이 말했다.

> 그의 고아 의식은 시대 및 한민족의 고아 의식, 소위 국가 상실에서 오는 또 하나의 고아 의식에 닿을 때 비로소 완성되는 것이다. 그것이 관념으로서의 민족이고, 어느 정도는 실체로서의 민족주의이기도 하였다. 그 개인으로서의 고아 의식과 박영채로 대표되는 한민족의 고아 의식이 결합되었을 때 만민을 울린 그의 걸작이자 우리 근대소설의 대표적인 장편 〈무정〉이 솟아올랐다. 그러기에 춘원에게 '무정'은 창작이 아니고 사실 자체였다. 그 자신이었다(김윤식, 1999, 51쪽).

김윤식은 이광수 개인사의 중요한 고비고비를 그의 고아 의식에서 비롯된 아비 찾기(혹은 아비 만들기)로 해석한다. 아비 찾기 첫 번째가 동학(東學)이었고, 두 번째가 상해 임시정부였으며, 세 번째는 도산 안창호 및 동우회(흥사단)였으며, 마지막으로 일장기 및 법화경으로 대표되는 그의 친일 행위도 고아 의식에서 비롯된 아비상 추구의 비극적 결말이라는 것이다(김윤식, 1999). 이러한 고아 의식은 양반집 서자이자 고아로 자란 소설가 이태준 등 동시대 한국문인들에게도 발견되는 바, 일제 강점기 한국 근대문학을 관통하는 일종의 시대정신이라고도 할 수 있다.

그렇다면 1970년대 이후 김석년의 광고 인생을 관통하는 문제의식은 무엇일까? 앞에서 광고에 대한 김석년의 견해는 프로페셔널리즘으로 요약할 수 있다고 했다. 그가 자신의 입을 통해 가장 힘주어 강조한 것은 광고인으로서 프로페셔널한 기량을 갖추어야 한다는 것이다. 광고인에게 요구되는 자질, 광고에서의 창의성과 과학성, 바람직한 광고주와 대행사 관계, 광고의 사회적 책임과 자율규제, 광고를 배우고 가르치는 것 모두 바로 이 프로페셔널리즘의 구현으로 귀결된다. 그런데 '무엇을 위해 그는 그토록 프로페셔널리즘을 외쳤는가?'라고 더 근본적인 질문을 던져 볼 수 있다.

프로페셔널리즘으로 요약되는 김석년 광고인생의 더 심층적인 추동력은 바로 '인정 투쟁(struggle for recognition)'이다. 프로페셔널리즘을 통해 궁극적으로 이루고자 했던 것은 한국에서 광고가 하나의 근대적 사회제도로 인정을 받는 것이고, 하나의 산업으로서 한국경제의 중요한 영역으로 인정받는 것이고, 주변 사람들에게 무시당하지 않고 떳떳하게 대접받을 수 있는 직업으로 인정받는 것이다. 따라서 그의 40년 광고인생은 인정 투쟁의 지난한 여정이라고 해석할 수 있다. 인정 투쟁은 김석년 개인뿐 아니라 한국광고가 비로소 산업적 형태를 갖추고 도약해나가던 시기에 대다수 한국 광고인들의 내면을 지배한 문제의식이었고 그런 점에서 그 당시 한국광고사의 시대정신이었다고 해석할 수 있다. 김석년과 그의 광고시대를 이해하는 열쇳말인 인정 투쟁은 독일의 철학자 악셀 호네트(Axel Honneth, 1992/2011)의 저서 〈인정투쟁: 사회적 갈등의 도덕적 형식론〉을 통해서 좀 더 명료하게 설명할 수 있다.

호네트의 인정투쟁 테제는 본래 독일관념론 철학자 헤겔(Georg Wilhelm Friedrich Hegel, 1770-1831)이 제출한 '주인과 노예의 변증법'에서 유래했다. 헤겔 인정투쟁의 사유모델에 따르면, 인간은 타인의 인정을 통해서 자신의 정체성을 형성하며 인간사의 갈등은 바로 이러한 인정욕구에서 비롯된다. 헤겔에 따르면 자기의식이란 의식 자체에 대한 대자적 의식인데, 의식으로부터 자기의식으로 이해하는 정신의 발전 과정에서 인정투쟁을 둘러싸고 주인과 노예의 변증법적 과정이 발생한다. 자기 스스로를 확실하게 의식하는 자기의식과 자기 스스로를 제대로 의식하지 못하는 자기의식은 삶과 죽음의 관계이다. 생사를 건 투쟁에서 자신의 존재를 타자로부터 인정받으면서 보다 높은 질적 상태의 생명에 이르는 주인의 자기의식과 주인을 인정하기 위해 주인의 허락 하에서만 자신의 생명을 유지할 수 있는 노예의 자기의식으로 갈린다. 노예의 인정을 받기 위해 주인은 노예를 살려두며 전적으로 노예에 의존한다. 노예는 전적으로 주인을 인정하기 위해 일한다.

그런데 노예를 지배하던 주인은 모든 것을 노예에 의존함으로서 점차 자립적이지 못하게 된다. 반면에 주인을 인정하기 위해 일을 하던 노예는 점점 주인보다 더 자립적이게 된다. 그리하여 노예에 대한 주인의 형식적인 지배는 점차 노예에 대한 의존으로 바뀌면서 노예는 인정투쟁에서 패배했던 당시의 노예적 상태에서 벗어나게 된다. 그리하여 주인이 노예가 되고 노예가 주인이 되는 변증법적 역전이 일어난다.

호네트는 헤겔 인정이론의 관념성을 미국의 상징적 상호주의 사회학자 미드(George Herbert Mead, 1863-1931)의 사회심리학 이론과 결합시킴으로서 자신의 인정투쟁 이론을 정립한다. 미드는 주체가 자기 자신에 대한 의식을 형성하는 과정에서 타인에 대한 경험이 우선한다고 주장하면서, 주격인 나(I)는 타인이 가지고 있는 나에 대한 상인 목적격 나(Me)를 통해서 형성된다고 보았다. 즉 타인을 통해 상징적으로 재현된 관점에서 지각하는 법을 습득할 때 자신의 정체성이 정립된다고 봄으로써 헤겔 인정투쟁을 사회심리학의 틀로 해석할 수 있게 했다(Honneth, 1992/2011).

헤겔과 미드의 이론을 결합한 호네트 인정투쟁 테제의 핵심은 인정받는다는 것은 인간이 자신의 삶을 성공적으로 실현시킬 수 있는 기회가 되고 이자 긍정적 자기의식의 심리적 토대이기 때문에 인정투쟁이야말로 인간 사회적 행위의 근본 동기라는 것이다. 그는 사회적 인정관계의 구조를 세 가지로 정리했다. 첫 번째 상호인정 방식은 정서적 배려로서 그 인정형태는 사랑이고, 이를 통해 자기에 대한 믿음이 강화되는데, 인정하지 않고 무시하는 형태는 학대와 폭행이다. 두 번째 인정방식은 인지적 존중으로 자신의 권리를 인정받는 형태로 나타나며, 이를 통해 자기에 대한 존중이 강화되지만, 반대로 권리를 부정하고 제외시키는 것이 인정하지 않고 무시하는 형태다. 마지막 인정방식은 사회적 가치를 부여하는 것으로 인정은 연대의 형태로 나타나며, 이를 통해 자기에 대한 가치부여가 강화되지만, 반대로 존엄성을 부정하고 모욕하는 것이 인정하지 않고 무시하는 형태다.

광고에 대한 사회적 인정관계의 구조

이러한 호네트의 인정투쟁 이론을 통해서 김석년과 동시대 광고인의 문제의식을 조명해볼 수 있다. 물론 호네트가 말한 세 가지 인정관계의 구조가 김석년의 광고인생에서 명확하게 구분되는 것은 아니고 어떤 부분은 서로 중첩되는 영역도 있지만 개념적인 차원에서 이러한 틀로 분석해볼 수 있다.

우선, 첫 번째 인정방식인 정서적 배려가 광고산업 초창기에 많이 부족했다. 타인의 감정도 소중하게 여겨 배려하는 것은 그만큼 타인의 존재에 대해 인정한다는 것이고 만약 그렇지 않다면 인정한다고 할 수 없다. 이러한 방식의 인정을 받을 때 자기에 대한 믿음이 강화될 수 있다. 김석년의 광고인생에서 반복적으로 표출되는 아쉬움과 안타까움은 광고 및 광고인에 대한 정서적 배려의 부족이다. 자신이 수행하는 광고업무에 대한 무시 혹은 경멸에 가까운 반응을 김석년은 여러 번 경험했음을 토로한다.

예를 들어 1970년대 외국에서 공부하여 김석년이 보기에 광고에 대한 이해가 꽤 깊을 것으로 기대한 기업인조차 광고의 역할을 무시하는 발언을 일삼는다. 광고는 그저 언론매체와의 관계를 우호적으로 유지하기 위한 수단일 뿐이라며 기업경영에서 광고의 역할을 폄하하는 발언을 접했을 때 김석년은 정서적으로 좌절감을 느끼고 자신에 대한 믿음이 흔들리게 된다. 또 1980년대 한국방송광고공사(KOBACO) 문제로 국회에 출석해서 광고산업에 대해 열정적으로 발언을 하자 국회의원들이 냉소적으로 반응하는 것을 보았을 때 그의 정서적 인정욕구는 충족되지 못한다.

그 당시에 광고에 대한 정서적 배려가 부족했던 것은 김석년뿐 아니라 동시대 광고인들이 공통적으로 느끼는 문제의식이다. 신인섭은 1965년 〈현대경제일보〉의 광고부장으로 취직하여 광고계에 첫 발을 내딛었을 때, 광고를 무시하고 경멸하는 듯한 주변의 반응을 보고 씁쓸함을 느꼈던 기억을 끄집어냈다. 먼저 있던 직장의 상사는 신문사 광고부장이라는 자리는 대학 나온 사람이 할 만한 일이 아니라고 만류했고, 그 당시 편집국 문 앞에 '잡상인과 광고부 직원은 출입금지'라는 팻말이 붙어 있어서 같은 신문사 편집국에 있던 대학동창이 편집부 올라갈 때 조심하라고 충고했다고 기억했다(신인섭, 2005).

이병인도 코카콜라 광고를 집행하면서 겪었던 비슷한 경험을 털어 놓았다. 지방 출장 중에 고속도로 휴게실의 코카콜라 광고판을 보고 있는데 '산뜻한 그 맛'이라는 광고카피가 촌스럽다고 흉을 보는 젊은 여자들의 비웃음을 바로 등 뒤에서 듣고 얼굴이 화끈거렸다는 경험담은 그 당시 광고인들이 자기에 대한 믿음을 갖기 어려웠음을 짐작하게 한다(김병희 · 윤태일, 2011).

두 번째 방식은 인지적 존중으로 대행수수료의 권리관계에 대한 인정이 대표적이다. 제도적 차원에서 광고권리에 대한 인정은 광고대행 수수료의 인정이며, 이는 초창기 한국광고 산업의 사활이 걸린 문제였다. 광고주와 매체사는 광고대행사와 함께 광고산업을 구성하는 3대 축이다. 여기서 광고대행사가 존립하기 위해서는 대행수수료를 인정받아야 한다. 김석년을 비롯하여 동시대 광고인들은 광고대행 수수료 인정이 얼마나 절박한 문제였는가를 반복적으로 진술했다.

만보사는 동아일보가 일부 투자한 회사인데 동아일보 광고국조차 대행수수료를 인정해주지 않자 만보사에 관여했던 삼촌이 불같이 화를 내고 조카인 동아일보 광고국장의 뺨을 때렸다는 일화는 광고대행수수료에 대한 광고인들의 심정이 어떠했는가를 보여준다. 각 대행사마다 자신들이 처음으로 대행료를 인정받았다고 주장하는 것은 그만큼 대행수수료의 제도적 인정이 중요함을 웅변한다. 김석년은 합동통신사 광고기획실이 대행수수료를 받은 것은 역사적 사건이라며 의미부여를 했고, 동시대 광고인인 이병인도 대행수수료 지급이 국제관례임을 매체사에 설명하는 것이 굉장히 어려웠음을 토로했다.

제일기획 설립에 관여한 남상조도 그 당시에는 대행수수료가 회계 상으로도 낯선 개념이어서 회계처리하기도 힘들었고, 광고주에게 제일기획에 광고를 맡겨 달라고 설득하기 전에 왜 광고를 대행시켜야 하며 그 수수료는 무엇인지를 설명해야 했다고 증언했다(김병희 · 윤태일, 2011). 대행수수료 인정의 문제는 1980년대 초반까지도 한국 광고산업이 씨름해야 할 과제였다. 1980년 신군부의 언론통폐합 당시 정부가 방송광고 대행 수수료를 인정하지 않는다는 정책을 수립했다는 소식을 접하고 그렇게 하면 광고산업이 죽는다며 정부 기관에 대행 수수료 당위성을 설명하고 설득하느라 노력했다는 이기홍의 진술은 이를 잘 말해준다(김병희, 2004).

코카콜라가 한국 광고산업에 미친 충격 중 하나는 대행 수수료를 획기적으로 인정했다는 점이다. 한국광고회사가 1980년대 중반 이후는 광고주 중심의 계열사 광고대행사가 주도를 했지만 1970년대에는 만보사의 동아일보/동아방송, 오리콤 전신인 합동통신 광고기획실, 제일기획의 중앙매스콤, 연합광고의 MBC 등에서 보는 것처럼 주로 매체사가 중심이 되어 광고대행사를 설립했던 것도 수수료 인정 문제 때문이었다. 광고에 대한 인지적 인정의 핵심은 광고대행사의 수수료에 대한 권리관계를 인정하는 것이다.

광고대행수수료를 인정하지 않는다는 것은 광고회사의 권리관계를 부정하고 광고산업의 경제적 토대를 훼손하는 것이다. 따라서 대행수수료를 인정받기 위한 김석년과 동시대 광고인의 노력은 광고의 핵심적 권리관계를 인정받기 위한 투쟁이었다고 볼 수 있다. 광고에 대한 인지적 인정, 대행수수료의 권리관계에 대한 인정이야말로 광고라는 사회적 제도, 광고산업의 경제적 토대이고 광고인이라는 직업의 존립근거가 되기 때문이다.

마지막 인정방식은 광고에 대한 사회적 가치부여다. 이것은 광고를 둘러싼 가치공동체가 광고가 갖는 사회적 효용성을 인정하여 가치를 부여하고, 광고인의 전문성과 기량을 높이 평가하여 광고인에게 존엄성과 명예를 부여하는 것이다. 커피 광고 모델로 나왔던 대학교수가 주변의 비난 때문에 갑자기 광고에서 사라져야 했던 일화, 신인섭(2005)이 말레이시아의 아시아 광고대회 참관 후 영문일간지 〈Korea Times〉의 'Thoughts of The Times'라는 꼭지에 영문 에세이를 발표했는데 그 당시 신문사 내부에서 '어떻게 천박하게 광고에 관한 글을 실을 수 있느냐'며 반발해서 애를 먹었다는 이야기, 신문기사와 광고의 관계에서 위쪽에 배치되는 신문기사는 형이상학적이고 주로 신문 하단에 위치한 광고는 형이하학적이라는 자조적인 농담, 그리고 1980년대 광고계가 준비한 방송영상 회사가 갑자기 광고계의 의사와 상관없이 일방적으로 영어전용 방송인 아리랑 TV로 변경된 비화(秘話) 등 김석년이 전하는 그 당시 한국광고계의 풍경은 광고의 가치가 사회적으로 제대로 인정받지 못했음을 단적으로 보여준다. 1987년 정부 조직 내에 광고업무를 전담하는 부서가 비로소 생긴 것도 한국 사회가 광고를 하나의 사회 제도로 보고 그 산업적 가치를 인정하기 시작한 것이라고 해석할 수 있다.

따라서 김석년을 비롯한 그 당시 광고인들이 지금보다 더 열정적으로 국제 광고계와 만나고 국제무대에서 활약했던 것도 한국에서 광고의 가치에 대해 사회적으로 인정받고 광고인의 존엄성과 명예를 부여받기 위한 일종의 인정투쟁이었다고 해석할 수 있다. 1960년대 말레이시아에서 열린 아시아 광고대회에 참석했을 때 그 나라의 부수상이 광고인을 영접하는 것을 보고 깊은 인상을 받았다는 이야기, 국제광고협회(IAA) 세계대회를 유치하여 한국광고계가 처음으로 대통령의 축전을 받고 청와대로 예방을 했던 일화, 그리고 김석년이 IAA에서 상을 받고 동양인 최초로 세계회장에 선출되어 국제 광고계를 이끌었던 경험은 모두 한국 사회로부터 광고의 가치를 인정받고 광고인의 존엄성과 명예를 부여받아 스스로 자신의 가치를 드높이기 위한 인정투쟁이었다.

김석년 광고인생 40년을 관통하는 주제는 인정투쟁이었고 그것은 김석년뿐 아니라 동시대 광고인 모두에게 발견된다는 점에서 한국 광고산업 형성기의 시대정신이라고도 할 수 있다. 그런데 시야를 넓혀 보면 이는 한국만이 아니라 광고가 먼저 발전한 미국이나 일본의 광고인들에게도 발견되는 공통된 현상이다. 미국 크리에이티브의 역사를 기술한 폭스(Fox, 1997/2005)에 따르면 미국 광고가 산업적 형태를 갖추기 시작하던 19세기 말에 광고는 사회적으로 제대로 인정받지 못했으며 숨겨야 할 천덕꾸러기 취급을 받았다. 폭스는 아직 사회적으로 인정받지 못한 19세기 말의 광고를 다음과 같이 묘사했다.

> 당시에 광고는 문제가 있는 자식이나 성질 고약한 하인처럼, 거실에 떳떳이 나서지 못하고 어디 후미진 곳에 숨어 있어야 할 골칫거리로 여겨지고 있었다. 은행들은 기업이 광고를 하면 재무구조가 악화됐다는 신호로 간주했기 때문에, 광고를 하는 기업은 신용등급에 위협을 받게 되었다. 모두가 광고를 거북해 하였다. 광고주도, 대행사도, 매체사도 아무도 광고에 책임을 지지 않았다. … 어떠한 정부 규제도 없었을 만큼 광고산업은 별 볼 일 없는 분야로 간주됐을 뿐 아니라 그 모습도 베일에 가려져 있었다(Fox, 1997/2005, 11-12쪽).

일본의 광고가 산업적 형태를 갖추기 시작하던 20세기 초중반의 상황도 비슷했다. 일본 최대의 광고회사 이름이 전보통신(電報通信)의 준말인 전통(電通, Dentsu)인 것처럼 일본 광고대행사 이름에는 OO통신사가 많았다. 하지만 실제로 통신업무를 하고 있었던 곳은 전통(電報通信)과 제통(帝國通信)뿐이었고 나머지는 이름만 통신사였다. 이들이 통신사라는 이름을 사용한 이유는 그 당시 광고대행사의 영업사원인 외교(外交)가 광고대행사 명함으로는 광고주에게 문전박대를 당했기 때문이다. 이들은 마치 통신사 기자인 것처럼 속여 광고주에게 접근해서 기업의 약점을 잡아 신문에 폭로하겠다고 협박하면서 광고를 강요했다. 그래서 그 당시 외교는 공갈협박꾼이나 다름없었고, 후환이 두려워서 용돈 정도 주고 마는 광고주도 있을 정도였다. 그래도 돈을 많이 벌어 인기가 좋아지면서 1920년대부터는 대학이나 전문학교 졸업자가 외교가 되는 경우도 있었지만 대개는 학력 없이 경험만으로 배운 사람이 많았다(신인섭, 1993).

일본에서 광고에 대한 사회적 인정은 1940년대 후반까지도 만족할 만한 수준이 아니었다. 일본 광고의 아버지라 불리는 요시다 히데오의 커다란 공적 중 하나는 일본 광고를 현대화시켜, 그때까지 천업(賤業), 허업(虛業), '매체의 기생충'이나 '광고주의 심부름꾼'이라 불리며 천시되던 광고에 대해서 일반인이 갖고 있는 종래의 선입견을 깨뜨렸다는 점이다(김낙회, 1992). 이처럼 광고왕국이라 불리는 일본에서도 광고가 사회적으로 인정받기까지 험난한 인정투쟁의 길을 걸어 왔다.

광고가 하나의 사회제도로 자리를 잡고, 하나의 산업으로서 한 나라 경제의 중요한 영역을 차지하고, 광고인이 하나의 전문 직업인으로 떳떳하게 대접받을 때까지 광고(인)의 지난한 인정투쟁이 있었을 것이다. 특히 광고는 흔히 마케팅 커뮤니케이션이라고 불리는데, 그만큼 사회적으로 인정받기가 쉽지는 않았을 것이다. 우선 마케팅의 영역이기 때문에, 한국에서는 특히 상업을 천시하던 사농공상(士農工商)의 유교적 관념이 잔존하고 있어서, 상업적 발언인 광고의 가치를 제대로 인정하기까지는 시간이 필요했을 것이다. 또 커뮤니케이션의 관점에서 보면 설득 커뮤니케이션인데, 설득은 본질적으로 상대방을 내 의지대로 움직이려는 권력의 비대칭성 때문에 윤리적으로 취약해서, 서양에서도 플라톤 이래로 오랫동안 그 가치를 의심받아 왔다(이준웅, 2001). 따라서 어느 나라나 광고인이 사회적으로 인정받기까지 지난한 인정투쟁의 과정을 겪었을 것이며, 그런 점에서 김석년 광고시대 40년의 인정투쟁도 보편적 현상이라 할 수 있다.

인정투쟁과 신명

김석년의 프로페셔널리즘을 추동하는 심층적 동기가 사회적 인정에 대한 욕구이고 그런 점에서 그의 광고인생 40년은 인정투쟁의 여정이었다고 했다. 사회적 인정은 인간 존재의 존립근거이기에 인정을 받는다는 것은 삶의 궁극적 목적인 행복의 조건일 수도 있다(문성훈, 2011). 그런 점에서 한국인의 행복이라 할 수 있는 신명과도 연결된다. 즉 사회적으로 인정을 받으면 한국인은 신바람이 나고 사는 맛이 나서 결국은 지극한 행복인 신명을 체험하게 된다.

우리가 흔히 '신명난다 신바람난다 신난다'할 때 공통적인 단어는 '신'인데 이때 신은 '어떤 일에 흥미나 열성이 생겨 매우 좋아진 기분'이란 뜻이다. 신이나 신바람과 서로 혼용되는 신명은 '흥겨운 신이나 멋'이란 뜻의 순우리말이지만 한자어 신명(神明)으로 풀이하기도 한다. 본래 마을 굿에서 무당의 빙의(憑依)체험이 마을 굿에 참여한 모든 부락민들에게 전이되어 집단적으로 접신(接神)체험을 하는 황홀경(ecstasy)의 느낌에서 유래한 것이 신명이다. 그리고 탈춤이나 판소리 풍물 꼭두각시놀음 등 우리의 전통 민속연희가 대부분 굿에서 유래했기 때문에, 굿에서 체험하던 이러한 종교적 신비체험이었던 신명은 이러한 민속연희에서도 맛볼 수 있게 되면서 심미적 예술체험으로 확대되었다. 그리고 오늘날에는 대규모의 월드컵 거리응원전이나 촛불시위 등에서 폭발적으로 표출되는 것처럼 일상에서 맛보는 황홀체험으로 확장되었다(윤태일, 2014).

본래 굿에서 유래한 신명은 자신에 내재한 생명력을 충분히 발현할 때, 그래서 신과 같은 권능의 감정을 느끼고 신과 하나 되는 몰아의 경지에서 체험하는 지극한 기쁨의 감정이다. 그런 점에서 신명은 우리에게 내재하여 활동운화(活動運化)하는 생의(生意) 혹은 신기(神氣)가 밖으로 표출되면서 실현되는 신기발현(神氣發現)이다. 다시 말해서 자신에게 내재한 신령스러운 기운인 신기(神氣)를 마음껏 발현하여 자신의 존재감이 고양될 때, 그리하여 타인으로부터도 자신의 존재가치를 인정받을 때 느끼는 절정의 체험이 바로 신명이다. 더구나 신명은 개인적 체험이기도 하지만 집단적 체험이라는 점에서, 서로 존재가치를 인정할 때 집단적 체험으로서의 신명은 더욱 고양된다.

한민과 한성열(2009)의 〈신명의 심리학〉에 의하면 전라도 지방에서 남을 혹평할 때는 '존재도 없는 놈'이라는 말로 시작한다. 그만큼 한국인은 자신의 존재감을 타인에게 인정받지 못할 때 모멸감을 느끼고 삶의 의욕을 상실한다. 반대로 자신의 존재가치를 남들로부터 인정받을 때 자신이 살아 있음을 느끼고 살맛난다고 느낀다. 이때 신명이 난다고 말한다. 자신의 존재가치를 타인으로부터 인정받을 때, 내가 살아있다는 것을 몸으로 체험하는 황홀경의 상태인 신명을 느낀다.

따라서 인정은 행복의 조건이 되는 것처럼 인정은 신명의 조건이기도 하다. 자신의 존재가치를 타인으로부터 인정받기 위한 인정투쟁이야말로 자신의 신명을 지펴내기 위한 투쟁이다. 호네트(Honneth, 1992/2011)는 사회적 무시와 모욕, 이에 대한 분노로부터 모든 정치적 저항의 동기가 등장한다고 보고 모든 사회적 투쟁은 인정을 둘러싼 투쟁이라고 규정했다. 인정투쟁이 사회비판과 사회운동의 이론적 근거가 되는 것처럼 신명에는 자신의 신기발현을 방해하는 억압에 대해 결연하게 맞서는 사회비판적 성격이 있다. 신명을 억압하는 불의에 대한 결연한 투쟁은 이미 탈춤이나 판소리 꼭두각시놀음 등 조선후기 민중연희의 사회 비판에서 확인할 수 있다. 또 민속연희를 창조적으로 계승한 마당극(굿)이나 민중미술 등 1980년대 민중문화 운동에서도 사회비판적인 신명을 핵심적 미학원리로 천명했다(채희완, 2007).

본래 굿에서 유래한 신비적 종교체험이었던 신명이 민속연희에서 맛보는 심미적 예술체험으로 확장되었던 것처럼 윤태일(2010)은 「'신명의 매체서사학'에 관한 탐색적 고찰」이라는 논문에서 신명을 매체서사에 대한 창작 및 수용체험으로 개념화했다. 매체서사를 창작하거나 향유하는 주체의 경험으로 신명을 개념화하면서 윤태일은 주체의 경험에 담긴 신명의 서사를 5가지로 정리했다. 즉, 자기가치감 확인의 서사, 표현행위의 서사, 공감과 혼연일체의 서사, 몰입의 서사, 파격의 서사이다. 신명체험의 토대라 할 수 있는 자기가치감 확인이야말로 신명이 인정욕구와 관련이 있음을 잘 보여준다. 다른 사람으로부터 전폭적인 인정과 신뢰를 받아서 자신의 역량을 마음껏 거침없이 발휘할 때 신기발현의 신명감정을 체험한다.

타인으로부터 인정받아 자기의 자기존재감이 고양되는 신명을 체험하는 사례는 코카콜라 광고를 처음으로 대행했던 현대기획의 이병인이 잘 보여준다. 초창기 코카콜라 광고를 대행하면서 광고주의 전폭적인 인정과 신뢰를 받아서 혼자서 기획과 제작을 도맡아서 마음껏 일했던 그 당시를 광고 인생에서 가장 신명났던 시절이라고 회고했다. 특히 그는 광고주에게 영수증 대신에 청구서만 청구해도 될 만큼 전폭적인 인정과 신뢰를 받았기 때문에 그야말로 신명(身命, 몸과 목숨)을 다 바쳐 신명나게 일했다며 다음과 같이 구술했다.

> "아! 희열을 느꼈지. 내 마음대로 하니까. 이제 예를 들면 그래. CF를 하잖아? 그러면 이제 그… 나중에 나 떠난 다음에는 달라졌지만 CF청구서를 내가 찍어요. … 무슨 내가 사인해 가지고…. 지가 뭔데 말이야. 그거 통했거든? 그 희열이 그런데 있는 거야. 날 믿으니까, 그러니까 신명을 다했고 … 내 마음대로인데, 신바람나지. 신바람 안 나게 생겼어? 청구서만 내는데? 말이 돼? 있을 수 없는 얘기야. 그게 통했으니까…"(윤태일, 2010, 338쪽).

신명, 40년 광고인생의 추동력

김석년도 마찬가지다. 그는 어떤 분야보다도 스트레스가 많은 창의산업(creative industry) 업종인 광고 일을 40년 가까이 해올 수 있었던 것은 광고 일을 하면서 체험했던 신명의 느낌 때문이었다고 이야기했다. 코바코 사장을 지낸 이기홍과의 인터뷰에서 김병희(2004)는 모든 도박판은 판이 커질 때 흥분의 도가니가 된다고 하면서, 일단 광고현장의 판을 키워야 결국 광고하는 사람들이 신명이 날 수 있다는 믿음 하나로 이기홍이 40년 간 광고 산업이라는 판을 키워 광고인들이 신명나게 일할 수 있도록 힘써왔다고 기술했다.

김석년도 광고인생 초기에는 여럿이 혼연일체가 되어서 직접 어떤 일을 해냈을 때 신명을 느꼈고, 심지어 상사의 초상집에 가서도 다 같이 머리를 맞대고 광고 아이디어를 짜내며 신명나게 일했던 시절을 그리워했다. 하지만 점차 관리자가 되면서 그런 신명을 체험하는 경우가 뜸해졌고, 관리자로 올라가면 아무래도 실무자로 있을 때보다는 일하면서 신명을 느끼기가 쉽지 않다고 아쉬워했다.

그는 현업에 있을 때도 비슷한 아쉬움을 토로한 적이 있는데 〈광고정보〉지와의 인터뷰 때도 "크리에이터로 일생을 보내고 싶었는데 하다 보니 광고 만드는 재미가 아니라 에이전시 비즈니스를 하는데 시간을 보냈어요."(지우학, 2004.12, 33쪽)라며 안타까움을 드러냈다. 또 광고 일을 하면서 체험했던 신명의 느낌을 연극의 맥락에서 대단히 흥미롭게 문학적으로 묘사했다.

Q 여태까지 광고 인생에서 굉장히 진짜 신명났었다는 경험 있으세요?

A 신명났다 하는 거는 말이에요. 그…. 지금 생각해보면 초창기예요. 1970년대 초반이야, 70년대 초반. 그때는 왜 신명나게 했느냐면, 내가 모든 거에 다 같이 관여를 해서 같이 했으니까. 어카운트(광고주)도 쫓아다니고, 제작회의도 같이하고, 프레젠테이션도 맡아서 같이 하고, 뭐 이렇게 하니까 정말 신명나더라고요. 근데 그 후에 점 점 점 점…. 이제 위로 가는 입장이 되니까 애들을 시켜서 하는데, 그때는 그런 신명하곤 또 틀리더라고요.

Q 그때 신명이 어떠셨어요? 느낌이랄까 설명하실 수 있으세요?

A 그때 느낌이라는 건 정말 그야말로 기가 막히게 좋아요. 그건 비교를 해서 이야

기를 한다면, 혹시 연극 같은 거 해봤어요? 연극 안 해봤어요?

Q 대학 때 저도 연극 공연을 해본 적이 있어요.

A 연극을 하면 말이에요. 연극이 하루저녁에 끝나지 않아요? 끝날 때 돼서 제일 마지막에 단초라고 그러는데 막이 내려요. 막이 내릴 적에 조그만 징 치는 소리가 있어요. 성공적인 무대 내리면서 징치는 소리하고 희열하고는 말이에요. 징 치는 소리가 크지도 않고 작지도 않고 마음 속에서 징소리가 칭~하면서 막이 주르륵 내려오는데, 그 분위기와 100프로 맞아야 해요. 엉뚱하게 쨍 소리가 난다든지, 극장에서 손님 빨리 들어오라고 지이이이 하고 부저소리가 난다든지 하면, 연극 망치는 거예요. 마지막에 후렴의 감흥 말이에요.

Q 그때 박수도 치는 건가요?

A 박수가 나오기 바로 전이에요.

Q 딱 직전에 징~해서 막이 내리면 그 다음이에요?

A 박수가 나오는 거하고 막 내려오는 거 그 사이에요.

Q 야 그것 참 너무나 멋있네요. 어떤 배우들은 연극 시작되기 직전 불이 다 꺼지는 순간 설렘이 짜릿하다고 그래요.

A 징소리가 나는지 안 나는지도 모르면서, 끝나는 걸 의식하면서 박수로 나가는 순간이 있는데, 여기저기서 박수가 나왔다 안 나왔다 더 커지고 어쩌고 이러는 게 아니라, 그렇게 동시다발적으로 감흥 도는, 색깔이 있는 박수소리가 같이 나와요. 그런 순간이 있어요.

Q 그때의 신명났던 느낌을 초기에 느끼셨다는 거죠?

A 네. 그런 거죠. 그런 게 결국은 그만 사라져 버린 거죠.

Q 광고인생에서 그런 순간을 얼마나 자주 겪으셨던 거예요?

A 처음에는 자주 느꼈어요. 그런데 점점 멀어졌어요. 실제 제작하는 팀에서는 점점 멀어져가고…. 사람들을 관리하면서요.

Q 주요한 원인이 점점 신명을 느끼는 빈도가 뜸해지는 게 크리에이티브 작업에서 멀어지고 관리하면서 그렇게 된 것 같으세요?

A 그렇게 되더라고요.

Q 관리하면서는 신명 나는 일 없으세요?

A 큰 어카운트를 새롭게 땄다든지, 회사가 성공을 했다든지, 이렇게 됐을 때 느끼는 것이 있지만 그건 신명하고는 좀 다르죠.

Q 팀원들이랄까 신명이 집단적인 차원에서의 있다고 보세요?

A 그렇죠. 집단적인 차원에서 있다고 봐요. 매일 회사 전체가 기껏해야 몇십 명이니까 이리모이고 저리 모이고 '나 이거 하는데 너도 들어와서 같이 좀 해줘.' 그리고 다 같이 아이데이션(ideation) 미팅을 하는 거죠. 초상집 가서 했다는 이야기 내가 했었죠?

Q 언뜻 하셨는데 어떤 거였었죠?

A 어떤 어카운트였었나? 우리 그때 광고기획실 관장하고 계시던 상무님이 있었어요. 한국 언론계에서는 이름 있는 양반이에요. 경향신문, 서울신문, 합동통신사 이런데 편집국장으로 있었는데 그 양반의 부인이 돌아가셨어요. 그러니까 우리로선 제일 사모님이 돌아가신 거예요. 근데 그 다음날 프레젠테이션인데 어떻게 해요. 준비는 덜 됐고 그래서 그 초상집에 가서 이층 방에서 밤새면서 아이데이션을 했어요.

Q 초상집에 가면 인사드리고 소주 몇 잔하고요.

A 지금이야 초상을 집에서 치르지 않고 병원에서 치르고 영안실에서 치르고 그렇죠. 그때 시대는 집에서 치르니까 그 집에는 손님들이 오고, 상제들이 밤새도록 있고, 손님 오는 사람들 술상 차려내고….

Q 아주 재미있는 이야기였네요.

A 연극할 적에도 그런 신명이 있었어요. 그런 게 일생을 좌우하는 거죠.

Q 그런 게 광고 처음에 발을 들였을 때 힘이었던 것 같으세요?

A 그렇죠. 그렇죠. 나도 그렇게 생각해요.

Q 신명나고 이랬던 거요? 근데 그런 걸 광고 산업이 다른 거에 비해서 많이 느낄

수 있는 것 같으세요?

A 그럼요. 그런 걸 많이 느낄 수 있죠.

Q 스트레스도 많잖아요.

A 스트레스 많죠. 그런 게 없으면 스트레스 견뎌내질 못하죠.

국내의 어느 광고인은 김석년에 대해서 이렇게 말했다. "그는 지나치게 이상주의자였는지 모른다. 앞서 갔던 것 때문에 그는 국제무대에서 한국을 대표하는 광고인으로 존경을 받았지만, 국내에서는 반보만 앞서가도 될 것을 너무 앞서가려 했기 때문에 좀 더 외롭지 않았을까?"(지우학, 2004.11, 38쪽)

그 자신도 국제광고협회(IAA) 세계회장을 역임한 바 있는 인도네시아의 원로 광고인 인디라 아비딘(Indira Abidin)은 아시아 광고계에서 오랫동안 함께 일했던 김석년을 이렇게 평했다.

"김석년(Senyon Kim)은 불도저처럼 주도적으로 일을 했고, 아시아 광고연맹(AFAA)의 여러 공동체가 가진 풍성한 다양성을 통합하는 데 탁월했다. 그는 쟁점을 정리할 때 에둘러 말하지 않고 솔직하게(straightforward) 표현하며, 복잡한 사안을 단순 명료하게 만들어 의사결정을 쉽게 하도록 했다. 또 아시아 광고연맹(AFAA)에 내재한 여러 가지 심각한 쟁점을 논의하기 위해 동과 서, 남과 북을 열심히 왕복했다. 김석년은 아시아의 강렬한 혼(strong spirit of Asia)을 간직한 동양의 전사(warriors)였다."(AFAA, 2007, 193쪽)

아비딘이 어떤 의미로 김석년을 '강렬한 아시아의 혼을 가진 전사'로 표현했는지는 확실치 않다. 그러나 강렬한 혼을 가졌다는 것은 그가 누구보다도 열정적으로, 그야말로 신명(神明)나게 한국 광고사를 헤쳐 왔다는 뜻으로 해석하고 싶다. 그가 전사였다는 것은 광고를 하나의 사회적 제도이자 산업으로 자리매김하기 위해, 신명(身命)을 다 바쳐서 인정투쟁을 벌여왔다고 해석해볼 수 있다. 혹자가 말했듯이 그는 한국 광고계에서 너무 앞서가려 했기 때문에 외로웠을지 모른다. 하지만 광고 산업의 불모지를 비옥한 옥토로 일궈낸 김석년과 그의 광고시대 40년은 한국 광고사에서 가장 열정적이고 신명이 넘쳤던 시절로 기록될 것이다.

참고문헌

강명구 · 백미숙 · 최이숙 (2007). '문화적 냉전'과 한국 최초의 텔레비전 HLKZ. 〈한국언론학보〉, 51권 5호, 5-23.

강준만 (2004). 〈한국 현대사 산책: 1960년대편3〉, 서울: 인물과 사상사.

강준만 (2007). 〈한국대중매체사〉, 서울: 인물과 사상사

경향신문 (1967, 11, 18). 치우친 PR: 국립영화제작소의 제작경향. 8면.

경향신문 (1967, 12, 18). 흥부와 놀부 등 올 최우수 문화영화. 7면

경향신문 (1973. 12. 22). 스케이트 한국상륙. 8면

고영섭과 40년 오리콤 사람들 (2007). 〈Human Buying: 광고 그 감각의 제국〉, 서울: The Book Company.

광고계동향 (2015. 10. 12). 요시다 히데오 기념사업재단, 덴츠 제4대 요시다 히데오 사장 집무실 공개. URL: http://adtrend.ad.co.kr/board/view.do?nowPage=1&cate=1&cate_idx=15&idx=1102&pub_year=2015&pub_month=10&searchType=&searchWord=%EC%9A%94%EC%8B%9C%EB%8B%A4

국사편찬위원회 (2004). 〈현황과 방법: 구술 구술자료 구술사〉, 서울: 국사편찬위원회.

국사편찬위원회 (2006). 〈고급기술자들의 구술을 통해 본 한국 면방직공업의 발전〉, 서울: 국사편찬위원회

김귀옥 (2006). 한국구술사 연구 현황: 쟁점과 과제. 〈사회와 역사〉, 71집, pp.313~348.

김낙회 (1992). 〈광고왕국 일본〉, 서울: 도서출판 진화.

김미현 (2013), 〈한국영화정책과 산업〉, 서울: 컴북스

김병희 (2004). 〈크리에이티브의 길을 묻다〉, 서울: ㈜살림출판사

김병희 (2010). 〈신인섭: 르네상스 광고인의 불꽃같은 한평생〉, 서울: 새로운 사람들.

김병희 (2011). 광고와 언론자유의 관련양상: 동아일보 백지광고 사태와 광고주 압박운동 사례를 중심으로. 〈광고학연구〉, 22권 1호, 151~171.

김병희 윤태일 (2011). 〈한국 광고회사의 형성: 구술사로 고쳐 슨 광고의 역사〉, 서울: 컴북스.

김석년 (1985, 10). 광고시장 개방에 관한 우리의 자세. 〈광고정보〉, 4-7면.

김세은 (2013). 언론학 연구방법론으로서의 구술사에 대하여- 현장에서 길을 잃은 한 연구자의 질문과 출구 찾기. 〈커뮤니케이션 이론〉, 9권 3호, 205-255.

김시행 (1996, 8, 10). 광고는 소비자 올바른 선택 돕는 것. 〈한국경제신문〉

김윤식 (1999). 〈이광수와 그의 시대〉(개정 증보), 서울: 솔출판사.

김정옥 (1983, 11.28-12.6). 나의 유학시절. 〈매일경제신문〉, 9면.

김정은 (2013. 11). 광고인 인생의 8할을 한국광고의 국제화에 기여하다. 〈광고계동향〉, 17-19면.

김진수 (1954, 11, 25). 희곡의 진실성과 허구성. 〈동아일보〉, 4면.

김학영 (1999, 9, 19). 〈이제는 말할 수 있다: 끝나지 않은 동백림사건〉 [다큐멘터리], 서울: MBC TV.

동아일보 (1967, 8, 2). 4차로 4명을 기소. 〈동아일보〉, 3면

두산그룹 사사편찬실 (1989). 〈두산그룹사〉, 서울: 두산그룹 기획실.

마동훈 (2003). 초기 라디오의 근대적 일상: 한 농촌지역에서의 민속지적 연구. 〈언론과 사회〉, 12권 1호, 56~91.

마정미 (2009). 한국광고사 연구방법에 관한 탐색적 연구: 광고학 관련 학술지 논문의 내용분석을 중심으로. 〈한국광고홍보학보〉, 11권 4호, 274~306.

매일경제신문 (1967, 7, 4). 37개사서 등록…개정영화법에 따라. 6면.

매일경제신문 (1968, 9, 8). 회사등기에 관한 공시. 3면

문성훈 (2011). 행복의 조건과 인정. 〈범한철학〉, 63집, 357.376.

민병수 (1996). 한국 광고회사의 생성과 발달. 한국광고학회 편. 〈한국의 광고〉(133-171쪽), 서울: 한국광고학회 .

백미숙 (2007). 방송 구술사 경험에서 본 방송사 연구의 몇 가지 문제: 구술사 자료 생산과 사료의 비판적 사용 관점에서. 〈한국방송학회 봄철정기학술대회 Pre-Conference 자료집〉

백미숙 (2013). 1960년대 텔레비전전의 '창작 문예 단막극': 라디오 방송문예와 연극 대중화 운동의 관계 속에서. 한국방송학회 (엮음), 〈한국의 텔레비전 드라마: 역사와 경계〉 (67-124쪽), 서울: 컬처룩.

백미숙 · 강명구 · 이성민 (2008). 서울텔레비전(KBS-TV)의 초기 방송조직 문화형성: 구술사를 통한 대안적 방송사 쓰기. 〈한국방송학보〉, 22권 6호, 189~229.

서울AP클럽 (2015). 〈한국 광고홍보 인물사1〉, 서울: 나남.

손병우 (2006). 대중문화와 생애사 연구의 문제설정. 〈언론과 사회〉, 14권 2호, 41~71.

송은아 (2007. 4). 젊은 광고인의 배움터, 한국인 참여 늘었으면. 〈광고정보〉, 26-27면.

신인섭 (1993). 〈일본의 광고: 그 과거와 현재〉, 서울: 나남출판.

신인섭 (2005). 〈광고 40년, 나이 77세, 한 일이 무엇인가?〉, 서울: 아이티커뮤니케이션즈.

신인섭 · 서범석 (2011). 〈한국광고사〉(개정3판). 파주: 나남출판.

신인섭 · 윤태일 (2011). 국제광고협회(IAA) 한국지부 역사에 관한 탐색적 고찰. 〈광고PR실학연구〉, 4권 2호, 109-137.

신현준 이용우 최지선 (2005). 〈한국 팝의 고고학 1970〉 서울: 한길아트.

연합뉴스 (2009. 3. 19). 인터뷰: 극단 산울림 임영웅 대표. http://news.naver.com/main/read.nhn?mode=LSD&mid=shm&sid1=103&oid=001&aid=0002561536

오규숙 (1996. 7). 자율성 제고에 역점을 두겠습니다. 〈ADvertising〉, 54-58면.

오리콤 (1997). 〈오리콤 30년 광고 이야기〉, 서울: 오리콤.

유민영 (2001). 〈한국연극운동사〉, 서울: 태학사.

윤태일 (2010). '신명의 매체서사학'에 대한 탐색적 고찰. 〈언론과학연구〉, 307-349.

윤태일 (2012). 〈국제 마케팅 커뮤니케이션〉, 서울: 늘봄.

윤태일 (2014). 〈신명커뮤니케이션〉, 서울: 컴북스.

윤택림 (1994). 기억에서 역사로: 구술사의 이론적, 방법론적 쟁점들에 대한 고찰. 〈한국문화인류학〉, 25, 273-294.

윤택림 · 함한희 (2006). 〈새로운 역사쓰기를 위한 구술사 연구방법론〉, 서울: 아르케.

윤형주 (1979, 12, 8). 회환의 4년 - 대마초 가수의 수기. 〈경향신문〉, 5면.

이기수 (1992, 6, 8). 사원 스트레스를 풀어주라. 〈경향신문〉, 23면.

이낙훈 (1991. 12. 28) 무대인생 45년- 다시 원점에 선 황혼의 피에로. 〈동아일보〉, 31면

이다해 (2015, 8, 31). 한국연극계 거목 임영웅 연출가. 〈파이낸셜뉴스〉, 8면

이명훈 (2008). 광고회사: 전략적 변곡점을 넘어서. 정기현 외. 〈한국의 광고2〉(69-96쪽), 파주: 나남출판.

이상길 (2005). '새로운 커뮤니케이션사'를 위해: 연구방법론에 관한 성찰을 중심으로. 〈커뮤니케이션 이론〉, 1권 2호, 106-161.

이수범 (2014, 9). 정부의 광고정책 및 콘트롤 타워 부재. 〈광고계동향〉, 1면

이준웅 (2001). 설득의 윤리적 문제: 고르기아스와 소크라테스. 〈한국언론학보〉, 45권 2호, 349-386.

임영호 · 홍찬이 · 김은진 (2009). 문화산업 주변부 종사자의 삶과 커리어: 한국 에로물 감독의 구술생애사. 〈언론과 사회〉, 17권 3호, 2-50.

정녹영 (2006, 1, 26). 동백림사건 '간첩단'으로 과장. 〈한국일보〉

정충신 (2011, 12, 9). 이순재가 경험한 정치. 〈문화일보〉

제일기획 15년사 편찬실 (1988). 〈제일기획15년사〉. 서울: 제일기획.

지우학 (2004. 11). 앞서서 나가니 모두들 따르라? 〈광고정보〉, 38-45면.

지우학 (2004. 12). 적절한 단어 생생한 어휘. 〈광고정보〉, 32-38면.

채백 (2015). 〈한국 언론사〉, 서울: 컬처룩.

채희완 (2007). 미적 체험으로서의 신명. 〈민족미학〉, 6집, 137-161.

한국광고업협회 (2001). 〈광고시장 개방백서〉 서울: 한국광고업협회

한국구술사연구회(2005). 〈구술사: 방법과 사례〉. 서울: 선인.

한민 한성열 (2009). 〈신명의 심리학〉, 서울: 21세기북스.

한정호 (2002). PR실무자의 PR업무역할에 대한 인식유형 분석연구. 〈한국언론학보〉, 46권 4호, 349-385.

함성원 서상호 (2011). 한국 광고대행 시장의 집중도와 점유율 변화에 관한 연구. 〈사회과학연구〉, 27(4), 343-370.

허문영 (2013). 〈김지하와 그의 시대〉, 서울: 동아일보사.

Advertising Age (1999. 3. 26). Special report: The advertising century. Retrieved from http://adage.com/special-reports/theadvertisingcentury/110

AFAA (Ed.) (2007). *Asian advertising 2007: In commemoration of the 50 years of Ad Asia and 30 years of AFAA. (Vol.1-2)*. Seoul: AFAA (Asian Federation of Advertising Associations).

Brennen, B. (2001). *For the record: An oral history of Rochester*, New York, news workers. N.Y.: Fordham University Press.

Choi, S. (2008). Silencing survivors'narratives: Why are we again forgetting the No Gun Ri story? *Rhetoric & Public Affairs, 11*(3), 367~388.

Clark, N. (2004). The birth of an advocacy group: The first six years of Action for Children's Television. *Journalism History, 30*(2), 66-75.

Conti, K. D. (1995). Oral histories: The most overlooked Public Relations tool. *Communication World, 12*(6), 52-53.

Cressman, D. L., & L. Swenson (2007). The pigskin and the picture tube: The National Football League's first full season on the CBS television network. *Journal of Broadcasting & Electronic Media, 51*(3), 479-497.

Dhoest, A. (2007). Nostalgic memories: Qualitative reception analysis of Flemish TV fiction, 1953-1989. *The European Journal of Communication Research, 32*, 31-50.

Fox, S. R. (1997). *The mirror makers: A history of American advertising & its creators*. Champaign, IL: University of Illinois Press.; 리대룡, 차유철 역

(2005). 〈광고 크리에이티브사〉. 서울: 한경사.

Fox, R. J. & Geissler, G. L. (1994). Crisis in advertising? *Journal of Advertising, 23*(4), 79-84.

Hoffman, A. M. (1974). Reliability and validity in oral history. *Today's Speech 22*, 23-27.

Honneth, A. (1992). *Kampfum Anerkennung*, Frankfurt: Suhrkamp Verlag. 문성훈 이현재 역 (2011). 〈인정투쟁: 사회적 갈등의 도덕적 형식론〉, 서울: 사월의 책.

Kim, K. K. (1995). Spreading the net: Consolidation process of large transnational advertising agencies in the 1980s and early 1990s. *International Journal of Advertising, 14*(2), 195-217.

Mellinger, G. (2008). Rekindling the fire: The compromise that initiated the formal integration of daily newspaper newsrooms. *American Journalism, 25*(3), 97-126.

Mueller, B. (2004). *Dynamics of international advertising: Theoretical and practical perspectives*, New York: Peter Lang

Neher, W. W. (2003). Development communication in Africa: Concepts and case studies. In K. Anokwa, C. A. Lin, & M. Salwen (Eds). *International communication: Concepts and cases* (pp. 133-152). Belmont, CA: Wadsworth/ Thomson Learning.

Ries, A. & Ries, L. (2002). *The fall of advertising and the rise of PR*. New York, NY: Harper Collins Publishers.

Rust, R. T. & Oliver, R. A. (1994). The death of advertising. *Journal of Advertising, 23*(4), 71-77.

Tansey, R. & Hyman, M. R. (1994). Dependency theory and the effects of advertising by foreign-based multinational corporations in latin America. *Journal of Advertising, 23*(1), 27-42.

Time (1999. 6. 6). TIME 100 persons of the century. Retrieved from http://content.time.com/time/magazine/article/0,9171,26473,00.htm

Turngate, M. (2007), *Adland: A global history of advertising*. London: Kogan Page. 노정휘 역 (2009). 〈광고판: 세계광고의 역사〉, 서울: 이실MBA.

Waldman, A. (1997). Lonely hearts, classy dreams, empty wallets: How home shopping channels prey on the hunger for class and companionship. In A. Alexander & J. Hanson (Eds). *Taking sides*. Guilford, CT: Dushkin Publishing Group. (pp. 260-269).

Young, J. W. (2003). *Technique for producing ideas*. Columbus, OH: McGraw-Hill Education.

Zyman, S. (2002). *The end of advertising as we know it*. Hoboken, NJ: John Wiley & Sons.

부록: 김석년 연보·한국광고사 연표

김석년 연보	
1934. 2. 14	서울 종로구 옥인동 49에서 출생
1940. 3 - 1946. 2	재동 초등학교
1946. 3 - 1952. 2	경기 중고등학교
1952. 3 - 1956. 2	서울대학교 미학과 학사
1956. 1	프랑스 유학
1956 - 1960	프랑스 낭시 국제대학교 인문대학 철학 사회학 과정CES
1960 - 1962	프랑스 파리대 인문대학 민속학 과정
1962. 4 - 1966. 5	프랑스 국립인류박물관 민속학연구소 연구원
1962 - 1967	파리대 부속 한국학 연구원
1967. 6	귀국
1967.9 - 1971.2	현대문화영화공사 전문위원 상무
1971, 3	합동통신사 광고기획실 입사, 광고국 부국장
1972	합동통신 광고기획국 국장
1974	합동통신 광고기획실 실장
1975. 2	합동통신 광고기획실 이사
1977. 2	합동통신 상무이사

한국광고사 연표

1933	연희전문 상과에서 〈광고학〉 강의
1945	오리콤의 모태가 되는 합동통신 창립
1947	곽복산 중심으로 신문과학연구소 운영
1956	KORCAD (HLKZ) TV 개국 슬라이드 TV광고 등장
1958	광고회사 Ad Korea 창립
1959	최초의 CM송 등장 (진로소주)
	윤동현 장상홍 국제광고협회(IAA) 가입
1960	한국광고사 최초의 광고전문지 〈새광고〉 창간
1961	황창규 광고관련 논문으로 석사학위 최초 취득
1963	KBS TV 유료 광고 개시 (1969 중단)
1966	의약품 PR구락부 창립
1967	합동통신 광고기획실 설립
1968	제6차 아시아 광고대회에 처음으로 한국대표단 참가
	세계광고협회(IAA) 한국지부 창립
1969	광고대행사 만보사 창립
1971	한국광고연구협의회 (현 한국광고총연합회) 창립

1979. 5	오리콤 전무
1979. 8	아시아 광고연맹(AFAA) 발기인
1979 - 1996	아시아 광고연맹 (AFAA) 집행위원 부회장
1980 - 1989	국제광고협회(IAA) 한국지부 회장
1980. 10	오리콤 대표이사 부사장
1980 - 2004	국제광고협회(IAA) 이사, 집행위원
1981. 7	오리콤 대표이사 사장
1981 - 1987	한국광고협의회 (현 한국광고총연합회) 회장
1982. - .	서울올림픽조직위 디자인전문위원
1984. - .	제14차 아시아광고회의(Ad Asia) 운영위원회 위원장
1984.10	국제광고협회(IAA) 올해의 인물(Man of the Year) 연차대상(Annual Award)
1986.10 - 1989.	한국광고업협회 (현 한국광고산업협회) 회장
1990. 3	선연 창립 선연 사장
1990. - .	프랑스 칸광고영화제 심의위원
1992	국민훈장 목련장 서훈
1993. 6.	IAA 파리회의에서 제35차 IAA 세계대회 서울 유치
1993.11 - 2003	선연 회장
1994.1 - 1997.12	한국방송광고공사(KOBACO) 공익자금관리위원회 위원장
1994.5 - .	국제광고협회(IAA) 수석부회장 (이후 차기회장, 현회장, 전임회장으로 6년간 봉사)
1996. 6	제35차 서울 IAA 세계대회 개최 및 IAA 세계회장 취임
1997	레오버넷 선연 회장
1997.11.14	제40차 아시아 광고회의(Ad Asia) 공로표창

한국광고사 연표

1973	제일기획 창립
1974	연합광고 창립, 동아일보 백지광고 사태
1975	합동통신 광고기획실, 만보사 합병
1976	서울 카피라이터즈 클럽(SCC) 발족
	대마초 파동으로 활동금지 연예인(윤형주, 김도향) CM송 회사 서울오디오 설립
1978	제일기획 한국광고비 조사 개시
1979. 5	합동통신 광고기획실 오리콤으로 독립
1980	언론통폐합 강행, 컬러TV방송 개시
1981	KOBACO (한국방송광고공사) 창립
1982	재벌그룹 광고대행사 설립 붐(해태, 대홍, 동방, 삼희기획…)
1984	제 14차 아시아 광고대회(Ad Asia) 서울 개최
1985	주한미상공회의소 광고시장 개방요구
1986	한국광고업협회 창립
1987	네거티브 리스트 해제로 외국대행사 진출 길 열림
	제1회 한국광고대회 개최
1988	중앙대 광고홍보학과 복과, 한양대 광고홍보학과 신설
1989	광고학회 창립, PR학회 창립
	ABC협회 창립
1991	광고대행사에 100% 외국자본 투자허용으로 광고시장 완전개방
1992	광고대행업이 한국표준산업분류에서 소분류로 됨
1993	광고주협회 〈소비자가 뽑은 광고상〉 제정
1994	방송광고시간 8%에서 10%로 복귀, KBS 1TV광고중단

김석년 연보

1997 - 2004	아시아태평양 광고제 Ad Fest(파타야) 창립운영위원장
2000.06.08	제37차 국제광고협회(IAA) 사미르 파레스(SAMIR FARES)상 수상
2001 - 2007	아시아 광고연맹(AFAA) 총회에서 아시아태평양 미디어포럼(APMF) 창립 운영위원장
2003. 3	선연 명예회장
2003. 11	2007 제주 아시아 광고대회(Ad Asia) 유치
2005	선연 성리 현업에서 은퇴
2006	국제광고협회(IAA) 명예 종신회원(Honorary Life Member) 임명
2008	아시아광고연맹(AFAA) 명예 종신회원 임명
2013. 10	75주년 기념 국제광고협회(IAA) 공로상 수상
2015. 11. 10	한국광고대회에서 한국광고총연합회 특별공로상 수상
2015. 11. 23	아시아광고연맹(AFAA) 명예의 전당(Hall of Fame)에 헌액

한국광고사 연표	
1995	케이블TV 지역민방 개국, PC통신 등으로 멀티미디어 광고시대 개막
1996	제 35차 국제광고협회(IAA) 세계대회 서울개최
1997	IMF외환위기 발발로 대형광고주 부도 등 광고계불황
1998	다국적 광고회사 M&A 등으로 광고계 판도변화
1999	광고주협회 서울 세계광고주대회(WFA) 개최
2001	광고주협회 광고경기 실사지수(ASI) 개발, 비교광고 기준완화
2005	위성방송, DMB방송, CA-TV 등 광고매체 다변화 및 표준 광고단가 정착
2007	제주 아시아 광고대회(Ad Asia) 개최
2010	방송법 시행령 개정으로 가상광고 간접광고(PPL) 합법화
2012	미디어랩법 국회통과로 방송광고판매 경쟁체제 본격화
2015	방송광고총량제 도입